William S. Baring-Gould

Sherlock Holmes: Die Biographie des großen Detektivs aus der Baker Street

Herausgegeben von
Zeus Weinstein

Aus dem Englischen von
Anja Hegemann

Deutsche Verlags-Anstalt

Titel der Originalausgabe:
Sherlock Holmes of Baker Street.
A life of the World's First Consulting Detective
by William S. Baring-Gould
Erschienen bei Bramhall House, New York

CIP-Kurztitelaufnahme der Deutschen Bibliothek

Baring-Gould, William S.:
Sherlock Holmes : d. Biographie
d. grossen Detektivs aus d. Baker Street /
William S. Baring-Gould.
Hrsg. von Zeus Weinstein.
Aus d. Engl. von Anja Hegemann.
– Stuttgart : Deutsche Verlags-Anstalt, 1978.
Einheitssacht.: Sherlock Holmes of Baker Street ‹dt.›
ISBN 3-421-01861-8

Lektorat: Ulrike Killer
Einbandgestaltung: Jürgen Reichert unter Verwendung
einer Zeichnung von Frederic Dorr Steele
Satz: Bauer & Bökeler, Denkendorf
Druck und Bindearbeit:
Presse-Druck- und Verlags-GmbH, Augsburg

Dieses Buch ist für die Frau meines Lebens
Ceil

Wenn es bisweilen angehen mag,
eine Biographie auf den bekannten Sonderneigungen
ihres Helden aufzubauen ...
RICHARD D. ALTICK,
Abenteurer der Wissenschaft.

Vielleicht sollte dem Leser vorsichtshalber gesagt sein,
daß Geschichten, die ich hier nacherzähle,
in meiner Version nicht immer glatt aufgehen;
das liegt wohl daran, daß ich aus Gründen,
die jeweils vom Kontext her ersichtlich sein dürften,
gewisse latente Faktoren besonders herauszuarbeiten suche.
HARRY LEVIN,
Die Macht der Finsternis.

»Sieh her, dies ist die Frucht emsiger Tage und in Nachsinnen
verbrachter Nächte ...«
SHERLOCK HOLMES,
Der letzte Fall.

»Ist mir irgend etwas entgangen?? ...
Ich habe doch hoffentlich nichts von Bedeutung außer acht gelassen?«
DR. JOHN H. WATSON,
Der Hund von Baskerville.

Programm

Niemand in diesem Buch ist erfunden.
Sollte jemand behaupten, er wäre es, so würde ihn der Autor gerne kennenlernen.

WILLIAM S. BARING-GOULD

Prolog

Die übliche Frage: »Ach nein, dieser Sherlock Holmes hat tatsächlich gelebt?«

Er hat. Sie werden doch wohl nicht im Ernst annehmen, lieber Leser, daß sich ein professioneller Journalist und Schriftsteller die ungeheure Mühe macht, eine umfassende Biographie über eine fiktive Figur zu schreiben, oder? Und ungefähr zwanzig Jahre lang – sicherlich nicht ununterbrochen – an seinem Werk zu arbeiten?

Nein, das würde William Stuart Baring-Gould nicht getan haben, wenn das Objekt seines Fleißes – Sherlock Holmes – eine erdachte Romanfigur gewesen wäre (was hierzulande merkwürdigerweise noch allzu oft angenommen wird).

Um es gleich zu sagen: die gründlichen Recherchen des Historikers basieren nicht nur auf den sechsundfünfzig Erzählungen und den vier Romanen über den großen Detektiv aus der Feder von Dr. John Hamish Watson, dem als Chronisten recht häufig happige Irrtümer unterliefen und der gelegentlich aus Diskretion Tatsachen und Orts- und Personennamen unterschlagen oder abändern mußte (sein literarischer Agent und zeitweiliger Mitarbeiter Arthur Conan Doyle war auch nicht ganz unschuldig an derlei Fehlern und Retuschen).

Holmes über seinen einzigen und besten Freund: »Guter alter Watson! Was für Schauergeschichten hat er bisweilen geschrieben!«

Nein. Mit den ›Schauergeschichten‹ des Doktors gab

sich Mr. Baring-Gould nicht zufrieden, obwohl Watsons klassische Niederschriften das feste Gerüst seines Werkes ergeben. Kein anderer Holmes-Biograph vor Baring-Gould hat mit einer derartigen Akribie gearbeitet. Er ging der Kindheit, den Studienjahren Sherlock Holmes' nach, dem kurzen Zwischenspiel des jungen Sherlock auf der Theaterbühne, den Beziehungen des ersten ›beratenden Detektivs‹ der Welt zu berühmten und hochgestellten Zeitgenossen. Bei seinen Forschungen stieß Mr. Baring-Gould auf eine Vielzahl von Problemen und Begebenheiten, die uns Dr. Watson verschwiegen hat. Wir erfahren unter anderem: Von dem fürchterlichen Zusammentreffen mit Jack the Ripper. Von Holmes' Liebe zu einer Frau (*der* Frau) und Mutmaßungen über seinen unehelichen Sohn (!). Von Holmes in Tibet. Von Holmes in Mecca. Über Holmes Investigationen in unserem deutschen Vaterland erfahren wir jedoch nichts.

An die äußerst brisanten Geheimakten des Reichskanzlers Fürst Otto von Bismarck kam Mr. Baring-Gould nicht heran (vgl.: *Sherlock Holmes: Die Wahrheit über Ludwig II.,* Deutsche Verlags-Anstalt 1978); auch nicht an das bis dato unveröffentlichte Manuskript Watsons: *Die Riesenratte von Sumatra,* das dieser wagemutige Verlag Anfang des nächsten Jahres den interessierten Lesern – und nicht nur den Tierfreunden unter ihnen – präsentieren wird.

Wir erfahren von Sherlock Holmes' seltsamer Passion, nachdem er sich als alter Herr vom Schauplatz des kriminellen Geschehens zurückgezogen hatte. Wir erfahren von seiner lebenslangen Freundschaft zu John Watson und von seinem Tod.

Mr. Baring-Goulds Biographie ist ein Meisterstück, anerkannt von allen ›Schriftgelehrten‹ der Riesengemeinde von »Holmesianern«, also von allen Koryphäen, die sich aus Neigung oder beruflich mit dem Leben des großen Detektivs befaßt haben. Es gibt Tausende von Schriften über ihn – das ist nicht übertrieben – eine Unzahl von Abhandlungen mit überzeugenden und auch aberwitzigen Exegesen; der Fels in der Flut des bedruckten Papiers ist seit seinem Erscheinen dieses Werk von William S. Baring-Gould. Ein unerläßliches Standardwerk – so spannend zu lesen, wie Dr. Watsons dramatische Berichte – und gleichzeitig ein vorzügliches Nachschlagewerk.

Allerdings – auch das muß erwähnt werden – einige Thesen des Autors sind inzwischen durch neuere Forschungen korrigiert worden. So halte ich die verblüffende – zu verblüffende – Lösung des »Jack the Ripper-Falles« für einen Irrtum Baring-Goulds, oder, glaubhafter, für einen Scherz unter Eingeweihten. Wenn auch für einen sehr guten.

Denn, mit Scherzen unter Eingeweihten wird nicht gespart. Ein weiteres Beispiel: Ein sogenannter Professor George Edward Challenger wird kühn als Sherlock Holmes' Vetter väterlicherseits eingeführt und spielt, wie uns der Autor weismachen will, im Jahr 1894 eine große Rolle in dem Fall *The Shocking Affair of the Dutch Steamship* ›Friesland‹, ein Fall, in dem Holmes angeblich mit einem Pterodactylus aus der Urzeit kämpft, einem geflügelten Riesenvieh, das der Professor aus einem unentdeckten Gebiet in Südamerika, in dem noch prähistorische Ungeheuer hausen, nach London mitgebracht hat.

Abgesehen davon, daß mir das Scharmützel, in dessen Verlauf Watson seinen Freund vor dem mörderischen Biest rettet, äußerst albern erscheint, ist dieses Witzchen des Autors auch noch reichlich plump. Jeder bewanderte Leser der Publikationen des Schriftstellers Arthur Conan Doyle (später: Sir Arthur) weiß haargenau, daß Professor Challenger eine erdachte Romanfigur ist, die in Doyles Reißer *The Lost World* eben jenes heimelige Plätzchen aufspürt, an dem sich seit Jahrmillionen ungestört Saurier und Flugechsen tummeln – eine hübsche Horrorstory, die mehr als einmal verfilmt wurde.

Ich fühle mich bemüßigt, auf diese Nebensächlichkeiten hinzuweisen, da sie den deutschen Leser möglicherweise irritieren könnten. Die ›*insider jokes*‹ unter den ›Holmesianern‹ sind – bis jetzt – hierzulande nur bedingt verständlich. Aber das wird sich hoffentlich ändern.

Zeus Weinstein Juli 1978

P. S. Sie werden im Anhang eine exakte Chronologie des Lebens und der Fälle von Sherlock Holmes und Dr. Watson finden. In diesem Zusammenhang möchte ich Herrn Dr. Nino Erné würdigen, der die verdienstvolle Aufgabe übernahm, die hervorragende deutsche Gesamtausgabe aller Sherlock Holmes Erzählungen herauszugeben. Nino Erné schreibt in seinem Vorwort zu einer Sonderausgabe der *short stories,* welch' große Mühe er darauf verwandt hatte, eine Chronologie der Fälle zusammenzustellen – bis er nach getaner Arbeit im Britischen Museum auf das erste Werk von Baring-Gould *The Chronological Holmes* (Privatdruck 1955) stieß, das die Grundlage für die vorliegende Biographie bildet. Ihm sei, sagt Nino Erné, wie Kapitän Scott zumute gewesen, als er endlich beim Südpol anlangte und die norwegische Fahne vor sich sah.

Ich danke an dieser Stelle Nino Erné – einem großen Holmes-Kenner – im Namen aller deutschsprachigen Freunde des Detektivs aus der Baker Street. Z.W.

I.
Zigeuner von Adel: 1854-1864

Reisen, in den jüngeren Lebensjahren,
ist ein Stück Bildung.
FRANCIS BACON

Es war das Jahr, in dem Henry David Thoreau seinen *Walden* schrieb.

Es war das Jahr, in dem zu Ripon, Wisconsin, die Republikanische Partei ins Leben gerufen wurde.

Es war das Jahr, in dem die Römisch-katholische Kirche die Lehre von der Unbefleckten Empfängnis der Jungfrau Maria zum Dogma erhob.

Es war das Jahr der Sturmkatastrophe im Schwarzen Meer.

Das sind die Ereignisse, die der *Welt-Almanach* für das Jahr 1854 als »denkwürdig« verzeichnet.[1]

Unverständlicherweise läßt der *Almanach* das vielleicht denkwürdigste Ereignis eben jenes denkwürdigen Jahres ungenannt. Es war dies die Geburt des dritten und letzten Sohnes der Eheleute Siger und Violet Holmes, erfolgt am

---

1 Das Jahr 1854 sah übrigens auch den »Angriff der Leichten Brigade«, eines der wahrhaften Heldenstücke in der britischen Militärgeschichte, bei dem etwa 670 Mann einer im Krimkrieg eingesetzten englischen Kavalleriebrigade in der acht Meilen vom belagerten Sewastopol entfernten Stadt Balaklava einen schwer befestigten russischen Artillerieposten stürmten.

6. Januar, einem Freitag, in den frühen Morgenstunden auf ihrem Gut Mycroft[2] im nördlichen Riding[3] von Yorkshire, England, einem Gebiet, das für seine Gestüte und seine windigen Hügel – seine »Sturmhöhen« – berühmt ist.

Doch gehen wir zehn Jahre zurück, in dieses denkwürdige Jahr 1844.

Im Frühling jenes Jahres machte ein in Diensten der East India Company stehender junger Kavallerieleutnant – Uniform Blau-Gold – eines Abends den Vorschlag, einen Freund von der Offiziersmesse im Wagen nach Hause zu bringen. Vielleicht war das Dinner ausnahmsweise sehr gut gewesen, sicherlich aber waren sowohl der Leutnant als auch sein Freund gewichtige Männer, deren jeder so um die vierzehn Stone[4] wog – nach kurzer Fahrt jedenfalls geschah es, daß der Dogcart umkippte. Der Freund stürzte auf seinen Gefährten, den Kavallerieleutnant. Er blieb unverletzt, dem Leutnant jedoch hatte es die Hüfte ausgerenkt, und er wurde sofort als dienstuntauglich entlassen. Einen Monat später landete er in England, und als er an der Pier von Portsmouth vom Schiff hinkte, empfing ihn die Nachricht, daß sein älterer Bruder Mycroft bei einem Sturz vom Pferd ums Leben gekommen war. Als einziger noch lebender Sohn war der Ex-Kavallerieleutnant nunmehr der Gutsherr von Mycroft und damit ein wohlhabender und bedeutender Mann.

---

2 »My croft!« (= mein Ackerland, Anm.d.Üb.) soll ein nicht näher bekannter Vorfahr der Holmes einmal einem Gast zugerufen haben – womit Haus und Land ihren Namen besaßen. Von dem Gut wiederum erhielten den Namen Siger Holmes' älterer Bruder und zweiter Sohn.

3 In Yorkshire sagt man noch heute, ein *riding* sei die Bezeichnung für so viel Land, wie ein sächsischer Lehnsherr an einem Tag habe umreiten können, in Wirklichkeit ist die Wortbedeutung jedoch nicht so poetisch. Das Wort *riding* (auch *thriding* oder *thirding*) besagt lediglich, daß eine Sache drei Teile hat. Und ein *südliches* Riding (Drittel) von Yorkshire gibt es natürlich nicht, es gibt nur Nord-, Ost- und West-Yorkshire.

4 Im Deutschen würde man sagen, jeder der Männer wog ungefähr 196 Pfund. (1 engl. Pfd. = 453,6 g. Anm.d.Üb.)

Siger Holmes, der neue Gutsherr von Mycroft[5], unternahm nun schleunigst zwei Dinge: zunächst ließ er sich einen Bart stehen, und dann ging er auf Brautschau.

Er fand, was er suchte, in Violet Sherrinford, Tochter des hochverdienten Kriegers und Naturforschers Sir Edward Sherrinford und neben noch drei Schwestern Kind einer in mehrfacher Hinsicht hervorragenden Familie. Violets Mutter war die Schwester von Emile Jean Horace Vernet (1789-1863) und Tochter von Antoine Charles Horace – genannt meist Carle – Vernet (1758-1835), beides französische Maler von Rang.

Siger Holmes brauchte nicht lange zu werben. Der hochgewachsene, hinkende, dunkelbärtige Freier, der da so plötzlich aus dem Nichts aufgetaucht war, hatte nicht nur Wohlstand und Einfluß zu bieten, sondern war auch ein Mann von Geist und gutaussehend dazu. In der Tat, die ganze Persönlichkeit dieses Mannes muß zuzeiten etwas geradezu Unwiderstehliches an sich gehabt haben.

Ein Porträt des Siger Holmes von Mycroft besitzen wir nicht, es wird uns jedoch berichtet, daß Sigers Neffe, sein Schwestersohn George Edward Challenger, seinem Onkel sehr ähnlich war, und von diesem Neffen wiederum, der seinerseits später ein berühmter Zoologe und Forscher wurde, liegt uns die Schilderung eines Journalisten, eines gewissen Malone, vor:

> Atemberaubend [so schreibt Malone] waren schon allein seine Körpermaße – seine Größe und seine imposante Statur. Sein Kopf war riesig, der größte Menschenkopf, den ich je gesehen habe. Sein Hut, hätte ich ihn aufzuprobieren gewagt, wäre mir zweifellos bis auf die Schultern gerutscht. Gesicht und Bart dieses Mannes lassen mich noch heute an einen assyrischen Bullen denken: ersteres von blühender Röte, letzterer so schwarz, daß er fast

5 Es gibt in Nord-Yorkshire viele skandinavische Ortsnamen, und ziemlich sicher dürfte auch Siger Holmes, genau wie sein Bruder und sein eigener zweiter Sohn, von den Eltern den Namen seines Geburtsorts bekommen haben.

schon ins Blaue spiegelte; schaufelförmig geschnitten wogte er über die Brust herab. Das Haupthaar war eigentümlich frisiert, vorn in einer langen festen Locke über die wuchtige Stirn gezogen. Die Augen unter den dichten schwarzen Brauen waren blaugrau, sehr klar, sehr kritisch und sehr gebieterisch. Was sonst noch von ihm über den Tisch ragte, waren enorm breite Schultern und eine Brust wie ein Faß, außerdem zwei schwarz behaarte, riesige Hände. Und zu alledem ein dröhnender, röhrender, polternder Baß – das war mein erster Eindruck von Challenger, dem berühmten Professor.[6]

Siger Holmes heiratete Violet Sherrinford am 7. Mai 1844 in der St.-Sidwell-Kirche zu Exeter. Sherrinford Holmes, der Erstgeborene, kam 1845 zur Welt und wurde natürlich nach dem Familiennamen der Mutter genannt.[7] Der zweite Sohn, Mycroft, folgte 1847; der dritte, Sherlock, erst sieben Jahre danach.

Siger Holmes bestand darauf, den Knaben William Sherlock zu nennen, denn sein Vater war lange Zeit ein Bewunderer des gleichnamigen Theologen und Autors aus dem siebzehnten Jahrhundert (1641-1707) gewesen und zitierte häufig aus dessen berühmter Schrift *Practical Discourse Concerning Death*.

Die Mutter hätte den Jungen gern Scott genannt – ihr Lieblingsschriftsteller war Sir Walter.

Schließlich gelangte man zu einem Kompromiß, und der Sprößling wurde William Sherlock Scott Holmes getauft.

Der Rufname Sherlock bedeutet im alten Angelsächsisch soviel wie »hellhaarig« oder »licht«, und der Kleine glich seiner blonden Mutter. So wurde daraus: *Sherlock Holmes*.

Das ist der Name, unter dem wir ihn heute kennen. Ein Name, der in jeden Winkel der Erde gedrungen ist. Für Millionen ist Sherlock Holmes der Meisterdetektiv aller

---

6 In: *The Lost World*, London 1912; New York 1912.

7 Das ist wieder ein Ortsname. »Sherrinford« leitet sich ab von »Shearing-ford«, d.h. eine seichte Bachstelle, wo man Schafe schor.

Zeiten. Am besten vielleicht lernen wir ihn aus den Schriften des Arztes kennen, der siebzehn Jahre hindurch (von den insgesamt dreiundzwanzig, die Sherlock Holmes in der Baker Street praktisch tätig war) sein Freund und treu ergebener Gefährte gewesen ist.

Man darf sagen, das Bild, das Dr. John Hamish Watson, vordem Arzt im Army Medical Department, uns von Mr. Sherlock Holmes gezeichnet hat, ist in vieler Hinsicht ein gutes Bild; es verrät Kenntnis und Sympathie.

Aus mancherlei Gründen jedoch, oft einfach in dem ehrlichen und anständigen Bestreben, nicht irgendeinem noch lebenden Menschen, ob Mann oder Frau, der in einem von Holmes' Fällen vielleicht eine harmlose Rolle gespielt hatte, zu nahe zu treten, war Dr. Watson nur allzu häufig gezwungen, in seiner für die Öffentlichkeit bestimmten Version dies oder das zu verschleiern: ein Datum, einen Ort, eine Person, oder gar eine ganze Episode.

Vielfach entschuldigt sich Dr. Watson in seinen Berichten beim Leser, wenn er einen Zeitpunkt oder irgendeinen anderen Umstand verschweigt, der es dem genauen Beobachter ermöglichen könnte, dem wahren Hergang auf die Spur zu kommen. Wieder und wieder auch erwähnt er einen bestimmten Fall, in dem Holmes eine Glanzrolle spielte – nur um uns dann zu sagen, daß die Welt noch nicht reif dafür sei, die Details zu erfahren. Unwillkürlich denkt man da an die *Matilda Briggs*, womit nicht ein Mädchen, sondern ein Schiff gemeint ist, und an die ganze Geschichte mit der Riesenratte von Sumatra.[8]

Jetzt, im Jahr 1962, da laut Ankündigung Sherlock Holmes' langerwartetes Werk *Die Hohe Schule der Verbrechensermittlung* bald der Öffentlichkeit übergeben werden wird, scheint es an der Zeit, die erste vollständige Studie über die offizielle und private Existenz eines Mannes vor-

---

8 *Die Riesenratte von Sumatra*, der Öffentlichkeit zugänglich gemacht von Richard L. Boyer und für deutsche Leser herausgegeben von Zeus Weinstein. (Anm.d.Red.)

zulegen, den viele von uns gleich Dr. Watson stets als einen der »gescheitesten und anständigsten« schätzen werden, die die Welt jemals kannte.

Nach der Geburt seines dritten Sohnes überkam eine Art von Unrast den einstigen Leutnant der Kavallerie.

Siger Holmes war noch jung. Er war begabt und hatte Interessen. In Indien hatte er sich der Geselligkeit mit hochgebildeten Leuten erfreut. Hier hingegen, in Yorkshire, fand er sich von Tölpeln umgeben. Jagd und Fischerei lagen ihm nicht. So versuchte er es zunächst mit privatem Studieren.

Das war im Mai 1854. Ein gutes Jahr später war ihm sein Leben gelehrsamer Häuslichkeit dermaßen über, daß er es nicht mehr aushielt, und so schiffte er sich mit seiner gesamten Familie auf dem Dampfer *Lerdo* nach Bordeaux ein. Sie durchquerten den Golf von Biscaya, reisten von Bordeaux weiter nach Pau und verbrachten dort, in einer gemieteten Wohnung an der Grande Place, den Winter.

Was Siger Holmes während jenes Winters 1855/56 mit seiner Zeit angefangen hat, wissen wir nicht. Doch er und die Seinen waren ja nicht etwa jedermann, sondern gehörten einer Oberschicht an. Und der Wechselkurs stand zu ihren Gunsten. So war es wohl für den Landedelmann aus Yorkshire nicht schwer und auch nicht einmal besonders aufwendig, sich an der Grande Place eine Wohnung zu halten und sich überdies eine eigene Kutsche zu kaufen – was Siger Holmes nämlich in jenem Winter tat.

Bis Mai 1858, also bis Sherlock vier Jahre alt war, blieben sie in Pau. Dann siedelte die ganze Familie nach Montpellier über, wo bereits viele Verwandte mütterlicherseits von Mrs. Holmes ansässig waren – die Vernets.

Die Kutsche wurde hervorgeholt, man schirrte die Pferde an, die Familie stieg ein, und mit Schellenklang ging es fort über die Ebene.

Sie bezogen ein hübsches und behagliches kleines Haus im besten Stadtviertel. Es hatte einen herrlichen Garten mit Blumen und, zum Entzücken Sherlocks und seiner Brüder, einem Goldfischteich. Montpellier hatte übrigens sogar eine Promenade, die schönste in ganz Frankreich: sie bot den Blick auf die Pyrenäen, und im Süden schimmerte das Mittelmeer. Hier pflegte Violet Holmes mit ihren französischen Cousins zu lustwandeln.

Alles war wunderschön, und sie hätten für alle Ewigkeit bleiben können, wäre nicht damals Sir Edward Sherrinford schwer erkrankt. Seine Tochter kehrte daraufhin mit den Ihren nach England zurück, um in seiner Nähe zu sein. Im Herbst sodann starb der alte Recke, und sein Schwiegersohn konnte ungehindert seine Familie erneut ins Ausland verpflanzen, was er denn auch prompt tat. Im Oktober 1860 setzten sie nach Rotterdam über, und zwei Monate später schlug die unstete Familie ihre Zelte in Köln auf – regelrechte Zigeuner, von Adel.

Der Rhein fror in jenem Winter 1860/61 zu, und so hatte die Familie ein paar Monate Ruhe; Siger Holmes setzte in dieser Zeit seine Studien fort. Doch als das Eis brach und stromabwärts zu strudeln begann, holte der Nomade aus Yorkshire wieder seine Kutsche heraus, und von neuem ging es auf Fahrt.

Diese Art kontinentalen Reisens war zu jener Zeit nichts Ungewöhnliches. Die Ära der großen Kriege war noch nicht angebrochen, Napoleon war Vergangenheit, Bismarck noch Zukunft, während die Familie Holmes durch Europa zog; der Vater saß auf dem Kutschbock und trieb die Pferde an, sein großer schwarzer Bart flatterte im Wind; drinnen lehnte die Mutter, und die Knaben schauten mit weiten, nimmersatten Augen durch die Kutschenfenster auf die Herrlichkeiten des Kontinents.

Darmstadt, Karlsruhe, Stuttgart, Mannheim, München, Heidelberg – Tausende von Kilometern legte die Kutsche zurück, über oft miserable Straßen, in jedem Wetter und Klima; obenauf türmte sich das Gepäck, drinnen schaukelte die Familie.

Von Heidelberg nach Bern, von Bern nach Luzern, von

Luzern nach Thun, schon war es Oktober – und immer weiter rollte die rumpelnde Kutsche, fort aus dem Umkreis der großen Städte, durch Dörfer und Marktflecken und bis in entlegene, unberührte Gegenden Europas, wo vor ihnen kaum jemals Engländer gewesen waren und wohin nach ihnen auf Jahre hinaus wohl nur wenige kommen würden. Sie besuchten Italien, reisten durch Tirol und das Salzkammergut, zogen weiter nach Wien und von dort nach Dresden. So langten sie schließlich in Sachsen an, um danach jedoch längere Zeit in Mannheim zu bleiben.

Fast vier Jahre währte die Reise, und den jungen Master Sherlock Holmes prägte sie für sein Leben. Er gewann ein beneidenswert profundes Wissen über Europa, ja, gewissermaßen wurde er damals zum Europäer, zu jenem einzigartigen Kulturwesen, das in Massen hervorzubringen bisher der westlichen Welt nicht gelungen ist. Abseits von den normalen Neigungen eines Knaben, stets in Gemeinschaft mit seinen Brüdern und mit den Eltern – die, jeder auf seine Weise, allem Schönen und Erhabenen zutiefst zugetan waren – so formten sich in dieser Zeit die Grundzüge seines Charakters und seiner ganzen Persönlichkeit.

Es war eine in höchstem Maß ungewöhnliche Kindheit, aber Sherlock war auch ein höchst ungewöhnlicher Junge, dazu berufen, einmal ein höchst ungewöhnlicher Mann zu werden.

Dann aber, im Jahr 1864, verließ die Familie Holmes den Kontinent wieder und kehrte zu einem Leben zurück, das völlig anders ablief.

II.
Der alte Sherman, Winwood Reade, Maître Bencin und Professor Moriarty: 1864-1872

Eine Zeit der Prüfungen liegt vor uns,
und wir müssen sie bestehen,
damit Besseres folgen kann.
WINWOOD READE

Für einen Jungen, der es gewöhnt war, vom Kutschenfenster aus geruhsam die Landschaften Europas vorübergleiten zu sehen, war das neue, so völlig andere Leben nicht gerade beglückend.

Siger Holmes mietete ein Haus in Kennington – eine jener soliden Mittelstandsvillen, wie es sie in den 1860er Jahren in dem damals so hübschen Londoner Vorort in Fülle gab.

Als Mann von starker Persönlichkeit hatte Siger Holmes seine festen Vorstellungen, wie seine Söhne fortan zu erziehen und auszubilden seien. Diese Vorstellungen schlossen drei Theorien ein. Die erste war die, daß bei jedem Kinde der Geist ein unbeschriebenes Blatt sei, auf das sich eintragen ließ, was immer die Eltern wünschten. Seine zweite Theorie lautete, daß niemals etwas auswendig gelernt werden sollte, da sich durch diesen Vorgang, wie er beharrlich glaubte, leicht eine Papageienmentalität bilden könne. Noch sonderbarer mutet die negative Einstellung des Vaters zur kindlichen Phantasie an. Von der Phantasie hielt er nichts, also mußte sie unterdrückt werden. Inwieweit dies alles für Sherlock und seine Brüder von Segen war oder aber sie in ihrer Entwicklung gehemmt haben mag, darüber ließe sich trefflich und interessant spekulieren.

Sherrinford, so verfügte Siger Holmes, sollte sich unverzüglich nach Oxford begeben. Als ältester der drei Brüder würde er selbstverständlich einmal den Familienbesitz in Yorkshire erben. Seine Zukunft, soweit es dabei auf Siger Holmes ankam, stand also fest – Sherrinford wurde ganz einfach Gutsherr.

Mycroft, so entschied Siger Holmes, würde am besten in einer Regierungsbehörde Bücherrevisor werden, denn der Knabe schien eine außergewöhnliche Begabung für Zahlen zu haben. Auch Mycroft sollte nach Oxford gehen, doch erst mit achtzehn, also im Jahre 1865.

Aus Sherlock wünschte der Vater, nach voraufgegangenem gründlichen Studium der Mathematik, einen Maschinenbauer zu machen.

Vorerst jedoch schickte er seine beiden kleineren Söhne auf ein Internat. Es war ein düsteres, schlecht ausgestattetes Institut mit einem zum Klassenzimmer führenden Souterrainflur, in dem immer das Gaslicht brannte. Überhaupt war die ganze Schule von extremer Häßlichkeit; sie besaß nicht einmal einen Sportplatz, bloß einen tristen Schulhof, asphaltiert und von hohen Ziegelmauern umgeben.

Es ist schade, daß wir über die zwei Jahre, die Sherlock hier zugebracht hat, nur dies Wenige wissen.

Sherrinford ist niemals zur Schule gegangen. Mycroft nur ein Jahr. Sherlock hatte in seinem Leben nur insgesamt drei Jahre regelrechten Schulunterricht. So ist es ein Rätsel, wie die Jungen, während die unermüdliche Kutsche kreuz und quer durch Europa rollte, sich auch nur das elementarste Schulwissen anzueignen vermochten. Wir können nur annehmen, daß die Mutter den Kindern das Buchstabieren und Zählen beigebracht hat, indes die Räder sich drehten und Siger Holmes auf dem Kutschbock mit seiner Peitsche knallte.

Sherlock war in dem Internat nur Externschüler. Er glänzte dort nicht gerade, faßte jedoch für die Schule einen tiefen Respekt. Noch Jahre später, im Schnellzug zwischen Portsmouth und London, sagte er einmal zu Watson, als sie Clapham Junction passierten:

»Wie schön ist das doch, wenn man auf diesen Hochstrecken so nach London hineinfährt und von oben auf die Häuser hinabschauen kann.«

Watson glaubte, er wolle scherzen, denn die Aussicht war eigentlich trostlos.

»Sieh doch«, sprach der Detektiv weiter, »diese großen, in sich geschlossenen Gebäudekomplexe, wie sie aus dem Grau der Dächer herausragen, wie steinerne Inseln aus einem bleifarbenen Meer.«

»Die Internate, ja«, sagte Watson.

»Leuchttürme sind das, mein Freund! Fanale der Zukunft! Samenkapseln, mit Tausenden von winzigen Kernen gefüllt, aus denen das wissendere, bessere England der Zukunft erblühen wird!«[1]

Damals gab es in Sherlock Holmes' Leben einen großen, beglückenden Trost. Er hatte in der Pinchin Lane, in Lower Lambeth, den Laden des alten Sherman entdeckt, der dort hauste, seine Naturforschungen betrieb und Vögel ausstopfte. Der junge Sherlock, weitgehend sich selbst überlassen und von unersättlicher Neugier, besuchte den kleinen Laden häufig und gern. Jetzt sehen wir ihn bereits vor uns: einen mageren, eifrigen Jüngling, wie er dem alten Mann beim Abhäuten hilft, Vogel- und andere Tierspuren in Gips nachbildet und förmlich überquillt vor Fragen bezüglich der Wirkungen von Sumpfnattern- und Kreuzotterngift.

Während der Wintermonate 1865/66 war Sherlock

1 »Das Geheimabkommen«.

krank und verbrachte die ganze Zeit in seiner Mansarde, die ihm als Schlafkammer diente.

Als es ihm besser ging, gab ihm sein Vater – aufgrund irgendeines unerfindlichen Zufalls – das Buch von Winwood Reade über das *Martyrium des Menschen* zu lesen, dessen Verfasser (1838-1875) als Romanautor, Reiseschriftsteller und Polemiker bekannt und außerdem ein Neffe von Charles Reade war.

Es ist ein deprimierendes Werk, und es mag auch dem jungen Sherlock bedrückend nahegegangen sein. Jedenfalls hat er das Buch nie vergessen und es im Jahre 1888 auch Watson aufs wärmste empfohlen.[2]

Von seiner Krankheit, die schwer gewesen war, allem Anschein nach wieder genesen, wurde Sherlock von seinen Eltern auf das Landgut Mycroft gebracht. Hier in Yorkshire besuchte er ein Jahr lang als Tagesschüler die Grammar School der nächstgelegenen Stadt, ein altes, stilles Schulinstitut. Dort verlebte er eine relativ glückliche Zeit.

Dann aber, im Winter 1867/68, wurde der Gesundheitszustand des Jungen wiederum schlechter. Er wuchs zu schnell und magerte ab. Es mußte etwas dagegen getan werden, deshalb brachte man Sherlock im Sommer 1868 nach London zu dem namhaften Spezialisten Sir James Smith.

Sir James untersuchte den Knaben und erklärte ihn daraufhin für schwächlich. Vielleicht hatte Sir James damals recht, nichtsdestoweniger aber hat sein Patient viele Lebensjahre hindurch mit einem Krafteinsatz gearbeitet, der manche stärkere Konstitution zweifellos ruiniert haben würde. Nur insgesamt zweimal ließ in späteren Jahren Sherlock Holmes' Gesundheit zu wünschen übrig, und das auch nur unter wirklich extremen Umständen.

»Es dauerte eine Weile«, schreibt Watson[3], »bis die Gesundheit meines Freundes Mr. Sherlock Holmes sich von

---

2 *Im Zeichen der Vier.*

3 In: »Der abgerissene Zettel«.

der Überanstrengung durch sein immenses Arbeitspensum wieder erholte... Seine eiserne Konstitution war unter den Strapazen einer Ermittlung, die sich über zwei Monate erstreckt und während deren er nie weniger als fünfzehn Stunden täglich gearbeitet hat, ja sogar, wie er mir versicherte, mehrfach fünf Tage lang ohne Pause am Werk war, einfach zusammengebrochen. Das triumphale Ergebnis seiner Mühen konnte ihn nach solcher Anspannung nicht vor der Reaktion bewahren, und in dem Augenblick, da ganz Europa von seinem Namen widerhallte und man in seinem Zimmer buchstäblich knöcheltief in Glückwunschdepeschen watete, fand ich ihn von der schwärzesten Depression ergriffen. Selbst das Bewußtsein, daß er erfolgreich gewesen war, wo die Polizei dreier Länder versagt hatte, und daß er auf der ganzen Linie den abgefeimtesten Gauner Europas außer Gefecht gesetzt hatte, konnte ihn nicht aus seiner Nervenerschöpfung aufrütteln.«

Noch ein zweites Mal, im Frühjahr 1897, ließ angesichts einer langen Phase unausgesetzter übermäßiger Arbeitsleistung Holmes' eiserne Konstitution Anzeichen von Ermüdung erkennen. Dr. Moore Agar, eine Kapazität aus der Harley Street, verordnete einen radikalen Luft- und Milieuwechsel, und schließlich ließ Holmes sich dazu überreden, auf die Cornische Halbinsel, nach Poldhu Bay, zu verreisen. Kurioserweise, wie wir noch sehen werden, sollte die von Dr. Moore Agar verschriebene »Ruhepause« Holmes den seltsamsten Fall bescheren, der ihm, wie er selbst einmal sagte, bis dahin je unter die Hände gekommen war.[4]

Wie auch immer, 1868 lautete die Diagnose, der Knabe sei schwächlich, und von seiner weiteren schulischen Ausbildung mußte Abstand genommen werden. Momentan aufregender und von sicherlich aktuellerer Wichtigkeit war dabei für Siger Holmes die Entscheidung, daß man

---

4 »Der Teufelsfuß«.

nun erneut auf den Kontinent reisen würde. Sir James, ein wenig den Mund verziehend, empfahl für die Gesundheit des Jungen Südfrankreich, und so wurde für die Familie Holmes die nächste Station wieder einmal Pau.

Im September 1868 segelten Siger, Violet und Sherlock Holmes von Plymouth nach St. Malo, verbrachten dann, Meile um Meile südwärts kutschierend, einen Monat der Muße, wobei sie resolut Halt machten, wo immer sich Gelegenheit bot, am Sonntag zur Kirche zu gehen, was im Leben von Sherlocks Mutter eine sehr große Rolle spielte.

Im Oktober 1868 langten sie in Pau an, und damit begann der letzte Europa-Aufenthalt, den Sherlock Holmes mit seinen Eltern zusammen erleben sollte.

Aus diesem Aufenthalt sind Sherlock Holmes zwei Dinge erwachsen, die ihm in vielen künftigen Jahren noch von Nutzen sein sollten. Um den Jungen zu »stählen«, übernahm Siger Holmes persönlich aus freien Stücken die Aufgabe, ihm Unterricht im Boxen zu geben. Außerdem ließ er den Sohn an der damals berühmtesten europäischen Fechtschule einschreiben, dem Salon des Maître Alphonse Bencin.

Der drahtige kleine Franzose mit dem militärisch steifen Schnurrbärtchen sah sich den stillen, hochaufgeschossenen und mageren Jungen aus England verwundert an.

»*Bien*«, sagte er schließlich. »Fangen wir mit dem Anfang an, dem *tirer au mur*. Den Ausfall müssen Sie beherrschen, ehe ich Ihnen überhaupt etwas zeigen kann, Parade, Terz und so weiter. Nein! Sie sollen nicht treffen! Hier wird ja nicht geboxt. Körper und Arm sind eins, bewegen sich harmonisch, gemeinsam...«

Sonderbarerweise erwies sich Sherlock bei seinen beiden Lehrern als glänzender Schüler.

»Einen Kinnhaken setzt der schon«, sagte sein Vater, sich die Kinnlade reibend. »Und erst seine gerade Linke! Ich mache noch einen Champion aus ihm, Violet. Du solltest uns einmal beim Training zusehen.«

Sherlocks Mutter schüttelte sich.

Das nahende Frühjahr 1871 fand Siger, Violet und Sherlock Holmes wieder in England.

Einer der Gründe für ihre Rückkehr war wohl die schlechte Ernte, die das letzte Jahr in Yorkshire gebracht hatte, so daß es bei Siger Holmes' Pachtbauern Schwierigkeiten gab mit den Zahlungen. Jedenfalls ließ die Familie sich damals wieder in Mycroft nieder.

Für Sherlock wurde das Jahr 1871 wundervoll.

Er besaß ein Pony, und gleich hinter den gewundenen, hügeligen Feldwegen dehnte sich, leicht erreichbar, das herrliche faszinierende Moorland, ein Meer aus riesigen, heidebedeckten Wogen. Im Sommer flimmerten die spitzen Felsen im Hitzeglast, und zu jeder Jahreszeit konnte plötzlich, oft in Sekundenschnelle, ein verwirrender Nebel das Ganze einhüllen. Hier war eines der letzten unberührten Wildnisgebiete, die es in England noch gab. Man konnte sich leicht verirren in diesem Moor, und nicht selten brachten Sherlock und sein Pony die Nacht unter freiem Himmel zu. Jahre später, als Sherlock Holmes einmal für kurze Zeit in einer Steinhütte über den Mooren von Devonshire hauste, kamen ihm die Erfahrungen von Yorkshire noch gut zustatten.

Siger Holmes, hartnäckig wie er war, machte einen letzten Versuch, die Interessen seines jüngsten Sohnes für die Ingenieurlaufbahn zu wecken, in der er ihn noch immer zu sehen wünschte. Als Mittel zu diesem Zweck stellte er für den Sommer 1872 einen höchst ungewöhnlichen Hauslehrer ein.

Professor James Moriarty war überaus groß und überaus mager, mit Schultern, die vom vielen Studieren gekrümmt waren, und einer weißen, gewölbten, weit vorspringenden Stirn. Obwohl damals erst sechsundzwanzig, hatte er bereits graues Haar, und seine Augen waren tief in den Schädel eingesunkene Höhlen. Mit der feierlichen Sprechweise und dem glattrasierten, bleichen Asketengesicht war er der Gelehrte, wie er im Buche steht. Der würdige Eindruck, den er hätte machen können, wurde jedoch stark beeinträchtigt durch den Umstand, daß er den Kopf vorstreckte und immerzu hin und her bewegte wie ein langhalsiges wunderliches Reptil.

Als Einundzwanzigjähriger – im Jahre 1867 – hatte dieser bemerkenswerte Mann eine Abhandlung über den Binomischen Satz geschrieben, die in ganz Europa Furore machte. Aufgrund der Qualität dieser Schrift – und dank gewisser Verbindungen, über die seine aus Westengland stammende Familie verfügte – erhielt er an einer der kleineren englischen Universitäten einen Lehrstuhl für Mathematik.

Hier verfaßte er bald darauf sein Hauptwerk – eine Arbeit, durch die er, ungeachtet seiner späteren Infamien, immer berühmt bleiben wird: sein Buch über die *Bewegungen eines Asteroiden*.

Der unlängst verstorbene Edgar W. Smith (1894-1960), Professor Moriartys ergiebigster Biograph, schreibt dazu:

> Dies monumentale Werk, von der wissenschaftlichen Tageskritik unverstanden, erhob sich bereits zu solch einsamen Höhen der abstrakten Mathematik, daß wir erst jetzt etwas von den profunden Erkenntnissen zu ahnen beginnen, die man eines späteren Tages darin auffinden wird. Das überraschendste und prägnanteste Element in der philosophischen Konzeption dieses Werkes ist die Beziehung, die es zwischen den Systemstrukturen des Universums und denen des Atoms herstellt. Primär ausgehend von der Dynamik eines der zwischen Mars und Jupiter umlaufenden kleinen Planeten werden in einer komplizierten Abfolge von Analogien die Verhältnisse auf das Sonnensystem als Gesamteinheit übertragen, und es wird auf der Basis analytischer Folgerungen kühn die Hypothese entwickelt, daß dieses um die Sonne als Kern gruppierte, quasi kosmische Atom seinem Wesen nach instabil ist und daher der Möglichkeit nicht nur spontaner Auflösung, sondern auch induzierter, also willkürlich eingeleiteter Spaltung unterliegt. Es hieße zu weit gehen, wollte man sagen, Moriarty habe mit Aufstellung der Formel $E = mc^2$ Albert Einstein vorweggenommen; jedoch muß angesichts der Richtung dieses seines revolutionierenden Gedankengangs sowohl den Schlüssen, zu denen er hinsichtlich der Immanenz von Energie im Phänomen Masse

gelangte, als auch der Tatsache, daß er in einige seiner – eher etwas abstrusen – Kalkulationen häufig einen mit der Lichtgeschwindigkeit korrelierenden Faktor einführt, größte Bedeutung beigemessen werden. Formeln, wie er sie tatsächlich niedergelegt hat, waren zwar zugegebenermaßen auf Struktur und Verhalten von Makrokosmen aufgebaut, doch wenn diese Formeln, im Licht der von ihm immer wieder betonten Prävalenz der perfekten Parallele, am Beispiel von Mikrokosmen interpretiert werden, so können wir nicht umhin, die großartige Vision zu erkennen, die Moriarty vom Energiepotential im Innern des Atoms sowie von der praktischen Möglichkeit seiner Freisetzung durch Spaltung besessen und umrissen hat. Seine rein theoretischen Spekulationen auf diesem Neuland menschlichen Denkens, die erst jetzt, siebzig Jahre später, empirische Anwendung erfahren, werden vielleicht selbst heute noch nicht in vollem Ausmaß verstanden noch auch geschätzt.[5]

Zwischen Sherlock Holmes und Professor James Moriarty bestand vom ersten Augenblick an flammender Haß.

Der Professor konnte dem Jungen nichts beibringen, und er hat Mycroft bald wieder verlassen, um zu seinen akademischen Aufgaben zurückzukehren.

Sherlock wiederum kehrte selig zu seinem Pony und seinen Mooren zurück.

Indessen, schon nahte die Zeit heran, da eine größere Welt nach ihm rufen sollte.

Zum Herbstsemester des Jahres 1872 nahm Sherlock Holmes Wohnung im Christ Church College, wie vor ihm seine Brüder Sherrinford und Mycroft, und wurde Student in Oxford.

---

5 »Prolegomena zu den Memoiren des Professor Moriarty«, in: *The Second Cab*, herausgegeben von James Keddie jr., Boston 1947, S. 61 f.

III.
Oxford und Cambridge: 1872-1877

Schon oft hatte ich meinem Gefährten
zu entlocken versucht, was denn eigentlich seinen
Sinn zur Kriminalforschung hingelenkt habe,
doch hatte ich ihn bislang nie in der Laune angetroffen,
darüber zu sprechen.
DR. JOHN H. WATSON

Erst nach seinem Eintritt in Oxford entdeckte Holmes, daß seine Beobachtungsgabe und seine Fähigkeit, Schlüsse zu ziehen, anderen als etwas Besonderes auffielen.

Die Entdeckung setzte ihn in Erstaunen. Er hatte geglaubt, *alle* Menschen pflegten zu beobachten und zu folgern, so wie er und seine Brüder es von jeher taten – denn zumindest auch Mycroft besaß diese Fähigkeiten, und sogar in noch höherem Maß als Sherlock.

Jahre später hat Sherlock in einer Anleitung für alle, die sich im Analysieren und Kombinieren verbessern wollen, folgendes aufgeschrieben:[1]

> …muß der Ermittelnde zunächst einmal die Grundprobleme beherrschen. Er muß lernen, wo immer er einen anderen Sterblichen trifft, auf den ersten Blick zu erkennen, welche Art Vergan-

1 »Das Buch des Lebens«, in: *The Fortnightly Magazine*, Bd. XXI, Heft 3, März 1881, S. 18 ff.

genheit der Betreffende hat und welchem Beruf oder Gewerbe er nachgeht. Eine solche Übung mag primitiv, ja kindisch erscheinen, doch schärft sie das Wahrnehmungsvermögen und lehrt, wohin man schauen und wonach man sich umschauen muß. Eines Mannes Fingernägel, sein Mantelärmel, seine Stiefel, die Kniepartie seiner Hose, die Hornhaut an seinem Daumen und Zeigefinger, sein Gesichtsausdruck, seine Hemdmanschetten – jedes einzelne dieser Dinge läßt klar erkennen, was für ein Geschäft jemand betreibt. Daß sie alle zusammen in irgendeinem Fall nicht vermögen sollten, dem ernsthaften Betrachter Aufschluß zu geben, das ist so gut wie undenkbar.

Sehr groß und unhübsch genug, um über die Maßen interessant zu wirken, weder Gelehrtentyp noch Sportsmann, dafür aber sechs Sprachen sprechend und im Kopf all das Allgemeinwissen, das eine mit Europareisen verbrachte Kindheit darin angehäuft hatte – so dürfte der achtzehnjährige Sherlock Holmes unter den Oxford-Studenten etwas dargestellt haben, was – im Jahr 1872 so gut wie auch noch heute – total aus dem Rahmen des Üblichen fiel.

Er war ein recht einsamer junger Mensch. Die Besonderheit seiner Kindheit hatte ihm richtige Knabenfreundschaften versagt, und durch den Mangel an Schulkontakt besaß er keinerlei Umgang, der sich auf der Universität etwa hätte fortsetzen lassen.

Im Lauf seines ersten Oxford-Jahres jedoch gewann Holmes einen Freund.

Es war ein Dozent, der über Mathematik und Logik las, und für den Anfänger Holmes wurde dieser Mann vom ersten Augenblick an zum Inbegriff der Faszination.

Charles Lutwidge Dodgson, damals vierzig, wohnte gleich Holmes im Christ Church College, das seine Alma Mater gewesen war.

Er war ein Mann von mittlerer Größe, schlank, mit einer höherstehenden Schulter und etwas schiefem Lächeln. Er hielt sich sehr aufrecht, geradezu steif, hatte einen eigentümlich hüpfenden Gang und war mit dem zwiefachen Gebrechen behaftet, daß er nicht nur auf einem Ohr taub war, sondern auch merklich stotterte.

Als Holmes eines Morgens auf dem Weg durch Peckwater[2] Dodgson begegnete, bemerkte er an der rechten Hand des Dozenten verräterische Säureverfärbungen und Brandspuren von Blitzlichtpulver.

»Entschuldigen Sie, Sir«, sagte Holmes, »aber wie ich sehe, interessieren Sie sich fürs Photographieren.«

Die sanften blauen Augen des Dozenten nahmen einen Ausdruck kindlicher Verwunderung an.

»Wie haben Sie das erraten?« rief er.

»Nein, nein«, sagte Holmes, »ich bemühe mich, niemals zu raten. Das ist eine ganz schlechte Gewohnheit – damit verdirbt man sich nur das logische Denken.«

Holmes erklärte kurz seinen Gedankengang. Der Dozent war begeistert.

»Kommen Sie in mein Arbeitszimmer zum Fünfuhrtee, wenn Sie Lust haben«, sagte er. »Dann zeige ich Ihnen meine Apparate und ein paar Bilder, die ich gemacht habe.«

Pünktlich am Nachmittag war Holmes zur Stelle, und bald bekam er eine ungewöhnliche Bilderkollektion zu Gesicht – Familienaufnahmen, Photoporträts von Dichtern und Malern und Wissenschaftlern und Primadonnen, und Bilder über Bilder von kleinen Mädchen aus Dodgsons Bekanntenkreis; er nannte sie seine »Kinderfreunde«.

Holmes, der sich weniger für die Photographien – obwohl sie bemerkenswert gut waren und Geschmack verrieten – interessierte als für den Mann selbst, fand bald durch geschicktes Fragen einige verblüffende Dinge heraus.

Dieser verkrampfte, verschrobene Mann, den Holmes bisher für so todernst und humorlos gehalten hatte, war in Wirklichkeit jemand, der sich mit Taschenspielereien und

---

2 Einer der beiden großen Innenhöfe im Christ Church College. Der andere heißt bekanntlich Tom's Quad.

Links: Er freute sich, daß er seinem alten Bekannten, Dr. John H. Watson, einen Rat geben konnte: Dr. Conan Doyle
Rechts: Der Name sagte Holmes überhaupt nichts: Karl Marx

Links: »Sherlock Holmes war ein Rauschgiftsüchtiger ohne einen einzigen liebenswerten Zug«: George Bernhard Shaw
Rechts: Im Lauf seines ersten Oxford-Jahres gewann Holmes einen Freund: Lewis Carroll

Kartenkunststücken beschäftigte. Er liebte Spiele jeglicher Art. Er hatte sich einfallsreiche Zahlen- und Wort-Puzzles und, was Holmes besonders interessierte, auch Geheimschriften ausgedacht, und er hatte sogar ein System gefunden, wie man sich die Zahl *Pi* bis zu einundsiebzig Dezimalstellen merken konnte. Er war ein enthusiastischer Opern- und Schauspielbesucher und seit langen Jahren mit der bekannten Schauspielerin Ellen Terry befreundet.

Am meisten jedoch beeindruckte Holmes, der Schelmereien liebte, daß der Reverend C.L. Dodgson sich zwei einzig dastehende literarische Späße geleistet hatte: Unter falschem Namen hatte er im Jahre 1865 ein zauberhaftes Buch, betitelt *Alice im Wunderland*, veröffentlicht und noch im gleichen Jahr eine noch zauberhaftere Fortsetzung folgen lassen: *Alice hinter den Spiegeln.*

Holmes war im Winter und anschließenden Frühling viel mit Dodgson zusammen. Nicht selten gerieten sie aneinander, denn beide waren Menschen mit ausgeprägter eigener Meinung. Dodgson wurde in seinen Wortgefechten mit Holmes oftmals sehr erregt, nie jedoch böse – dafür bewunderte er Holmes' Logik zu sehr. Stuart Dodgson Collingwood beschreibt es in seinem Buch über *Leben und Werk des Lewis Carroll* (London 1898) wie folgt:

> Der Kampf in Worten, das kühne scharfe Gefecht zwischen ebenbürtigen Geistern – daran hatte seine [Dodgsons] Seele ihr Entzücken, darin suchte und fand er die Wonne von Kampf und Sieg. Doch hätte er sich seinen erhabenen Geistesfrieden nicht stören lassen von irgendeinem Gegner, den er seines Schwertes für unwert erachtet hätte; er lehnte es ab, sich mit Leuten zu streiten, von denen er wußte, daß sie hoffnungslos unlogisch waren.

Dann, während des zweiten Jahres in Oxford, gewann Holmes noch einen Freund.

»Habe ich dir eigentlich nie von Victor Trevor erzählt?« fragte er Watson eines Abends im Winter 1887/88, als sie in dem alten Zimmer der Baker Street einander am Kamin gegenübersaßen. »Er war einer der beiden einzigen

Freunde, die ich in den zwei Jahren am Christ Church College gehabt habe.[3] Ich war ja nie sehr auf Geselligkeit aus, habe immer am liebsten in meinen vier Wänden gehockt und mir meine eigenen kleinen Denkspiele ausgedacht, so daß ich mit den Kameraden meines Jahrgangs nie viel zusammenkam. Abgesehen von Fechten und Boxen hatte ich für Sport nicht viel übrig, und die Ausrichtung meiner Studien war auch ganz anders als bei den anderen,[4] also hatten wir eigentlich überhaupt keine Berührungspunkte.«

Trevor, entgegen allen Regeln der Universität, hielt sich auf dem College-Gelände einen Hund, einen Bullterrier. Eines Morgens, als Holmes zur Kapelle hinunterging, hing das Tier plötzlich an seinem Fußknöchel. Der Biß war tief und schmerzhaft, und Holmes konnte zehn Tage lang nicht aus dem Zimmer. Trevor war ganz verstört über das, was sein Liebling da angestellt hatte, und an jedem der zehn Tage kam er herüber und erkundigte sich nach Holmes' Befinden. Er war ein offener, temperamentvoller junger Mann, voll Geist und Energie, und er war keineswegs so arm an Freunden wie Holmes. Seine Besuche, die anfangs nur in einem Zweiminutengeplauder bestanden, wurden bald immer länger, je mehr die beiden jungen Menschen auf Dinge zu sprechen kamen, die sie miteinander gemein hatten. Noch ehe das Semester zu Ende ging, waren sie gute Freunde.

Trevors Vater war Witwer, Victor sein einziger Sohn. Sie lebten in Donnithorpe, Norfolk, und gegen Ende Juni lud Trevor Holmes ein, ihn in den Semesterferien für einen Monat dort zu besuchen.

Holmes nahm an. Am Sonntag, dem 12. Juli 1874 , fuhr

---

3 In dem Bericht, den Watson über Holmes' allerersten Fall veröffentlicht hat, gibt er allerdings diese Zeile so wieder: »Er war der einzige Freund, den ich in den zwei Jahren am College hatte.«

4 Fürs erste hatte Siger Holmes seinen Willen durchgesetzt: Holmes erhielt die gründliche Ausbildung in Mathematik, die, wie der Vater hoffte, aus dem jungen Mann einen Maschinenkonstrukteur machen sollte.

er im Dogcart die breite Lindenallee entlang, die zu dem altmodischen, weitläufigen, von Eichen beschatteten Ziegelgebäude führte, wo Victor Trevor zu Hause war.

Von Anfang an interessierte sich Holmes außerordentlich für Trevors Vater: Ein starker Mann, physisch wie auch charakterlich; er hatte nur wenige Bücher gelesen, war aber weit herumgekommen und hatte sich das, was er von der Welt gesehen hatte, gemerkt.

An einem Abend kurz nach Holmes' Ankunft saßen sie nach Tisch noch bei einem Glas Portwein zusammen. Schon bald kam Trevor auf des Freundes Beobachtungs- und Kombinationsgabe zu sprechen. Der Vater hörte der Schilderung des Sohnes zwar aufmerksam zu, doch war deutlich zu merken, daß er dachte, der junge Mann übertreibe wohl.

»Na, na«, sagte er lachend. »Da gäbe ich ja ein ausgezeichnetes Objekt für Ihr Talent ab, Mr. Holmes. Was können Sie denn über mich kombinieren?«

Sherlock Holmes nippte an seinem Portwein. »Nicht sehr viel, fürchte ich«, sagte er dann. »Aber ich würde meinen, Sie haben etwa das letzte Jahr hindurch in der Angst gelebt, persönlich angegriffen zu werden.«

Das Lächeln verschwand von den Lippen des alten Herrn, und er wandte sich ganz verblüfft seinem Sohn zu.

»Nanu, Victor«, sagte er, »das stimmt ja! Du erinnerst dich doch, daß ich dir einmal schrieb, wie Sir Edward Hoby und ich eine Bande von Wilddieben dingfest gemacht haben. Die Burschen sind vor ein paar Monaten wieder aus dem Kerker gekommen. Eines Abends in der *Fasanenschenke* hat der Wirt gehört, wie sie schworen, sie würden uns noch den Hals durchschneiden. Inzwischen wurde Sir Edward tatsächlich schon einmal überfallen, und ich war sorgsam auf meiner Hut. Aber ich kann mir nicht denken, wieso Mr. Holmes das weiß, es sei denn, du hättest ihm von der Sache erzählt.«

Trevor junior schüttelte den Kopf. »Ich weiß genau, daß ich nicht darüber gesprochen habe. *Woher* weißt du es?«

»Dein Vater hat da einen hübschen Spazierstock«, sagte Holmes, indem er sich über den Tisch beugte und den Stock in die Höhe hob. »Die Eingravierung verrät mir, daß er ihn voriges Jahr im Juni geschenkt bekommen hat. Der Stock ist sehr schwer, und man kann erkennen, daß erst vor kurzem etwas daran gemacht wurde; der Knauf ist angebohrt worden, und in das Loch hat man flüssiges Blei gefüllt. Damit ist der Stock jetzt eine gefährliche Waffe. Ich denke mir, dein Vater würde wohl kaum solche Vorsichtsmaßregeln treffen, wenn er nicht irgend etwas zu fürchten hätte.«

»Sehr gut!« rief der alte Trevor und klatschte in die Hände, als applaudiere er einem Schauspieler in einem Theaterstück. »Und was können Sie mir sonst noch sagen?«

»Sie haben in jüngeren Jahren ziemlich häufig geboxt.«

»Stimmt ebenfalls. Haben Sie das an meiner Nase gesehen?«

»Nein, an Ihren Ohren. Ich boxe selbst auch, und mir ist aufgefallen, wie durch diesen Sport manchmal die Ohren flacher oder auch dicker werden.«[5]

»Sehen Sie noch mehr?«

»Nach den Schwielen an Ihren Händen würde ich sagen, Sie haben viel mit dem Spaten gearbeitet.«[6]

»Ich habe mein Vermögen in den Goldfeldern gemacht.«

»Sie waren in Neuseeland und haben auch Japan besucht.«

»Stimmt.«

---

5 Holmes hat später zwei kurze Abhandlungen über das menschliche Ohr geschrieben. (»Über die möglichen Veränderungen des menschlichen Ohres«, in: *The Anthropological Journal*, Bd. XL, Heft 8 u. 9, S. 672 ff, S. 712 ff.) Vgl. Erwähnung dieser Abhandlungen in Watsons Bericht über die schaurige Begebenheit mit dem »Unheimlichen Paket«.

6 Holmes schrieb später eine »kuriose kleine Arbeit«, der er den Titel gab: *Studie über den Einfluß eines Berufes auf die Form der Hände*, London 1886, vgl. auch: *Im Zeichen der Vier.*

»Und Sie haben einmal jemandem nahegestanden, der die Initialen J.A. führt. Es ist jemand, den Sie später gern wieder vergessen wollten.«

Zum Erstaunen der beiden jungen Leute richtete Trevor senior den Blick mit einem seltsamen wilden Starren auf Holmes, dann sackte er, ohnmächtig geworden, nach vorn über den Tisch. Rasch lösten ihm Victor und Sherlock den Kragen und träufelten Wasser auf sein Gesicht. Nach einigen Minuten tat der alte Mann einen tiefen Atemzug, richtete sich auf und brachte sogar ein Lächeln zustande.

»Hoffentlich habe ich euch nicht einen Schreck eingejagt«, sagte er. »Ich sehe zwar kräftig aus, habe aber ein schwaches Herz, und es gehört nicht viel dazu, mich umzuwerfen. Ich weiß nicht, wie Sie es anstellen, Mr. Holmes, aber wenn Sie mich fragen, dann können neben Ihnen sämtliche Detektive der Welt einpacken. Sie, mein Lieber, sind dazu geboren, mein Wort darauf. Glauben Sie einem Mann, der von der Welt einiges gesehn hat.«

»Und dieser Rat«, sagte Holmes später zu Watson, »ob du es glaubst oder nicht, war das Allererste, was mich überhaupt darauf brachte, daß man aus einem Zeitvertreib – denn mehr war es ja damals nicht – einen Beruf machen könnte.«

»Ich hoffe«, fuhr Holmes in seinem Gespräch mit dem alten Trevor fort, »ich hoffe, ich habe nicht etwas gesagt, was Ihnen wehgetan hat.«

»Nun, an eine etwas empfindliche Stelle haben Sie allerdings gerührt«, gab der alte Herr zu. »Woher wissen Sie das denn, und wieviel davon wissen Sie?« Er sprach schon wieder halb und halb scherzend, aber tief in seinem Blick schimmerte noch etwas wie Schrecken oder wie Schmerz.

»Sie erinnern sich doch«, erklärte ihm Holmes, »dieser Tage waren wir alle drei mit dem Boot draußen auf dem See. Sie haben einmal den Arm entblößt, um nach einem Fisch zu langen, da sah ich, daß in der Ellbogenbeuge die Buchstaben J.A. eintätowiert sind. Das blasse Rot, das verwendet wurde, ist eine ganz besondere Pigmentfarbe, die nur Maler in Japan kennen.[7] Die Buchstaben sind noch deutlich lesbar, aber es sieht so aus, als hätte man einmal versucht, sie mit Säure unkenntlich zu machen.«

»Was haben Sie doch für ein Auge!« rief der alte Trevor aus. »Ja, es ist genau so, wie Sie sagen. Aber sprechen wir von etwas anderem. Die Geister einstiger Liebe haben ein zähes Leben.«

Holmes verbrachte eine schlaflose Nacht. Auf der neuen Gedankenspur, die der Rat des alten Trevor in ihm gelegt hatte, schien es ihm völlig unmöglich, sein Mathematikstudium fortzusetzen.

Anderntags schrieb er nach Yorkshire an seinen Vater.

Er habe sich entschlossen, teilte er Siger Holmes mit, nicht Maschinenbauer oder Ingenieur, sondern der erste vollamtlich beratende Detektiv der Welt zu werden.

Siger Holmes tobte.

Ich werde (schrieb er seinem Sohn nach Donnithorpe) *Dir eine mir angemessen erscheinende Apanage aussetzen, aber ich untersage es Dir, mir jemals wieder vor die Augen zu kommen.*

Holmes wußte, solange sein Vater lebte, würde er nie wieder nach Yorkshire ins Elternhaus zurück können. Er telegraphierte seinem Bruder Mycroft in London: *Bitte suche mir Zimmer London und einschreibe mich für Studium Organische Chemie Bart's. Erkläre Dir alles mündlich. Sherlock.*

Das Studium der Organischen Chemie, so fand Holmes, war einer der vielen Studienzweige, die er nun angehen mußte, um sich für die Laufbahn, zu der er entschlossen war, entsprechend vorzubereiten. Beginnen wollte er im Laboratorium am St. Bartholomew's Hospital in London,

7 Später (1878) hat Holmes auch zum Thema Tätowierungen etwas geschrieben. Er erwähnte diese Arbeit noch im Jahre 1887 während seiner Ermittlungen über den Klub der Rothaarigen.

jenem bedeutenden Institut, das bei den Studenten einfach »Bart's« hieß.

Es ist seltsam zu denken, daß Mycroft Holmes, mit siebenundzwanzig ein aufstrebender junger Regierungsbeamter, sehr wohl an dem Tag, als er geschäftig durch die düsteren Korridore im »Bart's« eilte, um seinen Bruder zum Studium dort einzuschreiben, einem stämmigen, etwa fünf Jahre jüngeren Mann begegnet sein könnte. Hätte Mycroft diesen Mann nach seinem Namen gefragt, so wäre ihm der Name John H. Watson genannt worden.

Und wer war dieser John H. Watson?

Ein Mann aus Hampshire, soviel man weiß, der den größten Teil seiner Knabenzeit in Australien verbracht hatte. Außerdem hatte er das Wellington College besucht und dort Examen gemacht. Jetzt, da er sich für die Laufbahn eines Militärarztes entschieden hatte, studierte er an der Londoner Medical School und leistete am St. Bartholomew's gerade ein Praktikum in Chirurgie ab ...[8]

Während der folgenden Tage war im Verhalten des alten Trevor gegenüber Holmes eine Spur Unsicherheit. Dann tauchte eines Nachmittags plötzlich ein Seemann auf, ein magerer, braungebrannter, sehniger Bursche, und verlangte, vom Gutsherrn, seinem »alten Freund« Trevor, empfangen zu werden. Als eine Stunde später Sherlock und Victor von einem Spaziergang nach Hause kamen, fanden sie den alten Trevor auf dem Sofa im Eßzimmer liegen, sternhagelbetrunken.

Der ganze Vorfall wirkte auf Holmes äußerst peinlich. Er merkte, daß seine Gegenwart für den Freund eine

8 Außer John H. Watson haben folgende Mediziner ebenfalls am St. Bartholomew's Hospital gearbeitet: Dr. William Harvey, Leibarzt Karls I. von England, Entdecker des Blutkreislaufs; Percivall Pott, der an sich selbst eine ungewöhnliche Form von Knöchelbruch ausheilte und damit der sog. »Pottschen Fraktur« ihre Bezeichnung gab; John Abernethy, der unwirsche aber brillante Chirurg, dessen Vorlesungen so besucht waren, daß schließlich ein größerer Hörsaal benutzt werden mußte, damit seine Hörer Platz fanden.

Quelle der Verlegenheit wurde. Kurzentschlossen verließ er anderntags Donnithorpe und machte sich auf nach London und in die Wohnung, die ihm Mycroft inzwischen besorgt hatte.

Sieben Wochen lang arbeitete Holmes mit Fleiß und Eifer an seinen ersten Chemieversuchen. Eines Tages jedoch, es war schon Spätherbst und die Semesterferien neigten sich ihrem Ende zu, erhielt er von Victor ein Telegramm, worin dieser ihn dringend bat, ihn doch in Donnithorpe noch einmal aufzusuchen. Holmes ließ alles liegen und stehen und reiste unverzüglich nach Norfolk.

Dr. John H. Watson hat zum Teil von der Botschaft berichtet, die den alten Trevor totenbleich werden ließ, als er sie las: *Wir befürchten, es sind weitere Anbaugebiete verloren. Mit Landrat Hudson, der Einblick hat, wird noch geredet. Die Bauern verlassen sich auf Sie, bangen aber augenblicklich sehr um das Recht auf Land.*

Watson berichtet, wie Holmes das Rätsel löste, indem er von dem Text nur jedes dritte Wort las, mit dem ersten beginnend: »Wir sind verloren. Hudson hat geredet. Verlassen Sie augenblicklich das Land.«[9] Er berichtet dann auch über die Erklärung, die Victors Vater abgab und die wahrhaft erstaunliche Dinge aus der Vergangenheit an den Tag brachte, derentwegen der alte Trevor von diesem Hudson erpreßt wurde.

Und damit endete Holmes' erste Ermittlung in jenem ungewöhnlichen Verbrechensfall, von dem Watson später unter dem Stichwort *Gloria Scott* genauer berichtet hat.

Obwohl Holmes in Oxford noch keinen Abschluß erlangt hatte (und de facto hat er einen solchen niemals erlangt), fand er nun, für das Studium all der verschiedenen Wissenszweige biete ihm Cambridge die besseren Möglichkeiten. So trat er im Spätherbst des Jahres 1874 ins

9 Wie Holmes in »Die tanzenden Männchen« angibt, hat er später (1896) eine Abhandlung zum Thema Verschlüsselungen verfaßt. Darin analysiert und erklärt er 160 verschiedene Geheim-Codes.

Gaius und Conville College ein, das für seine Kombination von Medizin und Naturwissenschaften bekannt war.

»Während meiner letzten Jahre an der Universität Cambridge«[10], so verriet er Watson einmal, »habe ich mit meinen Methoden dort allerlei Gesprächsstoff geliefert.«

Und er hat allerlei Freunde gewonnen, darunter den Kommilitonen Reginald Musgrave, der im gleichen College wohnte.

Musgrave war im Caius College allgemein nicht sonderlich beliebt, obschon Holmes immer den Eindruck hatte, daß das, was man ihm als Stolz ankreidete, in Wirklichkeit nur das Bestreben war, die ihm angeborene extreme Schüchternheit zu kaschieren. In seiner Erscheinung wirkte Musgrave ausgesprochen aristokratisch, mit dem edlen Profil, den großen Augen und seinen lässigen, dabei jedoch höflichen Umgangsformen. Tatsächlich war er ein Sproß aus einer der ältesten Familien des Königreichs, wenn auch selbst einem jüngeren Zweig angehörend, der sich von den berühmteren Musgraves des Nordens in den frühen Jahren des sechzehnten Jahrhunders abgespalten und schließlich in West-Sussex niedergelassen hatte, wo Hurlstone, der Herrensitz der Musgraves, als das wahrscheinlich älteste noch bewohnte Gebäude in der gesamten Grafschaft galt. Etwas von diesem Ort seiner Herkunft schien auch Musgrave selbst anzuhaften. Immer wenn Holmes ihn sah, mußte er unwillkürlich an graue Bogengänge und winzige, schießschartenähnliche Fenster denken.

Dann und wann kamen Holmes und Musgrave unvermittelt in ein Gespräch, und mehr als einmal ließ Musgrave erkennen, daß Holmes' Weise des Beobachtens und Kombinierens ihn ungemein fesselte.

Für Holmes war diese Bekanntschaft von großer Bedeu-

10 Watson macht in seiner Veröffentlichung über »Das Familienritual« (= das Musgrave-Ritual, Anm.d.Üb.) aus »Universität Cambridge« einfach »Universität«.

tung, denn bereits vier Jahre später sollte er den seltsamen Fall des Musgrave-Rituals zu bearbeiten haben, einen Komplex so einzigartiger Vorkommnisse, daß daraufhin erstmals das ganze Land sich für Holmes zu interessieren begann als für einen Mann, der es verstand, die sonderbarsten Rätsel zu lösen.

Doch zwischen seinem letzten Gespräch mit Musgrave im Jahre 1875 und dem Musgrave-Ritual-Fall von 1879 lagen noch viele andere seltsame Aufgaben für den jungen Mr. Sherlock Holmes bereit.

IV.
Montague Street: 1877-1879

»... dort wartete ich und füllte
meine allzu reichliche Mußezeit mit dem Studium
all jener Wissensgebiete aus,
die mir für meine Arbeit von Nutzen sein konnten.
Dann und wann
kam mir ein Fall über den Weg...«
SHERLOCK HOLMES

Im Frühjahr 1877 zog der junge Mr. Sherlock Holmes von Cambridge nach London. Er nahm Wohnung in der Montague Street, nur eine Straßenecke weit vom Britischen Museum.

Dort, im Lesesaal,[1] erwarb er sich jene Kenntnis der Prozeß- und Verbrechensliteratur, die Watson als »unermeßlich« bezeichnet hat. »Wie es scheint«, schrieb er in *Studie in Scharlachrot*, »kennt er von jedem Verbrechen, das in unserm Jahrhundert verübt worden ist, jede, aber auch jede Einzelheit.«

Unter die zahllosen Schriften, die Sherlock Holmes in dieser Zeit durchgeackert haben muß, ist zweifellos auch der *Newgate Kalender von 1700 bis zur Gegenwart* (Lon-

---

1 Damals, dank der kurz zuvor erfolgten Einführung des elektrischen Lichts, im Winter bis 20 Uhr, im Sommer bis 19 Uhr für die Studenten geöffnet.

don 1773) zu rechnen, ebenso der spätere *Newgate Kalender, enthaltend die Lebensläufe von Einbrechern, Straßenräubern usw.*, den ein Anwalt des Old Bailey (London 1840?) zusammengestellt hat. Holmes las, las und behielt, und im späteren Leben hat er von seiner Kenntnis der Annalen des Verbrechens häufig Gebrauch gemacht – von Jonathan Wild (1682?-1725), den er einmal mit Professor Moriarty vergleicht[2], bis zu Thomas Griffiths Wainewright (1794-1852), von dem Holmes sagte, er sei als Maler, aber auch als Giftmischer, gar nicht schlecht gewesen.[3] Doch gleichermaßen vertraut zeigte sich Holmes mit den Ermittlungsmethoden und Ergebnissen erfundener Detektive wie zum Beispiel Poes Dupin und Gaboriaus Lecoq. (Dupin war nach Holmes' Meinung »ein recht mittelmäßiger Bursche« und Lecoq »ein elender Stümper«.)[4]

Holmes bezog jedoch seine Informationen über Verbrechensdinge nicht nur aus Büchern.

Eines Tages im Britischen Museum blickte der Leser neben ihm von seiner Statistik über die minimalen Lohnzahlungen und die riesigen Gewinne in der Baumwollindustrie von Lancashire auf und bemerkte, über welches Spezialgebiet sein Nachbar las.

»Sie interessieren sich für Meuchelmorde?« fragte er mit einem starken preußischen Akzent.

»Ja«, bestätigte Holmes.

»Dann müssen Sie unbedingt meine Freunde kennenlernen, die Anarchisten.«

Holmes war entzückt, wo immer er jemanden traf, der ihn über Verbrechermentalität und Verbrechermethoden näher aufklären konnte. Die Anarchisten erwiesen sich als in Sachen Meuchelmord wohlinformiert, mochten sie auch

---

2 In: *Das Tal der Furcht.*

3 Siehe »Chinesisches Porzellan«. Interessehalber sei bemerkt, daß Oscar Wilde (1854-1900), also im gleichen Jahr geboren wie Holmes, ebenfalls dieser Meinung war. Vgl. Wildes Essay über »Feder, Stift und Gift«.

4 Holmes wörtlich in: *Studie in Scharlachrot.*

im Lesesaal nach wie vor um neue Kenntnisse zu diesem Thema eifrig bemüht sein. Drei von ihnen waren regelmäßig dort anzutreffen: Stepan, Ivan und Sviatoslav. Stepan war ein lustiger Kerl mit roten Backen und einem schwarzen Bart; er liebte Kinder und Hunde über alles und hatte bereits zwei Großherzöge auf seinem Konto. Den ersten hatte er, als Offizier der Kaiserlichen Garde verkleidet, in einer belebten Straße angesprochen und in eine Unterhaltung verwickelt, ehe er Seine Hoheit mit einem Fleischermesser durchbohrte, um sich sodann edelmütig um den toten Aristokraten zu bemühen, bis Zeter und Mordio sich gelegt hatten und er entwischen konnte. Der zweite Mord wurde nicht minder elegant ausgeführt, indem nämlich Stepan auf die fahrende Droschke des Herzogs aufsprang und, noch ehe sie anhalten konnte, auch schon wieder hinuntersprang und in eine Gasse verschwand, wo er sich heimlich Verkleidung bereitgelegt hatte. Während seine Verfolger ihm nachstürzten, marschierte er, angetan mit schwerem Mantel und großem Schlapphut, gemächlich davon.

Ivan war ein grämlicher, launischer Mensch, der seine ganze Zeit mit Lektüre über Sprengmittel zubrachte, wohingegen der gnomenhafte, stets kichernde Sviatoslav immer neue und technisch immer perfektere Höllenmaschinen ersann.

Das konkrete Wissen, das Holmes sich bei diesen Männern holte, sollte ihm Jahre später, als er nach Odessa gerufen wurde, um den Mord an Trepoff aufzuklären, noch von unschätzbarem Wert sein. Für Stepan, Ivan und Sviatoslav bewahrte der Detektiv allzeit eine heimliche Sympathie; der bärtige Leser jedoch, der ihn bei den Anarchisten eingeführt hatte, interessierte ihn weiter nicht; vielmehr fand er die ökonomischen Abhandlungen, die der Mann las, äußerst langweilig, und da er, wie Watson später bemerkte, in Politik »ziemlich schwach« war, sagte ihm der Name Karl Marx überhaupt nichts.

Holmes las nicht nur, sondern schrieb auch, in der Montague Street, ganze Tage lang; zweifellos hat er während dieser Zeit der »allzu reichlichen Muße« viele der literarischen Werke verfaßt, die nunmehr als aus seiner Feder stammend identifiziert werden können.

Da war zum Beispiel die Schrift »Über die Datierung von Dokumenten«, die im *British Antiquarian* in der Ausgabe vom September 1877 ihre Veröffentlichung erfuhr. Holmes ließ etwas wie nachdenklichen Stolz auf seine Autorschaft an seinem ersten veröffentlichten Artikel erkennen, als er 1888, zur Zeit des Baskerville-Falles, annehmen durfte, Dr. James Mortimer habe ihn vielleicht gelesen.

Da war ferner die Abhandlung *Über die Sicherung von Fußspuren, mit einigen Bemerkungen über die Verwendung von Gips zur Konservierung der Abdrücke*. Holmes zeigte im Jahre 1888 Watson ein Exemplar dieser Arbeit, und aller Wahrscheinlichkeit nach hat es davon auch eine Ausgabe in Französisch gegeben, weil sie unter den Büchern und Broschüren erwähnt ist, die François le Villard von der Sûreté damals übersetzt hat.[5]

Als besonders wichtig ist noch Holmes' Arbeit *Über die Verschiedenheit der Asche bei den einzelnen Tabaksorten: Eine Aufzählung von 140 Sorten Zigarren-, Zigaretten- und Pfeifentabak, mit Farbtafeln zur Darstellung der unterschiedlichen Beschaffenheit ihrer Asche* zu nennen. Anscheinend war Holmes auf seine Autorschaft an dieser Arbeit besonders stolz, denn sie ist die einzige unter seinen zahlreichen Schriften, von der Watson angibt, der große Detektiv habe sie mehr als einmal erwähnt.[6]

In den Tagen der Montague Street war es auch, daß Holmes eines seiner kostbarsten Besitzstücke erwarb.

Als er eines Nachmittags, nach einem einfachen Lunch

---

5 *Im Zeichen der Vier.*

6 In: *Studie in Scharlachrot, Im Zeichen der Vier* und »Das Geheimnis von Boscombe Valley«.

in Soho, die Tottenham Court Road entlangschlenderte, erspähte er in dem staubigen Schaufenster eines Antiquitätenladens eine Geige, die sein geschulter Blick sogleich als eine Stradivari erkannte. Zu seinem Erstaunen und Entzücken merkte er dann, daß ihr Besitzer von dem wirklichen Wert des Instruments keine Ahnung hatte. Holmes konnte die Geige für nur fünfundfünfzig Shilling erwerben;[7] wert war sie das Zweihundertfache. Er bewahrte sie danach stets sorgfältig in ihrem Kasten in einer Ecke seines Zimmers auf.[8] Nur einmal, wenn wir Watson glauben dürfen, ging er schlecht damit um: in einem Moment, als er zweifellos nicht völlig Herr seiner Sinne war, hat er sie zu Boden geschleudert.[9]

Holmes' Mutter hatte ihm in jenem glücklichen Sommer 1871 das Violinspielen beigebracht. Jetzt, als Besitzer einer Stradivari, ergab er sich wieder dem Üben, und bereits im Jahre 1881 war er ein vollendeter Geiger.

»Gehört es auch in Ihren Katalog unangenehmer Geräusche, wenn jemand Geige spielt?« fragte er Watson besorgt, als sie sich noch nicht lange kannten.[10]

»Das kommt auf den Spieler an«, lautete Watsons Antwort. »Gutes Geigenspiel ist ein Ohrenschmaus für die Götter, schlechtes dagegen – «

»Oh, dann ist ja alles in Ordnung«, rief Holmes und lachte vergnügt.

»Wie ich sehe«, schreibt Watson (er spricht von einem Zeitpunkt, der einige Wochen später liegt), »bin ich hier auf [Holmes'] Fertigkeit im Geigespielen zu sprechen gekommen. Die war sehr beachtlich, doch war er darin genauso exzentrisch wie in allem, was er tat. Daß er Stücke, und zwar schwierige Stücke, spielen konnte, das wußte ich,

---

7 »Ein unheimliches Paket«.

8 »Das leere Haus«.

9 »Die gefährliche Erbschaft«.

10 *Studie in Scharlachrot.*

weil er mir auf mein Bitten schon einige von Mendelssohns *Liedern ohne Worte* und andere meiner Lieblingsstücke vorgespielt hatte. Für sich allein pflegte er jedoch selten so etwas wie Musik zu erzeugen oder sich an einer erkennbaren Melodie zu versuchen. Vielmehr lehnte er sich dann in seinem Ruhesessel zurück, schloß die Augen und kratzte auf der Geige, die er sich über die Knie gelegt hatte, einfach so herum. Manchmal klangen die Tonfolgen dann dunkel und melancholisch, manchmal auch leuchtend und lustvoll. Deutlich gaben sie die Gedanken wieder, die in ihm umgingen; aber ob nun die Musik diese Gedanken hervorbrachte, oder ob das Spiel einfach einer Phantasie oder Stimmung entsprang, das hätte ich nicht entscheiden können. Ich würde vielleicht gegen diese entnervenden Solodarbietungen protestiert haben, hätte er sie nicht für gewöhnlich damit beendet, daß er in rascher Folge eine ganze Reihe meiner Lieblingsmelodien spielte, als kleine Entschädigung für die Attacke auf meine Geduld.«[11]

»Nun, Watson, du siehst ja richtig erschöpft aus«, sagte Holmes 1888 einmal zu seinem Doktor.[12] »Leg dich dort auf das Sofa, und dann wollen wir doch einmal sehen, ob ich dich nicht in den Schlaf geigen kann.«

Wie uns Watson berichtet, »holte er die Geige aus der Ecke, und während ich mich ausstreckte, begann er eine schöne, dunkle, träumerische Weise zu spielen – selbsterfunden zweifellos, denn er hatte ein beachtliches Talent zum Improvisieren.«

Im Lauf der Jahre wuchs Watsons Bewunderung für den Musiker Holmes immer mehr. »Mein Freund liebte die Musik über alles«, schreibt er in *Der Klub der Rothaarigen*,

---

11 Watsons hier wörtlich zitierte Formulierung (»Attacke auf meine Geduld«) soll wohl darauf anspielen, daß einige der besagten »Lieblingslieder« aus der von Sir Arthur Seymour Sullivan (1842-1900) komponierten Bühnenmusik zu Sir William Schwenck Gilberts (1836-1911) Stück *Trial by Jury and Patience* stammten.

12 *Im Zeichen der Vier.*

»wobei er selbst nicht nur ein glänzender Interpret, sondern auch ein hochbegabter Komponist war.«

Ja, auf seiner Violine zu kratzen, wie Watson sich ausdrückt, das war für Holmes allzeit eine Lieblingsbeschäftigung.

Dann und wann kam Holmes ein Fall über den Weg.

Wir wissen, daß die Begebenheit mit dem Musgrave-Ritual der dritte dieser Fälle war, und dank der Forschungen zweier großer Sherlock-Holmes-Forscher, des Mr. Robert Keith Leavitt und des verstorbenen Edgar W. Smith, können wir auch den ersten und den zweiten Fall identifizieren.

Wie der bemühte Leser bei Lektüre der Jahresprotokolle 1877, 1880 und 1881 der [Britischen] Schützengesellschaft feststellen wird [schreibt Mr. Leavitt[13]], hat es in dieser Gesellschaft einen Skandal gegeben, bei dem es um mutmaßlichen Betrug ging, nämlich um Absprachen, die bei Schießwettkämpfen zwischen Schützen und Punktrichtern erfolgt sein sollen. Die Sache zog so weite Kreise, daß die Gesellschaft die Mühe und Kosten auf sich nahm, Rechtsbeistand einzuholen und Detektive zu bestellen, die greifbares Beweismaterial gegen die des Wettkampfbetrugs verdächtigten Personen erbringen sollten.

Bei Durchsicht der Protokolle von 1879 fand Mr. Leavitt – und zwar in einem Rückblick auf einen der Hauptwettkämpfe des Vorjahres 1878, den sogenannten Alexander –, daß den neunten Platz mit einem Preis von zehn Pfund ein gewisser Corporal Holmes vom 19. Nord-Yorkshire-Regiment gewonnen hatte. Im selben Jahr hatte derselbe Holmes im sogenannten St.-George-Wettkampf den achtundvierzigsten Platz mit einem Preis von sechs Pfund erlangt.

---

13 »Annie Oakley aus der Baker Street«, in: *Bei Licht besehen: Ein Laienleser über das Privatleben von Sherlock Holmes,* hrsg. von Edgar W. Smith, New York 1944, S. 230 ff.

Es sei angemerkt, daß Corporal Holmes' Einheit das 19. Nord-Yorkshire-Regiment war, und es sei daran erinnert, daß Sherlock Holmes im nördlichen Teil von Yorkshire geboren und – gewissermaßen – aufgewachsen war. Allem Anschein nach ist also Sherlock Holmes der hinzugezogene Detektiv gewesen, der das Beweismaterial für den Betrug beibringen sollte. Natürlich dürfte er sich dieses Beweismaterial unter der Tarnung als Mitkämpfer verschafft haben.[14]

Dieser Skandal, bekannt geworden als »Der Fall Mullineaux« [so schließt Mr. Leavitt triumphierend], beschäftigte Holmes [laut Protokollen] drei Monate lang, wurde jedoch von ihm so geschickt und diskret gehandhabt, daß [wie in so vielen seiner Fälle] gerichtliche Maßnahmen vermieden wurden und die Einzelheiten nie an die Öffentlichkeit gelangten. Erst im Jahr 1880 haben allerdings Mitglieder der Gesellschaft, die im Bilde waren, Anspruch auf genaue Information erhoben – mit dem Erfolg, daß man sie mundtot machte.

Mag Holmes' erster Fall aus den Tagen der Montague Street vielleicht eine etwas prosaische Sache gewesen sein, so ist doch der zweite Fall aus jener Zeit romantisch genug, daß auch der märchenfreudigste Autor sich daran ergötzen kann.

Vielleicht erinnert man sich, daß Holmes im Frühjahr 1887 Gelegenheit hatte, einem Manne nützlich zu sein, der sich Wilhelm Gottsreich Sigismond von Ormstein, Großherzog von Cassel-Falstein und Thronerbe von Böhmen nannte.[15]

Indessen, war Holmes' Begegnung mit diesem geheim-

---

14 Mr. Leavitt meint, Holmes sei in den Fall eingeschaltet worden durch einen Lieutenant Backhouse vom 6. Lancashire-Reg., der als Nachbar der Familie Holmes in Nord-Yorkshire vermutlich von Sherlock Holmes' bemerkenswerten Fähigkeiten gewußt habe.

15 »Skandal in Böhmen«. Die wahre Identität des »Thronerben von Böhmen« wird in einem späteren Kapitel näher untersucht werden.

nisvollen Mann im Jahre 1887 wirklich die *erste* Begegnung? Keineswegs, behauptet Edgar W. Smith.[16]

»Ich beklage es nicht, daß ich vor Ihnen mein Inkognito lüften mußte, denn um so mehr Gewicht für Sie hat nun mein Dank.«

Diese Worte, so bemerkt Mr. Smith, könnten sehr wohl in jenem Frühjahr 1887 aus dem Munde des böhmischen Thronerben gekommen und an Sherlock Holmes gerichtet gewesen sein.

Dem war jedoch nicht so.

Sie wurden vielmehr [schreibt Mr. Smith] ... im Jahre 1878 an einen gewissen Brackenbury Rich gerichtet, einen schmucken Leutnant im Waffendienst Ihrer Majestät, der sich in Indien in einem der kleineren Berggefechte sehr hervorgetan hatte, und sie entstammten dem Mund eines Mannes, der sich Prinz Florizel nannte. Als Zeugnis dafür, daß sie gesprochen wurden, haben wir die Aussage von – nicht Dr. John H. Watson, sondern – Louis Stevenson, der in seinem Buch *Neue Arabische Nächte* die Taten dieses königstreuen Haudegens im einzelnen beschrieben hat.

Wir können jedoch [fährt Mr. Smith fort] aufgrund der in beiden Berichten zur Verfügung stehenden starken Indizien nicht daran zweifeln, daß Gottsreich und Florizel ein und dieselbe Person waren. Wie sorgfältig auch beide Erzähler sich bemüht haben, ihrem jeweiligen Helden unverwechselbare Individualität zu verleihen, die Übereinstimmung beider in ihren Neigungen, ihrem Charakter, ihrem ganzen Wesen leuchtet mit der Helle eines Signalfeuers durch die Seiten, auf denen von ihren Taten berichtet wird ...

Wir wissen natürlich genau, an wen sich der geharnischte Gottsreich um Hilfe gewandt hat, als Erpressung ihr häßliches Haupt erhob und das Verhängnis am Horizont drohte. Wer es jedoch war, der [neun] Jahre zuvor bewerkstelligt hatte, daß Florizel den zwar rein körperlichen, deshalb doch nicht minder drohenden Schrecken des Selbstmord-Klubs hat entkommen können, das erfahren wir nicht. »Es ging alles ganz einfach«, wußte

---

16 »Der verschwundene Bräutigam«, in: *Bei Licht besehen* (a.a.O.), S. 262ff.

Colonel Geraldine, Florizels Getreuer, lediglich zu berichten. »Ich bin heute nachmittag mit einem berühmten Detektiv übereingekommen, es wurde Geheimhaltung zugesagt und dafür bezahlt.« Wer konnte zu Recht das Vertrauen von Florizels Männern genossen haben in dieser Stunde, da ihr König in höchster Not war? Wer konnte dafür gewonnen worden sein, das sakrosankte Geheimnis dieser, wenn auch in anderer Hinsicht, hochgefährlichen Eskapade zu teilen? Wahrlich, wer sonst, als derselbe große Mann, der dann [im Jahr 1887] auch dem schwer geschlagenen Gottsreich so diskret und wirksam geholfen hat?

Und so war denn in diesem zweiten Fall der junge, noch in seinen Anfängen steckende Detektiv aus der Montague Street dazu berufen, sich in die grausamen, um nicht zu sagen lebensgefährlichen Vorgänge um den Selbstmord-Klub einzuschalten.

Am Morgen des 2. Oktober 1879, einem Donnerstag, betrat Reginald Musgrave die Holmes'sche Wohnung in der Montague Street.

Er hatte sich im Äußeren kaum verändert, seit Holmes als sein Kommilitone am Caius College in Cambridge mit ihm zusammen gewesen war. Er war nach der neuesten Herrenmode gekleidet, und immer noch zeichneten ihn die sanfte, ruhige Art und das aristokratische Benehmen von damals aus.

Die beiden begrüßten einander mit herzlichem Händedruck.

»Ich hoffe, es geht dir gut, Musgrave«, sagte Holmes.

»Vielleicht hast du davon gehört, daß mein armer Vater gestorben ist«, erwiderte Musgrave. »Vor zwei Jahren ist er dahingegangen. Seitdem muß ich natürlich Hurlstone verwalten. Außerdem bin ich Mitglied im Gemeinderat, ich führe also ein vielbeschäftigtes Leben. Und du, Holmes – stimmt es, daß du deine Fähigkeiten, mit denen du uns immer so verblüfft hast, neuerdings praktisch auswertest?«

»Ja«, antwortete Holmes, »ich lebe jetzt von dem, was mir einfällt.«

»Ich bin froh, das zu hören, denn im Augenblick wäre mir dein Rat über die Maßen wertvoll. In Hurlstone haben sich nämlich sehr sonderbare Dinge ereignet, und die Polizei war durchaus nicht imstande, irgendwie Licht in das Ganze zu bringen. Wirklich, es ist eine ganz unerklärliche und unerhörte Geschichte.«

»Bitte, laß mich die Details wissen«, rief Holmes voller Eifer.

Reginald Musgrave steckte sich eine Zigarette an und erzählte Holmes also seine Geschichte.

Von den sieben Hausbediensteten in Hurlstone (für den Garten und die Ställe war natürlich Extrapersonal da) war die Person, die am längsten in Diensten der Musgraves stand, der Butler Brunton. Er war, als ihn Musgraves Vater vor zwanzig Jahren ins Haus nahm, ein stellenloser junger Lehrer gewesen, doch als ein Mensch von Energie und Charakter wurde er bald für das ganze Hauswesen von unschätzbarem Wert. Einen Fehler hatte jedoch dieser Musterknabe: er neigte ein wenig zum Don Juan. Vor einigen Monaten erst hatte er sich mit Rachel Howells, dem zweiten Stubenmädchen, verlobt, hatte sie dann jedoch wieder fallenlassen und mit Janet Tregellis, der Tochter des ersten Jagdaufsehers, eine Liebschaft begonnen.

In der Nacht zum Donnerstag, vor seinem Besuch bei Holmes, war Reginald Musgrave, weil er nicht schlafen konnte, um zwei Uhr früh aufgestanden und ins Billardzimmer gegangen, um sich ein Buch zu holen, an dem er gerade las. Als er sah, daß aus der offenen Tür zur Bibliothek ein Lichtschimmer kam, vermutete er zunächst Einbrecher. Er nahm eine Streitaxt von der Wand und schlich auf Zehenspitzen bis an die Tür.

In der Bibliothek befand sich Brunton, der Butler. Voll angekleidet saß er in einem Sessel, über den Knien ein Blatt Papier, das nach einer Landkarte aussah, die Stirn wie in tiefem Nachsinnen in die Hand gestützt. Während Reginald Musgrave ihn noch betrachtete, erhob Brunton sich aus dem Sessel, ging zu einem an der Zimmerwand stehenden Sekretär, schloß ein Schubfach auf und zog es heraus. Was er ihm entnahm, war abermals ein Papier, das er, wieder an seinem Platz, über der Tischkante neben dem Wachslicht ausbreitete und mit hingegebener Aufmerksamkeit zu studieren begann.

Nun tat Reginald Musgrave einen Schritt ins Zimmer. Brunton sprang auf und schob das landkartenähnliche Blatt, das er zuvor betrachtet hatte, hastig in seine Brusttasche.

»So!« fuhr Musgrave ihn an. »So also vergelten Sie uns das Vertrauen, das wir in Sie gesetzt haben. Sie verlassen noch morgen mein Haus.«

Der Butler verbeugte sich mit der Miene eines Menschen, der zutiefst getroffen ist, und schlich wortlos an Musgrave vorbei. Musgrave wandte sich dem Papier zu, das Brunton aus dem Schubfach genommen hatte. Zu seiner Verwunderung war es nichts weiter als eine Abschrift der Fragen und Antworten, aus denen das sogenannte Musgrave-Ritual bestand – ein seltsamer alter Brauch, eine Art privater Familienzeremonie, der sich seit Jahrhunderten jeder Musgrave zu unterziehen hatte, wenn er mündig wurde.

Musgrave schloß den Sekretär wieder ab und wollte schon gehen, als er zu seinem Erstaunen gewahrte, daß der Butler wieder hereingekommen war und nun vor ihm stand.

»Sir«, rief er mit vor Erregung heiserer Stimme, »ich ertrage die Schande nicht. Wenn Sie mich nach dem, was geschehen ist, hier nicht behalten können, so lassen Sie mich, ich flehe Sie an, selbst meine Kündigung einreichen und dann in einem Monat Ihr Haus verlassen, als wäre es mein eigener Wunsch.«

»Ein Monat ist zu lang«, widersprach Musgrave; dann, als der Butler um wenigstens vierzehn Tage bat, sagte er: »Gehen Sie binnen einer Woche, und als Grund dafür geben Sie an, was Sie wollen.«

Die nächsten zwei Tage hindurch ging Brunton mit geradezu besessener Aufmerksamkeit seinen Pflichten nach. Am Morgen des dritten Tages jedoch erschien er nicht wie sonst nach dem Frühstück, um seine Anweisungen für den Tag entgegenzunehmen.

Sie durchsuchten das ganze Haus nach ihm, vom Keller bis zu den Bodenkammern, aber er war spurlos verschwunden.

In der dritten Nacht, nachdem er fort war, ertränkte sich Rachel Howells im See – so nahm man jedenfalls an. Doch als man den See absuchte, fand Musgrave nur einen Leinensack, der eine wirre Masse alter Metallstücke und einige mißfarbene Stein- oder Glasscherben enthielt.

»Dieser sonderbare Fund«, schloß der junge Edelmann, »war alles, was wir aus dem Weiher herausfischen konnten, und obwohl wir bis gestern noch überall weitergesucht und herumgefragt haben, wissen wir weder, was aus Rachel Howells, noch was aus Richard Brunton geworden ist. Die Grafschaftpolizei ist mit ihrem Latein am Ende, und nun bin ich zu dir gekommen – du bist meine letzte Hoffnung.«

»Ich muß dieses Papier sehen, Musgrave«, sagte Holmes. »Dieses Dokument, dessen Kenntnis deinem Butler so wichtig war, daß er dafür sogar den Verlust seiner Stellung riskiert hat.«

»Es ist eine verrückte Sache, dieses Ritual da in unserer Familie«, gab Musgrave zur Antwort, »aber es kann sich immerhin auf die Würde der Tradition berufen. Ich habe eine Abschrift von dem Frage- und Antwortspiel mitgebracht, falls du es dir einmal kurz durchlesen möchtest, Sherlock.«

Die Fragen und Antworten auf dem Blatt, das er jetzt Holmes überreichte, lauteten wie folgt:

»Wem gehörte es?«

»Dem, der gegangen ist.«

»Wer soll es haben?«

»Er, der kommen wird.«

»Welcher Monat war es?«

»Der sechste, vom ersten an.«[17]

»Wo stand die Sonne?«

»Über der Eiche.«

»Wo lag der Schatten?«

»Unter der Ulme.«

»Wie schritt man es ab?«

»Zehn und zehn nach Norden, fünf und fünf nach Osten, zwei und zwei nach Süden, zweimal eins nach Westen, und darunter.«

»Was sollen wir dafür geben?«

»Alles, was unser ist.«

»Warum sollen wir es geben?«

»Um der Pflicht willen.«

Noch am gleichen Nachmittag waren Holmes und Musgrave in Hurlstone.

Betreffs der Eiche gab es keinerlei Fragen. Genau vor dem Haus stand ein Patriarch von einem Eichbaum, einer der herrlichsten Bäume, die Holmes je gesehen hatte. Wie Musgrave sagte, stand er dort schon seit den Normannenkriegen.

Von der Ulme war nur noch der Strunk vorhanden – im Jahre 1869 hatte ein Blitzschlag den Baum getroffen. Aber Musgrave wußte noch, wie hoch er gewesen war: genau neunzehn Meter und zwanzig Zentimeter – sein alter Hauslehrer hatte nämlich den Baum immer als Beispiel in trigonometrischen Übungsaufgaben benutzt.

Plötzlich fiel Musgrave etwas ein: auch Brunton hatte, und zwar erst vor wenigen Monaten, sich danach erkundigt, wie hoch die Ulme gewesen sei.

---

17 Es sei hier angemerkt, daß seit dem vierzehnten Jahrhundert bis zum Jahre 1752 in England das neue Jahr offiziell am 25. März begann. Der siebente Monat – »der sechste, vom ersten an« – müßte demnach zu der Zeit, als das Musgrave-Ritual abgefaßt wurde (Reginald Musgrave sagt uns, daß es sich um eine Handschrift aus der »Mitte des siebzehnten Jahrhunderts« handelt), die Zeitspanne (= 1 Monat) zwischen dem 25. September und dem 24. Oktober gewesen sein.

Als die Sonne fast auf dem oberen Rand der Eiche zu stehen schien, ging Holmes mit Musgrave in dessen Arbeitszimmer und schnitzte sich einen Pflock. Daran band er eine lange Kordel, in die er bei jedem vollen Meter einen Knoten machte. Dann nahm er zwei Segmente von einer Angelgerte, insgesamt einen Meter achtzig lang, und ging damit wieder zu dem Platz, wo die Ulme gestanden hatte. Er steckte die Gerte senkrecht in den Boden, visierte an, in welche Richtung ihr Schatten fiel, und maß dessen Länge: genau zwei Meter und siebzig Zentimeter.

Nun war die Rechnung einfach. Wenn ein einsachtzig hoher Stab einen Schatten von zwei Meter siebzig warf, dann mußte ein Baum von neunzehn Meter zwanzig Höhe einen achtundzwanzig Meter und achtzig Zentimeter langen Schatten werfen, natürlich in gleicher Richtung.

Holmes maß die errechnete Strecke ab, wodurch er bis dicht vor die Hauswand gelangte, und steckte seinen Pflock an die Stelle. Von hier aus nahm er nun Schrittmaß: zehn Schritte mit jedem Fuß führten ihn zunächst weiter an der Mauer entlang. Dann bog er sorgfältig zweimal fünf Schritte weit nach Osten ab, danach zweimal zwei Schritte weit nach Süden. Damit gelangte er an die Schwelle einer niedrigen, oben mit schweren Querbalken beschlagenen Tür; sie lag mitten im ältesten Teil des Gebäudes. Zwei Schritte nach Westen bedeutete nun, daß er zwei Schritte weit in einen steingepflasterten Durchlaß hineingehen mußte. Das war die Stelle, die das Ritual angab.

»Und darunter!« rief Musgrave.

Sie stiegen eine steinerne Wendeltreppe hinunter in einen Schacht. Auf seinem Grunde lag eine große, wuchtige Steinplatte mit einem angerosteten Eisenring in der Mitte, an den ein dicker karierter Wollschal geknotet war.

Sie riefen die Bezirkspolizei. Unter Mithilfe der Polizisten gelang es dann Holmes, die Steinplatte anzuheben, und da, in einer engen unterirdischen Kammer, lagen ein flacher Holzkasten mit Metallbeschlägen und daneben die Gestalt eines Mannes – es war der gesuchte Butler.

Holmes konnte alsbald das mitternächtliche Drama rekonstruieren. Brunton hatte, auf die gleiche Weise wie Holmes, die geheime Kammer entdeckt, und zusammen mit Rachel Howells war es ihm gelungen, die Steinplatte hochzuheben. Unten in der Grube hatte der Butler dann den Holzkasten aufgebrochen und den Inhalt nach oben gereicht. Und dann – dann war krachend der steinerne Deckel wieder herabgefallen, und Rachel Howells, im Ohr die heraufdringenden Schreie ihres treulosen Liebsten, hatte den Leinensack samt seinem Inhalt in den Schloßteich geworfen.

Was aber war denn nun in dem Kasten gewesen?

»Jetzt laß mich sehen, was in dem Sack war, den du aus dem Teich gefischt hast«, sagte Holmes erregt.

Sie stiegen zum Arbeitszimmer hinauf, und Musgrave breitete den ganzen Scherbenplunder vor dem Freund aus.

»Dies rostige Metallding da«, sagte Holmes, »ist aber nichts Geringeres als die Krone der englischen Könige.«

»Die Krone!« rief Musgrave aus.

»Jawohl, die Krone. Meines Erachtens gibt es gar keinen Zweifel: dieses verbogene, verrottete Diadem hat einmal die Stirnen der Stuarts geschmückt.«

V.
Auf der Bühne – Gastspiele in England und Amerika: 1879-1881

»In Ihrem Fall, Holmes, war der Gewinn für das Recht ein Verlust für das Theater.«
DER ALTE BARON DOWSON
AM VORABEND SEINER HINRICHTUNG
DURCH DEN STRANG

Unsereins hätte wahrscheinlich gefunden, daß das London der 1870er Jahre ein Ort war, wo sich lächerlich billig leben ließ. Holmes, auf die von seinem Vater als »angemessen« bezeichnete Apanage angewiesen, fand das nicht.

Ja, der Stand seiner Finanzen wurde bald so alarmierend, daß er einsah (genau wie zwei Jahre später Watson): entweder mußte er die Metropole verlassen oder aber sich dazu bequemen, seinen Lebensstil gewaltig zu ändern.

An dem Tag, da er zu diesem Schluß gekommen war, ging er gerade über den Piccadilly Circus, als jemand ihm auf die Schulter klopfte. Sich umwendend erkannte er einen Kommilitonen aus Cambridge, der mit ihm im gleichen College gewohnt hatte.

»Lord Peter!« rief Holmes überrascht aus.

»Bitte, keine Titel«, sagte der auffallend schlaksig wirkende junge Mann, der ihn angehalten hatte. »Es ist mir zur Zeit lieber, man kennt mich nur unter meinem Künstlernamen – Langdale Pike.«[1]

»Ihr Künstlername?« fragte Holmes und hob vielsagend die Augenbraue.

Langdale Pike verneigte sich und erklärte: »Langdale Pike, Schauspieler.«

Holmes mußte laut lachen. Wie Reginald Musgrave stammte auch Lord Peter – alias Langdale Pike – aus einer der ältesten Adelsfamilien des Königreichs.

»Ja, wirklich«, sagte Langdale Pike, »mein Vater hat mich deswegen schon enterbt.«

»Nun«, entgegnete Holmes, »es ist zwar bei mir nicht so einschneidend, aber praktisch so gut wie enterbt bin ich auch.«

»Ja, ja, das Kapital«, seufzte Langdale Pike. »Kommen Sie mit in meinen Klub zum Lunch, und erzählen Sie mir die ganze Geschichte.«

Holmes nahm die Einladung nur zu gern an. Der Chefkoch von Langdale Pike's Klub in der St. James Street[2] genoß internationalen Ruf.

»Mir ist eine glänzende Idee gekommen«, sagte Langdale Pike, als sie ein paar Stunden später bei einer Flasche Port saßen. »Sie sind keine üble Erscheinung, Holmes – zumindest sind Sie groß genug – und Sie haben ein Organ, das gut über die Rampe kommen dürfte. Im *Hamlet* – wir spielen meist Shakespeare, wissen Sie – ist eine kleine Rolle noch zu vergeben. Wollen Sie nicht mit mir im Theater vorbeischauen und sich darum bewerben? Der alte Sasanoff ist ganz nett, soweit man das von einem Spielleiter

---

1 Die Langdale Pikes, die es tatsächlich gibt, sind zwei Hügel in Westmorland, unweit von Wordsworths berühmtem Grasmere. Daraus geht hervor, daß Lord Peter aus dem Norden stammte, und wahrscheinlich deshalb hat Holmes sich in Cambridge mit ihm angefreundet.

2 Obwohl die meisten Theaterleute bekanntlich dem Garrick-Club angehören – der übrigens *nicht* in der St. James Street liegt – hätte »Langdale Pike« gemäß seiner wirklichen Identität beim Boodle-, White- oder Brooks-Club Mitglied sein müssen.

sagen kann. Übrigens«, setzte er hinzu, »können Sie überhaupt spielen?«

»Da fragen Sie mich zuviel«, sagte Holmes. »Ich hab' es noch nie probiert.«

Holmes legte sich den Künstlernamen »William Escott« bei, hergeleitet von seinen Taufnamen William S. (=Sherlock) Scott.

Und dieser Schauspieler William Escott war, wie die Kritik einmütig feststellt, verblüffend erfolgreich. Zum Teil verdankte Holmes das wohl seiner imposanten Gestalt und dem guten Bühnengesicht: die hohe Stirn über den starken und ungemein beweglichen Augenbrauen, die große, gerade Nase, der schmale sensible Mund, die spitze, sehr ausgeprägte Kinnpartie, die durchdringenden grauen Augen – und, als Krönung des Ganzen, das dicke dunkelbraune, leicht wellige Haar, das er als Schauspieler ziemlich lang trug.

Aber Holmes betrieb bald auch eifrig theaterwissenschaftliche Studien. Er verschlang Bände über Theatergeschichte und Handbücher der Bühnentechnik, genau wie er einst die Annalen des Verbrechens verschlungen hatte. Stundenlang konnte er mit Schminke und Kostümen experimentieren, ja, er gewann sogar rein technischen Fragen wie Bühnenbeleuchtung oder Errichtung von Bühnenbildern ein echtes intellektuelles Interesse ab. Keine Aufgabe war ihm zu schwer, kein Proben zu anstrengend, kein Aufwand an Zeit oder Mühe zu groß – Holmes war unermüdlich.

Es hieße jedoch lügen, wenn man behaupten wollte, Holmes sei bei seinen Kollegen je besonders beliebt gewesen – das war er nicht einmal bei Langdale Pike. Was sich vielleicht damit erklären ließe, daß ihm die anderen seinen meteorhaften Aufstieg in einem Beruf, für den viele von ihnen jahrelang hatten arbeiten müssen, ganz einfach neideten – aber die einfache Erklärung ist hier nicht die ganze.

Michael Sasanoff, als er eines Tages daranging, die Geschichte seines langen Theaterlebens zu schreiben,[3] sagt vielmehr:

> Sherlock Holmes war so sehr von seiner eigenen Leistung erfüllt, daß er die Leistungen anderer nicht zu würdigen wußte oder sie nicht würdigen wollte. Jedenfalls hat er sich nie viel daraus gemacht, andere spielen zu sehen.[4]

Holmes' erste größere Rolle war die des Cassius in *Julius Caesar*. Diese Inszenierung wurde in London so gut aufgenommen, daß der »alte« Sasanoff – in Wirklichkeit war er damals erst achtundvierzig – den Blick nach Westen richtete, auf das Land der unbegrenzten Möglichkeiten, Amerika.

Viele europäische Akteure beiderlei Geschlechts hatten während der 1870er Jahre bereits in New York, Boston und anderen Großstädten der USA willkommene Aufnahme gefunden und fanden sie immer noch. Die italienische Schauspielerin Adelaide Ristori hatte schon 1866 mit ihrer *Medea* Furore gemacht. Lilian Adelaide Neilson, die Aktrice aus England, hatte nicht weniger als vier Amerikatourneen – in den Jahren 1872, 1875, 1877 und 1879 – mit großem Erfolg absolviert. Tommaso Salvini, der das Glück gehabt hatte, schon als Anfänger mit der Ristori zusammen auf der Bühne zu stehen, kam 1873 zum ersten Mal in die USA und lieferte eine der berühmtesten Darstellungen aller Zeiten als Othello, nicht im geringsten beeinträchtigt durch die Tatsache, daß er seinen Part nur in Italienisch spielen konnte, während ihm sämtliche Kollegen in englischer Sprache antworteten. Auch Modjeska hatte im Jahre 1878 am Fifth Avenue Theatre in New York im *Camille* Triumphe gefeiert, und als 1880 die Bernhardt das erste Mal in Amerika auftrat, war Booth's Theatre am Abend

---

3 *Siebzig Jahre beim Theater*, London 1923.

4 Interessanterweise sagt Ellen Terry in ihrer Autobiographie fast genau dasselbe über ihren großen Kollegen Sir Henry Irving.

der Eröffnungsvorstellung stundenlang von Menschenmassen umlagert.[5]

So kam es, daß Holmes sich mit dem übrigen Ensemble am 23. November 1879 auf der *Empress Queen*, einem Liniendampfer der White Star, nach den Vereinigten Staaten einschiffte und zehn Tage später in New York ankam.

Sasanoff hatte als seine erste Amerika-Inszenierung *Was ihr wollt* gewählt, und es wird behauptet, Holmes habe mit seinem Malvolio die vollkommenste Darstellung dieser Rolle geboten, die Amerika bis dahin gesehen hatte.[6]

Das Gastspiel in New York dauerte lange, und danach gab die Truppe in vielen amerikanischen Hauptstädten noch insgesamt einhundertachtundzwanzig Vorstellungen.

Damals, wie ja auch heute noch, gab es in den amerikanischen Theatern wöchentlich je zwei Nachmittagsvorstellungen, die eine am Sonnabend, die andere am Mittwoch. An den übrigen fünf Tagen der Woche jedoch war Holmes, der selbst in Zeiten übernormaler Tagesarbeit pro Nacht nie mehr als fünf Stunden Schlaf brauchte, weitgehend frei, und es ist nicht anzunehmen, daß seine Theaterbegeisterung der Intensität seines Interesses an kriminalistischen Dingen auch nur in etwa Abbruch getan haben sollte.

In New York traf Holmes mit Wilson Hargreave zusammen, der in der Polizeiverwaltung dieser Stadt später Bedeutung erlangen sollte.[7] Damals war Hargreave, genau

---

5 Am 9. November. Das Stück hieß *Adrienne Lecouvreur*.

6 Weitere Rollen, in denen Holmes bemerkenswert gut war, waren der Mephisto im *Faust*, der Shylock im *Kaufmann von Venedig*, der Mercutio in *Romeo und Julia* (wobei wohl der Clou seine hinreißende Fechtkunst war) und, nicht zu vergessen, sein Macbeth. Jedoch blieb *Was ihr wollt* immer sein Lieblingsstück. Wie aus Watsons Schriften hervorgeht, zitierte Holmes häufig Shakespeare, doch *Was ihr wollt* ist das einzige Stück, aus dem er offenbar *zweimal* zitiert hat. Teilweise wohl wegen seines Erfolgs in der Rolle des Malvolio, zum nicht geringeren Teil aber auch aufgrund der Tatsache, daß er am 6. Januar – am Dreikönigstag – Geburtstag hatte.

7 »Die tanzenden Männchen«.

wie Holmes, noch Privatdetektiv und steckte gerade in dem Fall Vanderbilt und der Geldschrankknacker[8]. Es war Holmes, der ihm klarmachte, daß der Täter das Glas der Treibhaustür von *innen* und nicht von außen her eingeschlagen haben mußte – ein Umstand, der letztendlich dazu führte, daß einer von Vanderbilts Lakaien als jener »Geldschrankknacker« entlarvt wurde, der den Tresor leergeraubt hatte.

In Philadelphia bekam Holmes zufällig auf einem Gewehr, das für das dort gespielte Stück angeschafft worden war, das Markenzeichen der Pennsylvania Small Arms Company zu Gesicht, ein wichtiges Detail, das sich für jene verblüffende Ermittlung, die Watson später unter dem Titel *Das Tal der Furcht* festgehalten hat, noch als bedeutsam erweisen sollte.

In Baltimore kam Holmes auf den Geschmack von Austern[9] und löste an einem heißen Sommertag als Gast der Polizei das Rätsel eines vermeintlichen Mordes im versperrten Raum, indem er feststellte, wie tief die Petersilienstengel in der Butter steckten.[10]

In Chikago machte der Schauspieler-Detektiv erstmals Bekanntschaft mit dem organisierten Gangstertum.[11]

Die Theatertruppe durchquerte sogar die großen Ebenen des amerikanischen Westens, eine erregende Reise, auf der einmal der Zug halten mußte, weil gerade eine Büffelherde über die Schienen zog. Den Anblick vergaß Holmes nie. »Wenn eine Herde von Büffeln darübergetram-

---

8 »Der Vampir«.

9 *Im Zeichen der Vier*.

10 Holmes hat diesen Fall später Watson erzählt und ihn dabei als »die schreckliche Sache mit der Familie Abernetty« bezeichnet (nicht zu verwechseln mit dem Abergavenny-Mord, einem völlig anderen Fall). Holmes wurde während der Sache mit den sechs Napoleons wieder an den Baltimore-Fall erinnert.

11 »Ich habe die Gangster von Chikago kennengelernt ...« in: »Die tanzenden Männchen«.

pelt wäre«, so äußerte er sich während der Spurensuche bei dem Mordfall Enoch J. Drebber aus Cleveland Watson gegenüber, »hätte es nicht schlimmer aussehen können.«[12]

Die Teile der Vereinigten Staaten, in die Holmes auf seinen Reisen der Jahre 1879 und 1880 nicht gekommen ist, waren praktisch nur der Süden und der Südwesten. Und obwohl später im Wohnzimmer in der Baker Street immer die Amerikanische Enzyklopädie auf dem Bücherbord stand, wußte Holmes nie so recht, wo eigentlich Texas liegt.[13]

Wohin immer die Truppe kam, überall fand sie volle Häuser und ein begeistertes Publikum, und es steht außer Frage, daß Holmes fürderhin stets an Amerika besonders interessiert und diesem Land besonders zugetan blieb.

Er rühmte später noch oft den amerikanischen Slang, zitierte gern Thoreau, glänzte mit seiner Kenntnis der Cocktailpreise, und berühmt ist sein Ausspruch: »Ich freue mich jedesmal, wenn ich einen Amerikaner treffe..., denn ich gehöre zu denen, die daran glauben, daß weder Monarchenwahn noch Ministerdummheit vergangener Jahre unsere Nachkommen daran hindern können, irgendwann in der Zukunft Bürger eines einzigen weltweiten Landes zu sein, auf dessen Fahne der Union Jack und die Stars and Stripes brüderlich beieinander wohnen.«[14]

Im Sommer 1880 kehrte Holmes nach England zurück.

Er hatte in Amerika bescheiden gelebt; nun war die Zeit da, seine Ersparnisse in Studien anzulegen, die ihn in dem Beruf, der ihm noch immer der liebste war, weiter voranbringen sollten. Von neuem suchte er den Lesesaal des Britischen Museums und die Laboratorien von Bart's auf. Viel gab es noch zu lernen: Gesetzeskunde, Anatomie, Botanik, Geologie, und immer wieder Chemie.

---

12 *Studie in Scharlachrot*.

13 »Die fünf Orangenkerne«.

14 »Junggeselle von Adel«.

Gleichzeitig aber begann nun der Name des Detektivs Sherlock Holmes immer bekannter zu werden. Tag um Tag stiegen neue Klienten die Treppe zu seiner Behausung in der Montague Street hinauf. Von den Fällen, die sie ihm brachten, wurde nicht jeder, wie er später gestand[15], zu einem Erfolg, doch gab es dabei oft allerlei hübsche kleine Nüsse zu knacken.[16]

Mittlerweile fand, eine Hemisphäre von dem nichtsahnenden Sherlock Holmes entfernt, am 27. Juli 1880 ein Ereignis statt, ohne das wir heute über die Laufbahn des größten Detektivs, der je gelebt hat, weitgehend in Unkenntnis wären.

John H. Watson, ein Militärchirurg bei den Berkshires (66. Infanterieregiment) wurde in der schicksalsschweren Schlacht von Maiwand bei Ausübung seiner Pflicht von einer afghanischen Kugel in die Schulter getroffen. Sicherlich wäre er den mörderischen Ghazis in die Hände gefallen, hätte nicht sein getreuer Lazarettbursche Murray die Geistesgegenwart und den Mut besessen, ihn einfach quer über ein Packpferd zu werfen und ihn auf diese Weise glücklich hinter die britischen Linien zu bringen.

---

15 »Das Familienritual«.

16 Vgl. Anhang I.

VI.
Die erste Zeit in der Baker Street: 1881-1883

»Beim Zeus,
wenn er wirklich jemanden sucht,
der Wohnung und Kosten mit ihm teilt,
dann bin ich genau sein Mann.«
DR. JOHN H. WATSON

Allein bei seinen Experimenten im Laboratorium von St. Bartholomew's, grübelte Sherlock Holmes vor sich hin.

Die Wohnung, die er tags zuvor besichtigt hatte, würde ihm schon zusagen, aber die Miete war unerschwinglich für ihn. Wenn er doch jemand Passenden fände, mit dem er die Räume – und die monatliche Zahlung an die Hauswirtin Mrs. Hudson – teilen könnte.

Nun, er hatte die Sache dem jungen Stamford gesagt, und vielleicht würde sich daraus etwas ergeben. Er kannte ja genügend Leute.

Plötzlich wurde Holmes' ganze Aufmerksamkeit von dem Reagenzglas beansprucht, das vor ihm auf dem breiten Arbeitstisch stand. Dann hörte er Schritte und blickte sich um.

Im Türrahmen des luftigen Laborraums stand der junge Stamford, neben ihm ein stämmiger, mittelgroßer Mann mit eckigen Kinnladen, breitem Hals und einem kleinen Schnurrbart.[1]

»Ich hab's, ich hab's«, rief Holmes Stamford zu, während er aufsprang und mit dem Reagenzglas in der Hand zu ihm hinüberrannte. »Eine Reaktion, die nur durch Hämoglobin zustande kommt und durch nichts sonst!«

»Dr. Watson – Mr. Sherlock Holmes«, sagte Stamford, die beiden einander vorstellend.

»Guten Tag«, sagte Holmes und faßte Watsons Hand mit so markigem Griff, daß der Arzt überrascht war; danach sah ihm dieser Holmes gar nicht aus. Holmes wiederum dachte bei sich: Dieser Herr dürfte Mediziner sein, hat aber auch etwas Militärisches an sich. Also kann er nur Militärarzt sein. Er kommt eben erst aus den Tropen, denn sein Gesicht ist gebräunt; das ist aber nicht seine natürliche Hautfarbe, sonst wären die Handgelenke nicht weiß. Er hat Strapazen und Krankheit durchgemacht, wie sein ausgezehrtes Gesicht deutlich verrät. Sein linker Arm muß verwundet gewesen sein, er hält ihn unnatürlich und steif. Wo in den Tropen kann ein britischer Militärarzt sich so strapaziert und sich dazu eine Armverletzung geholt haben?

»Sie waren in Afghanistan, wie ich sehe«, sagte der junge Mr. Sherlock Holmes.

»Woher in aller Welt wissen Sie das?« rief der Arzt ganz perplex.

»Spielt keine Rolle«, sagte Holmes und lachte in sich hinein. »Im Moment ist nur das Hämoglobin hier wichtig. Sie erkennen gewiß, was diese Entdeckung bedeutet.«

»Chemisch ist das sehr interessant«, gab Watson vorsichtig zur Antwort, »aber in der Praxis – «

»Aber Mann Gottes, für die gerichtsmedizinische Praxis

---

1 Vgl. »Die Begebenheit mit Charles Augustus Milverton«, der – abgesehen vielleicht noch von »Der letzte Fall« – einzige Bericht über einen Holmes-Fall, in dem Watson (wohl unbeabsichtigt) eine Schilderung seines eigenen Äußeren gab.

ist das *die* Entdeckung, auf die man seit Jahren gewartet hat! Damit haben wir endlich einen todsicheren Nachweis für Blutspuren. Kommen Sie doch einmal hier herüber.«

Holmes packte Watson am Mantelärmel und zog ihn mit sich zu seinem Arbeitstisch.

»Wir brauchen ein bißchen frisches Blut«, sagte er, und schon stach er sich mit einer langen Nadel in den Finger und zog etwas Blut in eine Pipette auf. »So, nun gebe ich diese winzige Blutmenge in einen Liter Wasser. Das Gemisch sieht wie reines Wasser aus – das Verhältnis Blut-Wasser kann höchstens eins zu einer Million betragen. Aber ich zweifle nicht, daß wir die charakteristische Reaktion erhalten werden.«

Er warf ein paar weiße Kristalle in den Glaskolben und fügte einige Tropfen einer klaren, farblosen Flüssigkeit hinzu. Binnen einer Sekunde nahm der Inhalt des Kolbens eine trübe, rotbraune Färbung an, und auf dem Boden des Gefäßes bildete sich ein bräunlicher Niederschlag.

»Wunderschön!« rief Holmes und klatschte entzückt in die Hände; er schaute drein wie ein Kind, das ein neues Spielzeug bekommen hat. »Nun, was halten Sie davon?«

»Es scheint ein sehr empfindlicher Test zu sein«, erwiderte der Arzt.

»Er wird mit Sicherheit den alten Guaiacum-Test ablösen, der sehr grob und unzuverlässig war«, sagte Holmes.[2]

---

2 »Der Guaiacum-Baum, auch *lignum vitae* genannt, ist in Westindien und im nördlichen Südamerika heimisch. Sowohl Rinde wie Harz wurden von jeher gern in der Pharmazeutik verwendet. Um das Vorhandensein von Blut festzustellen, nahm man ein Teil Harz auf sechs Teile Alkohol, versetzte mit diesem Gemisch eine kleine Menge der zu untersuchenden Flüssigkeit und schüttelte das Ganze unter Zusatz einiger Tropfen Wasserstoffsuperoxyd in Äther gut durch. Der Äther löst das Harz auf, und wenn Hämoglobin vorhanden ist, wird die Mixtur leuchtend blau.« *Encyclopaedia Britannica,* Auflage 1880. – Christopher Morley: *Sherlock Holmes und Dr. Watson – Textbuch einer Freundschaft;* New York 1944. In *Der Schatten des Wolfs* von R. Austin Freeman finden wir den Guaia-

»Und die mikroskopische Untersuchung auf Blutkörperchen ist ja wertlos, wenn die Blutspuren schon mehrere Stunden alt sind. Nun, dieses Verfahren hier scheint immer zu funktionieren, gleichgültig, ob das Blut alt oder frisch ist. Wäre es schon früher erfunden worden, Hunderte von Menschen, die immer noch frei herumlaufen, hätten längst für ihre Verbrechen gebüßt.«

Holmes' Augen glänzten bei diesen Worten. Er legte die Hand an die Brust und verneigte sich, als bedanke er sich bei einem imaginären Publikum für den Applaus.

»Man muß Ihnen gratulieren«, sagte Watson.

»Da war doch voriges Jahr in Frankfurt der Mordfall von Bischoff. Der Kerl wäre bestimmt gehängt worden, hätte es damals schon den Sherlock-Holmes-Test gegeben. Oder denken Sie an Mason aus Bradford, an den berüchtigten Muller, an Lefevre aus Montpellier oder an Samson aus New Orleans...«

Der junge Stamford lachte. »Sie sind ja ein wandelndes

cum-Versuch beschrieben wie folgt: »...Er [Dr. John Thorndyke] gab etwas von der Tinktur [Guaiacumlösung] auf die Mitte des Fleckens. Auffallend rasch breitete sich die Flüssigkeit von der benetzten Stelle bis über den Fleckenrand aus und wurde dabei blasser. Dann träufelte Thorndyke behutsam ganz kleine Mengen Ozon-Äther Punkt für Punkt um die Verunreinigung herum und beobachtete, wie die beiden Flüssigkeiten sich im Gewebe des Segeltuchs mischten: Nach und nach sickerte der Äther auf den Flecken zu, bis er an einem und immer mehr Punkten die wellige graue Randlinie erreichte und schließlich überschritt. An jedem der Punkte zeigte sich dabei die gleiche Veränderung: erst wurde der schwache graue Rand zu einer tiefblauen Grenzzone, dann breitete sich die Verfärbung in die umgrenzte Fläche hinein aus, bis die gesamte Fleckstelle als ein deutlicher blauer Klecks ins Auge sprang. ›Sie wissen, was das bedeutet‹, sagte Thorndyke. ›Das da ist ein Blutfleck.‹«
Nach Mr. P. M. Stone (siehe seine klassische Arbeit »Die andere Freundschaft – Eine Betrachtung«, in: *Bei Licht besehen,* a.a.O. S. 97 ff.) sollen Holmes und Thorndyke einander recht gut gekannt haben. Dieser Ansicht ist auch Mr. Francis M. Currier. Vgl. seinen Aufsatz: »Holmes und Thorndyke – eine echte Freundschaft« im: *Baker Street Journal* Bd. III, Heft 2, April 1948, S. 176 ff.

Mordverzeichnis«, sagte er. »Damit könnten Sie glatt eine Zeitschrift herausgeben. Nennen Sie sie *Polizeitagblatt von gestern*.«

»Wäre für die Leser bestimmt interessant«, sagte Holmes, während er sich einen Streifen Heftpflaster über die kleine Wunde am Finger klebte. »Ich muß vorsichtig sein«, setzte er, sich an Watson wendend, hinzu. »Ich spiele nämlich auch ein bißchen mit Giften herum.«

»Übrigens, wir sind geschäftlich hier«, sagte jetzt Stamford und nahm auf einem der dreibeinigen Laborschemel Platz, während er einen zweiten mit dem Fuß Watson hinschob. »Mein Freund Dr. Watson sucht eine Unterkunft, und nachdem Sie sich ja erst gestern beklagt haben, Sie fänden niemanden, der eine Wohnung mit Ihnen teilt, dachte ich mir, am besten bringe ich einmal Sie beide zusammen.«

Holmes war hocherfreut. »Ich habe da eine Wohnung in der Baker Street im Auge«, sagte er, »die mir haargenau zusagen würde. Sie haben doch hoffentlich nichts gegen einen kräftigen Tabak, wie?«

»Ich rauche auch immer Seemannskraut«, entgegnete Watson.

»Das ist gut. Ich habe auch meist Chemikalien herumstehen und experimentiere gelegentlich. Würde Sie das stören?«

»Durchaus nicht.«

»Moment mal, ja – was gibt es sonst noch an mir auszusetzen? Ach ja, ich habe manchmal so meine muffige Zeit und mache tagelang nicht den Mund auf. Denken Sie dann nicht, ich hätte etwas gegen Sie – lassen Sie mich einfach in Ruhe, dann bin ich um so schneller wieder allright. So, und was haben Sie zu beichten?«

Watson lachte über das Kreuzverhör. »Nun«, meinte er, »ich habe etwas gegen lauten Streit, meine Nerven sind zur Zeit etwas angegriffen, ich pflege zu den unmöglichsten nachtschlafenden Zeiten aufzustehen, und ich bin über die Maßen faul. In gesunden Tagen habe ich noch ein paar andere Laster, aber momentan sind dies wohl die wesentlichen.«

»Dann dürfte die Sache ja als abgemacht gelten«, sagte Holmes. »Das heißt, wenn Ihnen die Wohnung gefällt.«

»Wann können wir sie ansehen?«

»Holen Sie mich morgen mittag hier ab, dann gehen wir zusammen hin und machen alles perfekt.«

»In Ordnung, also morgen um zwölf«, sagte Watson und schüttelte Holmes die Hand.

Sie gingen und überließen Holmes wieder seinen Substanzen und Reagenzien.

Wie vereinbart trafen sich Holmes und Watson am folgenden Mittag und besichtigten die Wohnung Baker Street 221 B. Sie bestand aus zwei schönen geräumigen Schlafzimmern und einem luftigen Wohnraum, der zwei breite Fenster nach Westen zur Baker Street hatte.[3]

Auf der Stelle wurde man handelseinig, und noch am gleichen Abend holte Watson seine Sachen aus dem Hotel in der Strand, wo er bisher ein unbequemes und ödes Leben geführt hatte. Sherlock Holmes zog am nächsten Mor-

3 Das B in der Hausnummer 221 B zeigt bekanntlich an, daß die Räume im zweiten (nach englischer Zählung im ersten) Stockwerk des Hauses Baker Street 221 lagen. Da zu Holmes' und Watsons Lebzeiten die Baker Street mit der Hausnummer 85 endete, hat wohl keine Frage den Sherlock-Holmes-Forschern mehr Kopfzerbrechen bereitet als die, wo denn nun wirklich das Haus Nr. 221 gewesen ist. Was die Berichte »Das leere Haus«, *Der Hund von Baskerville*, »Der Club der Rothaarigen«, »Der blaue Karfunkel« und »Das Diadem« hierzu an Hinweisen bringen, dürfte darauf schließen lassen, daß das Haus, in dem Holmes und Watson so viele Jahre gewohnt haben, an der westlichen (oder, nordwärts gesehen, linken) Seite der Baker Street lag, und zwar *unterhalb* der Dorset Street und höchstwahrscheinlich *zwischen* der Blandford Street und der Dorset Street. Allerdings wurden unlängst von Mr. Bernard Davies in »Die Hinterhöfe der Baker Street«, ersch. im *Sherlock Holmes Journal* Bd. IV, Heft 3, Winter 1959, S. 83 ff., starke Argumente für das Haus mit der jetzigen Nummer 31 erbracht, das zwischen der Blandford Street und der George Street liegt.

gen mit mehreren großen Kisten und einigen Koffern ebenfalls ein.

Den ersten und zweiten Tag waren sie vollauf damit beschäftigt, auszupacken und das, was sie mitgebracht hatten, so praktisch wie möglich zu ordnen. Als das getan war, lebten sie sich mehr und mehr in ihrer neuen Umgebung ein.

In den ersten acht oder zehn Tagen erschien keinerlei Besuch, und Watson glaubte schon fast, Holmes sei an Freunden genauso arm wie er selbst. Dann aber stellte er sehr schnell fest, daß Holmes viele Bekannte hatte, und zwar aus den verschiedensten Kreisen. Ein blasses, unscheinbares Männchen zum Beispiel – Watson vorgestellt als ein Mr. Lestrade – kam allein viermal binnen einer einzigen Woche. Eines Morgens meldete sich eine modisch gekleidete junge Dame, die eine halbe Stunde blieb. Der Nachmittag des gleichen Tages brachte einen ärmlich wirkenden, grauköpfigen Besucher, der ganz nach einem Hausierer aussah und offensichtlich in großer Erregung war. Ihm folgte eine schlampig angezogene ältliche Frau. Ein andermal war es ein weißhaariger alter Herr, der Holmes sprechen wollte, und dann wieder erschien ein Dienstmann von der Eisenbahn in seiner Manchester-Uniform. Wann immer eine dieser Personen Einlaß begehrte, pflegte Holmes sich das Wohnzimmer auszubitten, und Watson zog sich dann in seinen Schlafraum zurück. Holmes entschuldigte sich immer wieder bei Watson dafür, daß er ihm diese Unbequemlichkeit zumutete. »Ich muß das Zimmer leider als Geschäftsraum benutzen«, pflegte er zu sagen, »und diese Leute sind ja meine Kunden.«

Am Morgen des 4. März, einem Freitag, wie Watson in seinem Journal vermerkt hat, klärte Holmes ihn endlich darüber auf, daß er beratender Privatdetektiv sei.

»Ich glaube, ich bin der einzige auf der Welt«, sagte er. »Natürlich hat London massenhaft beamtete Detektive und auch viele private. Aber wenn diese Burschen nicht mehr weiterwissen, kommen sie zu mir, und ich muß sie

Am Morgen des 4. März erklärte Holmes endlich, daß er beratender Privatdetektiv sei

dann auf die richtige Fährte bringen. Sie legen mir alles vor, was sie an Beweismaterial haben, und dank meiner Kenntnis der Kriminalgeschichte bin ich dann meist in der Lage, ihnen weiterzuhelfen. Lestrade zum Beispiel ist als Detektiv sehr bekannt, er ist Inspektor bei Scotland Yard. Unlängst hatte er sich in einer Fälschungssache total festgefahren, und so kam er dann eben zu mir.«

»Und ihre anderen Besucher?« fragte Watson.

»Die sind meist von privaten Ermittlungs-Agenturen geschickt. Alle meine Klienten sind Leute, die mit irgend etwas nicht zurecht kommen und ein paar Erklärungen brauchen. Ich höre mir ihre Geschichte an, sie hören sich meinen Kommentar an, und dann streiche ich mein Honorar ein.«

Watson war ans Fenster getreten und schaute hinaus.

»Was der da unten wohl sucht?« sagte er plötzlich und wies auf einen Zivilisten, der langsam, intensiv nach den Hausnummern spähend, die Ostseite der Baker Street entlangging. Er trug einen blauen Briefumschlag in der Hand.

»Sie meinen wohl den pensionierten Marinesergeanten da«, sagte Holmes, der jetzt gleichfalls ans Fenster kam.

»Aufschneiderei und Bluff«, dachte Watson. »Er weiß ja, daß ich nicht nachprüfen kann, was er behauptet.«

Er hatte es kaum gedacht, als der Mann, den sie beobachteten, auf einmal die Nummer an ihrer Haustür erblickte und im Laufschritt über die Straße kam. Sie hörten ein Klopfen und den undeutlichen Ruf einer tiefen Stimme, dann kamen schwere Tritte über die Treppe herauf.

»Für Mr. Sherlock Holmes«, sagte der Besucher, während er ins Zimmer trat und Holmes den Brief übergab.

»Darf ich fragen«, sagte Watson, »was Sie von Beruf sind?«

»Dienstmann, Sir«, gab der Mann mürrisch zur Antwort. »Uniform in Reparatur.«

»Und was waren Sie früher?«

»Sergeant, Sir. Königliche Marine, leichte Infanterie. Noch Fragen? Allright, Sir.«

Er schlug die Hacken zusammen, salutierte, und fort war er.

Holmes reichte Watson den Brief. Wie der Doktor sah, trug er die Unterschrift »Tobias Gregson«.

»Gregson ist der beste Mann bei Scotland Yard«, sagte Holmes erklärend.

»Aber Sie sollen ihm helfen.«

»Ja. Ich glaube, wir gehen uns das einmal anschauen. Wie war doch noch mal die Adresse?«

»Lauriston Gardens 3, Ecke Brixton Road.«

»Ah ja. Also, holen Sie Ihren Hut.«

»Ich soll mitkommen?«

»Wenn Sie nichts Besseres vorhaben, sicher.«

Eine Minute später saßen die beiden in einer Droschke und fuhren zur Brixton Road.

Es war ein nebliger Morgen, und die Dächer der Häuser umhüllte ein fahler Schleier, der das schmutzige Grau der Straßen gleichsam zu spiegeln schien.

Holmes war in bester Laune und verbreitete sich munter schwätzend über Cremona-Geigen und die Unterschiede zwischen einer Stradivari und einer Amati.

Als sie endlich vor Lauriston Gardens 3 anlangten, fanden sie ein unansehnliches, verwahrlostes Haus, das finster und unbewohnt wirkte. Holmes ging ein paarmal den Bürgersteig auf und ab, wobei er mit leerem Blick – so kam es Watson vor – abwechselnd das Straßenpflaster, den Himmel, die gegenüberliegenden Häuser und die Gartenzäune anstarrte. Zu guter Letzt schritt er bedächtig den Grasrand entlang, der den Gartenpfad säumte – immer die Augen am Boden. Zweimal blieb er stehen. Watson sah ihn schmunzeln, und dann vernahm er einen leisen Ausruf.

An der Haustür wurden sie schon erwartet, von einem hochgewachsenen, strohblonden Kerl, der mit einem Notizbuch in der Hand auf sie zugestürzt kam und Holmes die Hand schüttelte.

»Fein, daß Sie kommen!« rief er. »Ich habe alles gelassen, wie es war, und nichts angerührt. Es ist ein vertrackter

Fall, aber ich weiß ja, Sie haben für dergleichen was übrig, stimmt's?«

»Sie sind nicht in einer Droschke hergekommen?«

»Nein, Sir.«

»Lestrade auch nicht?«

»Nein, Sir.«

»Dann wollen wir uns mal das Zimmer ansehen«, sagte Holmes und ging schnurstracks ins Haus; Watson und Gregson folgten.

Im Eßzimmer nahm sofort eine unheimliche, regungslose Gestalt, die auf dem rohen Holzboden lag und mit leeren, blicklosen Augen an die verrottete Decke starrte, Watsons ganze Aufmerksamkeit gefangen. Es handelte sich um einen etwa dreiundvierzigjährigen Mann, mittelgroß, breitschultrig, mit steifen schwarzen Haarkringeln und einem kurzen buschigen Bart. Bekleidet war er mit Gehrock und Weste aus schwerem schwarzen Wollstoff sowie einer hellen Hose; Hemdkragen und Manschetten waren makellos weiß. Neben ihm auf dem Fußboden stand ein wohlgebürsteter Zylinderhut. Seine Hände waren zu Fäusten geballt, die Arme weit ausgebreitet, während die Beine an den Leib gekrümmt waren, als habe er einen schlimmen Todeskampf durchgemacht. In dem starren Gesicht stand Entsetzen und, so erschien es Watson, ein Ausdruck von Haß, wie er ihn nie zuvor in einem Menschenantlitz gesehen hatte.

Lestrade, dünn und frettchengleich wie immer, stand neben der Zimmertür.

Sherlock Holmes trat an den Leichnam heran, kniete nieder und untersuchte ihn sehr genau.

»Sind Sie sicher, daß keine Wunde vorhanden ist?« fragte er, auf das überall ringsum verspritzte Blut weisend.

»Absolut sicher«, sagten die beiden Detektive.

»Dann kann das Blut nur von einer zweiten Person stammen – vermutlich vom Mörder, falls ein Mord stattgefunden hat. Das ganze Drum und Dran hier erinnert mich an den Tod des Van Jansen in Utrecht, im Jahr 1834.«

Während Holmes redete, waren seine Finger unausgesetzt in Bewegung, abtastend, drückend, aufknöpfend, untersuchend.

Zuletzt roch er prüfend an den Lippen des Toten, warf dann einen Blick auf die Sohlen seiner Lacklederstiefel.

»Sie können ihn jetzt ins Leichenhaus bringen«, sagte er endlich. »Mehr ist nicht an ihm festzustellen.«

Gregson hatte eine Tragbahre und vier Männer bereitgehalten. Auf sein Rufen hin kamen sie ins Zimmer, und der Tote wurde hochgenommen und hinausgetragen. Als sie den Leichnam anhoben, fiel mit leisem Klirren ein Ring herunter und rollte über den Fußboden. Lestrade hob ihn auf.

»Es muß eine Frau hier gewesen sein«, sagte er. »Das ist ein Trauring von einer Frau.«

»Was haben Sie denn in seinen Taschen gefunden?« fragte Holmes.

»Das hier«, antwortete Gregson. »Eine goldene Uhr, eine goldene Uhrkette, einen goldenen Ring mit Freimaurerzeichen. Ein Etui aus Russischleder mit Visitenkarten, Aufdruck Enoch J. Drebber, Cleveland, was auch dem eingestickten E.J.D. auf seiner Unterwäsche entspricht. Keine Geldbörse, aber loses Geld im Werte von sieben Pfund dreizehn. Taschenausgabe von Boccaccios *Decamerone*, mit dem Namen Joseph Stangerson auf dem Vorsatzblatt. Zwei Briefe – der eine an E.J. Drebber, der andere an Joseph Stangerson.«

»Und wohin adressiert?«

»American Exchange, Strand – lagernd bis Nachfrage. Beide Briefe sind von der Union Steamship Company und betreffen das Auslaufen eines Schiffes in Liverpool. Es ist klar, der unselige Mensch wollte gerade zurück nach New York.«

»Haben Sie über diesen Stangerson schon Ermittlungen angestellt?«

»Das ist sofort geschehen, Sir«, sagte Gregson. »Ich habe in alle Tageszeitungen eine Anzeige einrücken lassen und einen meiner Leute zum American Exchange geschickt, der ist aber noch nicht zurück.«

»Haben Sie nach Cleveland telegraphiert?«

»Ja, heute morgen.«

Plötzlich schaltete Lestrade sich ein. »Mr. Gregson«, sagte er, »ich habe gerade etwas sehr Wichtiges entdeckt.«

Er riß an seiner Schuhsohle ein Zündholz an und hielt es gegen die Wand. In einer Ecke des Zimmers hatte sich ein großes Stück Tapete gelöst, so daß ein Viereck gelben Mauerwerks bloßlag. Quer über dieses Viereck war in ungelenken blutroten Buchstaben ein einziges Wort geschrieben: RACHE.

»Was sagen Sie dazu?« rief der Detektiv. »Das hat der Mörder mit seinem, oder ihrem, Blut geschrieben. Sehen Sie nur diese Schmiere, wie das an der Wand heruntergelaufen ist! Warum wurde es wohl ausgerechnet in diese Ecke geschrieben? Ich will es Ihnen sagen. Sehen Sie die Kerze dort auf dem Kaminsims? Die hat zu der Zeit gebrannt, und als sie brannte, lag diese Ecke nicht im Dunkeln, sondern war die einzige helle Stelle im ganzen Zimmer.«

»Und was schließen Sie daraus, nachdem Sie das jetzt ausgetüftelt haben?« fragte Gregson.

»Schließen? Nun, der Schreiber hatte offensichtlich den Frauennamen Rachel hinschreiben wollen, ist aber gestört worden, bevor er, oder sie, Zeit hatte, das Wort fertig zu schreiben.«

Holmes hatte ein Metermaß und eine große runde Lupe aus seiner Jackentasche zutage gefördert. Damit wanderte er nun durch das Zimmer; ab und zu blieb er stehen, ging gelegentlich in die Hocke, einmal lag er sogar platt auf dem Bauch. Watson mußte an einen gut trainierten Jagdhund denken, der im Gebüsch hin und her jagt und nach einer verlorenen Fährte sucht. Zuletzt prüfte Holmes das auf die Mauer geschmierte Wort, indem er sich jeden Buchstaben einzeln mit der Lupe vornahm.

»Man sagt, Genie ist die unbegrenzte Fähigkeit, es sich

schwer zu machen«, bemerkte er mit einem Lächeln.[4] »Es ist keine sehr gute Definition, aber auf die Arbeit eines Detektivs paßt sie.«

»Was halten Sie von der Sache?« fragte jetzt Gregson.

»Ich würde Sie um Ruf und Ehren bringen, sollte ich mir anmaßen, Ihnen zu helfen«, meinte Holmes lächelnd. »Sie und Lestrade sind jetzt so schön im Zuge, daß es schade wäre, wenn irgendwer Ihnen dazwischenkäme. Aber wenn Sie mich über Ihre Ermittlungen auf dem laufenden halten, will ich Sie gern unterstützen, wo immer ich kann. Nur eins will ich Ihnen sagen, das mag Ihnen vielleicht in der Sache von Nutzen sein. Hier ist ein Mord verübt worden, und der Mörder ist ein Mann. Er ist mindestens einen Meter achtzig groß, in den besten Jahren, hat für sein Körpermaß relativ kleine Füße, trägt derbe, vierkantige Schuhe und rauchte eine Trichinopoly-Zigarre. Er ist zusammen mit seinem Opfer in einer Droschke hier angekommen, das Pferd trug drei alte Hufeisen und nur vorne links ein neues. Aller Wahrscheinlichkeit nach ist der Mörder von blühender Gesichtsfarbe und hat an der rechten Hand auffallend lange Fingernägel. Das sind nur ein paar kleine Hinweise, aber vielleicht können Sie etwas damit anfangen.«

Lestrade und Gregson tauschten einen Blick.

»Und wenn dieser Mann hier umgebracht worden ist, auf welche Weise dann?« fragte Lestrade.

»Gift«, sagte Sherlock Holmes kurzangebunden und wandte sich zum Gehen. »Ach, noch etwas, Lestrade«, fügte er hinzu, »verschwenden Sie keine Zeit damit, nach einer Miss Rachel zu suchen. RACHE ist ein deutsches Wort und bedeutet *Vergeltung*.«

---

4 Wie ersichtlich, zitiert Holmes hier den berühmten Satz des schottischen Essayisten und Historikers Thomas Carlyle (1795-1881). Zu früherer Zeit, in: *Studie in Scharlachrot*, hatte Watson über Holmes geschrieben: »Als ich einmal Thomas Carlyle zitierte, fragte er ganz naiv, wer das sei und was er geleistet habe.« Offensichtlich ein Ulk, diese Frage. In jener Anfangszeit wußte Watson noch nicht, daß Holmes einen ausgeprägten Sinn für Schelmereien hatte.

Anderntags verbreiteten sich sämtliche Zeitungen über das sogenannte »Brixton-Rätsel«.

Der Tote, so sagte der *Standard*, sei ein vornehmer Amerikaner gewesen, der einige Wochen in London verbracht und in der Fremdenpension der Madame Charpentier am Torquay Terrace, Camberwell, gewohnt hatte. Er wurde auf seinen Reisen von seinem Privatsekretär, einem Mr. Joseph Stangerson, begleitet. Die beiden Herren hatten sich am Donnerstagabend von ihrer Wirtin verabschiedet und sich zum Bahnhof Euston auf den Weg gemacht, in der ausdrücklichen Absicht, mit dem Liverpool-Express wegzufahren. Sie waren kurz darauf noch zusammen auf dem Bahnsteig gesehen worden. Über ihr weiteres Verbleiben war nichts bekannt, bis dann in einem leerstehenden Haus in der Brixton Road Mr. Drebbers Leiche gefunden wurde. Auch über den Verbleib von Mr. Stangerson wußte man nichts. »Wir nehmen gern zur Kenntnis, daß Mr. Lestrade und Mr. Gregson, beide bei Scotland Yard, bereits mit dem Fall befaßt sind, und man darf zuversichtlich erwarten, daß diese beiden bewährten Männer schnellstens Licht in die Angelegenheit bringen werden.«

Holmes und Watson lasen die Berichte beim gemeinsamen Frühstück.

»Ich sage ja, Lestrade und Gregson können tun, was sie wollen, sie machen es immer richtig«, bemerkte Holmes.

»Das hängt aber davon ab, wie es ausgeht.«

»Ach, mein Guter, das spielt doch überhaupt keine Rolle. Wenn man den Kerl faßt, dann *dank* ihrer Bemühungen, und wenn er entkommt, dann eben *trotz* ihrer Bemühungen. *It's heads I win and tails you lose*, wie die Amerikaner sagen. Was sie auch anstellen, ihre Bewunderer bleiben ihnen. *Un sot toujours un plus sot qui l'admire.*«[5]

In diesem Augenblick wurde das Getrampel zahlreicher

---

5 »Ein Dummkopf findet immer einen noch größeren Dummkopf, der ihn bewundert« – so die Schlußzeile (232) des ersten Gesanges der *Art Poétique* von Nicholas Boileau-Despréaux (1636–1711).

Füße im Treppenhaus laut, begleitet von vernehmlichem Protest der Hausbesitzerin, Mrs. Hudson.

»Was in aller Welt ist denn das?« rief Watson und sprang vom Stuhl auf.

»Das ist die Kriminalpolizeitruppe, Sonderkommando Baker Street«, sagte Holmes todernst. Er hatte noch nicht zu Ende gesprochen, da kamen auch schon ein halbes Dutzend der schmutzigsten und zerlumptesten Straßenbengel ins Zimmer gefegt, die Watson jemals gesehen hatte.

»Achtung!« rief Holmes in scharfem Ton, und die sechs ungewaschenen kleinen Strolche standen in Reih und Glied wie sechs Zinnsoldaten. »In Zukunft schickt ihr gefälligst Wiggins allein zum Rapport herauf, und ihr anderen wartet schön unten auf der Straße. Habt ihr sie gefunden, Wiggins?«

»Nein, Sir, ham wir nicht«, sagte der größte von den sechs Rangen.

»Dann müßt ihr weitermachen, bis ihr sie findet. Hier ist euer Sold.« Er überreichte jedem von ihnen ein Shillingstück. »So, und jetzt ab mit euch, und kommt nächstes Mal mit einer besseren Meldung.«

»Haben Sie die auf den Brixton-Fall angesetzt?« fragte Watson, als die kleinen Lümmel wie eine Horde Affen die Treppe hinuntergepoltert waren.

»Ja. Da ist nämlich ein Punkt, über den ich Gewißheit haben muß. Es ist nur eine Frage der Zeit. Hallo, gleich stehen uns Neuigkeiten ins Haus! Da kommt Lestrade über die Straße. Ich könnte mir vorstellen, der will zu uns. Ja, er ist stehen geblieben.«

Die Türglocke schrillte heftig, und Sekunden später stürmte der Scotland-Yard-Mann ins Zimmer.

»Der Sekretär, dieser Joseph Stangerson!« rief er. »Heute morgen um sechs Uhr ist er im Halliday's Private Hotel umgebracht worden!«

Entgegen Lestrades und auch Gregsons Drängen wollte Holmes an diesem Sonnabend nichts mehr unternehmen.

»Weitere Morde wird es nicht geben«, sagte er abschließend. »Damit brauchen Sie nicht mehr zu rechnen. Sie haben mich gefragt, ob ich den Namen des Mörders weiß. Ich weiß ihn. Aber der Name allein bedeutet gar nichts, solange wir den Mann nicht gefaßt haben. Das hoffe ich binnen kurzem zu tun. So, und jetzt wird es Zeit für den Lunch, und dann möchte ich ins Hallé-Konzert gehen und mir die Norman-Neruda anhören. Ihre Einsätze und Phrasierungen sind wundervoll. Wie ging doch noch dieses kleine Stück von Chopin, das sie so hinreißend spielt? Tra-la-la-lira-lira-lei.«[6]

Am Sonntag[7] beorderte Holmes die Herren von Scotland Yard, Gregson und Lestrade, in die Baker Street.

Noch hatte keiner der beiden auch nur ein Wort sagen können, da klopfte es an der Tür, und herein kam die nicht

---

6 In seinem Bericht *Studie in Scharlachrot* (geschrieben sechs Jahre nach dem tatsächlichen Vorfall) behauptet Watson, Holmes habe das Konzert sicherlich am Freitag und nicht am Sonnabend besucht. Dies ist sicherlich ein Irrtum, wie Mr. Paul S. Clarkson in seinem Aufsatz »In the Beginning...«, ersch. im *Baker Street Journal* Bd. VIII, Heft 4, Neue Folge Oktober 1958, S. 197 ff., aufgezeigt hat. Mr. Clarkson betont, daß die »Hallé-Konzerte stets und ausschließlich Montag abends und Sonnabend nachmittags stattfanden. Bei Überprüfung der Originalprogramme des Londoner Konzertlebens für jenen Zeitraum wird man feststellen, daß der Sonnabendnachmittag des 5. März 1881 das einzige Datum ist, das historisch sämtlichen (hier erforderlichen) Besonderheiten entspricht. Es war Madame Norman-Nerudas letztes Auftreten in jener Konzertsaison. Bei dieser Gelegenheit spielte sie jedoch nichts von Chopin. Vielmehr brachte sie ›auf Wunsch‹ Händels *Sonate in D-Dur* zu Gehör.« Hoffen wir, daß Holmes nicht allzu enttäuscht war.

7 In *Holmes chronologisch*, New York 1955, habe ich aufgezeigt, daß »Watson, darauf bedacht, seinen ersten Bericht über einen Holmes-Fall so dramatisch wie möglich zu gestalten..., *die Ereignisse von zwei Tagen in einen einzigen Tag zusammengeschoben hat*« (S. 6). Der Korrektheit halber muß ich jedoch erklären, daß diese meine Deutung von meinem Freund und Kollegen, dem Historiker Dr. Ernest Bloomfield Zeisler, heftig bestritten wird. [W.S.B.-G.]

eben sehr appetitliche Erscheinung des jungen Wiggins, des Sprechers der Straßenbande.

»Bitte, Sir«, sagte er zu Holmes, an seiner Stirnlocke nestelnd, »ich hab sie. Die Droschke. Steht unten.«

»Brav gemacht, Junge«, sagte Holmes freundlich. »Wie wär's, wollen Sie nicht dieses Modell auch bei Scotland Yard einführen?« Damit zog er aus einer Schublade zwei eiserne Handschellen hervor und hielt sie den Detektiven hin. »Wie mein Freund Wilson Hargreave mir sagt, wird bei der Polizei von New York City zur Zeit schon kein anderes mehr benutzt. Sehen Sie nur, wie schön die Feder arbeitet. Schnappt sofort zu.«

»Unser altes Modell tut's vollkommen«, knurrte Lestrade. »Sofern man den richtigen Mann zum Anlegen findet«, setzte er hinzu.

»In Ordnung, in Ordnung«, sagte Holmes und lächelte. »Der Kutscher könnte mir eigentlich schon bei den Koffern helfen. Sag ihm doch, er soll heraufkommen, Wiggins.«

Holmes zog an einem kleinen Handhoffer gerade die Riemen fest, als der Kutscher eintrat.

»Ach bitte, helfen Sie mir doch eben bei dieser Schnalle«, sagte Holmes, auf den Knien über sein technisches Problem gebeugt, ohne den Kopf zu wenden.

Der Kutscher trat mit etwas mürrischer, trotziger Miene hinzu und streckte die Hände aus, um anzupacken. Im nächsten Moment ertönte ein scharfes metallisches ›Klick‹, und Sherlock Holmes sprang wieder auf die Füße.

»Gentlemen!« rief er mit blitzenden Augen. »Darf ich Ihnen Mr. Jefferson Hope vorstellen, den Mörder von Enoch Drebber und Joseph Stangerson!«

Mit einem Wutgeheul riß sich der Gefesselte aus Holmes' Griff und warf sich gegen das Fenster. Scheibe und Holzrahmen gaben nach, doch ehe er ganz hindurchbrechen konnte, waren schon Gregson, Lestrade und Holmes wie drei Hetzhunde auf ihn gesprungen, und Jefferson Hope wurde ins Zimmer zurückgezerrt.

»Wir haben seine Kutsche«, sagte Sherlock Holmes. »Die tut uns jetzt gute Dienste, um ihn nach Scotland Yard zu bringen. Und damit , meine Herren, sind wir am Ende unserer kleinen Rätselei. Sie werden vielleicht noch Fragen haben, und ich bitte darum, sie mir jetzt zu stellen. Keine Angst, ich bleibe Ihnen die Antwort nicht schuldig.«[8]

---

8 Der interessierte Leser findet die vollständige Erklärung für Holmes' Vorgehen in diesem Fall natürlich wieder in Watsons Bericht *Studie in Scharlachrot*.

VII.
Die erste Mrs. Watson: 1883-1886

Eine reiche Erfahrung mit Frauen,
die sich über vielerlei Völker
und drei Kontinente erstreckt…
Dr. John H. Watson

Es war zu Anfang April des Jahres 1883, als Holmes und Watson nach Stoke Moran reisten, dem Wohnsitz der Royglotts, einer in Surrey wohlbekannten Familie. Es ging darum, jenen einzigartigen Fall zu lösen, den Watson unter dem Titel »Das gefleckte Band« aufgezeichnet hat.

Was indessen Mr. Sherlock Holmes in der Zeitspanne zwischen April 1883 und Oktober 1886 an Fällen erlebte, darüber hat uns Dr. Watson keinerlei Bericht hinterlassen.

Das hat seinen Grund. Den größten Teil dieser ganzen Zeit verbrachte Dr. Watson nämlich in den Vereinigten Staaten.

Wie deutlich erinnerte er sich noch an den Tag, als der Brief mit den Übersee-Freimarken in der Baker Street angekommen war…

»Doch nicht etwa schlechte Nachrichten?« hatte Holmes gefragt.

»Von meinem Bruder in San Francisco«, hatte Watson erwidert. »Er ist sehr krank und hat keinen Cent in der Tasche.«

»Du mußt unbedingt zu ihm.«

Und Holmes war an seinen Sekretär getreten, hatte eines der Schubfächer aufgesperrt und sein Bankbuch herausgenommen.

»Gut kassiert in der letzten Zeit«, bemerkte er, während er mit dem Daumem die Seiten durchblätterte.[1] Dann, indem er das Bankbuch zu Watson hinüberschob: »Nimm dir, soviel du willst, meinetwegen alles.«

Jetzt, im Frühjahr 1884, schien sein Bruder wieder auf dem Wege der Besserung, und Watson mußte sich überlegen, wie er Holmes das geliehene Geld zurückzahlen könnte. Viel war nicht mehr davon übrig, aber vielleicht genug, um...

Bei der Pflege und Behandlung seines Bruders hatte Dr. Watson gemerkt, daß er als Arzt immer noch über ein beträchtliches Können verfügte. Wenn er, so überlegte er, in San Francisco eine Praxis aufmachte, könnte er bald genügend verdient haben, um nach England zurückzukehren und seine Schulden bei Holmes zu begleichen.

Dr. Watson hatte Glück auf der ganzen Linie. Er fand eine Praxis, deren Kaufpreis für ihn erschwinglich war, diese Praxis florierte, und unter den ersten Patienten, die ihn aufsuchten, war die siebenundzwanzigjährige Miss Constance Adams.[2]

Obwohl keine Schönheit, war Constance Adams jedoch ein Typ, auf den Watson ansprach: mit rundem Gesicht, breitem Mund, braunhaarig und mit weit auseinanderstehenden blauen Augen, die einen meergrünen Schimmer hatten und das Schönste an dieser Frau waren. Ihre Sanft-

---

1 Es gehört zweifellos in den Zeitabschnitt 1881 bis 1886, daß Holmes auch den Fall Arnsworth Castle, den Darlingtoner Nachlaß-Skandal, die Sache mit der Frau aus Margate sowie eine gewisse delikate Angelegenheit des Königs von Skandinavien zu bearbeiten hatte. Sein Erfolg in der letzteren führte dazu, daß im Dezember 1890 das skandinavische Königshaus erneut seine Dienste in Anspruch nahm. Mr. T.S. Blakeney irrt in der Annahme, beides sei ein und dieselbe Sache gewesen.

2 Watson selbst, 1852 geboren, war zu der Zeit 32 Jahre alt.

mut und völlige Uneigennützigkeit[3] riefen in Watson alle männlichen Beschützerinstinkte wach. Constance war das, was man damals ein ›Heimchen‹ nannte; eine Handarbeit und ein Sessel am Kaminfeuer gingen ihr über alles. Als Watson sie kennenlernte, war er zuerst nur besorgt um sie, am Ende jedoch hatte er sich zutiefst in sie verliebt. Gegen Ende April 1885 verlobten sie sich, wenn auch freilich auf baldige Heirat nicht zu hoffen sein konnte.

Erst im Spätsommer 1886[4] glaubte Dr. Watson so weit zu sein, daß er seine Praxis in San Francisco wieder verkaufen, nach England zurückkehren, sich in London eine neue Praxis einrichten und sein Eheleben beginnen konnte.

So bald wie möglich würden sie Hochzeit feiern, versicherte der Arzt seiner weinenden Constance, als er sie an Deck der Fähre, die zum Eisenbahnhafen Oakland übersetzte, abschiednehmend in die Arme schloß. Er habe nun einmal, sagte er, Holmes bereits 1881 versprochen, die Fakten des ersten von ihnen gemeinsam gelösten Falles der Öffentlichkeit zugänglich zu machen, doch sowie er mit der Niederschrift seiner *Studie in Scharlachrot*[5] fertig sei, werde er Constance nachkommen lassen – was auch hieß: sobald er Holmes schonend beigebracht haben würde, daß dieser dann seinen Mitarbeiter verlor.

---

3 »Menschen, die etwas auf dem Herzen hatten, kamen zu meiner Frau wie Vögel zu einem Leuchtturm«, hat Watson später geschrieben (»Der Mann mit der Narbe«).

4 Seit Auffindung der lange verschollenen Geheimdokumente aus dem Besitz des Fürsten Otto von Bismarck wissen wir, daß sich Dr. Watson bereits im Frühsommer 1886 vorübergehend in Europa aufhielt, um zusammen mit Sherlock Holmes einen äußerst mysteriösen und dazu politisch brisanten Fall zu recherchieren. Siehe: *Sherlock Holmes: Die Wahrheit über Ludwig II. Ein Bericht von Dr. John H. Watson*, hrsg. von Zeus Weinstein. [Anm. d.Hg.]

5 Sie ist im Dezember 1887 in *Beeton's Christmas Annual* erschienen. Das Heft besitzt heute Sammlerwert. 1960 gaben die Sherlock-Holmes-Gesellschaft London und der Verein der Baker Street Irregulars gemeinsam eine wortgetreue Kopie heraus, die mittlerweile ebenfalls Sammlerwert hat.

Wieder daheim in der Baker Street erlebte Watson jedoch, daß in jenem Oktober 1886 die Ereignisse sich geradezu überstürzten.

Am Mittwoch, dem sechsten, einem regnerischen, verhangenen Tag, erhielt Holmes Besuch von einem Dr. Percy Trevelyan aus der Brook Street 403.[6]

Dr. Trevelyan erzählte von zwei Patienten: von einem alten russischen Edelmann, der an Starrkrampf litt, und von einem erst recht sonderbaren stationären Fall, einem geheimnisvollen Mr. Blessington. Dieser Blessington verübte – anscheinend – einen Tag später Selbstmord; man wird sich jedoch erinnern, daß Holmes mittels Untersuchung der Fußspuren und der Zigarrenstummel, die er im Zimmer des Toten fand, nachweisen konnte, daß Blessington – in Wirklichkeit ein Krimineller namens Sutton, von Mitgliedern seiner ehemaligen Bande umgelegt worden war, weil er nach dem aufsehenerregenden Bankraub von Worthingdon den Mund nicht gehalten hatte.

Schon am nächsten Tag, Freitag, dem 8. Oktober,[7] folgte der Fall des adligen Junggesellen Lord Robert St. Simon, dessen Vater, der Herzog von Balmoral, eine Zeitlang Sekretär im Außenministerium gewesen war. Bei Lord Roberts Vermählung mit Miss Hatty Doren, der bezaubernden Tochter eines kalifornischen Millionärs, hatte sich ein sehr peinlicher Vorfall ereignet: unmittelbar nach der Trauungszeremonie war die Dame spurlos verschwunden.

Lestrade konnte sich keinerlei Reim auf die Geschichte machen, Holmes aber besaß Notizen über einige Fälle, die ähnlich verlaufen waren: einer in Aberdeen und ein weite-

---

6 Watson erkannte ihn sofort als den Autor einer Schrift über latente Nervenschäden. Offenbar hat sich Watson damals viel mit medizinischer Literatur beschäftigt, wohl angesichts seiner baldigen Heirat und der Wiederaufnahme einer ärztlichen Praxis.

7 Watson erklärt, dies sei »wenige Wochen vor meiner eigenen Heirat« gewesen.

rer in München. So wurde die Sache rasch geklärt und zum Abschluß gebracht, und alle waren zufrieden, außer Lord Robert, der es kalt ablehnte, an dem wahrhaft lukullischen kleinen Souper teilzunehmen, das Holmes zur Feier des Ganzen bereitgestellt hatte – zwei Paar Waldschnepfen, einen Fasan, Gänseleberpastete, und dazu eine kleine Batterie ehrwürdiger, spinnwebverschleierter Flaschen.

Nur vier Tage später – am Dienstag, dem 12. Oktober – kam dann ein Fall von internationaler Bedeutung, der wichtigste dieser Art, der Holmes bisher angetragen worden war. Es handelte sich um den Verlust eines Briefes von einem ausländischen Potentaten, eines Dokuments, dessen Bekanntwerden in der Öffentlichkeit kontinentale Verwicklungen von höchster Brisanz heraufzubeschwören drohte. Dies führte so illustre Persönlichkeiten wie Lord Bellinger, zum zweitenmal britischer Premier, und Right Honorable Trelawney Hope, damals Sekretär für kontinentale Fragen und meistversprechender Staatsmann des Landes[8], in das Wohnzimmer in der Baker Street.

---

8 Wie zahlreiche Kommentatoren belegt haben, gibt es während Holmes' aktiver Berufszeit nur zwei Abschnitte, in denen der jeweilige britische Premierminister sein Amt zum *zweiten* Mal innehatte. Der erste dieser Zeitabschnitte datiert von 1880 bis Juni 1885; damals war Mr. Gladstone das zweite Mal Premier. Der zweite Abschnitt umfaßt die Zeit von 1886 bis 1892, als Lord Salisbury zum zweiten Mal Premier war. Wie der unlängst verstorbene Mr. Gavin Brend scharfsinnig anmerkt (in seinem Buch *My dear Holmes*), kann man in Watsons Schilderung seines »Lord Bellinger« – »streng, hochnäsig, herrisch, mit Adlerblick« – schwerlich ein verstecktes Porträt Gladstones erblicken. »Lord Bellinger« muß daher Lord Salisbury, und das Jahr muß 1886 gewesen sein, denn nur in diesem Jahr lagen die Ämter des Premierministers und des Außenministers – bei Watson »Sekretär für kontinentale Fragen« genannt – in Händen zweier verschiedener Männer. Salisburys Außenminister war Lord Iddesleigh, vormaliger Sir Stafford Northcote. Gegen Ende des Jahres 1886 erfolgten überraschend mehrere Umstellungen in den Ministerämtern, wobei Lord Iddesleigh buchstäblich von seinem Posten gefegt wurde. Acht Tage später erfuhr ein entsetztes England, daß er im Vorzimmer des Premiers in dessen offizieller Residenz Downing Street 10 ganz plötzlich gestorben war.

Wieder einmal war Lestrade ratlos, Holmes jedoch hatte schnell erkannt, was der zweite Fleck auf den Fliesen des schäbigen alten Hauses in der Godolphin Street zu bedeuten hatte.

»Sie sind ein Zauberer, Mr. Holmes, ein Hexenmeister!« rief Lord Bellinger aus. »Wie kam der Brief denn wieder in die Schatulle?«

Holmes wandte sich lächelnd ab.

»Unsereins hat auch seine diplomatischen Geheimnisse«, sagte er.

So faszinierend diese Fälle auch letztlich waren, Watson bekam das Wohnzimmer in der Baker Street doch allmählich ein wenig satt. Seine Gedanken waren weit fort, sie weilten in San Francisco bei Constance Adams, der Frau seiner Träume. Und am 1. November 1886, einem Montag, wurde sie in St. George's am Hanover Square seine Ehefrau.

VIII.
Die Frau: November 1886 bis Mai 1887

»Sie ist... auf diesem Planeten das anmutigste Wesen, das eine Haube trägt.«
SHERLOCK HOLMES

»Für Sherlock Holmes«, schreibt Watson, »blieb sie immer *die* Frau. Ich habe so gut wie nie gehört, daß er sie anders genannt hätte. In seinen Augen steht sie turmhoch über allen ihren Geschlechtsgenossinnen... Es hat für ihn nur eine einzige, eben diese Frau gegeben: Die jüngst verstorbene[1] Irene Adler, eine Person heiklen und fragwürdigen Andenkens.«

Blicken wir zurück, wie jenes ereignisreiche Jahr 1887 begann: Da war Holmes' Berufung nach Odessa in dem Mordfall Trepoff; da war seine Mission in Sachen des holländischen Königshauses, die er so taktvoll und zugleich erfolgreich erfüllt hat; dann seine Aufklärung der beispiellosen Tragödie der Brüder Atkinson in Trincomalee[2] und

1 Watsons Wendung »vor kurzem verstorben« war zu der Zeit, als er seinen Bericht über den »Skandal in Böhmen« schrieb, unrichtig, wie wir in Kapitel XII noch sehen werden.

2 Es ist höchst unwahrscheinlich, daß Holmes deswegen nach Ceylon reiste. Trincomalee war ein bedeutender britischer Marinestützpunkt, und jene Tragödie war zweifellos von hohem Staatsinteresse. Wahrscheinlich haben britische Diplomaten Holmes während seiner Holland-Mission die Fakten vorgelegt, und er hat die Sache von dort aus gelöst.

schließlich der ganze Fragenkomplex um die Holland Sumatra Company und die unerhörten Intrigen des Barons Maupertuis.

Man schrieb den 14. April, als Watson ein Telegramm aus Lyon erhielt, des Inhalts, daß Holmes krank im Hotel Dulong liege. Binnen vierundzwanzig Stunden war er am Bett des Patienten und stellte erleichtert fest, daß die Diagnose zu keinerlei ernsten Befürchtungen Anlaß gab.

»Die Ehe bekommt dir gut«, bemerkte Holmes. »Ich glaube, du hast siebeneinhalb Pfund zugenommen, seit ich dich das letzte Mal sah.«

»Sieben«, berichtigte Watson.

»So? Ich hätte ein bißchen mehr geschätzt. Und du praktizierst also wieder, wie ich sehe. Du hast mir gar nichts davon gesagt, daß du vorhattest, dich wieder ins Metier zu stürzen.«

»Wieso weißt du es dann?«

»Ich sehe es doch«, sagte Holmes. »Eine einfache Folgerung. Wenn in mein Zimmer ein Gentleman kommt, der einen schwarzen Silbernitratfleck am rechten Zeigefinger und eine Ausbuchtung an seinem Zylinder hat, weil er da deutlich sichtbar sein Stethoskop versteckt hält, dann muß ich schon wirklich krank sein, um nicht sofort sagen zu können, daß er aktiv dem medizinischen Stand angehört.«[3]

Drei Tage später waren Holmes und Watson wieder in London. Aber dem Arzt war klar, daß sein Freund sich in

---

3 Wer das authentische Sherlock-Holmes-Material studiert hat, wird wissen, daß Watson diese Unterhaltung so bringt, als habe sie im Mai 1887 (»Skandal in Böhmen«) und nicht schon im April 1887 (»Der abgerissene Zettel«) stattgefunden. Man erinnere sich, daß »Skandal in Böhmen« *vor* dem »Abgerissenen Zettel« veröffentlicht worden ist. Der Autor Watson mußte den Lesern von »Skandal in Böhmen« beibringen, daß er zu der Zeit sowohl verheiratet als auch »im Metier« war. Das erreichte er, indem er seinem Manuskript ein Gespräch mit Holmes einfügte, das in Wirklichkeit schon einen Monat früher geführt worden war.

anderer Umgebung besser erholen würde. Ein alter Bekannter von Watson, Colonel Hayton, der in Afghanistan sein Patient gewesen war, besaß in der Nähe von Reigate in Surrey ein Haus und hatte Dr. Watson und Gattin schon mehrfach aufgefordert, ihn doch einmal dort zu besuchen. »Ein wenig Diplomatie war zwar vonnöten«, schreibt Watson, »doch als Holmes hörte, daß es sich um einen Junggesellenhaushalt handelte[4] und daß ihm völlige Freiheit zugestanden sein würde, stimmte er meinem Plan zu, und eine Woche nach unserer Rückkehr aus Lyon wurden wir Gäste unter dem Dach des Colonels.«

Dort wurde Holmes mit einem ungewöhnlichen und komplexen Problem konfrontiert, das ihm Gelegenheit gab zu zeigen, wie außerordentlich gut er Handschriften zu analysieren verstand – eine Waffe mehr unter den vielen, mit denen er sein Leben lang gegen das Verbrechen gekämpft hat.

»Ich glaube, Watson, unsere Erholungszeit auf dem Land ist ein voller Erfolg geworden«, rief Holmes, als der Fall gelöst war, »und ich komme bestimmt frisch gestärkt morgen nach Haus in die Baker Street.«

Dann, am 20. Mai 1887, einem Freitag[5], kam Watson abends von einem Patientenbesuch, und sein Nachhauseweg führte ihn durch die Baker Street. Als er an der so vertrauten Tür Nr. 221 vorüberging, erfaßte ihn starkes Verlangen, nach Holmes zu sehen.

Die Wohnung des Detektivs war hell erleuchtet, und gerade als Watson zu den Fenstern hinaufsah, erkannte er

---

4 Diese Bemerkung erklärt, warum Watson den Freund nicht zu sich nach Hause holte; Holmes konnte schon in gesunden Tagen Mrs. Watsons betuliche Bemühungen um ihn nicht vertragen, geschweige denn, wenn er leidend war.

5 Watsons Bericht über den Fall datiert dessen Anfang auf den »20. März 1888«. Das ist offenkundig ein Irrtum. Es läßt sich beweisen, daß die Sache an einem Donnerstag oder Freitag begonnen haben muß; der 20. März 1888 war aber ein *Dienstag*.

hinter der Gardine als dunklen Schatten die hagere, hohe Gestalt. Rasch und eifrig marschierte der Freund hin und her, den Kopf auf die Brust geneigt und die Hände im Rükken verschränkt.

Watson freute sich darüber, denn offensichtlich war Holmes wieder an der Arbeit und in ein brennendes Problem vertieft.

Holmes hatte jedoch zu früh gejubelt, als er sagte, er kehre »frisch gestärkt« zurück in die Baker Street. Nach den enormen Strapazen des Frühjahrs 1887 war er doch immer noch ein recht kranker Mann. Während der letzten Wochen war er gar nicht aus dem Haus gegangen, sondern hatte sich mit seinen alten Büchern daheim vergraben. Und, was Watson zutiefst beunruhigte: in seiner Krankheit war Holmes darauf verfallen, sich mittels Kokain Erleichterung zu verschaffen.

Holmes berichtet selbst[6], daß er die Wirkung von Kokain – und später auch Morphium – als so bewußtseinsklärend und geistig anregend empfand, daß es ihm mehr und mehr gleichgültig wurde, welchen Raubbau an Körper und Seele er so zwangsläufig mit sich trieb.

Im September 1888 erlaubte er sich dann bereits dreimal am Tag eine Dosis von einer siebenprozentigen Kokainlösung.[7]

Erfreulicherweise ist aber zu berichten, daß Watson im Lauf der Jahre den Freund vollständig von seiner Drogensucht heilen konnte. Schon Ende des Jahres 1896[8] hat

---

6 *Im Zeichen der Vier.*

7 Daß Holmes es bis zur Häufigkeit dreier Kokaingaben täglich hat kommen lassen und daß er sich die Droge intravenös spritzte – *aktiv*, wie es im Jargon der Unterwelt heißt –, ist in der Tat schlimm. Allerdings ist eine siebenprozentige Kokainlösung noch kein übermäßig starkes Konzentrat. Im Jahre 1898 setzte man in der britischen Pharmakologie offiziell die Konzentration zur *injectio cocainae hypodermica* auf zehn Prozent fest.

8 »Der vermißte Rugbyspieler«.

Holmes unter normalen Umständen nicht mehr nach diesem künstlichen Stimulans verlangt.[9]

An jenem Abend im Mai 1887 freute Holmes sich sehr, Watson zu sehen. Fast wortlos, aber mit freundlichem Blick, winkte er den Arzt zu einem der Sessel, drückte ihm ein Kistchen Zigarren in die Hand und wies nach der Zimmerecke, wo ein Behälter mit Whiskyflaschen und ein Gasogengerät, ähnlich dem heutigen Syphon, standen.[10]

Als der Doktor es sich bequem gemacht hatte, reichte ihm Holmes einen Brief.

Er war auf starkes rosafarbenes Papier geschrieben und trug weder Datum noch Unterschrift oder Adresse. Der Text lautete:

> Heute abend, eine Viertelstunde vor acht Uhr, wird ein Herr bei Ihnen vorsprechen, der in einer Sache von allerhöchster Wichtigkeit Ihren Rat einzuholen wünscht. Ihre unlängst einem der europäischen Königshäuser geleisteten Dienste haben Sie als einen Mann ausgewiesen, den man unbedenklich mit Dingen betrauen darf, deren Bedeutung unermeßlich ist. Dies Zeugnis haben wir allerseits über Sie ausgestellt erhalten. Seien Sie bitte zur genannten Stunde in Ihrer Wohnung anwesend, und nehmen Sie nicht Anstoß, wenn Ihr Besucher eine Maske trägt.

---

9 Wahrscheinlich fand Watson das geeignete Mittel gegen Holmes' Sucht in einer dritten Droge, dem Heroin, das von Deutschland her als »Kur gegen Morphium-Mißbrauch« bekannt geworden und bis zu einem warnenden Leitartikel des *British Medical Journal* vom Jahre 1907 noch nicht als Droge verpönt war.

10 Für den heutigen Leser sei hier erläuternd hinzugefügt, daß der Vorläufer des Syphons in England das sogenannte »gasogene«, eine Art Gas-Generator, war. Es war ein Glasgefäß, geformt etwa wie eine Acht; den oberen Teil zierten ein Griff und ein Stutzen (wie beim heutigen Soda-Syphon). Die obere Kammer des Apparats wurde mit Säurekristallen und Karbonaten bestückt, um Gas zu erzeugen, das dann in die zu drei Vierteln mit Wasser gefüllte untere Kammer entwich. Das in der oberen Kammer erzeugte Gas versetzte das Wasser in der unteren Kammer mit Kohlensäure, so daß eine Art Sodawasser entstand, das mit dem Whisky aus dem »Flaschenbehälter« (auch *Tantalus* genannt, weil abschließbar) gemischt werden konnte.

Watson prüfte eingehend die Handschrift und auch das Papier, auf das die Botschaft geschrieben war – so, wie er es Holmes in Reigate in der Sache mit dem »Abgerissenen Zettel« hatte tun sehen.

»Der das geschrieben hat, muß ein gutes Einkommen haben«, meinte der Doktor endlich. »Für eine Packung von solchem Papier bezahlt man mindestens eine halbe Krone. Es ist eigentümlich dick und steif.«

»Eigentümlich – das ist das richtige Wort«, sagte Holmes. »Halte es einmal gegen das Licht.«

Watson gehorchte und sah ein großes E, und die kleinen Buchstaben g, a und P sowie ein großes G mit einem kleinen t in der Struktur des Papiers.

»Zweifellos der Name des Herstellers«, meinte er. »Oder richtiger, sein Monogramm.«

»O nein, keineswegs! Das G mit dem kleinen t dahinter steht für das deutsche Wort *Gesellschaft*, es ist eine Abkürzung wie das englische ›Ltd.‹ oder das amerikanische ›Co.‹ Das P bedeutet natürlich *Papier*. Jetzt zu dem E und dem g. Schauen wir doch einmal in unserem geographischen Lexikon Europas nach.« Er griff in das Regal rechts vom Kamin und hob einen dickleibigen braunen Band herunter. »– da ist es: Eger. Das ist ein deutschsprachiges Gebiet in Böhmen, nahe bei Karlsbad gelegen. ›Bekannt als der Schauplatz von Wallensteins Tod[11] sowie durch seine Fabriken und Papiermühlen.‹ Na, mein Lieber, was sagt dir das?« Holmes' Augen blitzten, und triumphierend blies er eine große Wolke Zigarettenrauch in die Luft.

»Das Papier wurde in Böhmen hergestellt«, sagte Watson.

»Genau. Und der Mann, der die Nachricht geschrieben hat, ist ein Deutscher. Beachte die eigenartige Satzkon-

---

11 Historisch korrekt: Albrecht Wenzel Eusebius von Waldstein (1583 bis 1634), Herzog von Friedland, Sagan und Mecklenburg, böhmischer General im Dreißigjährigen Krieg, des Verrats verdächtigt und meuchlings ermordert. Er ist der Held des Schillerschen Wallenstein-Dramas.

struktion – ›Dies Zeugnis haben wir allerseits über Sie ausgestellt erhalten‹.«

Noch während er sprach, ertönte das harte Getrappel von Pferdehufen, man hörte Räder gegen den Kantstein schrammen, und gleich darauf wurde heftig die Klingel gezogen. Holmes pfiff durch die Zähne.

»Klingt nach einem Zweispänner«, sagte er. »Ja«, fuhr er nach einem Blick aus dem Fenster fort, »ein hübscher kleiner Brougham und ein Paar Prachtpferde. In der Sache steckt Geld, Watson, wenn nicht noch mehr.«

»Ich gehe wohl besser hinaus, Holmes.«

»Aber keine Idee, lieber Doktor. Was fange ich denn ohne meinen Boswell an!«[12]

Ein schwerer bedächtiger Schritt war jetzt auf der Treppe und im Hausgang zu hören; vor der Wohnungstür setzte er kurz aus. Dann folgte ein lautes, herrisches Klopfen.

»Herein«, sagte Holmes.

Der Mann, der ins Zimmer trat, war mindestens einen Meter fünfundachtzig groß und hatte eine Statur wie ein Herkules. Er war aufwendig gekleidet, so aufwendig, daß es in England schon als ein bißchen geschmacklos gegolten hätte. Die Augenpartie seines Gesichts war bis über die Wangenknochen hinab mit einer schwarzen Maske bedeckt.

»Sie haben Nachricht erhalten?« fragte der Mann mit tiefer, barscher Stimme. »Ich kündigte meinen Besuch an.«

»Bitte, nehmen Sie Platz«, sagte Holmes. »Dies hier ist Dr. Watson, mein Freund und Kollege. Wie habe ich die Ehre Sie anzusprechen?« fragte er verschmitzt.

»Sie sprechen mit Graf Kramm, einem böhmischen

---

12 Watson hatte zu dem Zeitpunkt den Text seiner *Studie in Scharlachrot* bereits fertig vorliegen; die Veröffentlichung erfolgte allerdings erst sieben Monate später.

Edelmann. Ich nehme an, dieser Herr hier, Ihr Freund, ist ein Mann von Ehre und Diskretion, denn meine Sache ist von äußerster Wichtigkeit. Ich hoffe also, ich kann ihm trauen. Wo nicht, würde ich sehr darum bitten, daß ich mit Ihnen allein sprechen kann.«

Watson stand auf, um zu gehen, doch Holmes drückte ihn wieder in seinen Sessel. »Mit uns beiden oder gar nicht«, sagte er.

Der Graf zuckte die breiten Schultern. »Dann muß ich Sie zunächst«, sagte er, »für diese Maske um Entschuldigung bitten. Die erlauchte Persönlichkeit, für die ich arbeite, wünscht nicht, daß ihr Mittelsmann Ihnen bekannt wird. Und ich darf sogleich eingestehen, daß der Titel, mit dem ich mich soeben vorgestellt habe, nicht unbedingt mein eigener ist.«

»Das war mir klar«, sagte Holmes trocken. Er war sich jetzt ganz sicher, daß er diesem »Graf Kramm« vor neun Jahren einmal geholfen hatte – damals hatte der »Graf« sich als »Prinz Florizel« ausgegeben.

»Die Umstände«, fuhr der Besucher fort, »sind äußerst delikat, und alle Vorkehrungen müssen getroffen werden, um von vornherein im Keim zu ersticken, was sich sonst zu einem ungeheuren Skandal auswachsen und eines der europäischen Herrscherhäuser schwerwiegend kompromittieren könnte.«

»Auch das war mir klar«, murmelte Holmes. »Vielleicht geruhen Hoheit, mir nun den Fall vorzutragen, dann könnte ich Hoheit um so leichter beraten.«

Der Mann sprang von seinem Stuhl auf und lief, außer sich vor Erregung, im Zimmer hin und her. »Sie haben es erkannt, richtig«, rief er, zu Holmes gewandt. Dann, mit einem Blick nach Watson: »Sie sprechen mit Wilhelm Gottsreich Sigismond von Ormstein, Großherzog von Cassel-Falstein und Thronerbe von Böhmen.«

»Ach ja?« sagte Holmes und hob eine Augenbraue. Er hielt es für das Beste, wenn er dem königlichen Besucher sein für Watson aufgebautes Inkognito zu wahren erlaubte; Holmes selbst hegte keinerlei Zweifel darüber, wer sein Klient wirklich war.[13]

»Sie werden verstehen«, sagte der Gast, indem er wieder Platz nahm und sich mit der Hand über die hohe weiße Stirn strich, »daß ich es nicht gewöhnt bin, in eigener Person solcherart Dinge zu unternehmen. Aber die Angelegenheit ist so heikel, daß ich sie nicht irgendeinem Mittelsmann anvertrauen konnte, ohne mich diesem auszuliefern. So bin ich inkognito hergekommen, um Sie zu konsultieren.«

»Bitte sehr, konsultieren Sie«, sagte Holmes.

»Die Sache ist schnell erzählt: Vor etwa fünf Jahren, als ich mich einmal längere Zeit in Warschau aufhielt, habe ich die Bekanntschaft der berühmten Abenteurerin Irene Adler gemacht. Der Name ist Ihnen geläufig?«

»Sieh doch bitte in meinem Verzeichnis nach, Doktor«, murmelte Holmes. Seit vielen Jahren schon pflegte er systematisch alle Zeitungsnotizen über alle möglichen Leute und Vorgänge auszuwerten und zu registrieren, so daß es schwerlich eine Person oder Sache gab, über die er nicht auf der Stelle Informationen hätte beibringen können. In diesem Falle fand Watson den von Holmes erbetenen Lebenslauf säuberlich abgeheftet zwischen der Biographie

---

13 Wer aber war denn nun dieser »Prinz Florizel«, dieser geheimnisvolle »Thronerbe von Böhmen«? Der jüngst verstorbene Edgar W. Smith – dem allerdings nicht alle Sherlock-Fans beistimmen – hat in seiner Arbeit »A Scandal in Identity« in einem Paradestück logischer Beweisführung, das der Feder eines Holmes würdig wäre, einwandfrei nachgewiesen, daß Holmes' Klient kein Geringerer war als der damalige Prinz von Wales, Albert Edward, späterer englischer König Edward VII. (1841–1910). Es zeugt auf dessen Seite von einem bemerkenswerten Sinn für Details, daß er die Mühe nicht scheute, sich original-böhmisches Papier zu beschaffen, bevor er Holmes seinen anonymen Brief schickte. Hingegen überrascht es nicht, wenn er darin eine deutsch anmutende Satz- oder Redewendung gebraucht, denn seine Eltern waren beide deutscher Herkunft, und sein Englisch hat den entsprechenden gutturalen Akzent nie verloren. Holmes, wie wir sehen werden, sollte dem Prinzen und späteren König noch bei diversen anderen Anlässen zu Diensten sein.

eines Rabbi und der eines Schiffsoffiziers, der eine Abhandlung über Tiefseefische geschrieben hatte.

»Warten Sie...«, sagte Holmes. »Aha. Geboren 1858 in New Jersey. Kontra-alt, Mailänder Scala. Primadonna an der Staatsoper Warschau. Bühnenlaufbahn aufgegeben, lebt jetzt in London – undsoweiter, undsoweiter. Hoheit, wenn ich recht verstehe, haben sich mit dieser jungen Person[14] eingelassen, haben ihr ein paar kompromittierende Briefe geschrieben und wünschen nun, diese Briefe zurückzuerhalten.«

»Genau. Aber wie –«

»Wurde heimlich geheiratet?«

»Nein.«

»Keine amtlichen Dokumente, Papiere?«

»Nichts dergleichen.«

»Dann kann ich nicht ganz folgen. Selbst wenn diese junge Person die erhaltenen Briefe publik machen wollte, wie will sie beweisen, daß sie authentisch sind?«

»Sie tragen doch meine Handschrift.«

»Pah, die kann man fälschen.«

»Es ist mein privates Briefpapier.«

»Kann gestohlen sein.«

»Mein Siegel.«

»Nachgemacht.«

»Meine Photographie.«

»Gekauft.«

»Wir sind aber zusammen photographiert worden.«

»O ja, das ist schlecht! Damit haben Sie sich ernsthaft kompromittiert.«

»Ich war damals nur Kronprinz. Ich war noch jung. Ich bin jetzt ja erst dreißig.«[15]

---

14 Wenn man bedenkt, daß zur Zeit dieses Vorfalls Irene bereits 29 und Holmes selbst erst 33 Jahre alt war, wirkt seine Attitüde der Überlegenheit schon etwas übertrieben.

15 Kronprinz war er noch immer. Aber dreißig war er nicht mehr. Er war damals sechsundvierzig.

»Das Bild muß unbedingt sichergestellt werden.«

»Sie will das Bild aber nicht verkaufen, und es wurden schon fünf Versuche gemacht, es zu stehlen. Zweimal haben von mir bezahlte Einbrecher ihr Haus durchwühlt. Einmal haben wir ihr Reisegepäck entwendet. Zweimal ist sie unterwegs überfallen worden. Aber keine Spur von der Photographie.«

Holmes lachte. »Das ist ein ganz hübsches kleines Problem.«

»Aber für mich ein sehr ernstes.«

»Und ob. Nun zum Finanziellen.«

»Sie haben *carte blanche*.«

»Und für momentane Auslagen?«

Der Besucher zog einen schweren Beutel aus Sämischleder unter seinem Mantel hervor und legte ihn auf den Tisch.

»Hier sind dreihundert Pfund in Gold und weitere siebenhundert in Scheinen«, sagte er.

Holmes kritzelte eine Quittung auf ein Blatt aus seinem Notizbuch und reichte es ihm.

»Dann also gute Nacht, Hoheit, und ich bin sicher, wir werden bald ein paar gute Nachrichten für Sie haben. – Und dir auch eine gute Nacht, Watson«, setzte er hinzu, als die Räder der königlichen Kutsche über die Baker Street davonrollten. »Wenn du so gut sein willst, morgen nachmittag mal hereinzuschauen? Ich würde gern die Sache ein bißchen mit dir beschwatzen.«

Punkt drei Uhr war Watson in der Baker Street, aber Holmes war noch nicht zurück. Es war beinahe vier, als die Tür aufging und ein schmuddeliger, stoppelbärtiger Kerl, der wie ein Stallknecht aussah, mit hochrotem Gesicht und offenbar angetrunken, ins Zimmer kam.

Mit einem Kopfnicken verschwand Sherlock Holmes in sein Schlafzimmer, um nach fünf Minuten als gepflegter Gentleman im Tweedanzug wieder zu erscheinen.

In der Gestalt eines arbeitslosen Pferdeknechts war es

Holmes nicht schwergefallen, die an der Serpentine Avenue im St. John's Wood gelegene Villa der Irene Adler zu finden.

»Das Haus heißt Briony Lodge«, berichtete er Watson, »es hat an der Rückseite einen Garten und vorn an der Haustür ein absolut einbruchsicheres Schloß.«

Holmes war dann durch eine Gasse zu den Ställen geschlendert und hatte den Stallknechten von Miss Adler beim Striegeln der Pferde geholfen, was ihm zwei Pence, ein Glas Bier, Tabak für zwei Pfeifen und so viel an Informationen einbrachte, wie er sich nur hatte wünschen können.

»Sie hat sämtlichen Männern im ganzen Viertel den Kopf verdreht«, sagte er. »Doch nur ein einziger Mann besucht sie, der allerdings ausgiebig. Es ist ein gewisser Mr. Godfrey Norton, ein Anwalt beim Inner Temple. Ich frage mich nur, ist Irene Adler nun seine Klientin oder seine Mätresse?«

Während Holmes noch hin und her überlegt hatte, war eine zweirädrige Droschke vor Briony Lodge vorgefahren. Ein gutaussehender junger Mann sprang heraus, rannte fast das Dienstmädchen um, das ihm die Haustür öffnete, und stürmte ins Haus wie jemand, der in einem Haus völlig zu Hause ist. Das mußte wohl Godfrey Norton gewesen sein.

Nach einer halben Stunde kam er wieder heraus, eilte zu seiner Droschke und rief dem Kutscher zu: »Fahren Sie wie der Teufel! Erst zu Gross & Hankey's,[16] Regent Street, dann in die Edgware Road zur St. Monica-Kirche. Eine halbe Guinea extra, wenn Sie's in zwanzig Minuten schaffen!«

Weg waren sie, und während Holmes noch erwog, ob er nicht gut daran tue hinterdreinzufahren, kam ein schmuk-

---

16 Vermutlich ein Juwelier – obwohl er in den damaligen Adreßbüchern nicht aufgeführt ist. Zweifellos eine kleine Watsonsche Fehlleistung.

ker kleiner Landauer die Einfahrt herauf. Miss Irene Adler schoß aus der Haustür und hinein in den Landauer.

»Zur St.-Monica-Kirche, John«, rief die Dame, »und einen halben Sovereign für dich, wenn wir in zwanzig Minuten dort sind.«

(»Es war fünfundzwanzig Minuten vor zwölf«, sagte Holmes zu Watson, »und es war natürlich ganz klar, was da in der Luft lag.«)

Ausgerechnet in diesem Augenblick holperte eine Droschke heran. Holmes winkte dem Kutscher. »Kirche St. Monica, und zehn Shilling extra, wenn wir in zwanzig Minuten hinkommen.«

Am Ziel angelangt, eilte Holmes in die Kirche. Drinnen war keine Menschenseele außer dem Priester und den beiden Leuten, denen er nachgejagt war.

Nun wandten sich alle drei nach ihm um, und Norton rief: »Gott sei Dank! Sie kommen gerade recht. Los, schnell, kommen Sie her! Drei Minuten noch, sonst ist's nicht mehr gültig!«

»Ich wurde förmlich vor den Altar gezerrt«, berichtete Holmes, »und noch ehe ich wußte, wie mir geschah, hörte ich mich schon Antworten murmeln, die man mir ins Ohr flüsterte, verbürgte ich mich für Dinge, von denen ich nicht das geringste wußte, und half also wacker mit, daß Fräulein Irene Adler, und der Junggeselle Godfrey Norton, einander für ewig verbunden wurden. Im Nu war alles vorbei, dann dankte man mir, der Gentleman auf der einen, die Lady auf der anderen Seite, und ein selig strahlender Priester vor mir. Es war die verrückteste Situation, die ich in meinem ganzen Leben mitgemacht habe. Anscheinend hat mit den Formalitäten der Heiratserlaubnis irgendwas nicht gestimmt, denn der Priester wollte ohne einen Zeugen, egal wer auch immer, die Zwei absolut nicht trauen, und so hat mein Erscheinen im richtigen Augenblick den Bräutigam davor bewahrt, auf die Straße laufen zu müssen, um sich irgendeinen Bestmann zu holen. Die Braut hat mir übrigens einen Sovereign spendiert, den werde ich zur Erinnerung an das Ereignis künftig an meiner Uhrkette tragen.«[17]

»Das ist ja eine ganz unerwartete Wendung der Dinge«, sagte Watson. »Und wie ging es weiter?«

»Nun, ich sah mein Vorhaben ernsthaft in Gefahr. Es lag ja nahe, daß das junge Paar sich sofort auf die Reise begeben würde. Am Portal trennten sie sich jedoch; er wollte wieder zum Inner Temple und sie zurück in ihr Haus. ›Ich fahre wie immer um fünf Uhr in den Park‹, sagte sie zuletzt, als sie auseinandergingen. Da werde ich viel zu tun haben heute abend, Watson, und ich werde deine Mitarbeit brauchen.«

»Die hast du, mit Vergnügen.«

»Und es stört dich auch nicht, wenn wir etwas tun, was nicht ganz gesetzlich ist?«

Watson kicherte. »Nicht im geringsten«, sagte er. »Was willst du denn, daß wir tun?«

»Es ist jetzt kurz vor fünf. In zwei Stunden müssen wir

---

17 Es ist ganz offensichtlich, daß Holmes sich bei dieser Gelegenheit ganz und gar nicht so überlegen und informiert verhielt, wie man es sonst von ihm gewohnt war. Sowohl er wie auch Godfrey Norton als Rechtsanwalt hätten wissen müssen, daß Eheschließungen nach zwölf Uhr mittags in England längst nicht mehr gesetzlich ungültig waren; auch bedarf es stets zweier Trauzeugen, die jedoch keinerlei Antworten zu geben oder gar Responsorien zu murmeln haben; Trauungszeremonien in einer katholischen Kirche oder einer Kirche der Church of England (um eine solche dürfte es sich, nach dem Namen zu schließen, bei St. Monica gehandelt haben) sind nicht in Nullkommanichts vorbei; und kein Priester würde eine Trauung vornehmen, falls auch nur die kleinste »Formalität« bei den Heiratspapieren nicht stimmen würde. Mag hier reichlich Spielraum für Spekulationen gegeben sein, soviel scheint klar: 1. Godfrey Norton war in juristischen Dingen *nicht* so versiert, wie er zu sein vorgab, und vielleicht war er nicht einmal Engländer; 2. der Geistliche, der die kirchliche Handlung durchführte, war ein Schwindler ohne jede Zuständigkeit und die Eheschließung daher ungültig; 3. Holmes' Versagen konnte nur darauf zurückzuführen sein, daß er sich zum ersten Mal in seinem Leben von einem großen Gefühl überwältigt fand: gleich »allen Männern im ganzen Viertel« erschien ihm Irene Adler als »das anmutigste Wesen auf diesem Planeten, das eine Haube trägt«.

am Ort der Handlung sein. Miss Irene, oder vielmehr Madame Irene, kommt um sieben Uhr von ihrer Ausfahrt zurück. Dann müssen wir in Briony Lodge sein, um sie abzupassen. Was dann zu erfolgen hat, ist schon vorbereitet. Ein Punkt allerdings, auf dem ich bestehen muß: du darfst dich in nichts einmischen, Watson, komme was da wolle. Ein paar Unannehmlichkeiten wird es wohl geben. Vier oder fünf Minuten darauf wird das Eßzimmerfenster sich öffnen. Du mußt dich dann ganz in die Nähe dieses offenen Fensters stellen, und wenn ich die Hand hebe – du wirst mich nämlich sehen können –, mußt du dieses Ding hier ins Zimmer werfen. Und dabei brüllst du, so laut du kannst, ›Feuer!‹«.

Holmes reichte Watson einen länglichen Gegenstand, geformt wie eine Zigarre. »Es ist nichts Gefährliches«, sagte er. »Bloß eine Rauchrakete, wie sie jeder Klempner benutzt, mit Verschluß an beiden Enden, damit sie von selbst zündet. Wenn du ›Feuer!‹ schreist, werden etliche Leute das hören. Dann kannst du friedlich ans andere Ende der Straße gehen, und nach zehn Minuten bin ich wieder bei dir.«

Holmes entschwand in sein Schlafzimmer und kam kurz darauf in der Gestalt eines freundlichen und etwas dümmlichen Nonkonformistenpriesters wieder heraus. »Holmes wechselte nicht allein das Kostüm«, hat Watson einmal geschrieben. »Mit jeder neuen Rolle, in die er schlüpfte, schienen auch sein Gesichtsausdruck, seine Bewegungen, ja geradezu seine Seele, sich mitzuverändern. Die Bühne hat einen großen Darsteller verloren dadurch, daß Sherlock Holmes sich so ausschließlich der Kriminalistik verschrieben hat.«

Es war ein Viertel nach sechs Uhr, als Holmes und Watson in der Baker Street aufbrachen, und als sie bei der Serpentine Avenue angelangt waren, fehlten noch zehn Minuten an der vollen Stunde.

Briony Lodge war genau so, wie Watson es sich nach Holmes' Schilderung vorgestellt hatte, doch schien das

Viertel als solches weniger exklusiv zu sein als erwartet. An einer Ecke stand eine Gruppe schäbig gekleideter Männer; sie lachten und rauchten. Ein Scherenschleifer mit seinem Karren zog langsam die Gasse auf und ab. Zwei Soldaten schäkerten mit einem Kindermädchen, und mehrere junge Kerle, Zigarre im Mund, lungerten müßig auf der Straße herum.

Plötzlich blinkte der Schein von den Seitenlampen eines Fahrzeugs in der Straßenbiegung auf. Als dann ein schnittiger kleiner Landauer am Tor von Briony Lodge vorfuhr, kam von den an der Ecke stehenden Männern einer herangeschossen, um das Tor zu öffnen, wurde jedoch von einem zweiten Eckesteher mit dem Ellbogen beiseite gepufft. Ein hitziger Streit brach aus, geschürt von den beiden Soldaten, die sich auf die Seite eines der Müßiggänger schlugen, und von dem Scherenschleifer, der nicht minder heftig für den anderen Partei ergriff. Irgendwer landete einen Hieb, und im nächsten Augenblick befand sich die Dame, die aus dem Wagen gestiegen war, mitten in einem Knäuel rangelnder Männer, die mit Fäusten und Spazierstöcken, alle hochrot im Gesicht, wild aufeinander einschlugen. Holmes in seiner Priestertracht stürzte sich in das Gedränge, um die Dame zu schützen, doch als er eben bis zu ihr vorgedrungen war, stieß er einen Schrei aus und fiel zu Boden. Sein Gesicht war blutüberströmt, und sowohl die Müßiggänger als auch die Soldaten machten sich aus dem Staub. Einige besser gekleidete Leute indessen, die dem Gerangel zugeschaut hatten, ohne sich einzumischen, kamen allesamt herbei, um sich des verletzten Geistlichen anzunehmen.

»Bringen Sie ihn ins Wohnzimmer!« rief Irene Adler.

Langsam und ehrfurchtsvoll trug man Holmes in das Haus Briony Lodge hinein, während Watson auf seinem Warteposten durchs Fenster die Vorgänge beobachtete. Jetzt zog er die Rauchbombe unter seinem Mantel hervor. Holmes, der drinnen auf dem Sofa lag, richtete sich auf, und Watson sah ihn eine Bewegung machen, als brauche er frische Luft. Ein Hausmädchen eilte zum Fenster, um es zu öffnen. Im gleichen Moment sah Watson, daß Holmes die Hand hob. Das war das Zeichen. Er schleuderte die Bombe ins Zimmer und schrie dabei aus Leibeskräften sein »Feuer!!«.

Kaum war sein Schrei verhallt, als die Menge auf der Straße wie aus einem Mund ebenfalls »Feuer« schrie.

Dicke Rauchwolken quollen kreiselnd durchs Zimmer und zum offenen Fenster heraus. Watson schlenderte zu der vereinbarten Straßenecke. Nach zehn Minuten fand sich auch Holmes dort ein.

»Gut gemacht, Doktor«, bemerkte er. »Hätte nicht besser sein können.«

»Danke, Holmes. Hast du die Photographie?«

»Nein, aber ich weiß, wo sie ist.«

»Und wie hast du das herausbekommen?«

»Sie hat es mir gezeigt, wie ich es nicht anders erwartet hatte.«

»Ich verstehe immer noch nichts.«

»Die Sache war wirklich ganz einfach. Du hast doch bestimmt gemerkt, daß die Leute da auf der Straße allesamt meine Komplizen waren.[18] Und alle haben wunderbar auf dein Feuergeschrei reagiert. Nun, wenn eine Frau glaubt, ihr Haus brennt, dann rennt sie instinktiv nach den Dingen, die ihr am wertvollsten sind. Eine verheiratete Frau packt sich ihr Baby, eine unverheiratete greift nach ihrem Schmuck. Für Irene Adler nun gab es im ganzen Haus nichts, was ihr kostbarer hätte sein können als jene Photographie. Und richtig, die wollte sie eilends in Sicherheit bringen.[19] Das Bild befindet sich in einem Versteck, hinter

---

18 Allesamt Schauspieler; natürlich entstammten sie Holmes' Kollegenkreis aus den Tagen, da er dem Ensemble des alten Sasanoff angehörte.

19 Ungeachtet seiner früheren Lästereien über Dupin fand Holmes es offenbar nicht unter seiner Würde, hier ein Ruhmesblatt aus dem Buch dieses »mittelmäßigen Burschen« zu übernehmen. Vgl. Edgar Allan Poe: »Der entwendete Brief«.

einer verschiebbaren Leiste, genau über dem rechten Klingelzug. Als ich ihr zurief, daß das mit dem Feuer nur blinder Alarm sei, steckte sie es wieder an seinen Platz und lief aus dem Zimmer, und danach habe ich sie nicht mehr gesehen. Ich habe keinen Versuch gemacht, das Bild an mich zu nehmen, weil nämlich der Kutscher ins Zimmer gekommen war und mich nicht aus den Augen ließ. Da schien es mir sicherer, noch zu warten.«

»Und was jetzt?« fragte Watson.

»Jetzt ist unsere Suche praktisch beendet«, sagte Holmes. »Ich werde morgen, zusammen mit dem ›Thronerben‹ und mit dir, wenn du mitkommen magst, dort vorsprechen. Man wird uns ins Wohnzimmer führen, wo wir die Dame des Hauses erwarten sollen, aber wahrscheinlich wird sie, wenn sie herunterkommt, weder uns noch das Bild mehr vorfinden.«

Sie hatten die Baker Street erreicht und standen vor der Haustür von Nr. 221. Holmes suchte noch in seiner Rocktasche nach dem Schlüssel, als jemand im Vorbeigehen sagte: »Gute Nacht, Mr. Sherlock Holmes.«

Es gingen gerade mehrere Leute über den nur trübe beleuchteten Bürgersteig, doch schien der Gruß von einem schlanken, mit einem Ulster bekleideten Jüngling gekommen zu sein, der gerade vorübereilte.

»Die Stimme kommt mir bekannt vor«, sagte Holmes. »Wiggins? Nein. Ich möchte doch wissen, wer zum Teufel das gewesen sein kann.«

Watson schlief diese Nacht in der Baker Street, und die beiden saßen gerade bei ihrem Kaffee und Toast, als der Mann, der sich König von Böhmen nannte, ins Zimmer platzte.

»Sie haben das Bild?« rief er und packte Holmes bei den Schultern.

»Noch nicht. Aber ich hoffe, es bald zu haben.«

»Dann kommen Sie, mein Wagen steht draußen.«

Als sie in die Serpentine Avenue einbogen, war die

Haustür von Briony Lodge offen, und auf der Eingangsstufe stand eine ältliche Frau.

»Mr. Sherlock Holmes, nehme ich an«, sagte sie in fragendem Ton. »Meine Herrin hat mir gesagt, Sie würden wahrscheinlich kommen. Sie ist heute morgen mit ihrem Gatten nach dem Kontinent abgereist, vom Charing Cross mit dem fünf Uhr fünfzehn Zug.«

»Was!« Holmes taumelte einen Schritt rückwärts. Dann aber schob er sich an der Frau vorbei und eilte ins Wohnzimmer, der König von Böhmen und Watson ihm nach. Holmes stürzte an den Klingelzug, schob eine schmale Leiste über der Vertäfelung auf, griff hinein und – hielt eine Photographie und einen Brief in der Hand. Das Bild zeigte Irene Adler in Abendrobe. Die Adresse auf dem Brief lautete: »Mr. Sherlock Holmes. Wird abgeholt.« Holmes riß ihn auf und las:

Lieber Mr. Sherlock Holmes. Wirklich, Sie haben Ihre Sache sehr gut gemacht, Sie haben mich vollkommen eingewickelt, und bis kurz nach dem Feueralarm hatte ich keinerlei Argwohn. Doch als ich dann merkte, wie ich mich selbst verraten hatte, fing ich an, nachzudenken. Schon vor Monaten hatte man mich vor Ihnen gewarnt und mir gesagt, wenn der König einen Detektiv einsetzen würde, dann nur Sie. Sogar Ihre Adresse hatte man mir gegeben. Doch obwohl ich dies alles wußte, haben Sie es fertiggebracht, daß ich Ihnen verriet, was Sie wissen wollten. Und selbst nachdem ich Verdacht geschöpft hatte, fiel es mir immer noch schwer, einem so freundlichen alten Priester etwas so Unfreundliches zuzutrauen. Aber Sie wissen ja, auch ich bin in der Schauspielerei geübt. Männerkleidung zu tragen ist mir nichts Ungewohntes, und ich mache oft Gebrauch von der Freiheit, die sie gewährt. Ich habe Sie durch John, meinen Kutscher, beobachten lassen, bin nach oben gelaufen und in meinen ›Ausgeh-Anzug‹ geschlüpft und kam wieder herunter, als Sie gerade aufbrachen.

Nun, ich bin Ihnen bis zu Ihrer Haustür gefolgt und erlangte so die Gewißheit, daß es wirklich der berühmte Mr. Sherlock Holmes war, dessen Interesse mir galt. Dann habe ich, etwas unbesonnen, Ihnen eine gute Nacht gewünscht und mich zum Inner Temple begeben, um meinen Gatten zu treffen.

»Gute Nacht, Mr. Sherlock Holmes.«

Wir hielten beide, nachdem ein so gefährlicher Gegner auf mich angesetzt war, Flucht für den besten Ausweg; Sie werden also, wenn Sie morgen kommen, das Nest leer finden. Was die Photographie angeht, so kann Ihr Klient deswegen ganz beruhigt sein. Ich liebe und werde wiedergeliebt, und das von einem besseren Manne, als er es ist. Ihr Klient mag tun, was immer er will; ich, die er bitter verkannt, werde ihm nichts in den Weg legen. Wenn ich die Photographie behalte, so nur zu meiner eigenen Sicherheit und um eine Waffe zu haben, die mich jederzeit schützen wird, sollte er mir etwa künftig zu nahe treten. Ich lasse ein Bild hier zurück, das er vielleicht gern besitzen möchte; und ich verbleibe, verehrter Mr. Sherlock Holmes, Ihre ergebene

Irene Norton, geborene Adler.

»Welch eine Frau – nein, welch eine Frau!« rief der König von Böhmen aus. »Die bricht ihr Wort nicht, das weiß ich. Vor dem Photo bin ich jetzt so sicher, als ob es verbrannt wäre.«

»Ich freue mich, das aus Ihrem Munde zu hören, Durchlaucht«, sagte Holmes schneidend.

»Ich bin unendlich in Ihrer Schuld. Bitte, sagen Sie mir, auf welche Weise ich Ihnen das lohnen kann. Dieser Ring –« Er zog sich einen Smaragdring vom Finger und hielt ihn auf der offenen Hand Holmes hin.

»Hoheit besitzen etwas, das von weit höherem Wert für mich wäre«, sagte Holmes.

»Sie brauchen es nur zu nennen.«

»Dies Bild.«

»Irenes Bild!« rief der Thronerbe. »Aber gewiß doch, wenn Sie es wünschen.«

»Ich danke Hoheit. Damit ist in der Angelegenheit ja wohl nichts mehr zu tun. Ich beehre mich, Hoheit einen schönen guten Morgen zu wünschen.«

Sherlock Holmes verbeugte sich, wandte sich ab, wobei er die dargebotene Hand seines Klienten nicht zu bemerken schien, und ging nach Hause.

IX.
Orangenkerne, rothaarige Männer und ein blauer Karfunkel: Mai bis Dezember 1887

Das Jahr '87 hat uns eine lange Reihe von Fällen beschert… Ich behalte mir vor, darüber noch zu berichten.
DR. JOHN H. WATSON

Für Sherlock Holmes selbst ist gewiß der denkwürdigste aller Fälle, mit denen er in jenem denkwürdigen Jahr 1887 zu tun hatte, der Skandal in Böhmen gewesen.

Für Watson jedoch gab es da noch so manchen anderen Fall. Unter den Stichworten, die er für dieses Kalenderjahr aufzählte (in seiner Einleitung zu »Die fünf Orangenkerne«), finden sich Hinweise auf den Fall der Paradol Kanzlei; auf die Gesellschaft der Amateur-Bettler e. V., die im Kellergewölbe einer Möbelfirma einen luxuriösen Klub unterhielt; auf die Fakten im Zusammenhang mit dem Verschwinden des britischen Dreimasters *Sophy Anderson*; auf das außerordentliche Erlebnis der Grice Patersons auf der Insel Uffa[1]; sowie auf den Giftmordfall Camber-

1 Die Holmes-Spezialisten sind sich über die Lage von Uffa nicht einig. Mr. Rolfe Boswell erklärt die Insel als mit dem großen Erdwall identisch, auf dem Norwich Castle steht. Professor Jay Finley Christ hält den Namen Uffa für eine Verbindung von Ulva und Staffa, den Namen zweier Inseln

well, bei dem, wie man sich noch erinnern wird, es Sherlock Holmes gelang, durch Aufziehen der Uhr des Toten zu beweisen, daß diese Uhr vor zwei Stunden zuletzt aufgezogen worden war und somit ihr Träger sich innerhalb dieser Zeitspanne zur Ruhe begeben hatte – ein Schluß, der für die Aufklärung des Falles von größter Bedeutung war.

In jenem Juni, der dem Böhmen-Fall folgte, befand Watson sich eines Abends in einer verrufenen Opiumhöhle an der Upper Swandam Lane. Er war hingegangen, weil er einen seiner Patienten dort suchte, einen gewissen Isa Whitney, und er hatte ihn auch gefunden. Wen er gleichfalls dort fand, das war – als alterskrummer, verhutzelter Greis getarnt – sein Freund Mr. Sherlock Holmes.

»Du denkst wohl jetzt, Watson«, sagte Holmes augenzwinkernd, »daß ich zu meinem Kokain neuerdings auch noch Opium rauche.«

Aber dem war nicht so. Holmes war hier bei der Arbeit, und zwar an einer Ermittlung, die eines der erstaunlichsten Doppelleben enthüllen sollte, die in der Wirklichkeit oder in einem Roman überhaupt denkbar sind.

Watson hat unter dem Titel »Der Mann mit der Narbe« den Fall aufgezeichnet.

Es ist ein in vielfacher Hinsicht seltsamer Fall, und er wirft Fragen auf, die Kritiker ausführlich diskutiert haben.

Zum Beispiel stellen wir fest, daß Mrs. Watson hier das erste und einzige Mal in all den Berichten ihren Gatten *James* nennt.[2] Auch die genaue Lage jener Lasterhöhle, genannt die *Goldene Bar*, ist immer noch eine Streitfrage.[3]

---

vor der Westküste von Schottland. Dr. Julian Wolff wiederum hat eine amerikanische Generalstabskarte herausgebracht, die zeigt, daß es in den Weiten des Pazifik eine Insel gibt, welche *Ufa* heißt.

2 Constance Watson mochte den Namen *John* nicht. Sie zog es vor, ihren Gatten privatim mit der englischen Form seines schottischen Zweitnamens *Hamish* anzureden.

3 Bekanntlich gibt es in London eine »Upper Swaudam Lane« nicht. Möglicherweise könnte es sich um die Lower Thames Street handeln, die von der London Bridge am Tower vorbei nach All Hallows führt.

Außerdem mußte Holmes damals Irene Adlers Kutscher John in die Reihe seiner gelegentlichen Helfer aufgenommen haben. »Danke, John«, sagt er zu dem Fahrer, der vor der *Goldenen Bar* auf ihn gewartet hat. »Hier ist eine halbe Krone. Halten Sie sich morgen um elf wieder für mich bereit...«

Und was Holmes' Klientin, eine Mrs. Neville St. Clair, betrifft, so scheint sie sonderbar dringlich darauf bestanden zu haben, daß Holmes in ihrem Haus in Kent, sieben Meilen außerhalb Londons, Quartier bezog, während er das spurlose Verschwinden ihres Gatten aufklären sollte. Holmes war so vorsichtig, Watson nach Kent mitzunehmen, wo Mrs. St. Clair in dem Glauben, der Detektiv sei allein gekommen, »schon als überdeutliche Silhouette vor dem lichtdurchfluteten Eingang stand«, um ihn zu empfange: »die eine Hand am Türknauf, die andere ungeduldig erhoben, Kopf und Gestalt dem Besucher entgegenneigend, mit heißen Augen und geöffneten Lippen, das personifizierte Verlangen«. Dies war wohl kaum die Haltung einer Frau, die soeben den Gatten verloren hat, und Holmes bat Watson an jenem Abend, mit ihm das Zimmer zu teilen. Trotzdem blieb er die ganze Nacht wach, hockte auf einem Berg Kissen, rauchte seinen Shag und grübelte.

An einem Septemberabend im gleichen Jahr, als der Regen gegen die Fenster schlug und der Wind im Kamin wie eine Kinderstimme heulte und schluchzte[4], meldete die Türglocke den jungen John Openshaw an, der Holmes in der Sache mit den fünf Orangenkernen aufsuchte.

»Ich frage Sie, Sir«, meinte er, »ob Sie bei all Ihrer Erfahrung jemals von einer dunkleren und rätselhafteren Ereigniskette gehört haben – und so etwas trug sich in meinem eigenen Hause zu.«

---

4 Watson hauste zu der Zeit wieder einmal in der Baker Street, da seine Frau auf einer Besuchsreise war.

Es muß leider berichtet werden, daß der junge John Openshaw das traurige Privileg hat, einer der beiden einzigen Klienten zu sein, die, nachdem sie bei Sherlock Holmes Rat gesucht hatten, ermordet wurden.[5]

Hier kamen nun aber gleich drei Morde zusammen: an John Openshaw selbst, an dessen Onkel und an dessen Vater. Alles, wie es den Anschein hatte, das Werk eines amerikanischen Geheimbundes, des Ku-Klux-Klan. Und alles in England abgetan als »Unglücksfall« oder »Selbstmord«.

Holmes' graue Augen wurden gefährlich schmal.

Seit Monaten schon hatten seine Spitzel in der Londoner Unterwelt ihm wiederholt das Gerücht von einer großen, bösen, führenden Intelligenz zugetragen, die in aller Verschwiegenheit die schlimmsten Elemente der Londoner Verbrecherviertel Seven Dials und Whitechapel organisierte, selbst jedoch nie mit den daraus erwachsenden Gewalttaten in Verbindung gebracht wurde.

Und wie sah er aus, dieser Napoleon des Verbrechens?

Nur wenige hatten ihn je gesehen, und kaum einer hatte reden wollen. Es hieß jedoch, er sei enorm groß und enorm mager. Glattrasiert, bleich, Asketengesicht. Manche hielten ihn für einen berühmten Mathematiker. Und – ja, er sei faszinierend, faszinierend wie eine Schlange mit ihrer behenden Kraft. Und sein Kopf mit den vorstehenden, knopfähnlichen Augen gehe immerzu hin und her…

Holmes tobte, als er vom Tode des jungen Openshaw hörte.

»Das hier geht an meinen Stolz, Watson«, sagte er. »Jetzt betrifft mich die Sache persönlich. Und wenn mir Gott die Gesundheit läßt, bekomme ich ihn noch in die Hand, diesen…«

Er ging zur Kredenz hinüber und nahm eine Orange aus der Obstschale, die neben dem Syphon und dem Tantalus

---

5 Der andere Unglückliche war Hilton Cubitt, aus dem Fall »Die tanzenden Männchen«.

stand. Er zerteilte die Frucht und drückte über dem Tisch die Kerne heraus. Sorgfältig wählte er fünf davon aus. »Jeder muß einen schwarzen Punkt haben, sein Todeszeichen«, sagte er grimmig, während er die Kerne in einen Briefumschlag steckte, den er vom Schreibtisch genommen hatte. Innen auf die Klappe schrieb er: »S.H. für J.M.« Dann verschloß er den Umschlag und versah ihn mit einer Adresse, deren Namen und Straße er jedoch sorgfältig vor Watson verborgen hielt.

»Hier muß ich meine eigene Polizei sein«, sagte er.

Der Todeskampf über den Reichenbach-Fällen hatte begonnen.

Am achtzehnten Oktober, einem Dienstag, sprach Miss Mary Sutherland in der Baker Street vor; sie trug ein Gräfin-Devonshire-Hütchen kokett übers Ohr geschoben.

Für Holmes bot ihr Problem keine Schwierigkeiten. »Geheimnisvoll ist an der Sache gar nichts«, sagte er, »wenn auch ein paar Einzelheiten ganz interessant sind.«[6]

Später, ebenfalls noch im Oktober 1887, sollte Holmes einen der abwegigsten Fälle zu lösen bekommen, die ihm je aufgetragen worden sind. Da erschien nämlich der rotschopfige Pfandleiher Jabez Wilson und bat Holmes, ihm doch bitte zu erklären, warum man ihm während der letzten zwei Monate vier Pfund Wochenlohn gezahlt hatte nur dafür, daß er Seite für Seite die *Encyclopaedia Britannica* abschrieb.

»Jetzt habe ich glücklich von Absalom bis Absynth und von Architektur bis Attika alles heruntergeschrieben und schon gehofft, mit einigem Fleiß würde ich's bald bis zum B schaffen«, klagte er – und dann, genau an diesem Sonn-

---

6 Der Fall gab ihm zumindest Gelegenheit, Watson die altgoldene Schnupftabaksdose mit dem Amethyst in der Deckelmitte zu zeigen, ein nachträgliches Geschenk des »Königs von Böhmen« als Anerkennung für Holmes' Hilfe in Sachen der Irene-Adler-Photographie. Ferner konnte Holmes hier einmal seine Hafis- und Horaz-Kenntnisse anbringen.

abendvormittag, war der Klub, der ihn beschäftigt hatte, Hals über Kopf aufgelöst worden![7]

Holmes schien die ganze unglaubliche Geschichte nach *Moriarty* zu riechen. Natürlich erwartete er nicht, daß er bereits über diesen Fall den Napoleon des Verbrechens persönlich würde zu fassen bekommen. Einstweilen war Holmes schon zufrieden, daß er hier endlich seine seit langem ausstehende Rechnung mit dem viertgefährlichsten Mann Londons bereinigen konnte, nämlich mit John Clay: Mörder, Dieb, Einbrecher, Falschmünzer, vormaliger Eton-Schüler und Oxford-Absolvent, und außerdem Enkel eines Herzogs Ihrer Majestät.[8]

Es genüge zu sagen, daß Holmes mit Scharfsinn und Geistesgegenwart John Clays einfallsreichen Plan vereiteln konnte, der darin bestand, die dreißigtausend Gold-Napoléons, die sich die City Suburban-Bank von der Bank von Frankreich geliehen hatte, zu entwenden.

»Du bist ein Wohltäter der Menschheit«, rief Watson in echter Bewunderung aus, als er wieder einmal in dem vertrauten Wohnzimmer in der Baker Street saß.

Holmes zuckte die Achseln. »Nun ja, irgendwas richte ich vielleicht letzten Endes aus«, meinte er lächelnd.

---

7 Wer Dr. Watsons Aufzeichnungen kritisch liest, wird bemerken, daß er in seinem Bericht über den »Klub der Rothaarigen« sowie in der Wiedergabe von zumindest dreien der Fälle aus dem Jahr 1887 – »Skandal in Böhmen«, »Die fünf Orangenkerne« und »Der verschwundene Bräutigam« – auf jede Weise glaubhaft zu machen sucht, diese Vorgänge seien später erfolgt, als sie es tatsächlich sind. Wie wir noch sehen werden, entspringen viele der hier vorkommenden Anspielungen und Hinweise Watsons *bewußter Absicht, die zeitgenössische Leserschaft zu verwirren und irrezuführen*.

8 Es ist allgemein anerkannt, daß der Großvater des John Clay einer von den sieben Söhnen Georgs III. war. So schreibt der Experte Dr. Julian Wolff (in seinem *Praktischen Handbuch der Sherlock Holmes-Heraldik*, S. 20): »Theoretisch kann es jeder von ihnen gewesen sein, da wohlbekannt ist, daß alle sich außergesetzlich betätigt haben... Die Wahrheit ist, daß es zu viele Verdächtige gibt, von denen keiner auszuschließen oder auch nur als unwahrscheinlich abseits zu stellen ist.«

»*L'homme n'est rien, l'oeuvre tout,* wie Gustave Flaubert einmal an George Sand geschrieben hat.«[9]

Im November kam dann der Fall, den Watson (ein Vierteljahrhundert später) »Sherlock Holmes auf dem Sterbebett« nennen sollte.

Watson war gerade ein Jahr verheiratet, als Mrs. Hudson ihn in seiner Wohnung aufsuchte und ihm die Nachricht überbrachte, daß der Detektiv im Sterben lag.

Auch Watson ließ sich täuschen, als er Holmes' eingefallenes Gesicht sah.

»Wirklich, ich kann mir nicht denken«, phantasierte Holmes, »wieso nicht der ganze Meeresgrund eine feste Masse von Austern ist, wo die Biester sich doch derart vermehren.«

Geschickt hatte Holmes alles vorbereitet, um den Massenmörder Culverton Smith zu fangen. Und der Fall endete damit, daß ein total gesunder, jedoch total ausgehungerter Holmes und sein Gefährte Dr. Watson bei Simpson's saßen und sich »irgendwas Nahrhaftes« schmecken ließen.[10]

---

9 »Der Mensch ist nichts, das Werk ist alles.«

10 Zu Holmes' und Watsons Zeit gab es in London mehrere Speisehäuser mit dem Namen *Simpson's* – zum Beispiel Simpson's Restaurant in Cornhill 38 $^1/_2$. Zweifellos jedoch wollte Holmes sein »Irgendwas Nahrhaftes« bei Simpson's in der Strand serviert haben, wo er sich Jahre später »an einem kleinen Tisch in der Fensternische mit Blick auf das munter dahinströmende Leben der Strand« mit Watson zu einer Unterredung in der unangenehmen Sache um Baron Adelbert Gruner und Miss Violet de Merville (»Chinesisches Porzellan«) getroffen hat.
Die obige Beschreibung trifft allerdings, wie Mr. Michael Harrison anmerkt (*In Sherlock Holmes' Fußstapfen*, S. 22), nicht mehr zu – »es gibt heute bei Simpson's keine Fensternischen mehr...«
Simpson's war in Sherlock Holmes' Tagen nicht nur als Restaurant berühmt, sondern auch als Treffpunkt für Schach-Amateure, und Mr. Harrison vermutet, daß Holmes einmal »bei Simpson's einen unvergeßlichen Nasenstüber am Schachbrett« hat einstecken müssen – eine Niederlage, die seine Ansicht erklärt, es sei »ein Zeichen von intriganter Gesinnung, Watson«, wenn jemand besonders gut Schach spiele. (»Der Farbenhändler im Ruhestand«)

Dann, im Dezember, wuchs sich eine Affäre, die zuerst nichts weiter als ein Witz zu sein schien, sehr schnell zu einem ernsthaften Ermittlungsfall aus.

Watson hatte sich »am zweiten Vormittag nach dem Weihnachtsfest« zu Holmes begeben, »um ihm ein gutes neues Jahr zu wünschen«[11], und traf den Freund dabei an, wie er gerade einen nicht sehr respektabel aussehenden Filzhut, der am Knauf einer Stuhllehne hing, nachdenklich untersuchte.

Der Hut führte des weiteren zu einer schönen fetten Gans, und in deren Kropf fand sich der verloren geglaubte blaue Karfunkel der Gräfin von Morcar, ein Stein von mehr als zwanzigtausend Pfund Wert!

Es stimmt, daß Holmes diesmal den Schuldigen, einen armen Teufel, hat laufen lassen. Es war eben, wie er zu Watson sagte, »die Jahreszeit der Vergebung. Der Zufall hat uns ein höchst einzigartiges und wunderliches Problem über den Weg geschickt, und daß wir es lösen konnten, sei uns Lohnes genug. Wenn du so freundlich sein willst, die Klingel in Bewegung zu setzen, Doktor, dann wollen wir eine weitere Erforschung in Angriff nehmen, in der gleichfalls ein Vogel die Hauptrolle spielen wird.«

Eine glückliche Schlußbemerkung für ein an Ereignissen reiches Jahr.

Für Watson jedoch stand, als das Jahr 1887 endete und 1888 begann, persönliches Unglück schon nahe bevor.

---

11 Und ihm, wie man wohl annehmen darf, ein mit entsprechender Widmung versehenes Exemplar des soeben bei Beeton's erschienenen *Weihnachts-Jahrbuches* zu überreichen, auf dessen in Rot, Gelb und Schwarz gehaltenem Schutzumschlag der Titel *Studie in Scharlachrot* prangte.

X.
Wieder daheim in der Baker Street: Januar 1888

»Das ist Genie, Watson.
Aber unsere Stunde, falls nicht kleinere Schurken mich vorher umbringen, kommt bestimmt.«
SHERLOCK HOLMES

Drei Tage nach Dr. Watsons Feiertagsbesuch bei seinem Freund Mr. Sherlock Holmes war Constance Watson tot. Immer schon eine zarte Frau, war sie einer plötzlichen schweren Diphtherie-Infektion erlegen.

»Komm wieder zu mir in die Baker Street«, hatte Holmes gedrängt. Und hatte hinzugefügt, was er gut sechs Jahre später noch einmal sollte hinzufügen müssen: »Arbeit ist die beste Arznei gegen Kummer.«[1]

In jenem Winter 1887/88 gab sich Holmes alle Mühe, den vereinsamten, tieftraurigen Doktor wieder heiter zu stimmen. Er ließ seine sonstige Verschlossenheit fallen und erzählte Watson zum ersten Mal von seinen ganz frühen Kriminalfällen, von der Sache mit der *Gloria Scott* und dem seltsamen Musgrave-Ritual, und wie er dadurch erst den Anstoß bekommen hatte, der einzige beratende Privatdetektiv der Welt zu werden.

1 »Das leere Haus«.

Dennoch fand Watson, der sich in seinem neuen Hausvater-Bewußtsein, nämlich erstmals als Herr der eigenen vier Wände, restlos wohlgefühlt hatte, jetzt in der Baker Street einiges auszusetzen.

»Ein Widerspruch, der mir am Wesen meines Freundes Sherlock Holmes oftmals auffiel«, schreibt Watson[2], »war die Tatsache, daß er, der doch in seinen Gedanken exakt und systematisch war wie kein anderer und auch in seiner Kleidung auf eine gewisse dezente Gepflegtheit Wert legte, nichtsdestoweniger in seinen persönlichen Gewohnheiten von einer Schlampigkeit war, die einen Mitbewohner schier zur Verzweiflung bringen konnte. Nicht, daß ich selbst in dieser Hinsicht auch nur im geringsten pedantisch wäre, im Gegenteil; der Kriegsdienst in Afghanistan, bei dem es immerfort drunter und drüber ging, dazu eine mir ohnehin angeborene Neigung zum Bohemien – das alles hat mich sehr viel nachlässiger gemacht, als es einem Vertreter der Medizin ansteht. Aber es gibt eine Grenze. Und wenn ich sehe, daß jemand seine Zigarren im Kohlenkasten, seinen Tabak in einem persischen Seidenpantoffel aufbewahrt und seine unerledigte Korrespondenz mit einem Taschenmesser genau in der Mitte auf dem hölzernen Kaminsims aufspießt, dann fange ich an, mich tugendhaft zu gebärden. Auch fand ich immer, daß Schießübungen mit der Pistole ein Zeitvertreib sind, der eigentlich im Freien stattfinden sollte, und wenn Holmes es sich statt dessen einfallen ließ, mit seinem Schießeisen[3] und hundert

---

2 In seiner Einleitung zu »Das Familienritual«.

3 Mr. Keith Leavitt vertritt in seinem Essay »Annie Oakley aus der Baker Street« (in: *Bei Licht besehen*) die Ansicht, das, was Watson Holmes' »Schießeisen« nennt, sei fast mit Sicherheit eine Ein-Schuß-›Salonpistole‹ kontinentaler Fabrikation gewesen. Captain Hugh B. C. Pollard, Englands erste Kapazität auf diesem Gebiet, bezeichnet in seinem *Pistolenbuch* (New York 1917) diese Revolver als »wunderbar kompliziert..., aber so empfindlich..., daß sie zum üblichen Gebrauch praktisch wertlos sind... Für Kunststücke wie etwa, einem Offizier die Epauletten herunterzuschießen, sind sie unbrauchbar.«

Holmes gehörte zweifellos zu den besten Boxern, die ich je gesehen habe

Unsere Junggesellenwohnung stand immer voller Chemikalien und kriminalistischer Asservate

Boxer-Patronen[4] im Lehnsessel Platz zu nehmen und sukzessive die Wand gegenüber mit einem patriotischen V. R. [Victoria Regina] aus Einschußlöchern zu dekorieren – dann hatte ich doch jedesmal stark das Gefühl, daß dies weder der Atmosphäre noch auch dem Anblick unserer Wohnung sonderlich gut bekam.

Unsere Junggesellenwohnung stand immer voller Chemikalien und kriminalistischer Asservate, die es irgendwie an sich hatten, auf Wanderschaft zu gehen und unversehens irgendwo, etwa in der Butterdose oder an noch unerwünschteren Lokalitäten, wieder zu erscheinen. Mein ganzes Leidwesen jedoch waren seine Papiere. Dokumente zu vernichten, besonders wenn sie etwas mit seinen früheren Fällen zu tun hatten, war ihm ein Greuel, aber nur einmal im Jahr oder auch in zwei Jahren raffte er sich dazu auf, sie zu ordnen und zu registrieren. Denn, wie ich an irgendeiner Stelle dieser zwanglosen Folge von Erinnerungen bereits erwähnt habe, den Ausbrüchen leidenschaftlicher Arbeitswut, mit der er die bemerkenswerten Taten vollbrachte, die seinen Namen berühmt machten, folgten als Reaktion jene Zeiten der Lethargie, da er mit seiner Geige und seinen Büchern einfach herumsaß und außer vom Sofa zum Tisch kaum einen Schritt tat. So sammelten sich Monat um Monat seine Papiere an, bis jede Ecke der Wohnung vollgestopft war mit Bündeln von Geschriebenem, das um keinen Preis in den Ofen durfte und nur vom Eigentümer höchstpersönlich weggeräumt werden konnte.«

Es war nur gut, daß Holmes und Watson schon fast vom ersten Tag an in einem der bedeutendsten Holmes'schen Fälle steckten: Watson hat ihn unter dem Titel *Das Tal der Furcht* später veröffentlicht.[5]

---

4 Von Colonel Boxer, R. A., weiterentwickelte und im Jahre 1867 nach ihm benannte Patronenart: sog. Zentralfeuerpatrone.

5 Mehr als ein Vierteljahrhundert später, im *Strand Magazine*, September 1914 bis Mai 1915.

Wie wir annehmen dürfen, muß es am Freitagabend, dem 6. Januar 1888, aus Anlaß von Holmes' fünfunddreißigstem Geburtstag eine kleine Feier gegeben haben, denn am folgenden Morgen saß Holmes, den Kopf in die Hand gestützt, vor seinem Frühstück, ohne es anzurühren.

»Man sollte denken...« begann Watson.

»In der Tat, man sollte es tun«, fuhr Holmes ihn unwirsch an.

»Also wirklich, Holmes«, entgegnete Watson ernsthaft, »manchmal kannst du schon schwierig sein.«

Zum Glück wurde in diesem Moment energisch an die Tür geklopft, Holmes brummte kurz: »Ja?« und herein kam der Hausbursche – von Mrs. Hudson gerade neu eingestellt – und händigte dem Detektiv einen Brief aus.

Holmes brach den Umschlag auf und las den darin übersandten Zettel. Dann hob er das Kuvert ans Licht und studierte eingehend sowohl die Außenseite als auch die Klappe.

»Das ist die Handschrift von Porlock«, sagte er nachdenklich. »Ja, ich bin fast sicher, daß es Porlocks Schrift ist, wenn ich sie auch bisher nur zweimal gesehen habe. Das griechisch geformte kleine e mit dem Schnörkel oben ist nicht zu verwechseln.«

»Wer ist denn Porlock?« fragte Watson, dessen Ärger bereits in der Neugier, die Holmes' Worte bei ihm geweckt hatten, unterging.

»Porlock ist nur ein Deckname, Watson, eine Art Kennwort,[6] dahinter verbirgt sich eine schillernde und schwer faßbare Persönlichkeit. Porlock ist wichtig, das

---

6 Literarisch bewanderten Lesern wird bekannt sein, daß Coleridge sein berühmtes Gedicht *Kubla Khan* nicht vollenden konnte, weil er »durch jemanden... in Porlocks Auftrag...« vom Schreibtisch gerufen und über eine Stunde lang aufgehalten wurde. Als er wieder an sein Manuskript ging, waren ihm die Schlußzeilen restlos entfallen. Vgl. Vincent Starretts interessanten Aufsatz »Porlock läßt sagen« in: *Der Bücherfreund am Sonntag. Die stillen Freuden eines unverbesserlichen Sammlers*; New York 1942.

heißt weniger er selbst als vielmehr der Große Mann, mit dem er in Verbindung steht. Stell es dir so vor wie den kleinen Lotsenfisch, der den Hai umkreist, oder den Schakal im Gefolge des Löwen – irgendein ganz unbedeutendes Wesen, das in Gemeinschaft lebt mit dem Schrecklichen. Nicht allein schrecklich, Watson, sondern – böse, ja, im höchsten Grad böse. Du hast wohl noch nie von Professor Moriarty gehört?«

»Nein, nie.«

»Ach ja«, rief Holmes, »das ist ja das Unbegreifliche an der Sache. Der Mann hat in ganz London überall seine Finger im Spiel, und kein Mensch weiß von ihm. Das ist einmalig in der Kriminalgeschichte, das macht ihm keiner nach. Ich sage dir, Watson, in allem Ernst: wenn ich diesem Kerl an den Kragen könnte, wenn es mir gelänge, die menschliche Gesellschaft von ihm zu befreien, dann wäre das, glaube mir, der Gipfel meiner ganzen Karriere.«

»Was hat er denn getan?« fragte Watson.

»Seine Laufbahn war sehr ungewöhnlich. Er stammt aus gutem Haus und hat eine exzellente Bildung genossen, zudem besitzt er von Natur eine phänomenale Begabung für Mathematik. Aber der Mann hat geradezu diabolische Erbanlagen mit in die Wiege bekommen. Ein Hang zum Verbrechen lag ihm wohl schon im Blut, der durch seinen außerordentlichen Intellekt noch verstärkt und im allerhöchsten Grade gefährlich wurde. Schon an der Universität, wo er einen Lehrstuhl für Mathematik bekleidete, gingen mehr und mehr finstere Gerüchte über ihn um. Eines Tage mußte er dann zurücktreten und kam nach London, wo er sich bei der Army als Ausbilder etabliert hat.«

Holmes hielt nachdenklich inne.

»Einiges davon weiß ich schon lange«, sprach er weiter, »aber manches, was ich dir jetzt sage, habe ich erst neuerdings in Erfahrung gebracht. Wie du wohl weißt, Watson, gibt es niemanden, der die Londoner Verbrecherwelt so genau kennt wie ich. Schon seit Jahren hatte ich immer den Eindruck, daß hinter dem Täter so etwas wie eine andere

Kraft steht, irgendeine starke und intelligente Kraft, die systematisch Recht und Gesetz behindert und den Gesetzesbrecher schützt. Wieder und wieder, in Tatfällen der verschiedensten Art – Raub, Falschmünzerei, Mord – habe ich gespürt, daß diese Kraft da war; und daß sie am Werk war, darauf habe ich bei vielen Verbrechen, aufgeklärten und unaufgeklärten, schließen können; einige davon haben mich persönlich sehr stark betroffen. Du wußtest es damals nicht, Watson, aber Ex-Professor Moriarty hat in der unseligen Affäre John Openshaw ebenso eine Rolle gespielt wie in der Sache mit dem Klub der Rothaarigen, bei der wir ja mehr Erfolg hatten.

Er ist der Napoleon des Verbrechens, Watson. Bestimmt die Hälfte von allem Bösen, das in dieser Großstadt verübt wird, und so gut wie alles, was nie an den Tag kommt, ist von ihm organisiert. Er sitzt da und rührt sich nicht, wie eine Spinne mitten in ihrem Netz, aber dieses Netz hat tausend Fäden nach allen Seiten, und er merkt es sofort, wenn auch nur einer davon sich bewegt. Er selber tut wenig. Er plant nur. Aber er hat eine Menge Leute und setzt sie hervorragend ein. Wenn da irgendwo ein Verbrechen verübt werden soll, sagen wir, ein Papier entwendet, ein Haus ausgeraubt, ein Mensch beseitigt – dann verständigt man den Professor, und die Sache wird organisiert und durchgeführt. Der Täter wird vielleicht gefaßt; dann bringt man Geld auf, als Kaution für seine Freilassung oder für seinen Verteidiger. Aber die zentrale Macht, die sich seiner bedient hat, die wird niemals gefaßt – die wird nicht einmal verdächtigt.[7] Das ist Genie, Watson. Aber unsere Stunde, falls nicht kleinere Schurken mich vorher umbringen, kommt bestimmt.«[8]

---

7 Ex-Professor Moriartys Organisation hatte in unseren Tagen ein auffallend ähnliches Gegenstück in der unlängst sanglos eingegangenen »Interessengemeinschaft Mord & Co.«.

8 Kundige Sherlockianer mögen einwenden, Watson habe einen großen Teil der obigen Unterhaltung nicht in *Das Tal der Furcht,* sondern in

»Gebe Gott, daß ich es miterlebe!« rief Watson im Brustton der Überzeugung. »Aber du sprachst gerade von diesem Porlock.«

»Ah ja – der sogenannte Porlock ist ein Glied in der Kette, ein Stück von ihrem großen Anfang entfernt. Unter uns: Kein besonders kräftiges Kettenglied, dieser Porlock, genauer gesagt: das einzige schwache Glied in der Kette, soweit ich das nachprüfen konnte.«

»Aber eine Kette ist doch nie stärker als ihr schwächstes Glied.«

»Gut gesagt, mein lieber Watson. Deshalb ist Porlock ja so unerhört wichtig. Angespornt durch eine gelegentliche Zehnpfundnote, die ich ihm auf Umwegen zukommen ließ, hat er mir schon ein paarmal vorweg Informationen geliefert, die höchst wertvoll waren.[9] Ich bin sicher, wenn wir den Schlüssel hätten, würden wir feststellen, daß diese Mitteilung hier von der gleichen Art ist.«

Holmes breitete das Papier auf seinem noch unbenutzten Teller aus und strich es glatt. Watson stand auf, beugte sich über ihn und betrachtete den seltsamen Text:

534 Sp2 13 127 36 31 4 17 21 41

DOUGLAS 109 293 5 37 BIRLSTONE

26 BIRLSTONE 9 127 171

»Sherlock Holmes' Untergang« wiedergegeben. Es sei daran erinnert, daß der »Untergang« einundzwanzig Jahre vor dem *Tal der Furcht* veröffentlicht worden ist. Der Autor Watson wollte den Napoleon des Verbrechens so dramatisch wie möglich bei seinen Lesern einführen. Deshalb erklärte er(in »Sherlock Holmes' Untergang«), er habe von Moriarty »noch nie gehört«; nur so konnte er an dieser Stelle Holmes eine Erklärung in den Mund legen, die ihm dieser in Wirklichkeit bereits drei Jahre zuvor gegeben hatte.

9 Es waren unzweifelhaft Informationen von Porlock, die Holmes auf den Verdacht kommen ließen, Moriarty habe mit dem Tod des John Openshaw und seines Vaters und Onkels etwas zu tun (»Die fünf Orangenkerne«).

»Kannst du damit etwas anfangen, Holmes?«

»Das ist eindeutig ein Hinweis auf Wörter einer bestimmten Seite in irgendeinem Buch. ›Douglas‹ und ›Birlstone‹ sind ausgeschrieben, weil diese Wörter auf der betreffenden Seite nicht vorkommen.«

»Warum hat er das Buch denn nicht angegeben?«

»Dein angeborener Scharfsinn, Watson, diese Schlauheit ohnegleichen, die das Entzücken deiner Freunde ist, würde es dir bestimmt verbieten, eine Geheimbotschaft und den Schlüssel dazu in ein und denselben Umschlag zu stecken. Wenn der nämlich nicht ankommt, wärst du verloren. Aber so, wie es hier gemacht ist, müßte schon beides falsch laufen, damit irgendein Schaden passiert. Eigentlich muß inzwischen unsere Mittagspost da sein, und es sollte mich doch sehr wundern, wenn sie uns nicht tatsächlich einen weiteren Brief brächte, der die Sache erklärt, oder aber, was wahrscheinlicher ist, gleich das Buch, auf das sich diese Zahlen beziehen.«

Es vergingen kaum ein paar Minuten, da erschien wieder der kleine Hausdiener mit einem Brief.

»Die gleiche Handschrift«, bemerkte Holmes, während er das Kuvert aufriß, »und diesmal sogar unterschrieben!« Aber sein Gesicht wurde finster, als er den Text las:

Sehr geehrter Mr. Holmes. Ich möchte in dieser Sache nicht weitermachen. Es ist zu gefährlich. Er traut mir nicht mehr. Ich merke genau, daß er mir mißtraut. Er kam völlig unerwartet zu mir, als ich gerade dieses Kuvert adressiert hatte, um Ihnen den Schlüssel zu der Geheimbotschaft zu übersenden. Ich konnte es gerade noch zudecken. Wenn er Ihren Namen darauf gesehen hätte, wäre es mir schlimm ergangen. Aber ich habe in seinen Augen Verdacht gelesen. Bitte verbrennen Sie die Geheimbotschaft, die Ihnen nun ja nichts nützen kann.

Fred Porlock.

»Es ist doch zum Verzweifeln«, sagte Watson. »Da steht womöglich ein hochwichtiges Geheimnis auf diesem Zettel, und keine Menschenmacht kann es lüften.«

»Ich weiß nicht recht«, meinte Holmes. Er lehnte sich in seinem Sessel zurück und starrte zur Decke hinauf. »Der Text beginnt mit der Zahl 534, nicht wahr? Nehmen wir als Arbeitshypothese einmal an, 534 wäre die Seite, auf die der Code sich bezieht. Unser Buch muß demnach ein *dikkes* Buch sein. Das nächste Codewort ist Sp2. Ich müßte mich sehr täuschen, wenn damit nicht ›Spalte zwei‹ gemeint ist. Jetzt haben wir also schon ein dickes Buch ins Auge zu fassen, das zweispaltig gedruckt ist. Würde es sich dabei um eine ungewöhnliche Buchausgabe handeln, so hätte Porlock mir den Band zugeschickt. Er hatte jedoch nur die Absicht – bevor ihm sein Plan zu riskant wurde –, mir in diesem Kuvert einen Hinweis zu schicken. Daraus dürfte hervorgehen, daß es sich um ein Buch handelt, von dem er glaubt, daß ich es ohne Schwierigkeit selber finden kann. Kurzum, Watson, es muß ein ziemlich bekanntes Buch sein.«

»Die Bibel!« rief Watson triumphierend.

»Gut, Watson, gut! Aber noch nicht gut genug, wenn ich so sagen darf. Es gibt von der Heiligen Schrift so viele verschiedene Ausgaben, daß Porlock kaum voraussetzen konnte, sein und mein Exemplar würden in den Seitenzahlen übereinstimmen. Nein, dieses Buch muß schon eine Standardausgabe sein.«

»Der Bradshaw!«[10]

»Das wäre zu schwierig, Watson. Der Wortschatz des Bradshaw ist zwar prägnant, aber er ist begrenzt. Was man an Wörtern daraus verwenden kann, würde sich kaum zur Übermittlung allgemeinverständlicher Nachrichten eignen. Aus dem gleichen Grund, fürchte ich, kommt auch das Lexikon nicht in Frage. Was bleibt dann noch? Überle-

---

10 Dem englischen Leser braucht nicht erklärt zu werden, was der Bradshaw ist; von den deutschen Lesern jedoch wissen vielleicht nicht alle, daß mit »Bradshaw« das Kursbuch der Britischen Eisenbahnen gemeint war, das erstmalig von einem englischen Kartenzeichner namens George Bradshaw (1801–1853) zusammengestellt worden ist.

gen wir einmal – wie wäre es denn mit Whitaker's Almanach? Den benutzt jeder. Das Buch hat auch Seiten genug, und es ist zweispaltig gedruckt. Am Anfang läßt sein Vokabular etwas zu wünschen übrig, aber im letzten Teil wird es recht wortgewandt.«

Er holte den Band vom Schreibtisch.

»Hier haben wir Seite 534«, sprach er weiter. »Die Spalte zwei ist ein geschlossener Textblock, in dem es um Handel und Bodenschätze von Britisch Indien geht. Schreib doch bitte die Wörter mit, Watson. Nummer dreizehn ist *Maharatta*. Als Anfang nicht sehr verheißungsvoll, muß ich sagen. Nummer einhundertsiebenundzwanzig, das ist *Regierung*. Darunter kann man sich wenigstens etwas vorstellen. Aber was soll denn nun Maharatta mit der Regierung? O je! Das nächste Wort ist *Schweineborsten*. Mein guter Watson, wir sind auf dem Holzweg! Es ist aus. Aber Moment mal – vielleicht rächt es sich jetzt, daß wir so auf dem laufenden sind. Da heute der siebente Januar ist, haben wir natürlich prompt den neuen Almanach aufgeschlagen. Aber es ist mehr als wahrscheinlich, daß Porlock seine Botschaft noch aus dem alten genommen hat.«

Holmes stürzte zu einem Schrank, aus dessen Tiefen er mit einem zweiten gelb eingeschlagenen Buch in der Hand wieder auftauchte.

»Jetzt wollen wir sehen, was uns hier die Seite 534 zu bieten hat«, sagte er. »Nummer dreizehn ist *Es*. Das fängt schon besser an. Nummer einhundertsiebenundzwanzig ist *ist*. Aha! Nummer sechsunddreißig – *Gefahr*. Ausgezeichnet! *Es ist Gefahr bald zu erwarten ein gewisser Douglas. Reich. Landsitz. Zur Zeit Birlstone Schloß Birlstone. Überzeugt, daß dringend.* Da haben wir unseres Rätsels Lösung! Ein treffliches kleines Kunststück.«

Holmes schmunzelte noch über seinen Erfolg, als der Hausbursche die Tür aufriß und Inspektor MacDonald von Scotland Yard ins Zimmer komplimentiert wurde.

»Welch unerwarteter Besuch, Mr. Mac«, sagte Holmes. »Da ist wohl, fürchte ich, irgendein Unheil zugange.«

»Wenn Sie ›hoffe‹ statt ›fürchte‹ gesagt hätten, Mr. Holmes, käme es meines Erachtens der Wahrheit näher«, erwiderte der Inspektor mit verständnisinnigem Grinsen. »Aber Sie haben recht. Ein gewisser Mr. Douglas vom Herrensitz Birlstone ist heute nacht auf entsetzliche Weise ermordet worden.«

Um elf Uhr fünfundvierzig in der Nacht zum siebenten Januar war der Alarm gekommen. Mr. Cecil Barker aus Hales Lodge, ein häufiger und stets willkommener Gast auf Schloß Birlstone, war im Sturmschritt zu der kleinen Gendarmeriestation geeilt und hatte wie rasend an der Türglocke gerissen. Etwas Furchtbares sei im Schloß geschehen, berichtete er Sergeant Wilson von den Sussex-Konstablern: man habe Mr. John Douglas ermordet.

Als sie zum Schloß kamen, so hatte Sergeant Wilson berichtet, fand er die Zugbrücke heruntergelassen, alle Fenster erleuchtet und das ganze Haus in Aufregung und Verwirrung. Er, Mr. Barker und Dr. Wood, ein handfester praktischer Arzt aus dem Dorf, betraten zusammen das Arbeitszimmer, wo das Unheil geschehen war. Der Tote lag mitten im Raum auf dem Rücken, die Glieder von sich gestreckt, bekleidet nur mit einem rosafarbenen Schlafrock über dem Nachtgewand. An den bloßen Füßen hatte er Filzpantoffeln. Er war fürchterlich zugerichtet. Quer über seiner Brust lag eine seltsame Waffe: eine Schrotflinte, deren Lauf etwa eine Fußlänge vor den Abzughähnen abgesägt war; die Hähne waren mit Draht zusammengebunden, wodurch die Entladung, weil gleichzeitig, um so verheerender werden mußte. Unverkennbar war aus nächster Nähe geschossen worden, und Douglas mußte die ganze Ladung ins Gesicht bekommen haben, was ihm buchstäblich den Kopf zerfetzte. Das hohe, von einem Rautenfries eingerahmte Fenster stand sperrangelweit offen, und das hölzerne Fenstersims wies einen Blutfleck auf, der nach dem Abdruck einer Schuhsohle aussah. Am Boden neben dem Toten lag eine Karte. Sie zeigte, mit Tinte ungelenk hingekritzelt, die Initialen V.V. und darunter die Zahl 341. Auf dem Teppich vor dem Kamin lag ein schwerer Zimmermannshammer. »Mr. Douglas hat gestern die Bilder anders gehängt«, bemerkte Cecil Barker erklärend.

Der Sergeant hatte seine Lampe erhoben und schritt langsam rundum das Zimmer ab.

»Nanu!« rief er plötzlich ganz aufgeregt und zog den Fenstervorhang zur Seite. »Hier hat sich doch jemand versteckt gehalten! Man sieht noch deutlich die Schmutzspur von Schuhen.«

Der Arzt hatte die Lampe ergriffen und war dabei, den Leichnam zu untersuchen.

»Was ist das für ein Zeichen?« fragte er.

Der rechte Arm des Toten ragte bis zum Ellenbogen aus dem Schlafrockärmel heraus. Etwa in der Mitte des Unterarms trug er ein merkwürdiges braunes Zeichen: ein Dreieck, in einem Kreis.

»Eine Tätowierung ist das nicht«, sagte der Doktor. »Dieser Mann ist einmal gebrannt worden – gebrandmarkt, wie man Vieh brandmarkt.«

Ames, der Butler von Birlstone, stieß plötzlich einen Ruf der Verwunderung aus und wies auf die ausgestreckte Hand des Toten.

»Sein Trauring ist nicht mehr da!« flüsterte er. »Der Herr hatte immer einen einfachen goldenen Trauring am linken Ringfinger. Diesen Ring mit dem unbearbeiteten Goldnugget trug er darüber, und den gedrehten Schlangenring daneben am Mittelfinger. Der Nugget ist da und die Schlange auch, aber der Trauring fehlt!«

»Wollen Sie damit sagen«, fragte der Sergeant, »daß er den Trauring *unter* dem anderen trug?«

»Ja, immer.«

»Dann hat also der Mörder zuerst diesen Ring, den Sie den Nuggetring nennen, abgezogen, dann auch den Trauring, und danach hat er den Nuggetring wieder angesteckt?«

»So muß es gewesen sein.«

Der Landpolizist schüttelte den Kopf.

»An diese Geschichte muß London dran«, meinte er, »und je schneller je besser.«

Holmes, Watson und Inspektor MacDonald wurden von White Mason, dem Sussexer Chefdetektiv, an der Bahn in Empfang genommen. Binnen zehn Minuten hatten sie im Dorfgasthof *Westville Arms* Quartier genommen. Nach weiteren zehn Minuten saßen sie im Vorraum der Gaststube und erhielten einen raschen Überblick über die Ereignisse. Mason hatte auf dem Hammer keine Spuren gefunden. Bei Untersuchung des Gewehrs hatte er an dessen Lauf die Buchstaben PEN entdeckt.

»Ein großes P mit einem Schnörkel darüber, und das E und N etwas kleiner?« fragte Holmes.

»Genau.«

»Das ist das Markenzeichen der Pennsylvania Small Arms Company – einer bekannten amerikanischen Firma«, sagte Holmes.

»Mr. Douglas war Amerikaner oder hat jedenfalls lange Zeit in Amerika gelebt. Mr. Barker übrigens auch.«

»Eine Frage«, sagte Holmes. »Haben Sie das Außenufer des Schloßgrabens untersucht, ob irgend etwas darauf hindeutet, daß dort jemand aus dem Wasser gestiegen ist?«

»Keinerlei Anzeichen, Mr. Holmes. Allerdings ist die Einfassung aus Stein, da kann man kaum Spuren erwarten.«

»Ha! Spricht irgend etwas dagegen, daß wir jetzt gleich zum Schloß gehen? Möglicherweise gibt es doch ein paar kleine Dinge, die von Interesse sein könnten.«

Auf Schloß Birlstone trat Holmes an den Rand des Wassergrabens und blickte zum anderen Ufer hinüber. Dann untersuchte er die steinerne Einfassung und den anschließenden Rasenstreifen. Im Mordzimmer kniete er sich neben die Leiche.

»Mr. Douglas hat da ein kleines Pflaster am Kinn«, bemerkte er, sich an den Butler wendend. »Haben Sie das auch an ihm gesehen, als er noch lebte?«

»Ja, Sir. Mr. Douglas hat sich gestern früh beim Rasieren geschnitten.«

»Interessant«, sagte Holmes. »Gut. Nun zu der Karte. Es ist fester, rauher Karton. Haben Sie so etwas hier im Haus?«

»Ich glaube nicht, Sir.«

Holmes ging zum Schreibtisch hinüber und tupfte aus jedem der Tintenfässer ein Tröpfchen Tinte aufs Löschblatt. »Die Karte wurde nicht in diesem Zimmer geschrieben«, sagte er. »Dies hier ist schwarze Tinte, und die andere ist violett. Die Schrift auf der Karte stammt von einer breiten Feder, und die Federn hier sind allesamt spitz. Hm. Und was ist das da unter dem Tisch?«

»Die Hanteln von Mr. Douglas«, sagte der Butler.

»*Hantel* – es ist ja nur eine. Wo ist die andere?«

»Das weiß ich nicht, Mr. Holmes.«

»Eine einzelne Hantel...«, sagte Holmes bedeutungsvoll, doch seine Überlegungen wurden durch ein hartes Klopfen an der Tür unterbrochen. Cecil Barker steckte den Kopf ins Zimmer.

»Entschuldigen Sie, daß ich Ihre Beratung störe«, sagte er, »aber man hat ein Fahrrad gefunden. Der Mörder hat sein Fahrrad zurückgelassen, keine hundert Meter weit vom Portal.«

»Warum, um Gottes willen, hat der Kerl das Ding dagelassen?« sagte Inspektor MacDonald. »Wir bekommen aber auch nicht einen Schimmer von Licht in diesen Fall.«

»Nicht?« meinte Holmes nachdenklich. »Ich weiß nicht recht.«

Während Watson sich wieder ins Gasthaus begab, verbrachte Holmes fast den ganzen Nachmittag auf dem Schloß und beriet sich mit seinen beiden Kollegen. Gegen fünf Uhr kam er nach, bester Laune und mit einem Wolfshunger; Watson hatte den Nachmittagstee schon für ihn bestellt.

»Mein lieber Watson«, sagte er, »wenn ich dieses vierte Ei vertilgt habe, werde ich soweit sein, daß ich dich mit der ganzen Sachlage in etwa vertraut machen kann. Ich will nicht sagen, daß wir bereits klar sehen – bei weitem nicht –, aber wenn wir erst die fehlende Hantel haben –«

»Die Hantel?!«

»Aber Watson, ist das die Möglichkeit! Hast du wirklich nicht das Faktum durchschaut, daß der ganze Fall an der fehlenden Hantel hängt?« Holmes setzte seine Pfeife in Brand und machte es sich in der Kaminecke bequem. »Lug und Trug, Watson, das ist es, was uns schon an der Türschwelle empfangen hat. Die ganze Geschichte, die Barker erzählt hat, ist erlogen. Aber Barkers Geschichte wird von Mrs. Douglas bestätigt. Also lügt auch sie. Warum aber lügen die beiden? Wie sieht die Wahrheit aus, die sie mit aller Gewalt zu verschleiern suchen? Ich kann beweisen, daß die Blutspur auf dem Fenstersims vorsätzlich von Barker dort angebracht worden ist. Ich habe keinen Zweifel daran, daß die wahre Mordzeit dreiviertel elf Uhr war. Aber was können Mr. Barker und Mrs. Douglas in der halben Stunde, bis sie um ein Viertel *nach* elf die Dienerschaft alarmierten, getrieben haben? Ich glaube, Watson, ein Abend allein in diesem Arbeitszimmer würde mir sehr viel weiterhelfen. Ich möchte jetzt gleich hingehen; mit dem Butler habe ich es schon ausgemacht. Übrigens, du hast doch deinen großen Regenschirm mit, nicht wahr? Den würde ich mir gern ausleihen, wenn du gestattest.«

»Gewiß doch – aber es ist klares Wetter, und ein Regenschirm stellt auch keine sehr wirksame Waffe dar. Wenn du dort in Gefahr bist –«

»Nicht ernstlich, mein lieber Watson, andernfalls würde ich bestimmt deine Begleitung erbitten. Aber den Schirm will ich mitnehmen. Im Augenblick warte ich nur darauf, daß Mr. Mason und Inspektor MacDonald aus Tunbridge Wells zurückkommen; sie wollten dort nach jemandem suchen, dem vielleicht dieses Fahrrad gehört.«

Es war schon stockdunkel, als Inspektor MacDonald und White Mason strahlend von ihrer Expedition zurückkehrten.

»Wir haben das Fahrrad nach Tunbridge Wells mitgenommen und dort in den Gasthöfen vorgezeigt«, erklärte MacDonald. »Der Wirt vom *Adlerhorst* hat es sofort wiedererkannt; es gehört einem gewissen Hargrave, der vor ein paar Tagen dort übernachtet hat. Es war ein Mann so um die Fünfzig, ungefähr einssiebzig groß, leicht angegrautes Haar, graumelierter Schnurrbart, Adlernase – und ein Gesicht, das alle als wild und verwegen beschrieben.«

»Abgesehen vom Gesicht könnte die Beschreibung fast auch auf Douglas passen«, meinte Holmes. »Nun, ich gedenke, heute abend eine kleine Ermittlung auf eigene Faust durchzuführen, und es kann sehr wohl sein, daß sich etwas ergibt.«

»Können wir Ihnen helfen, Mr. Holmes?«

»Nein, nein. Dunkelheit und Dr. Watsons Regenschirm, mehr brauche ich nicht. Alle meine Gedankengänge bringen mich nämlich immer wieder auf die eine Kardinalfrage: Wieso benutzt ein gutgebauter kräftiger Mann zu seinem Körpertraining etwas so Unsinniges wie eine einzelne Hantel?«

Anderntags nach dem Frühstück trafen Holmes und Watson auf der Gendarmerie Inspektor MacDonald und Mr. White Mason, die in dem kleinen Sprechzimmer saßen und sich eifrig miteinander berieten.

»Ich möchte Mr. Barker eine Nachricht zukommen lassen«, sagte Holmes. »Wenn es Ihnen recht ist, diktiere ich sie. ›Sehr geehrter Herr! Ich bin der Ansicht, daß es unsere Pflicht ist, den Schloßgraben zu entleeren, da wir dort vielleicht etwas –‹«

»Das ist ausgeschlossen!« sagte der Inspektor.

»Scht, scht – ›entleeren, da wir dort vielleicht etwas finden könnten, das für unsere Ermittlungen von Gewicht ist. Ich habe bereits alles veranlaßt, und die Arbeiter werden morgen in aller Frühe kommen und das Wasser ableiten –‹«

»Unmöglich!«

»›– Wasser ableiten. Ich möchte Sie deshalb schon jetzt von der Sache in Kenntnis setzen.‹ So. Bitte unterschreiben Sie das und lassen Sie es durch Boten heute nachmittag so gegen vier im Schloß abgeben. Um die gleiche Zeit treffen wir uns wieder in diesem Zimmer.«

Der Abend nahte, als sie wieder zusammenkamen. Holmes war sehr ernst, Watson sehr neugierig, und die Detektive waren skeptisch und ärgerlich.

»Also, meine Herren«, sagte Holmes, »ich bitte Sie jetzt mit mir zu einem Test. Prüfen Sie alles genau, und entscheiden Sie danach selbst, ob die von mir gemachten Beobachtungen die Schlüsse, zu denen ich gekommen bin, rechtfertigen. Es ist ein kalter Abend, Gentlemen, und ich weiß nicht, wie lang unsere Unternehmung dauern kann, darum ziehen Sie bitte Ihre wärmsten Mäntel an. Wir müssen unbedingt noch vor Dunkelheit an Ort und Stelle sein und werden deshalb, mit Ihrer gütigen Erlaubnis, sogleich aufbrechen.«

In der zunehmenden Dämmerung folgten sie Holmes zu einem Gebüsch, das dem Portal und der Zugbrücke von Schloß Birlstone fast genau gegenüber lag.

Es wurde eine lange und harte Nachtwache.

Allmählich vertiefte sich das Dunkel über der langgestreckten, düsteren Front des alten Gebäudes. Ein feuchtkalter Dunst stieg vom Schloßgraben auf, der sie bis ins Mark frieren ließ. Eine einsame Lampe brannte über dem Tor, und in dem unseligen Arbeitszimmer glomm ein steter Lichtschein; sonst war alles finster und totenstill.

Auf einmal verdunkelte sich der gelbliche Schein im Fenster des Arbeitszimmers: drinnen ging jemand hin und her. Dann flog das Fenster auf, und sie konnten als dunkle Silhouette den Kopf und die Schultern eines Mannes erkennen, der in die Nacht hinaussah. Minutenlang spähte er so hinaus, vorsichtig und verstohlen, wie jemand, der ganz sicher sein möchte, daß er unbeobachtet ist. Nun beugte er sich vor, und in der dichten Stille hörten die Beobachter das leise schwappende Geräusch in Bewegung geratenen Wassers. Der Mann im Fenster schien mit einem Gegenstand, den er in der Hand hielt, im Wassergraben herumzurühren. Dann zog er plötzlich etwas zu sich herein, so wie ein Fischer einen Fisch an Land zieht...

»Jetzt!« zischte Holmes. »Los!«

Damit rannte er auch schon über die Brücke und läutete am Portal Sturm. Drinnen wurde das Scharren von Riegeln laut, und in der sich öffnenden Tür stand der verblüffte Ames, der Butler von Birlstone. Holmes fegte wortlos an ihm vorbei und stürmte, gefolgt von den anderen, ins Arbeitszimmer. Das Licht einer Öllampe fiel auf das grobe, resolute Gesicht Cecil Barkers.

»Was zum Teufel soll das?« schrie er.

Holmes blickte rasch umher und stürzte sich dann auf ein nasses, mit Kordel umwundenes Bündel, das so, wie es hingeworfen worden war, unter dem Schreibtisch lag.

»Da ist es ja, was wir suchen«, sagte er. »Dieses Bündel, fein mit einer Hantel beschwert, das Sie, Mr. Barker, soeben vom Grund des Grabens heraufgeholt haben.«

»Wieso zum Donnerwetter wissen Sie davon etwas?« fragte Cecil Barker.

»Sehr einfach, ich habe es da hineingetan«, versetzte Holmes. »Oder vielleicht sollte ich sagen ›wieder hineingetan‹. Wenn Wasser in der Nähe ist und ein schwerer Gegenstand fehlt, sucht man nach etwas, das ins Wasser versenkt wurde. Mit Hilfe von Ames und Dr. Watsons Regenschirmkrücke konnte ich gestern abend dieses Bündel herausfischen und in Augenschein nehmen. Wir mußten jedoch unbedingt feststellen, wer es dorthin befördert hatte. Dies erreichten wir mit einem einfachen Mittel – mit unserer Ankündigung, daß der Wassergraben entleert werden müsse.«

Holmes legte das triefende Bündel auf den Tisch neben die Lampe und knotete die Verschnürung auf. Heraus zog er eine Hantel und ein Paar Stiefel – »amerikanische, sehen Sie«, bemerkte er. Dann legte er ein langes, gefährlich aussehendes Messer auf den Tisch. Zuletzt entwirrte er einen Packen Kleidungsstücke, bestehend aus Unterwäsche, Socken, einem grauen Tweedanzug und einem kurzen hellbraunen Überzieher. »Beachten Sie bitte«, sagte er, »daß die Innentasche des Mantels ins Futter hinein aufgetrennt worden ist, damit sie lang genug wurde für das abgesägte Gewehr. Hier im Kragen das Schneiderschildchen: *Neale, Herrenausstatter, Vermissa, Pennsylvania*. Vermissa ist eine blühende kleine Stadt am Talrand eines der bekanntesten Kohlen- und Erzlager der Vereinigten Staaten. Wie ich mich dunkel erinnere, Mr. Barker, haben Sie einmal gesprächsweise die erste Gemahlin von Mr. Douglas im Zusammenhang mit Kohlebergbau erwähnt. Es ist sicher nicht allzu weit hergeholt, wenn ich daraus schließe, daß das V.V. auf der Karte neben dem Toten ›Vermissa Valley‹ bedeuten soll.[11] Und nun, Mr. Barker, will ich Ihrer Erklärung nicht länger im Wege stehen.«

»Wenn hier irgend etwas verschwiegen wurde, so ist das nicht mein Geheimnis, und ich bin nicht der Mann, der es preisgibt.«

Während noch betroffenes Schweigen herrschte, trat Mrs. Douglas ins Zimmer.

»Sie haben genug für uns getan, Cecil«, sagte sie. »Mag nachkommen, was da will, aber Sie haben genug getan.«

»Da ist aber vieles immer noch nicht erklärt«, sagte Holmes. »Ich empfehle dringend, daß Sie jetzt *Mr. Douglas* bitten, uns zu sagen, was er zu sagen hat.«

Aus dem Dunkel einer Zimmerecke tauchte jetzt plötzlich ein Mann auf, blinzelnd und mit benommenem Blick, wie jemand, der sich an Licht erst wieder gewöhnen muß.

---

11 »Vermissa Valley« – Watsonismus für Shenandoah Valley. Die Stadt »Vermissa«, wo Neale seinen Herren-Ausstaffier-Laden hatte, war höchstwahrscheinlich Pottsville, ein Städtchen in der Nähe des Anthrazitgebiets von Schuylkill.

»Seit zwei Tagen sitze ich eingesperrt in dieser Mausefalle von Beichtstuhl«, sagte der Ankömmling. »Darf ich rauchen, während ich Ihnen berichte? Sie, Mr. Holmes, können mir vielleicht nachfühlen, was es heißt, wenn man zwei volle Tage lang dasitzt mit dem Tabak in der Tasche und nicht zu rauchen wagt, weil der Geruch einen sonst verrät! Also«, fuhr er fort, während er die Zigarre in Brand setzte, die Holmes ihm eilfertig angereicht hatte, »also worauf alles hinausläuft, das ist folgendes. Es gibt ein paar Männer, die mich aus gutem Grund hassen und die ihren letzten Dollar für die Gewißheit gäben, daß sie mich erwischt haben. Einen Tag, bevor dies alles passiert ist, hatte ich drüben in Tunbridge Wells zu tun und sah dort im Vorbeigehen einen Mann, der von allen meinen Gegnern immer der schlimmste war. Den ganzen folgenden Tag über war ich auf der Hut und bin nicht einmal in den Park gegangen. Abends wurde dann die Zugbrücke hochgezogen, und damit war für mich die Sache erledigt. Ich hätte doch nie gedacht, daß er ins Haus gelangt sein und auf mich warten könnte. Aber als ich im Schlafrock noch einmal die Runde ging, wie ich das immer tue, witterte ich beim Betreten dieses Zimmers sofort Gefahr. Gleich darauf sah ich unter dem Vorhang am Fenster eine Stiefelspitze. Ich stellte meine Kerze hin und holte mir mit einem Satz den Hammer, der noch auf dem Kaminsims lag, weil ich hier im Zimmer ein paar Bilder umgehängt hatte. Der Mann sprang mich an, und gleichzeitig auch ich ihn. Ich sah ein scharfes Messer in seiner Hand blitzen, da schlug ich mit dem Hammer nach ihm. Irgendwie muß ich ihn getroffen haben, denn das Messer fiel klirrend zu Boden. Er, flink wie ein Aal, entwischte mir um den Tisch herum, und im nächsten Moment hatte er sein Gewehr aus dem Mantel gezogen. Ich hörte, wie er entsicherte, bekam es aber zu fassen, ehe er abdrücken konnte. Losgelassen hat er es nicht, aber er hielt es wohl eine Sekunde zu lang mit dem Kolben nach außen; vielleicht bin ich dabei an den Hahn gekommen, vielleicht haben wir auch beide durch unser

Hin und Her den Schuß ausgelöst – ich weiß es nicht genau.

Jedenfalls, er bekam beide Ladungen mitten ins Gesicht, und ich stand da und starrte fassungslos das an, was von diesem Ted Baldwin übriggeblieben war. Ich stützte mich gerade auf die Tischkante, da kam Barker von oben herunter und ins Zimmer gestürzt. Das Personal hatte nichts gehört. In dem Moment ist mir die Idee gekommen. Dem Mann war der Ärmel nach oben gerutscht, und ich sah das eingebrannte Zeichen der Loge, wie ich selbst es auch auf dem Unterarm habe. Und seine Größe, und sein Haar und seine Figur – alles ungefähr wie bei mir. Auf sein Gesicht konnte niemand mehr schwören – der arme Teufel. Ich holte mir Wäsche herunter und diesen Anzug, und binnen einer Viertelstunde hatten Barker und ich ihm meinen Morgenrock angezogen, und er lag so da, wie Sie ihn gefunden haben. Wir packten alle seine Sachen in ein Bündel zusammen; das beschwerte ich mit dem einzigen schweren Gegenstand, den ich finden konnte, und warf es aus dem Fenster. Die Karte, die er auf meine Leiche hat legen wollen, lag nun neben der seinen. Meine Ringe wurden ihm an die Hand gesteckt, nur beim Ehering merkte ich, daß ich ihn nicht vom Finger bekam. Ich holte aber noch eigens ein Stückchen Heftpflaster von oben und klebte es ihm an die gleiche Stelle, wo ich zur Zeit auch eines trage.

Ja, also das war die Situation. Wenn es mir gelang, dachte ich, jetzt für eine Weile verschwunden zu bleiben und dann von hier fortzugehen an irgendeinen Ort, wohin meine Frau mir würde nachfolgen können, dann hätten wir immerhin Aussicht, für den Rest unserer Tage in Frieden zu leben. Ich kannte dieses Versteck, also verzog ich mich dort hinein, und das übrige besorgte dann Barker. Er hat das Fenster geöffnet und die Blutspur auf dem Sims angebracht, um zu zeigen, wie der Mörder entkommen sein mußte. Dann hat er geläutet, was die Glocke hergab. Alles Weitere wissen Sie.«

Ein Schweigen folgte, das Sherlock Holmes brach.

»Mich würde interessieren«, sagte er, »woher dieser

Mann wußte, daß Sie hier leben und wie er ins Haus kommen konnte, und auch, wo er sich verstecken mußte, um Sie zu erwischen.«

»Das alles weiß ich nicht.«

Holmes' Gesicht war sehr weiß und ernst.

»Die Geschichte, fürchte ich, ist noch nicht zu Ende«, sagte er. »Ich sehe Schlimmes auf Sie zukommen, Mr. Douglas. Hören Sie meinen Rat und seien Sie nach wie vor wachsam.«

Vor Gericht wurde John Douglas freigesprochen, weil er in Notwehr gehandelt habe.

»Sorgen Sie, daß er um jeden Preis England verläßt«, schrieb Holmes an John Douglas' Frau. »Es sind hier Kräfte am Werk, die noch weit gefährlicher werden können als die, denen er entkommen ist.«

Zwei Monate vergingen. Dann wurde eines Morgens ein rätselhafter Zettel, ohne Anrede und ohne Unterschrift, in den Briefkasten von Baker Street 221 geschoben.

Der Text war sehr kurz und sehr einfach.

Mein Gott, Mr. Holmes, mein Gott! lautete er.

Holmes zerknüllte das Papier in der Hand und warf es ins Kaminfeuer.

»Dieser Satan, Watson, o dieser Satan!«

Spät am gleichen Abend erschien Cecil Barker bei Holmes.

»Ich bringe schreckliche Nachrichten, Mr. Holmes«, sagte er.

»Das habe ich befürchtet.«

»Sie haben kein Telegramm bekommen?«

»Nein, aber einen Zettel von jemandem, der eines bekommen hat.«

»Jack und Mrs. Douglas haben sich vor drei Wochen auf der *Palmyra* nach Südafrika eingeschifft. Gestern abend erreichte das Schiff Kapstadt. Und heute morgen erhielt ich von Mrs. Douglas ein Telegramm: *Jack im Sturm vor St. Helena über Bord. Niemand weiß, wie Unfall möglich.*«

»Ha, das mußte ja kommen!« sagte Holmes. »Nun, ich bezweifle nicht, daß es gute Regie war.«

»Sie meinen, es war kein Unfall?«

»Im Leben nicht.«

»Jack ist umgebracht worden?«

»Genau. Da ist eine Meisterhand am Werk, Mr. Barker. Man erkennt einen alten Meister am Pinselstrich, und genauso erkenne ich einen Moriarty, wenn ich die Machart sehe.«

»Wie kommt denn dieser Mann – dieser Moriarty – eigentlich in die Sache hinein?«

»Ich kann nur sagen, das erste, was ich überhaupt in der Angelegenheit erfuhr, wurde mir von einem seiner Gefolgsleute zugetragen. Diese Amerikaner haben sich für ihre Operation hier in England ausgerechnet mit dem Weltmeister des Verbrechens zusammengetan. Für ihr Opfer bestand danach keine Chance mehr. Zuerst hat Moriarty mit seinem Apparat den Mann nur gesucht, dann hat er die Anweisungen gegeben, wie alles gemacht werden sollte, und schließlich, als er in der Zeitung las, daß sein Agent versagt hatte, ist er selbst eingeschritten.«

Barker schlug sich in ohnmächtigem Zorn mit der geballten Faust vor den Kopf.

»Und keiner kann diesem Obersatan das Handwerk legen!« schrie er.

Holmes' graue Augen schienen gedankenvoll in die Zukunft zu blicken.

»Das will ich nicht sagen«, meinte er endlich. »Das will ich durchaus nicht sagen. Aber man muß mir Zeit lassen – ich brauche Zeit.«

Pause.
Drei Berichte aus der *London Times*: 10. August, 1. und 10. September 1888

In den frühen Morgenstunden des 3. April 1888, Osterdienstag, fand ein Fahrer der Londoner Straßenbahn, der auf dem Nachhauseweg von seinem Nachtdienst war, vor einem Warenhaus in der Osborne Street eine verstümmelte, bereits im Sterben liegende Frau. Sie wurde kurz darauf als die vierzigjährige Witwe Emma Elizabeth Smith identifiziert, die sich seit einiger Zeit als Prostituierte betätigte. Verbrechen waren in dem Londoner Bezirk Whitechapel in den Jahren des ausgehenden neunzehnten Jahrhunderts nicht gerade selten – vielmehr waren dort Bluttaten so an der Tagesordnung, daß die LONDON TIMES den Mord an der Prostituierten Emma Elizabeth Smith mit keiner Zeile erwähnte.

Aus der *Times* vom Freitag, dem 10. August 1888:

Gestern nachmittag eröffnete Mr. G. Collier, stellvertretender Untersuchungsrichter für Süd- und Ost-Middlesex, ein Ermittlungsverfahren betreffend den Tod jener Frau,[1] die am Dienstag vergangener Woche bei den Grove-Yard Buildings in Whitecha-

1 Martha Tabram, Prostituierte.

pel mit neununddreißig Messerstichen verletzt aufgefunden wurde.

Wie der Arzt Dr. T. A. Killeen erklärte, war er zu der Verstorbenen gerufen worden und hatte nur noch ihren Tod feststellen können. Sie hatte neununddreißig Messerstiche im Leib und war seit etwas über drei Stunden tot. Der linke Lungenflügel war an fünf Stellen, der rechte an zwei Stellen durchbohrt. Das Herz, hochgradig verfettet, war an einer Stelle durchstochen worden. Die Leber war organisch gesund, hatte jedoch fünf Stichverletzungen, die Milz war zweimal und der – an sich völlig gesunde – Magen fünfmal perforiert. Nach Ansicht des Zeugen wurden nicht sämtliche Wunden mit ein und demselben Instrument beigebracht.

Es handelt sich um einen denkbar entsetzlichen Mord. Der Täter muß schlechterdings ein Unmensch gewesen sein, daß er an einer wehrlosen Frau eine Bluttat von solchem Ausmaß verüben konnte.

Aus der *Times* vom Sonnabend, dem 1. September 1888:

Wieder ist in der Nähe von Whitechapel während der frühen Morgenstunden des gestrigen Tages ein Mord schlimmster Art verübt worden, jedoch von wem und aus welchen Motiven, darüber herrscht noch völlige Unklarheit. Kurz vor vier Uhr sah der Polizist Neil, der in Whitechapel Streifendienst hatte, in der Bucks Row die Gestalt einer Frau[2] schräg über der Bordkante liegen. Als er sich in der Meinung, sie sei betrunken, über sie beugte und ihr aufhelfen wollte, mußte er feststellen, daß ihr buchstäblich vom einen Ohr zum andern die Kehle durchschnitten war. Sie lebte nicht mehr, war aber noch warm. Er verständigte sofort sein Revier und ließ nach einem Arzt schicken. Durch einen Polizisten wurde in seiner nur knapp hundert Meter vom Schauplatz entfernten Praxis der Chirurg Dr. Llewellyn aufgeweckt, der sich sofort ankleidete und zum Tatort begab. Er untersuchte die Frau in aller gebotenen Eile und stellte fest, daß sie außer dem Querschnitt am Hals auch noch schwere Bauchverletzungen hatte.

Die Polizei hat in der Sache bis jetzt nur den Anhaltspunkt, daß im näheren Umkreis angeblich eine Bande von Schlägern ihr

---

2 Mary Ann Nichols, ebenfalls Prostituierte.

Unwesen treibt, die bei Frauen der ›minderbemittelten‹ Klasse Geld zu erpressen suchen und sich an denen, die kein Geld herausrücken, tätlich rächen. Erhärtet wird dieser Verdacht durch die Tatsache, daß während der letzten zwölf Monate noch zwei weitere Frauen in diesem Viertel auf fast die gleiche Weise umgebracht – eine davon erst kürzlich, am 6. August, siehe unseren Bericht – und gegen Morgen im Rinnstein gefunden wurden.

Aus der *Times* vom Montag, dem 10. September 1888:

Erneut wurden Whitechapel und der gesamte Osten Londons in Panik versetzt durch die am frühen Sonnabendmorgen erfolgte Auffindung einer Frau[3] , die auf ähnliche Weise wie am vorletzten Freitag Mary Ann Nichols aus der Bucks Row durch Mord ums Leben gekommen ist. Die Ähnlichkeit beider Fälle ist insofern erschreckend, als beide Male das Opfer nahezu geköpft und buchstäblich ausgeweidet wurde. Indessen übertrifft diese neuerliche Bluttat die anderen an Scheußlichkeit noch bei weitem.

Der Mord, der binnen weniger Wochen nun schon der vierte in dieser Gegend ist, ereignete sich in Spitalfields im Hinterhaus Hanbury Street 29. Diese Straße verbindet die Commercial Street mit der Bakers Row, die unweit der Bucks Row endet. Das Haus, das von einer Mrs. Emilia Richter zur Miete bewohnt wird, beherbergt mehrere der ärmeren Bevölkerungsschicht angehörende Untermieter. Infolgedessen ist die Haustür Tag und Nacht unverschlossen, so daß jedermann ohne weiteres in den rückwärtigen Teil des Gebäudes gelangen kann.

Kurz vor sechs Uhr am Sonnabendmorgen begab sich John Davis, der mit seiner Ehefrau das Dachgeschoß des Hauses Nr. 29 bewohnt, in den Hof hinunter, wo sich ihm ein entsetzlicher Anblick bot. Dicht an der Hausmauer lag eine weibliche Leiche. Davis sah sofort, daß der Hals der Frau aufs übelste verwundet war und daß sie auch noch weitere Verletzungen hatte, deren Schrecklichkeit sich einer Beschreibung entzieht. Die Tote lag auf dem Rücken, ihre Kleidung war völlig derangiert.

Davis trat nicht näher an die Leiche heran, setzte jedoch seine Frau in Kenntnis und eilte zum Polizeirevier in der Commercial Street, wo er Inspektor Chandler, der gerade Dienst hatte, von

3 Annie Chapman, ebenfalls Prostituierte.

dem Geschehenen Mitteilung machte. Chandler schickte einen Polizisten zu dem Arzt Dr. Phillips und begab sich sodann mit einigen seiner Leute zum Tatort. Die Leiche lag unverändert an ihrem Platz, inmitten einer riesigen Blutlache. Der Mörder glaubte offenbar den Kopf restlos vom Rumpf abgetrennt zu haben, denn um den Hals gewickelt fand man ein Taschentuch, als solle dadurch beides zusammengehalten werden. Die Mauer war über und über mit Blut bespritzt. Vom linken Mittelfinger der Toten hatte man anscheinend einen Ring, oder mehrere, mit Gewalt abgezogen...

Die Polizei glaubt, daß der Mord von derselben Person verübt wurde, die auch die drei früheren Morde in diesem Viertel begangen hat, und daß es sich jeweils nur um einen einzigen Täter handelt. Dieser Mensch leidet möglicherweise, ja höchstwahrscheinlich, an einer schweren mentalen Erkrankung, denn jede der Untaten trägt den Stempel hochgradiger Besessenheit, und es ist zu befürchten, daß, wenn der Betreffende nicht schnellstens gefaßt wird, noch weitere Greuel der gleichen Art sich ereignen werden.

Wir dürfen gewiß sein, daß diese Passagen aus der *London Times* auch in jene Notizhefte Eingang gefunden haben, die Sherlock Holmes über Menschen und Vorkommnisse, die ihn interessierten, so beharrlich zu führen pflegte. Und vielleicht, während er die Zeitungsartikel mit seinem Taschenmesser herausschnitt – das dann seiner sonstigen Funktion, die unerledigte Korrespondenz auf dem Kaminsims zusammenzuhalten, enthoben war – saß dann Watson, einen Band mit Clark Russells Seemannsgeschichten auf den Knien, mucksmäuschenstill im Lehnsessel und sah ihm zu: ärgerte sich, wunderte sich und faßte sich in Geduld.

XI.
Begegnung mit Mr. Mycroft Holmes: Mittwoch, den 12. September 1888

... es ist doch nur selbstverständlich,
daß ich bei seinen Erfolgen lieber verweile
als bei seinen Fehlschlägen.
DR. JOHN H. WATSON

Es war am Mittwoch, dem 12. September 1888, kurz nach dem Nachmittagstee, und die Unterhaltung, die sich, wie uns Watson berichtet[1], zwanglos und etwas sprunghaft vom Thema Golfklubs zu den Ursachen der Neigungswinkelveränderung der Ekliptik bewegt hatte, drehte sich schließlich um Atavismus und Erbanlagen.

»Bei dir«, sagte Watson zu Holmes, »ist die Sache wohl klar: deine Schärfe der Wahrnehmung und deine spezielle Fähigkeit, Schlüsse zu ziehen, sind das Ergebnis deines eigenen systematischen Trainings.«

»Bis zu einem gewissen Grad, ja«, entgegnete Holmes nachdenklich. »Aber die Neigung dazu liegt mir doch schon im Blut.«

»Und woher weißt du, daß sie ererbt ist?«

»Weil mein Bruder Mycroft sie in noch stärkerem Maße besitzt als ich.«

Das war Watson in der Tat neu. Wenn es also in England

---

1 »Der griechische Dolmetscher«.

noch einen Mann mit diesem einzigartigen Talent gab, wieso hatten dann weder die Polizei doch die Öffentlichkeit je von ihm gehört?

»Oh, in seinen Kreisen ist er recht bekannt«, sagte Holmes.

»Und wo ist das?«

»Nun, zum Beispiel im Diogenes Klub. Das ist der wunderlichste Klub in ganz London, und Mycroft ist eins seiner wunderlichsten Mitglieder. Jeden Tag von dreiviertel fünf bis kurz vor dreiviertel acht Uhr ist er dort. Es ist jetzt sechs, und wenn du zu einem Bummel Lust hast an diesem schönen Abend, will ich dir gern zwei Kuriosa vorstellen.«

Fünf Minuten später waren sie aus dem Haus und schlenderten in Richtung Regent Circus.

»Du wunderst dich«, sagte Holmes, »daß Mycroft seine Fähigkeiten nicht zu kriminalistischer Arbeit nutzt. Dazu ist er nicht in der Lage.«

»Aber du sagtest doch –«

»Ich sagte nur, daß er an Beobachtungsgabe und Logik mir überlegen ist. Wenn die Kunst eines Detektivs von A bis Z aus Gedankenarbeit im Sessel bestünde, dann wäre mein Bruder Mycroft der größte Kriminalist, den die Welt je gesehen hat. Aber er hat keinen Ehrgeiz und keine Energie. Er würde nicht einen Schritt extra tun, um eine Lösung, die er gefunden hat, zu verifizieren, und er ließe lieber einen Irrtum auf sich sitzen, als daß er sich die Mühe machen würde zu beweisen, daß er recht hat. Wie oft habe ich ihm ein Problem vorgelegt und von ihm eine Erklärung bekommen, die sich nachträglich als die genau zutreffende erwiesen hat. Aber er ist eben absolut unfähig zu der ganzen praktischen Kleinarbeit, die Punkt für Punkt durchexerziert sein muß, ehe ein Fall dem Richter und den Geschworenen vorgelegt werden kann.«

»Dann ist er von Beruf also nicht Detektiv?«

»Aber nein. Er hat eine ungewöhnliche Begabung für Zahlen und ist Buchprüfer im Regierungsdienst. Mycroft wohnt in der Pall Mall und geht jeden Morgen zu Fuß bloß

Rechts:
Dr. John H. Watson

Unten links:
Mycroft Holmes

Unten rechts:
Professor Moriarty

die paar Straßen nach Whitehall und am Abend wieder zu Fuß zurück. Jahraus, jahrein treibt er sonst keinen Sport und läßt sich nirgends sonst sehen, außer im Diogenes Klub, der seiner Wohnung gleich gegenüber liegt.«

Unterdessen hatten sie die Pall Mall erreicht und gingen von St. James aus die Straße entlang. Holmes machte vor einer Haustür unweit des Carlton halt und ging dann voraus in die Halle. Durch eine Glastrennwand nahm Watson flüchtig einen großen, eleganten Raum wahr, in dem eine stattliche Anzahl Männer herumsaßen und Zeitung lasen, jeder in einer Nische für sich. Holmes führte Watson in ein kleines Büro, das zur Pall Mall hinaus lag.

»Das sogenannte Fremdenzimmer«, erklärte Holmes, »Es ist der einzige Raum im ganzen Diogenes Klub, wo Sprechen erlaubt ist. Bitte, entschuldige mich einen Augenblick.«

Bald darauf kam er mit einem Begleiter zurück, der, wie Watson ja wußte, nur sein Bruder sein konnte.

Mycroft Holmes war bedeutend größer und auch stärker als Sherlock. Figürlich war er ausgesprochen korpulent, sein Gesicht jedoch, obwohl groß und robust, hatte sich etwas von der gleichen ausdrucksvollen Schärfe bewahrt, wie sie für das Gesicht seines Bruders so charakteristisch war. Seine wassergrauen, eigentümlich leuchtenden Augen schienen ständig diesen abwesenden, nach innen gewandten Blick zu haben, den Watson in Sherlocks Augen nur dann bemerkte, wenn er angespannt und mit vollem Krafteinsatz an etwas arbeitete.

»Ich freue mich, Ihre Bekanntschaft zu machen, Sir«, sagte Mycroft Holmes und streckte seine breite, flache, einer Seehundflosse nicht unähnliche Hand aus. »Sherlock ist ja in aller Munde, seit Sie sein Chronist sind. Übrigens, Sherlock, ich hatte gedacht, du wärest vergangene Woche einmal vorbeigekommen, um dich mit mir über diesen Gutshaus-Fall zu beraten. Es ist natürlich Adams gewesen, nicht wahr?«

»Ja, es war Adams.«

»Das stand für mich von Anfang an fest.« Die beiden Brüder nahmen zusammen mit Watson im Fenstererker des Klubraums Platz. »Hier sitzt man richtig, wenn man die Spezies Mensch beobachten will«, bemerkte Mycroft. »Sieh dir zum Beispiel die Zwei an, die da auf uns zukommen.«

»Den Billard-Markeur und den anderen?«

»Genau die. Was hältst du von dem anderen?«

»Alter Soldat, das sieht man doch«, sagte Sherlock.

»Aber noch nicht lange außer Dienst«, sagte Mycroft.

»Dienst in Indien, soviel ich sehe.«

»Aber bloß als Unteroffizier.«

»Artillerist vermutlich.«

»Und Witwer.«

»Und mit einem Kind.«

»Aber, aber, mein Guter. Mehrere Kinder!«

Mycroft nahm lächelnd eine Prise aus einer Schildpattdose und fegte sich mit einem großen seidenen Taschentuch die verstreuten Tabakkrümel vom Rock. »Übrigens, Sherlock«, sagte er, »ich habe da etwas, das genau nach deinem Herzen sein dürfte, ein ganz eigenartiges Problem – man hat mich darüber um mein Urteil gebeten. Ich hatte zwar nicht die Energie, der Sache weiter nachzugehen, doch hat sie mich auf einige sehr hübsche Spekulationen gebracht. Wenn es dich interessiert, die Fakten zu hören…«

»Mit Vergnügen, mein lieber Mycroft.«

Mycroft Holmes schrieb rasch etwas auf ein Blatt aus seinem Taschenkalender, läutete den Kellner herbei und reichte es ihm.

»Ich habe auf einen Sprung Mr. Melas herübergebeten«, sagte er erklärend. »Er wohnt im Stockwerk über mir. Mr. Melas ist Grieche und verdient sich seinen Lebensunterhalt teils als Gerichtsdolmetscher, teils als Fremdenführer bei reichen Orientalen. Aber ich glaube, ich lasse ihn lieber sein bemerkenswertes Erlebnis mit eigenen Worten berichten.«

Schon nach wenigen Minuten fand sich ein kleiner, untersetzter Mann mit gelblichem Teint und kohlschwarzen Haaren bei ihnen ein. Er schüttelte Holmes temperamentvoll die Hand, und seine dunklen Augen funkelten vor Freude, als er begriff, daß der Detektiv darauf brannte, seine Geschichte zu hören.

»Heute ist Mittwoch«, begann Mr. Melas. »Ja, dann war es am Montagabend, also erst vor zwei Tagen, da suchte ein gewisser Mr. Latimer mich zu Hause auf und bat mich, in einer Droschke mit ihm zu kommen.

Wir fuhren annähernd zwei Stunden, ohne daß ich den geringsten Anhaltspunkt gehabt hätte, wohin die Fahrt ging; um Viertel nach sieben hatten wir die Pall Mall verlassen, und meine Uhr zeigte zehn Minuten vor Neun, als wir endlich anhielten. Ich konnte flüchtig einen niedrigen Torbogen sehen, mit einer brennenden Lampe darüber. Während man mich im Eiltempo aussteigen ließ, machte ein kleiner Mann mittleren Alters, der ein böses Gesicht und einen ganz krummen Rücken hatte, das Tor auf. Er ging mir dann voraus in ein Zimmer, das mir sehr nobel möbliert vorkam. Mr. Latimer war nicht mehr bei uns, kam aber gleich wieder und brachte einen Gentleman mit, der eine Art Morgenrock anhatte. Er war bleich wie der Tod und fürchterlich mager. Am meisten aber erschreckte mich, daß sein Gesicht kreuz und quer mit Heftpflaster überklebt war, ein grotesker Anblick – und ein breiter Streifen klebte sogar über seinem Mund.

›Hast du die Tafel, Harold?‹ rief der ältere Mann Mr. Latimer zu. ›Sind seine Hände losgebunden? Dann gib ihm den Griffel. Und Sie, Mr. Melas, werden jetzt Fragen stellen, und dieser Mann wird die Antworten auf die Tafel schreiben. Fragen Sie ihn als erstes, ob er bereit ist, die Papiere zu unterzeichnen.‹

›Niemals‹, schrieb der magere Mann in Griechisch auf die Tafel.

›Unter keiner Bedingung?‹ fragte ich auf Befehl des Älteren der beiden.

›Nur wenn sie vor meinen Augen von einem griechischen Priester getraut wird, den ich kenne.‹

Schon bald«, berichtete Mr. Melas weiter, »kam mir eine gute Idee. Ich setzte fortan jeder befohlenen Frage eine kleine Frage von mir aus hinzu. Unser Gespräch verlief danach ungefähr so:

›Mit Ihrer Halsstarrigkeit schaden Sie sich nur. *Wer sind Sie*?‹

›Das ist mir gleich. *Ich bin fremd in London.*‹

›Dann haben Sie sich alles Weitere selbst zuzuschreiben. *Wie lange sind Sie schon hier*?‹

›Meinetwegen. *Drei Wochen*.‹

›Die Güter werden Ihnen niemals gehören. *Sind Sie krank*?‹

›Deshalb werde ich noch lange kein Schurke. *Man läßt mich hier verhungern*.‹

›Wenn Sie unterschreiben, lassen wir Sie frei. *Wo sind wir hier?*‹

›Ich werde nicht unterschreiben. *Das weiß ich nicht*.‹

›Ihr tun Sie damit aber keinen Gefallen. *Wie heißen Sie*?‹

›Das soll sie mir selbst sagen. *Karatides*.‹

›Wenn Sie unterschrieben haben, können Sie sie sehen. *Wo sind Sie her*?‹

›Dann werde ich sie niemals mehr sehen. *Athen*.‹

In diesem Augenblick ging eine Tür auf, und eine Frau trat ins Zimmer. ›Harold!‹ rief sie laut; sie sprach englisch, aber mit Akzent. ›Ich habe es nicht mehr ausgehalten da oben, so ganz allein – o mein Gott, das ist ja Paul!‹ Die letzten Worte sagte sie auf Griechisch, und im gleichen Moment riß sich der Mann mit einem wilden Ruck das Pflaster vom Mund und schrie laut heraus: ›Sophie, Sophie!‹

Der jüngere von den zwei Kerlen packte die Frau und stieß sie zur Tür hinaus, während der ältere seinen ausgemergelten Gefangenen mühelos überwältigte und durch die andere Tür aus dem Zimmer schleppte. Er, der Ältere, kam sogleich zurück.

›Hier sind fünf Sovereigns‹, sagte er zu mir, ›was wohl als

Bezahlung genügen dürfte. Aber wenn Sie auch nur einer Menschenseele etwas von alledem sagen – na, dann gnade Gott Ihrer Seele!‹

Ich wurde schleunigst durch den Vorraum und in die Kutsche befördert, wobei Mr. Latimer mir dicht auf den Fersen blieb. Schweigend fuhren wir wieder eine endlose Strecke, mit geschlossenen und verhängten Fenstern, bis endlich, es war schon nach Mitternacht, die Kutsche hielt. Ich wurde hinausgeschoben, und die Kutsche fuhr polternd davon. Ich befand mich bei Wandsworth Common. Etwa eine Meile mußte ich bis zur Clapham Junction zu Fuß laufen, dort bekam ich dann einen Zug in die Stadt. Und damit, Mr. Holmes, war mein Abenteuer zu Ende. Ich habe am anderen Morgen die ganze Geschichte Mr. Mycroft berichtet und anschließend auch der Polizei.«

Sherlock Holmes blickte zu seinem Bruder hinüber. »Wurden Schritte unternommen?« fragte er.

Mycroft Holmes griff nach der *Daily News*, die auf einem kleinen Beistelltisch lag.

»*Wer über den Verbleib eines griechischen Gentleman namens Paul Karatides, der aus Athen stammt und der englischen Sprache nicht mächtig ist, irgendwelche Angaben machen kann, erhält eine Belohnung*«, las er vor. »*Gleichfalls Belohnung gezahlt wird für jede Information betreffend eine griechische Lady mit dem Vornamen Sophie. X 2473.* Ich habe das in alle Tageszeitungen gesetzt. Bis jetzt keine Reaktion. Willst du den Fall übernehmen, Sherlock?«

»Selbstverständlich«, sagte Sherlock Holmes und erhob sich. »Seien Sie auf der Hut, Mr. Melas. Nach diesen Anzeigen wissen die Kerle natürlich, daß Sie sie verraten haben.«

Wieder in der Baker Street angekommen, ging Holmes als erster die Treppe hinauf. Als er die Tür zum Wohnzimmer aufmachte, prallte er überrascht zurück. Auch Watson, der ihm über die Schulter sah, konnte nur staunen. In einem der Sessel, vergnüglich rauchend, saß Mycroft Holmes.

»Komm herein, Sherlock! Kommen Sie, Sir!« rief er den beiden liebenswürdig entgegen. »Soviel Energie hast du mir wohl nicht zugetraut, was, Sherlock? Aber dieser Fall reizt mich jetzt irgendwie.«

»Wieso bist du denn schon hier?«

»Während ihr gelaufen seid, habe ich euch in einem Hansom überholt.«

»Hat sich irgend etwas Neues ergeben?«

»Ja, ihr wart kaum weg, da kam eine Antwort auf meine Anzeige.«

»Und was bringt sie?«

»Hier ist sie, lest selbst. Geschrieben mit einer Kunstschrift-Feder auf Elfenbein-Bütten –«

»– von einem Mann mittleren Alters –«

»– und von schwacher Gesundheit. *Sir*, schreibt er, *in Beantwortung Ihrer Anzeige erlaube ich mir, Ihnen mitzuteilen, daß die in Rede stehende junge Dame mir wohlbekannt ist. Wenn Sie sich gütigst mit mir in Verbindung setzen wollen, könnte ich Ihnen über ihr schmerzliches Schicksal Näheres angeben. Wohnhaft ist sie zur Zeit im The Myrtles in Beckenham. Mit bestem Gruß, Ihr J. Davenport.* Er schreibt aus Lower Brixton. Meinst du nicht auch, Sherlock, wir sollten gleich zu ihm fahren und uns dieses Nähere anhören?«

»Mein lieber Mycroft, das Leben des Bruders ist wichtiger als die Lebensgeschichte der Schwester. Ich meine, wir sollten bei Scotland Yard mit Inspektor Gregson sprechen, und dann schnellstens nach Beckenham fahren.«

»Am besten nehmen wir unterwegs auch gleich Mr. Melas mit«, schlug Watson vor. »Vielleicht brauchen wir einen Dolmetscher.«

»Ausgezeichnet, Watson«, sagte Sherlock Holmes. »Schick den Hausburschen nach einer Droschke, dann brechen wir sofort auf.« Während er sprach, hatte er die Tischlade aufgezogen, und Watson bemerkte, daß er ihr nicht den kleinen Revolver, mit dem er seine Schießübungen zu machen pflegte, sondern seine Webley entnahm.[2] »Ja«, sagte er als Antwort auf Watsons Blick. »Nach allem, was wir gehört haben, würde ich sagen, wir haben es mit einer ausnehmend gefährlichen Bande zu tun.«

Es war schon fast dunkel, als sie bei der Wohnung von Mr. Melas in der Pall Mall anlangten. Er war jedoch nicht zu Hause, sondern mit einem Gentleman, der ihn aufgesucht hatte, weggegangen.

»Können Sie mir sagen, wohin?« fragte Mycroft Holmes die Hauswirtin.

»Das weiß ich nicht, Sir. Ich weiß nur, er ist mit dem Herrn in einer Kutsche davongefahren.«

»Schnell, Mycroft!« rief Sherlock Holmes. »Los! Die Sache wird ernst!«

Es verging jedoch eine gute Stunde, bis sie Inspektor Gregson soweit überzeugt hatten, daß er sich zu den Formalitäten bequemte, die ihnen ein legales Betreten des Hauses ermöglichten. Erst um dreiviertel zehn Uhr waren sie an der London Bridge Station, und um halb elf erst stiegen sie zu viert auf dem Bahnsteig von Beckenham aus dem Zug. Eine weitere halbe Stunde, in deren Verlauf Sherlock Holmes immer noch innerlich kochte über die mit Vorschriftenroutine vertane Zeit, mußten sie dann noch fahren, bis sie beim The Myrtles angelangt waren – einem weitläufigen dunklen Haus, das abseits der Straße auf eigenem Grund und Boden stand.

»Jetzt sind unsere Vögel natürlich ausgeflogen, das Nest ist leer«, knurrte Sherlock Holmes den Inspektor an.

»Wie kommen Sie darauf?«

»Sehen Sie sich doch nur die Auffahrt an, Inspektor! Da ist während der letzten Stunde ein schwer beladener Wagen hinausgefahren.«

---

2 Das Modell, das auch die Metropolitan Police benutzte, ein Revolver mit etwa 6 cm langem Lauf.

»Die Radspuren unter der Torlampe sehe ich auch«, stimmte Gregson bei, »aber wo soll da die Gepäckladung sein?«

»Sie übersehen, daß die gleichen Radspuren auch in der Gegenrichtung vorhanden sind«, klärte ihn Mycroft Holmes auf. »Die von drinnen nach draußen verlaufenden sind aber sehr viel tiefer, deshalb kann Sherlock mit Sicherheit sagen, daß eine Ladung von beträchtlichem Gewicht auf dem Wagen war.«

»Das ist mir zu hoch«, sagte Gregson mit einem Achselzucken. Er setzte den Türklopfer in Bewegung und zog kräftig an der Glocke, doch ohne Erfolg. Sherlock Holmes hatte sich leise entfernt, kam aber nach wenigen Minuten zurück.

»Ich habe ein Fenster aufgekriegt«, sagte er.

»Es ist nur ein Glück, daß Sie auf unserer Seite und nicht auf der anderen stehen, Mr. Holmes«, meinte Gregson, als er bemerkte, auf wie raffinierte Weise der Detektiv den Riegel weggedrückt hatte. »Nun, ich glaube, so wie die Dinge liegen, dürfen wir einsteigen.«

Einer nach dem anderen, der umfängliche Mycroft Holmes nicht ohne einige Schwierigkeiten, manövrierten sie sich in ein geräumiges Nebenzimmer. Von irgendwo über ihnen kam ein dunkler, einem Stöhnen ähnlicher Laut. Holmes stürzte zur Tür und in die Halle hinaus; Gregson und Watson dicht hinter sich, schoß er die Treppe hinauf, während sein Bruder Mycroft nachfolgte, so schnell sein Embonpoint es erlaubte.

Auf dem oberen Flur fanden sie sich vor drei Türen; aus der mittleren drangen die besorgniserregenden Laute. Die Tür war verschlossen, aber der Schlüssel steckte von außen im Schloß. Sherlock Holmes riß die Tür auf und stürmte hinein, kam jedoch in der nächsten Sekunde, sich die Hand vor den Mund haltend, wieder herausgestürzt.

»Kohlenoxyd!« schrie er. »Wartet noch, es verzieht sich gleich.«

Vorsichtig spähten sie ins Zimmer und sahen zwei Gestalten, die an der Wand kauerten. Blitzschnell packten sie die Hilflosen und zerrten sie heraus auf den Treppenabsatz. Es waren zwei Männer; der eine war der griechische Dolmetscher, der andere ein hochaufgeschossener junger Mann, nur noch Haut und Knochen. Ein rascher Blick ließ Watson erkennen, daß für ihn jede Rettung zu spät kam. Mr. Melas jedoch lebte noch, und nach einer knappen Stunde und der belebenden Wirkung von Brandy und Salmiakgeist sah Watson zu seiner Freude, daß er die Augen aufschlug.

Im Gespräch mit dem Gentleman, der auf Mycrofts Zeitungsannonce geantwortet hatte, erfuhr Holmes sehr schnell, daß die bedauernswerte junge Dame aus einer wohlhabenden griechischen Familie stammte. Während eines Besuchs bei Freunden in England hatte sie einen jungen Mann namens Harold Latimer kennengelernt, der sie schließlich so weit brachte, daß sie mit ihm auf und davon ging. Die Freunde, in ihrem Schrecken, hatten das Vorgefallene sofort ihrem Bruder in Athen mitgeteilt. Der Bruder war nach England gekommen, aber durch eine Unklugheit in die Gewalt Latimers und seines Kumpans Wilson Kemp geraten, eines Mannes von übelstem Leumund. Diese beiden hatten ihn dann gefangengehalten und durch Mißhandlung und Hunger eine schriftliche Verzichterklärung auf seinen und seiner Schwester Besitz von ihm zu erzwingen versucht. Ohne Wissen des Mädchens hatten sie ihn im Haus eingesperrt und ihm das Gesicht mit Pflastern verklebt, um ihn für den Fall, daß die Schwester doch einmal seiner ansichtig würde, unkenntlich zu machen...

Monate später bekam Holmes aus Budapest einen sonderbaren Zeitungsausschnitt übersandt. Darin war berichtet, wie zwei Engländer, die mit einer Frau zusammen auf Reisen waren, ein tragisches Ende gefunden hatten. Allem Anschein nach waren beide erstochen worden, und die ungarische Polizei war der Meinung, daß sie miteinander gestritten und sich gegenseitig umgebracht hätten.

Sherlock Holmes jedoch dachte anders über die Sache.

»Wenn man das griechische Mädchen nur finden könnte«, sagte er zu Watson, »dann ließe sich vielleicht in Erfahrung bringen, ob nicht sie selbst und ihr Bruder etwas auf dem Kerbholz hatten, was da gerächt werden sollte. Und wie kam dieser Wilson Kemp dazu, mit Latimer gemeinsame Sache zu machen? Ich habe das Gefühl, hinter diesen Verbrechen ist noch eine andere Hand am Werk.«

»Professor James Moriarty?« fragte Watson behutsam.

»Der Napoleon des Verbrechens, jawohl, Watson«, nickte Holmes. »Aber ich sage dir noch einmal, wie ich es ja schon früher gesagt habe: Unsere Stunde kommt.«

XII.
Im Zeichen der Vier: Dienstag, den 18. September bis Freitag, den 21. September 1888

»Darin steckt der Teufel, Watson.«
SHERLOCK HOLMES

»Nun«, fragte Watson, »was ist es denn heute, Morphium oder Kokain?«

Holmes hob träge den Blick von der Frakturschrift des alten Buches. »Kokain«, sagte er. »Siebenprozentig.«

»Nun hör' aber mal«, sagte Watson streng. »Bedenke doch, was dich das kosten kann. Willst du denn, bloß für ein paar Stunden Euphorie, Gefahr laufen, daß du die herrliche Gabe deiner Geisteskräfte verlierst? Ich spreche nicht nur als Freund zu dir, sondern jetzt als Arzt.«

Holmes schien durchaus nicht beleidigt. Im Gegenteil, er stützte die Ellenbogen auf die Armlehnen seines Sessels und legte die Fingerspitzen gegeneinander wie jemand, der sich zu einer genußvollen Unterhaltung anschickt.

»Mein Geist«, sagte er, »wehrt sich gegen Untätigkeit. Gib mir ein Problem auf, gib mir das abstruseste Kryptogramm oder die vertrackteste Analyse, und ich bin wieder in meinem Element. Dann brauche ich keine künstlichen Stimulantia. Aber ich verabscheue das trübe Einerlei, bloß am Leben zu sein. Ich muß geistige Hochspannung haben. Deshalb habe ich doch diesen meinen Beruf gewählt – oder richtiger, ihn geschaffen; denn ich bin ja der einzige freiberuflich beratende Detektiv der Welt.«

Watson erhob sich kopfschüttelnd aus seinem Sessel und humpelte[1] zum Fenster.

»Es ist wirklich schlimm«, sagte er, »daß du zur Zeit keine Ermittlung laufen hast.«

Holmes nickte beistimmend. »Ja«, sagte er, »ich kann ohne geistige Arbeit einfach nicht leben. Wozu sonst lebt man denn? Wozu hat man Kräfte, Watson, wenn man sie nirgends einsetzen kann? Ah – Verbrechen sind Alltagskram, und Leben ist Alltagskram, und mit Fähigkeiten, die nicht ebenfalls Alltagskram sind, kann man auf dieser Welt eben nichts anfangen!«

Watson öffnete gerade den Mund, um dieser Tirade Kontra zu geben, als unter kurzem munteren Anklopfen

---

1 Aus Watsons Erzählung *Studie in Scharlachrot* geht eindeutig hervor, daß er in der Schlacht von Maiwand durch eine Musketenkugel an der *linken Schulter* verwundet wurde. In seinem Bericht über das *Zeichen der Vier* erwähnt er hingegen, daß er auf sein beschädigtes *Bein* achten mußte. »Ich hatte vor geraumer Zeit eine Musketenkugel hineinbekommen, und wenn ich auch wieder damit laufen konnte, so schmerzte es doch bei jedem Wetterwechsel empfindlich.«
Während frühere Sherlock-Kommentatoren dutzendweise Erklärungen für Watsons offensichtliche Verwechslung beigebracht haben, nehmen viele Kenner der Schriften neuerdings an, daß Watson im April oder Anfang Mai 1888 noch eine zweite Verwundung – am Bein nämlich – davongetragen hat. Daß diese zweite Verwundung Watson zu schaffen machte, wenn er Holmes bei einem Fall assistierte, dürfte sicher sein. Es ist natürlich merkwürdig, daß der Arzt zweimal ausgerechnet von einer Musketenkugel getroffen worden sein soll – also von einem Schuß aus jener langen, schweren Muskete, wie sie in Afghanistan benutzt wird. Eine dem Verfasser völlig neue Erklärung für Watsons zweite Verwundung lieferte unlängst jemand, der ungenannt bleiben möchte. »Könnten die Schmerzen nicht *psychosomatischen* Ursprungs gewesen sein?« schreibt der Betreffende. »Aus irgendeinem... Grund [könnte Watson doch] gerade einmal verhindert gewesen sein, Holmes zu begleiten, und könnte über das bekannte Phänomen der *Projektion* die Schuld daran auf jene alte Musketenkugel geschoben haben... Phantasiearme Menschen wie Watson sind vielfach nervösen Störungen stärker ausgesetzt, als gemeinhin bekannt ist.«

Mrs. Hudson ins Zimmer trat, in der Hand ein kleines Messingtablett mit einer Visitenkarte.

»Besuch, Sir, von einer jungen Dame«, sagte die Hauswirtin, indem sie Holmes das Tablett hinhielt.

»Miss Mary Morstan«, las der Detektiv laut. »Der Name sagt mir nichts. Bitten Sie die junge Dame herauf, Mrs. Hudson. Nein, geh nicht weg, Watson. Es ist mir lieber, du bist dabei.«

Miss Morstan war eine junge Blondine, klein, zierlich – und sehr korrekt, aber auch mit vollendetem Geschmack angezogen. Ihr Kostüm war von einem ruhigen bräunlichen Sandgrau, ohne jedes Dekor; dazu trug sie eine Art kleinen Turban in der gleichen dezenten Farbe, der nur durch die Andeutung einer weißen Feder an einer Seite etwas Leben erhielt.

»Ihr Gesicht hatte weder ebenmäßige Züge noch eine schöne Haut«, schreibt Watson, »jedoch der Ausdruck darin war gewinnend und liebenswürdig, und die großen blauen Augen blickten ungewöhnlich lebendig und warm...«

»Ich komme zu Ihnen, Mr. Holmes«, sagte Miss Morstan, »weil Sie meiner Chefin, Mrs. Cecil Forrester, einmal geholfen haben, eine kleine häusliche Schwierigkeit zu beheben. Sie war von Ihrer Freundlichkeit und Ihrem Können sehr angetan.«

»Mrs. Cecil Forrester«, wiederholte Holmes nachdenklich. »Ja, ich habe ihr wohl einen kleinen Dienst erwiesen. Aber der Fall, wenn ich mich erinnere, lag sehr einfach.«

»Von meinem Fall kann man das nicht gerade behaupten. Ich befinde mich in einer Situation, wie ich sie mir sonderbarer und rätselhafter kaum vorstellen kann.«

Holmes rieb sich die Hände, seine grauen Augen glänzten. Mit einem Ausdruck schärfster Konzentration auf dem klargeschnittenen Falkengesicht beugte er sich im Sessel vor. »Sprechen Sie«, sagte er in sachlichem, beinahe schroffem Ton.

Im Dezember des Jahres 1878 hatte die Halbwaise Mary

Morstan, die damals in einer Pension in Edinburgh wohnte, von ihrem Vater, Offizier beim 34. Infanterieregiment Bombay, ein Telegramm erhalten: Captain Morstan war auf Heimaturlaub gekommen und wünschte, seine Tochter möge sich sogleich zu ihm nach London ins Langham Hotel begeben.[2] Als Mary in dem Hotel eintraf, sagte man ihr, daß ihr Vater am gestrigen Abend noch ausgegangen und nicht zurückgekehrt sei; man hat nie wieder etwas von ihm gehört. Vier Jahre später, am vierten Mai 1882, erschien in der *Times* eine Anzeige, in welcher nach der Adresse einer Miss Mary Morstan gefragt wurde. Auf Mrs. Forresters Rat hin ließ Mary in der sogenannten »Seufzerspalte« ihre Anschrift einrücken. Noch am gleichen Tag brachte die Post ein Päckchen für sie, das eine große schimmernde Perle enthielt.

»Und seitdem«, schloß sie ihren Bericht, »ist jedes Jahr, immer zum selben Datum, ein genau gleiches Kästchen mit einer genau gleichen Perle gekommen, aber nie irgendein Hinweis, wer der Absender ist.«

»Was Sie da sagen, ist sehr interessant«, meinte Holmes.

»Ich muß Ihnen auch dies hier noch zeigen«, fuhr Miss Morstan fort. »Es wurde im Schreibtisch meines Vaters gefunden.«

Sie reichte Holmes ein eigenartiges Dokument.

»Das Papier ist in Indien hergestellt«, bemerkte Holmes. »Dieses Blatt war irgendwann einmal auf ein Brett geheftet. Die Zeichnung darauf sieht aus wie ein Stück vom Grundriß eines sehr großen Gebäudes mit vielen Vorräumen, Fluren und Übergängen. An einer Stelle hier ist mit roter Tinte ein kleines Kreuz gemalt, darüber steht

---

2 Captain Morstan hatte gut gewählt. Das *Langham,* heute als Bürohaus genutzt, war im Jahre 1878 ein Prachthotel. Das siebenstöckige Gebäude bedeckte eine Fläche von einem Morgen am Südende des Portland Place und hatte über sechshundert Zimmer bzw. Appartements. Das Vestibül maß 21 mal 21 Meter, der Speisesaal ungefähr 35 mal 15 Meter, dazu kam ein geräumiger Wintergarten. Im Jahre 1865 fertiggestellt, war das *Langham* bei Captain Morstans Besuch seit dreizehn Jahren in Betrieb.

3–37 von links, in Bleischrift und schon ziemlich verwischt. Dort in der Ecke links eine sonderbare Hieroglyphe, fast wie vier Kreuze in einer Reihe, aber die Querbalken miteinander verbunden. Daneben ist in plumpen, unregelmäßigen Buchstaben hingeschrieben: *Im Zeichen der Vier – Jonathan Small, Mahomet Singh, Abdullah Khan, Dost Akbar.*[3] Offensichtlich ein wichtiges Dokument. Es ist sorgfältig in einer Brieftasche aufbewahrt worden, die eine Seite ist nämlich genauso sauber wie die andere. Heben Sie es also gut auf, Miss Morstan; es könnte sich uns noch als nützlich erweisen. – Hat sich sonst noch etwas ereignet?«

»Ja, und zwar heute erst. Aus diesem Grund bin ich hier. Heute morgen habe ich diesen Brief erhalten.«

»*Kommen Sie heute abend um sieben Uhr zur dritten Säule von links vor dem Lyceum Theatre*«, las Holmes vor. »*Wenn Sie Bedenken haben, bringen Sie zwei Freunde mit. Ihnen ist Unrecht und Schaden zugefügt worden, jetzt soll Ihnen Ihr Recht werden*... Nun, da gehen wir natürlich alle drei hin. Dr. Watson und ich werden Sie um sechs Uhr wieder hier erwarten.«

Am Lyceum Theatre drängten sich die Leute vor den Seiteneingängen. Vorn auf der Straße fuhren in ununterbrochener Folge Droschken und Kutschen vor, die ihre Passagiere entließen und wieder davonrollten.[4]

---

3 Watson berichtet uns später – wiederholt –, Abdullah Khan, Dost Akbar und Mahomet Singh seien *Sikhs* gewesen. Als Teilnehmer am zweiten Afghanischen Krieg wußte Watson natürlich sehr wohl, daß die ersten zwei dieser Namen rein mohammedanischer Sprachabkunft sind und nur der dritte eine ausgefallene Kombination von Mohammedanisch und Sikh darstellt. Wieder einmal entschied sich der gute Doktor bei der Wiedergabe dieses Falles für Diskretion.

4 Dem Ex-Schauspieler Holmes dürfte kaum entgangen sein, daß an diesem Abend Sir Henry Irving und seine Starkollegin Ellen Terry im Lyceum Theatre Shakespeare spielten. Und im gleichen Theater hätten am Abend des 2. September 1901 der Detektiv Holmes und sein Freund Watson bestimmt noch Plätze bekommen, denn da hatte das Stück *Sherlock Holmes*, verfaßt von William Gillette und mit dem Autor in der Titelrolle, in London Premiere.

Holmes, Watson und Mary Morstan waren noch kaum bei der dritten Säule angelangt, als auch schon ein kleiner dunkelhaariger Mann in Kutscherkleidung sie lebhaft nach ihrem Namen fragte. Auf die Versicherung hin, daß weder Holmes noch Watson von der Polizei waren, führte er die drei zu einer geräumigen Kutsche, bat sie einzusteigen und kletterte dann selbst auf den Kutschbock. In wilder Fahrt ging es durch die nebligen Straßen. Watson hatte schon bald jegliche Orientierung verloren, Holmes jedoch, während der Wagen bald über offene Plätze, bald ein und aus durch gewundene Gassen holperte, las murmelnd die Straßennamen mit.

»Rochester Row. Jetzt Vincent Square. Gleich kommen wir auf die Vauxhall Bridge Road. Anscheinend fahren wir hinüber nach Surrey. Richtig, dachte ich's doch. Jetzt sind wir auf der Brücke, man sieht das Wasser heraufschimmern.«

Das Labyrinth von Straßen, durch das sie nun fuhren, war für Holmes vertrautes Gelände. Hier hatte er als Zehnjähriger ja gewohnt und die Schule besucht.

»Wordsworth Road«, murmelte er weiter.[5] »Priory Road. Lark Hall Lane. Stockwell Place. Robert Street.[6]

---

5 So zu lesen bei Watson. Die Wordsworth Road liegt jedoch Meilen entfernt in ganz anderer Richtung. Was Holmes da gemurmelt hat, lautete in Wirklichkeit zweifellos *Wandsworth Road*; Watson, der das Stadtviertel nicht aus eigener Anschauung kannte, hat das Wort falsch verstanden.

6 Einer der frühesten Sherlock-Kommentatoren war der inzwischen verstorbene Harold Wilmerding Bell (1885–1947); zweifellos war er auch einer von den gescheitesten. In seinem Aufsatz »Drei Namen, drei Sachen« (in: *Bei Licht besehen*) schreibt er auf S. 286, Abs. 3: »Die Erwähnung dieser Straße ist nicht uninteressant. Am 30. April 1880 war sie nämlich längst mit der Park Street verbunden zur Robsart Street, deren östliches Endstück sie bildet. Daß Holmes sie bei Nacht und Nebel erkannt und einen Straßennamen genannt hat, den sie schon seit… Jahren… nicht mehr führte, beweist, daß er irgendwann vor seiner Begegnung mit Watson das Stadtviertel aufs genaueste gekannt haben muß.«

Cold Harbor Lane. Unsere Exkursion führt uns offenbar nicht gerade in Luxusviertel.«

Endlich hielt der Wagen – vor dem dritten Haus in einer neueren Häuserzeile. Sie klopften an der Eingangstür, die sogleich ein Hindudiener in gelbem Turban und einem lockeren weißen Gewand mit gelber Schärpe diensteifrig aufriß.

»Der Sahib erwartet Sie«, sagte er, und bei seinen Worten ertönte von irgendwo aus dem Innern des Hauses eine hohe quiekende Stimme. »Bring sie zu mir, *khitmutgar*, bring sie nur gleich zu mir!«[7]

Sie folgten dem Diener einen schlecht beleuchteten und noch schlechter instand gehaltenen Flur entlang, bis sie zur Rechten an eine Tür kamen, in der ein kleinwüchsiger Mann stand. Er hatte eine auffallend hohe Stirn, darüber einen Schopf roten Bürstenhaars und im übrigen einen blanken Kahlschädel. Er stand da und knetete seine Hände; sein Gesicht, das abwechselnd grinste und wieder finster blickte, war unausgesetzt in Bewegung.

»Ihr Diener, Miss Morstan, Ihr Diener«, wiederholte er mehrmals, »zu Ihren Diensten, Gentlemen. Mein Name ist Sholto, Mr. Thaddeus Sholto.«

»Dies ist Mr. Sherlock Holmes und dies Dr. Watson.«

»Oh, ein Doktor!« rief der kleine Mann aufgeregt. »Haben Sie Ihr Stethoskop bei sich? Dürfte ich Sie bitten – würden Sie vielleicht die große Freundlichkeit haben…? Ich mache mir schwere Sorgen um meine Herzklappe. Auf die Aorta kann ich mich ja verlassen, aber die Herzklappe – darüber würde ich gern Ihre geschätzte Meinung hören.«

Watson horchte ihm bereitwillig das Herz ab. »Scheint aber völlig in Ordnung zu sein«, meinte er. »Sie haben keinerlei Grund, sich zu beunruhigen.«

»Verzeihen Sie bitte meine Besorgnis, Miss Morstan«, bemerkte er nun. »Hätte Ihr Vater nicht seinem Herzen

---

7 Im Persischen und Hindi: männlicher Bediensteter.

allzuviel zugemutet, er könnte noch heute am Leben sein.«

Miss Morstan erblaßte bis in die Lippen und mußte sich niedersetzen. »Ich habe es ja gewußt, er ist tot«, sagte sie.

»Ich kann Sie über alles aufklären«, sagte Thaddeus Sholto. »Mehr noch, ich kann Ihnen Ihr Recht verschaffen. Und das werde ich auch, was immer Bruder Bartholomew dazu sagen mag. Wir müssen natürlich nach Norwood und mit ihm sprechen.«

»Wenn wir nach Norwood fahren müssen, so brechen wir wohl am besten gleich auf.«

»O nein, das geht nicht!« rief Thaddeus Sholto. »Ich muß Sie erst vorbereiten, indem ich Ihnen erkläre, wie wir zueinander stehen und wie alles zusammenhängt.«

Thaddeus Sholto, so führte er aus, war der Sohn von John Sholto, der Major bei den Indientruppen gewesen war. Vor gut elf Jahren hatte er seinen Dienst quittiert und sich nach Pondicherry Lodge in Upper Norwood zurückgezogen. Major Sholto war mit Captain Morstan eng befreundet gewesen – Thaddeus und sein Zwillingsbruder Bartholomew wußten das und waren zutiefst erschrocken, als sie damals in den Zeitungen lasen, daß Captain Morstan spurlos verschwunden war.

»Wir haben nie geahnt«, sagte Thaddeus, »daß unser Vater das ganze Geheimnis kannte und in seinem Innern verschlossen hielt – daß er als einziger Mensch auf der Welt um das Schicksal Arthur Morstans gewußt hat.«

Sie wußten indessen wohl, daß über ihrem Vater irgendeine Gefahr schwebte. Er hatte stets Angst gehabt, allein auszugehen. Er hielt sich zwei Berufsboxer als angebliche Hausdiener. Auch hatte er eine ausgesprochene Abneigung gegen Beinamputierte, die einen Holzstumpf trugen. Dann, Anfang des Jahres 1882, erhielt Major Sholto eines Tages ein Schreiben aus Indien, das ihn in großen Schrekken versetzte. Er erkrankte schwer, und gegen Ende April wurde den Söhnen gesagt, es sei keine Hoffnung mehr, der Vater wünsche ihnen jedoch eine letzte Mitteilung anzuvertrauen.

»Etwas«, sagte der Sterbende, »lastet schwer auf meinem Gewissen, das ist mein Verhalten gegen die Waise des armen Morstan. Mindestens die Hälfte des großen Agra-Schatzes gehört nämlich ihr. Gebt ihr das aber erst, wenn ich tot bin. Jetzt will ich euch auch sagen, wie mein armer Freund Morstan ums Leben gekommen ist. Er hatte seit Jahren schon mit einem schwachen Herzen zu tun, doch nur ich habe davon gewußt. Als er und ich in Indien waren, sind wir durch eine sonderbare Verkettung von Umständen zusammen in den Besitz eines beträchtlichen Schatzes gelangt. Ich habe das Gold nach England gebracht, und als dann auch Morstan hier eintraf, ist er noch am selben Abend schnurstracks zu mir gekommen und hat seinen Anteil verlangt. Aber Morstan und ich waren über die Aufteilung des Schatzes nicht gleicher Meinung, und es kam zu einem hitzigen Wortwechsel zwischen uns. Er, in hellem Zorn, sprang vom Stuhl auf – da preßte er plötzlich die Hand an die Rippen, sein Gesicht wurde aschfahl, und er stürzte rücklings zu Boden. Als ich mich über ihn beugte, sah ich zu meinem Entsetzen, daß er tot war. Eine amtliche Untersuchung hätte zwangsläufig gewisse Tatsachen im Zusammenhang mit dem Schatz zutage gebracht, die ich aber durchaus geheimhalten wollte. Deshalb haben mein Diener und ich in der Nacht die Leiche beiseite geschafft, und nach wenigen Tagen waren die Zeitungen voll von Morstans rätselhaftem Verschwinden. Jetzt möchte ich etwas von alledem wieder gutmachen. Der Schatz liegt versteckt–«

In diesem Augenblick ging im Gesicht des Kranken eine grauenhafte Veränderung vor. Seine Augen wurden glasig und starr, der Unterkiefer fiel ihm herab, und er schrie auf: »Nicht hereinlassen, um Gottes willen, Kinder, laßt ihn nicht herein!«

Thaddeus und Bartholomew fuhren herum und blickten hinter sich auf das Fenster. Aus der Dunkelheit draußen starrte ein bärtiges, wildes Gesicht sie an, mit grausamen Augen und bitterbösen, haßgeladenen Zügen. Sie eilten ans Fenster, doch der Mann war schon nicht mehr da. Als sie wieder zu ihrem Vater ans Bett traten, hatte sein Puls aufgehört zu schlagen.

Sie suchten den nächtlichen Garten ab, fanden jedoch von dem Eindringling keine Spur, außer einem vereinzelten Fußabdruck genau unter dem Fenster. Bald aber mehrten sich die Beweise dafür, daß hier heimlich jemand am Werk war. Am Morgen fand man im Zimmer des Vaters das Fenster offen, seine Schränke und Schatullen waren durchwühlt, und auf seiner Brust lag ein Stück Papier, auf das die Worte *Im Zeichen der Vier* gekritzelt waren.

Noch wochen- und monatelang gruben die Brüder jede Stelle des Gartens um; den Schatz fanden sie nicht. Doch hatte ihr Vater ihnen vor seinem Tod einen Rosenkranz aus echten Perlen gezeigt, und von diesen Perlen hatte Thaddeus Sholto seit dem vierten Mai 1882 alljährlich eine an Mary Morstan gesandt.

»Gestern«, schloß Thaddeus Sholto seinen Bericht, »habe ich nun erfahren, daß etwas von unerhörter Bedeutung geschehen ist: Man hat den Schatz gefunden. Ich habe in aller Eile Miss Morstan verständigt, und nun müssen wir nur noch nach Norwood fahren und unsern Anteil verlangen.«

Pondicherry Lodge, auf eigenem Gelände erbaut, war von einer hohen, oben mit Glasscherben besetzten Mauer umgeben. Den einzigen Eingang bildete ein schmales eisenbeschlagenes Törchen. Thaddeus Sholto klopfte.

Der Torflügel drehte sich schwerfällig in den Angeln, und ein kleiner stämmiger Mann mit vorgewölbtem Brustkorb erschien auf der Schwelle.

»Mr. Thaddeus?« fragte er in mürrischem Ton. »Und wer sind die andern? Ich habe keine Weisung, noch jemand einzulassen.«

»Nein, McMurdo? Das überrascht mich. Ich habe meinem Bruder doch gestern abend gesagt, daß ich Gäste mitbringen würde.«

»Er'st heute noch nicht aus seinem Zimmer gekommen, und ich hab' keine Weisung. Sie, Mr. Thaddeus, kann ich hereinlassen, aber Ihre Freunde müssen bleiben, wo sie sind. Mir'st keiner von ihnen bekannt.«

»O doch, McMurdo, ich bin Ihnen sehr wohl bekannt«, sagte Sherlock Holmes. »Sie können mich nicht gut vergessen haben. Erinnern Sie sich nicht mehr an den Amateurboxer, der damals an Ihrem Wohltätigkeitsabend in Alison's Sporthalle drei Runden mit Ihnen ausgetragen hat?«

»Doch nicht gar Mr. Sherlock Holmes!« rief der Berufsboxer dröhnend. »Mein Gott! Wär'n Sie nicht so still dagestanden, sondern nur immer auf mich los mit Ihr'm Kinnhaken, dann hätt' ich Sie todsicher erkannt. Ach, an Ihnen ist ein Champion verlorengegangen, glauben Sie mir! Sie hätten's noch weit gebracht, wär'n Sie beim Sport geblieben.«

Holmes schmunzelte. »Jetzt lassen Sie uns doch nicht länger hier in der Kälte stehen, nicht wahr«, meinte er.

»Nur herein, Sir, nur immer herein«, war McMurdos Antwort.

»Dort droben, wo der Mond hinscheint, das ist Bartholomews Fenster«, sagte Thaddeus Sholto. »Drinnen brennt gar kein Licht, glaube ich. Psst! Was war denn das?«

Aus dem großen finsteren Haus drang durch die stille Nacht das hohe, verängstigte Aufwimmern einer Frauenstimme, das aber gleich wieder abbrach.

»Das muß Mrs. Bernstone sein, die Wirtschafterin«, sagte Thaddeus Sholto. Er eilte an die Haustür und klopfte. Sie sahen, wie eine hochgewachsene alte Frau ihn einließ. Schon nach einer Sekunde sprang die Tür wieder auf, und mit vorgestreckten Händen kam Thaddeus Sholto herausgestürzt, die Augen weit vor Entsetzen.

»Bartholomew ist etwas zugestoßen!« rief er.

»Kommen Sie ins Haus«, sagte Holmes mit der ihm eigenen kühlen, ruhigen Bestimmtheit. Er ergriff die Lampe und ging den anderen voran die Treppe hinauf. Der dritte Treppenabsatz lief in einen geraden Korridor aus, an dem zur Linken drei Türen lagen. Die dritte – es war Bartholomew Sholtos Zimmertür – war von innen verschlossen. Holmes beugte sich zum Schlüsselloch, richtete sich aber sofort, scharf den Atem einziehend, wieder auf.

»Sieh dir das an, Watson«, sagte er.

Watson bückte sich und sah durch das Schlüsselloch. Entsetzt fuhr er zurück. Hell flutete Mondlicht ins Zimmer, und Watson sah deutlich ein Gesicht, das die gleiche blanke gewölbte Stirn, den gleichen roten Haarkranz und die gleichen blutleeren Züge hatte wie ihr Begleiter Thaddeus Sholto. Watson hatte momentan nicht daran gedacht, daß die beiden Brüder ja Zwillinge waren.

»Entsetzlich«, sagte er, während er das Gesicht des Mannes da drinnen ansah – ein Gesicht, das zu einer schauerlich grinsenden Fratze erstarrt war. »Was sollen wir tun?«

»Wir müssen die Tür einschlagen«, sagte Holmes und warf sich mit voller Wucht gegen das Holz.

Bartholomew Sholto war schon seit Stunden tot. Neben seiner Hand auf dem Tisch lag ein eigentümliches Instrument – ein brauner, knotiger Stock, an dessen Ende ein Stein mit Bindfaden befestigt worden war wie ein Hammerkopf. Daneben ein Blatt Briefpapier, auf das ein paar Wörter gekritzelt waren. Holmes warf einen Blick darauf, reichte es dann Watson.

»*Im Zeichen der Vier*«, las Watson. »Was um Himmels willen, Holmes, soll das alles bedeuten?«

»Es bedeutet Mord«, sagte Holmes. Und er zeigte auf etwas, das genau über dem Ohr in der Schläfe des Toten steckte und wie ein langer, dunkler Dorn aussah.

Thaddeus Sholtos Anwesenheit hatten sie fast vergessen. Plötzlich jedoch stieß dieser einen gellenden Schrei aus.

»Der Schatz ist weg!« rief er. »Dort ist das Loch in der Decke, durch das wir ihn heruntergeholt haben – aus dem Versteck im Dachboden!«

»Sie müssen das Ganze sofort der Polizei melden«, sagte

Holmes. »Dr. Watson und ich werden hier warten, bis Sie zurück sind.«

»So, Watson«, sagte Holmes, sich munter die Hände reibend, »jetzt haben wir eine halbe Stunde für uns. Die wollen wir nutzen. Setz du dich dort in die Ecke, damit nicht deine Fußabdrücke die Dinge noch komplizierter machen. Also, zunächst einmal: Wie sind diese Burschen hereingekommen, und wie dann wieder hinaus? Die Tür ist nicht mehr geöffnet worden, seit Bartholomew Sholto sie gestern abend verschlossen hat. Wie steht's mit dem Fenster? Von innen verriegelt. Keine Seitenscharniere zum Aushängen. Machen wir einmal auf. Kein Regenrohr in der Nähe. Dach absolut außer Reichweite. Trotzdem, es ist jemand durchs Fenster eingestiegen. Es hat heute nacht etwas geregnet, und da ist ein schmieriger Fußabdruck auf dem Fenstersims: Gartenerde. Und hier ist ein runder Schmutztapsen, und dort am Boden wieder, und noch einer hier neben dem Tisch.«

Watson sah sich die deutlich abgegrenzten Schmutzkreise an. »Ein Fuß war das aber nicht«, sagte er.

»Nein, es ist der Abdruck von einem Holzbein. Aber es ist auch noch ein zweiter Mann hier gewesen. Sag mal, mein lieber Doktor, könntest du diese Mauer hinaufklettern?«

»Das ist doch vollkommen unmöglich«, sagte Watson.

»Ohne Hilfe, das stimmt. Aber nimm an, du hast hier oben einen Freund sitzen, der dir dieses gute, feste Seil herunterwirft, das ich da in der Ecke sehe, während er das andere Ende an diesem dicken Mauerhaken befestigt? Dann, glaube ich, wenn du durchaus wolltest, könntest du dich hinaufhangeln, samt Holzbein. Auf die gleiche Weise würdest du wieder absteigen; dein Komplize zieht das Seil ein, macht es vom Haken los, schließt das Fenster, riegelt von innen zu und geht davon, so wie er gekommen ist.«

»Alles schön und gut«, sagte Watson, »aber wie ist der Komplize ins Zimmer gekommen? Durch den Kamin?«

»Der Rost ist doch viel zu klein«, entgegnete Holmes.

»Du hältst dich nicht an meine Faustregel. Wie oft habe ich dir gesagt: wenn du das Unmögliche eliminiert hast, dann muß das, was übrig bleibt, *auch wenn es noch so unglaublich erscheint*, die Wahrheit sein!«

»Er ist durch das Loch in der Decke gekommen!« rief Watson.

»Natürlich, was sonst. So, und wenn du nun so freundlich sein willst, mir die Lampe zu halten, dann wollen wir unsere Forschungen auf die Geheimkammer da droben ausdehnen, wo man den Schatz gefunden hat.«

Er stieg auf die Trittleiter, die in der Zimmerecke stand, faßte mit jeder Hand einen der Dachsparren und schwang sich zum Speicher hinauf. Dann langte er, auf dem Bauch liegend, nach der Lampe und hielt sie fest, während Watson ihm nachkam.

»Siehst du, da haben wir's«, sagte Sherlock Holmes. »Eine Falltür, die aufs Dach hinausführt. Ich drücke sie hoch, und da ist auch schon das Dach.« Er hielt die Lampe dicht über den Boden unter der Falltür, und sie sahen, daß die Stelle über und über bedeckt war mit Spuren von einem nackten Fuß – deutlich, scharf begrenzt, tadellos geformt, aber kaum halb so groß, wie es normalerweise ein Männerfuß ist.

»Holmes«, sagte Watson im Flüsterton, »diese Greueltat hat ja ein Kind verübt.«

»Hier gibt es wohl weiter nichts von Bedeutung, aber ich will doch nachsehen«, meinte Holmes, als sie wieder unten in dem Raum waren, den sich Bartholomew Sholto als chemisches Laboratorium eingerichtet hatte. Plötzlich stieß der Detektiv einen Freudenschrei aus.

»Wir haben Glück«, sagte er. »Siehst du die Ballonflasche da? Sie enthielt Kreosot, hat aber irgendwann einen Sprung bekommen, und es ist das meiste herausgelaufen. Der geheimnisvolle Komplize hatte das Mißgeschick, da hineinzutreten.«

»Ja, und?« fragte Watson.

»Nun, damit haben wir ihn, das ist alles«, sagte Holmes.

»Ich weiß einen Hund, wenn der Kreosot riecht, rennt er hinterdrein bis ans Ende der Welt. Aber, hallo! Ich glaube, die Vertreter des Gesetzes sind da.«

Schwere Tritte und Stimmengewirr tönten von unten herauf, und mit lautem Knall fiel die Haustür zu. Gleich darauf betrat ein großer Mann gewichtig das Zimmer. Er war ziemlich beleibt und hatte ein feistes rotes Gesicht, und in den dicken, schwammigen Bäckchen versanken fast die winzigen, blinzelnden Augen.

»Ich vermute, Sie können sich noch an mich erinnern, Mr. Athelney Jones«, sagte Holmes gelassen.

»Aber natürlich kenne ich Sie!« rief der Ankömmling mit krächzender Stimme. »Und ob ich Sie kenne – Mr. Sherlock Holmes, den Theoretiker! Ich vergesse nie, wie Sie dem ganzen Yard damals in der Juwelengeschichte von Bishopsgate Ihr Kolleg über Ursache, Folgerung und Wirkung gehalten haben. Es stimmt zwar, Sie haben uns auf die richtige Spur gebracht, aber Sie werden wohl zugeben, daß Sie dabei mehr Glück hatten als Verstand.«

»Es war eine Frage sehr einfacher Überlegung.«

»Ach was. Man muß auch mal etwas zugeben können. Aber was soll das alles. Zwecklos, ganz zwecklos, in unserm Beruf zählen harte Tatsachen, nicht Theorien.« Mit großer Behendigkeit – wenn man sein Körpergewicht bedachte – sprang er die Sprossen empor und zwängte sich durch die Lukenöffnung in den Speicher. Gleich darauf hörte man ihn lautstark verkünden, daß er die Falltür zum Dach entdeckt habe.

»Irgendwas muß er doch finden«, räumte Holmes ein und zuckte mit den hageren Schultern. *»Il n'y a pas des sots si incommodes que ceux qui ont de l'esprit*!«[8]

---

8 Dies ist die 451. der *Maximen und Reflexionen* von François Duc de La Rochefoucauld (1613–1680). Holmes hat eine Kleinigkeit verändert, was den Sinn aber nicht berührt: im Original heißt es nicht *pas,* sondern *point*. Die übersetzte Formulierung lautet gewöhnlich: »Es gibt keine beschwerlicheren Dummköpfe als die witzigen.«

»Sehen Sie«, sagte Athelney Jones und kletterte wieder hinunter, »Tatsachen sind eben doch mehr wert als Theorien. Meine Meinung über den Fall steht fest. – Mr. Sholto, es ist meine Pflicht, Sie davon in Kenntnis zu setzen, daß alles, was Sie von jetzt an sagen, zu Protokoll genommen und als Beweismittel gegen Sie verwendet werden kann. Im Namen Ihrer Majestät der Königin verhafte ich Sie als verdächtig der Schuld am Tode Ihres Bruders.«

»Regen Sie sich nicht auf, Mr. Sholto«, sagte Holmes rasch. »Ich bekomme Sie von der Anklage schon wieder frei.«

»Versprechen Sie nicht zuviel, Sie Theoretiker, versprechen Sie nur nicht zuviel!« spottete der Scotland-Yard-Mann.

»Ich werde nicht nur ihn frei bekommen, Mr. Jones«, versetzte Holmes, »sondern ich werde Ihnen auch frei Haus den Namen und die Beschreibung eines der beiden Männer liefern, die heute nacht in diesem Zimmer gewesen sind. Sein Name, wie ich guten Grund habe anzunehmen, ist Jonathan Small. Er ist ungebildet, klein, energisch, hat das rechte Bein verloren und trägt einen Holzstumpf, der an der Innenseite abgewetzt ist. Sein linker Stiefel hat eine breite rauhe Sohle und einen Eisenbeschlag um den Absatz. Er ist mittleren Alters, sehr sonnengebräunt, und hat bereits im Zuchthaus gesessen. Diese wenigen Hinweise, gekoppelt mit der Tatsache, daß zur Zeit an einer seiner Handflächen ein großes Stück Haut fehlt, können Ihnen vielleicht dienlich sein. Der andere Mann –«

»Aha, der andere Mann?« fragte Athelney Jones.

»– ist ein ziemlich merkwürdiges Individuum«, schloß Holmes und drehte sich auf dem Absatz um. »Ich hoffe, daß ich sehr bald in der Lage sein werde, Sie mit allen beiden bekannt zu machen. Komm, Watson, auf ein Wort.«

An der Treppe sagte Holmes: »Du mußt Miss Morstan nach Hause bringen. Es gehört sich nicht, daß sie hierbleibt. Sobald du sie in Lower Camberwell abgesetzt hast, sei doch bitte so gut und geh in die Pinchin Lane, das ist unten am Fluß bei Lambeth. In Haus Nr. drei auf der rechten Seite ist die Werkstatt und auch die Wohnung eines ganz alten Freundes von mir – er heißt Sherman und stopft Tiere aus. In seinem Schaufenster wirst du ein Wiesel mit einem Kaninchenjungen im Maul ausgestellt sehen. Klopf den guten Sherman ruhig wach und sag ihm, mit meinen schönsten Grüßen, Mr. Sherlock Holmes möchte sofort Toby geliehen haben. Du bringst mir Toby dann im Wagen hierher mit.«

»Das ist ein Hund, nehme ich an.«

»Ja – ein urkomischer Straßenköter mit einem verblüffenden Witterungssinn. Toby kann mir bei diesem Fall hier mehr helfen als die ganze Kriminalpolizei von London.«

»Ich werde ihn dir also bringen«, sagte Watson. »Es ist jetzt genau ein Uhr. Wenn alles gut geht, müßte ich gegen drei wieder hier sein.«

»Und ich«, sagte Holmes, »werde mich inzwischen von Jones dem Großen über seine Methoden belehren lassen und mir seine nicht gerade messerscharfen Sarkasmen anhören. *Wir sind gewohnt, daß die Menschen verhöhnen, was sie nicht verstehen*. Goethe – der trifft doch immer den Nagel auf den Kopf.«[9]

Es hatte gerade drei geschlagen, als Watson sich wieder in Pondicherry Lodge einfand. Holmes stand, die Hände in den Taschen, in der Tür und rauchte seine Pfeife.

»Ah, da hast du ihn ja«, rief er freudig. »Toby, mein guter Hund! Athelney Jones ist weg. Er hat nicht nur Freund Thaddeus verhaftet, sondern gleich auch den Gärtner, die Wirtschafterin und den indischen Diener. Wie ist es, Watson, fühlst du dich stark für einen Sechs-Meilen-Marsch?«

»Aber gewiß«, antwortete Watson.

»Wird dein Bein es aushalten?«

»O ja.«

---

9 Das Zitat stammt aus *Faust*, Erster Teil, und kommt in Fausts Studierzimmer-Monolog in den an den Pudel gerichteten Versen vor.

»Und für dich habe ich was, Toby. Riech mal, Bürschchen, ja, riech nur schön!« Holmes hielt dem Hund ein mit Kreosot getränktes Taschentuch an die Nase. Dann band er eine feste Schnur um den wolligen Köterhals und führte das Tier zu der Regentonne, die dicht an der Hausmauer stand. »Mit Hilfe von diesem Ding und dem Regenrohr«, sagte Holmes, »ist der geheimnisvolle Komplize nämlich aufs Dach gestiegen.« Der Hund hatte die Kreosotspur des Komplizen sofort gefunden und machte sich, Nase am Boden und Schwanz in der Luft, mit solcher Vehemenz an die Verfolgung der Fährte, daß die Leine sich immer strammer spannte. Als die Grenzmauer erreicht war, lief Toby aufgeregt winselnd im Schatten an ihr entlang, um schließlich an einer Ecke stehen zu bleiben, die von einer jungen Buche überdacht war. Holmes kletterte hinauf, nahm von Watson den Hund in Empfang und ließ ihn nach der anderen Seite wieder zu Boden springen.

»Da ist ja auch der Abdruck von Holzbeins Hand«, bemerkte er, als Watson neben ihm landete.

Auf der anderen Seite der Mauer zögerte Toby keinen Augenblick und spürte auch nicht unsicher umher, sondern folgte unbeirrt auf seine drollige, eigentümliche Weise der Spur. Sie kamen jetzt allmählich in Straßen, wo Tagelöhner und Dockarbeiter schon munter waren und schlampige Frauen die Fensterläden hochschoben oder ihre Türstufen scheuerten. An den Straßenecken waren die Wirtschaften schon auf; ein paar vierschrötige Männer kamen heraus und wischten sich mit dem Ärmel den ersten Schnaps des Tages aus den Bartstoppeln. Hier und dort streunte ein Hund umher und lief blöde glotzend vorbei; Toby indessen schaute nicht rechts noch links. Immerfort mit der Nase am Boden und nur gelegentlich einmal aufgeregt winselnd, was dann auf eine heiße Spur schließen ließ, lief und lief er weiter – quer durch Streatham, Brixton, Camberwell, und von dort in die Kennington Lane. Weiter ging es zum Belmont Place und in die Prince's Street, doch als sie am Ende der Broad Street waren, verlief die Fährte geradenwegs zum Ufer hinunter, wo sich ein kleiner hölzerner Anlegesteg befand. Toby führte sie hinaus bis zu dessen äußerstem Ende, und dann stand der gute Hund da und konnte nur noch winseln.

»Es ist aus mit unserem Glück«, sagte Holmes. »Hier haben sie sich auf einem Schiff abgesetzt.«

Gleich neben dem Steg befand sich ein kleines Ziegelhaus mit einem Plakat im Fenster. *Mordecai Smith* stand in großen Lettern darauf, und darunter: *Bootsvermietung, stunden- oder tageweise*. Jetzt ging die Haustür auf, und ein vielleicht sechsjähriges Kerlchen mit einem Lockenkopf kam herausgelaufen.

»Na, kleiner Mann«, sagte Holmes in diplomatischer Liebenswürdigkeit, »was möchtest du denn gern haben?«

»Möcht 'nen Shilling haben«, sagte der Junge.

»Mehr nicht? Das ist aber wenig.«

Der Kleine überlegte ein Weilchen. »Möcht' lieber zwei Shilling haben«, sagte er schließlich.

»Na siehst du«, sagte Holmes, »da hast du sie, fang! – Ein reizendes Kind, Mrs. Smith«, fuhr er fort, sich der dicklichen, rotbackigen Frau zuwendend, die in der Haustür aufgetaucht war.

»Is' er, Sir, das is' er wirklich. Nur schwer mit ihm fertig werden, wenn mein Mann schon mal tagelang weg ist.«

»Er ist jetzt wohl auch weg?« fragte Holmes.

»Seit gestern früh.«

Holmes warf einen Blick auf den großen Kokshaufen auf dem Landungssteg. »Ich hätte gern seine Dampfbarkasse gemietet«, sagte er.

»Ach Gott, Sir, mit der Dampfbarkasse is' er doch weg! Kann ich gar nicht begreifen, da war'n nämlich bloß Kohlen drin für einmal bis Woolwich und wieder zurück. Ach, ich kann ja diesen Kerl mit dem Holzbein nicht ausstehn, mit seinem miesen Gesicht un' dem ausländischen Gerede.«

»Ein Mann mit einem Holzbein?« fragte Holmes unschuldig.

Schwierige Fälle verlangten gelegentlich die Mitarbeit von Toby

»Ja, Sir, so'n brauner Kerl, hat'n richtiges Affengesicht, war schon oft hier bei meinem Alten. Hat ihn auch gestern nacht wieder 'rausgejagt. Klopft einfach ans Fenster, so um die dreie. ›Raus mit dir, Steuermann‹, sagt er, ›bist wieder zur Wache dran.‹ Mein Alter hat nur schnell den Jim aufgeweckt – das is' mein Ältester –, un' weg war'n sie.«

»Schade, Mrs. Smith. Ich brauchte eine Dampfbarkasse, und sie wurde mir sehr empfohlen, die – wie heißt sie doch gleich?«

»Die *Aurora*, Sir.«

»Richtig, ja, die *Aurora*. Das ist dieses grüne Boot, mit dem gelben Streifen, ziemlich breites Deck.«

»Aber nein, Sir, das ist sie nicht. Die *Aurora*, die is'n schnittiges kleines Ding, nagelneu schwarz gestrichen un' mit zwei roten Streifen drauf.«

»Ach ja, natürlich«, sagte Holmes. »Nun, vielen Dank, Mrs. Smith, und guten Morgen.«

Ein Bad in der Baker Street und von Kopf bis Fuß frische Kleidung machten sowohl Watson wie Holmes wieder herrlich wach.

Als Watson ins Wohnzimmer kam, fand er den Frühstückstisch schon gedeckt, und Holmes goß gerade den Kaffee ein. In diesem Augenblick ertönte die Türglocke, und sie hörten die Stimme der Hauswirtin Mrs. Hudson in klagendem Protest.

»Gütiger Himmel, Holmes«, sagte Watson und wollte schon aufstehen.

»Das ist nur wieder meine Privattruppe«, sagte Holmes. »Die Baker-Street-Reservisten. Ich habe Wiggins ein Telegramm geschickt, daß sie nach dem Frühstück mal herkommen sollen.«

Bei seinen Worten wurde im Stiegenhaus das Getrippel eiliger nackter Füße laut, und schon kamen etwa ein Dutzend zerlumpter und ungewaschener Gassenjungen ins Zimmer gebraust.

»Hab Ihre Nachricht bekommen, Sir«, sagte jener Wiggins, ein Bursche, der etwas größer und älter war als die übrigen.

»Fein«, sagte Holmes. »Also, es geht mir um folgendes. Irgendwo flußabwärts liegt oder fährt eine Dampfbarkasse, schwarz mit zwei roten Streifen, sie heißt *Aurora*, Eigentümer Mordecai Smith. Die müßt ihr finden. Bezahlung wie immer, plus eine Guinea extra für den von euch, der sie als erster entdeckt. Alles klar?« Er drückte jedem der Rangen ein Shillingstück in die Hand, und ab ging es mit Gerums und Gebums die Treppe hinunter.

»Wenn die Barkasse nicht untergegangen ist, finden die sie«, sagte Holmes und holte sich die Geige aus der Ecke.

Der Mittwochnachmittag verging, ohne daß Wiggins sich meldete; auch am Donnerstag ließ er nichts von sich hören.

Schon beim Frühstück an diesem Donnerstag sah Holmes angegriffen und sorgenvoll aus, auf jeder seiner Wangen glühte ein kleiner fiebriger Fleck. Trotzdem hörte Watson dann bis tief in die Nacht hinein das leise Klicken von Röhrchen und Reagenzgläsern, mit denen der Detektiv irgendwelche seltsamen Analysen anstellte, um sich abzulenken. Gegen Morgen fuhr der Arzt plötzlich aus dem Schlaf auf und sah Holmes neben seinem Bett stehen, angetan mit einer Seemannsjacke und um den Hals einen derben roten Wollschal.

»Ich geh' an den Fluß hinunter, Watson«, sagte er. »Ich habe hin und her überlegt, und ich sehe nur einen einzigen Ausweg.«

Es wurde ein langer Tag.

Am Spätnachmittag ging geräuschvoll die Türglocke, im Treppenhaus ertönte eine herrische Stimme, und gleich darauf wurde Athelney Jones nach oben geführt.

»Ich habe ein Telegramm von Holmes«, sagte er. »Aufgegeben in Poplar heute mittag um zwölf. *Gehen Sie sofort in die Baker Street. Warten Sie auf mich. Bin auf der Spur.*

Sie können uns heute nacht begleiten, wenn Sie beim Finale dabeisein wollen. – Mir liegen Holmes' Methoden ja nicht«, setzte der Inspektor kopfschüttelnd hinzu, »aber ich muß zugeben, ich habe noch keinen Ermittlungsfall erlebt, in den er nicht zumindest etwas Licht gebracht hätte.«

»Ihre Ermittlungen waren nicht von Erfolg?« fragte Watson.

»Es hat alles zu nichts geführt! Ich habe zwei meiner Arrestanten wieder entlassen müssen, und gegen die beiden anderen haben wir nichts in der Hand.«

Wenig später kam Holmes nach Hause.

»Nun«, sagte er, als er den Bericht des Inspektors vernommen hatte, »vielleicht werde ich Ihnen zwei neue Gefangene liefern, als Ersatz für die beiden, die Sie verloren haben. Aber Sie müssen tun, was ich von Ihnen verlange. Sind Sie dazu ohne Einschränkung bereit?«

»Ohne Einschränkung, wenn Sie mir nur die zwei Männer herschaffen.«

»Gut. Dann möchte ich als erstes darum ersuchen, daß ein schnelles Polizeiboot – eine Dampfbarkasse – um sieben Uhr heute abend bei Westminster Stairs bereitliegt.«

»Das geht ohne weiteres.«

»Ferner brauche ich zwei verläßliche, unerschrockene Männer, für den Fall, daß man Widerstand leistet.«

»Es werden zwei oder drei im Boot sein. Was noch?«

»Nur noch eine Kleinigkeit. Ich bestehe darauf, daß Sie mit uns zu abend essen. Es gibt Austern und ein paar Sumpfhühner, und dazu ein Weißweinchen, wie Sie nicht oft eins bekommen. Watson, du solltest endlich einmal meine Meriten als Küchenchef würdigen.«

Es wurde ein vergnügliches Mahl. Holmes redete in rascher Folge über alle möglichen Dinge – Mirakelspiele, mitteralterliche Keramik, Stradivari-Geigen, über den Buddhismus auf Ceylon, die Kriegsschiffe der Zukunft – und über ein jedes so, als hätte er darin promoviert.

Als abgedeckt war, sah Holmes auf die Uhr, füllte dann

drei Gläser mit Portwein. »Stoßen wir an«, sagte er, »auf das Gelingen unserer kleinen Expedition. Prosit. Aber jetzt wird es höchste Zeit, daß wir abmarschieren. Hast du einen Revolver, Watson?«

»Ich habe noch meine alte Dienstpistole[10] im Schreibtisch.«

»Dann nimm die mal lieber mit.«

Es war kurz nach sieben, als sie die Bootswerft von Westminster erreichten, wo die Barkasse schon auf sie wartete.

»Wohin?« fragte Jones.

»Zum Tower«, erwiderte Holmes. »Sagen Sie ihnen, sie sollen bei Jacobson's Yard beidrehen.«

Sie hatten ein schnelles Fahrzeug. Es schoß an den langen Reihen von Schleppkähnen vorbei, als stünden sie still. Holmes schmunzelte befriedigt.

»Ich habe die *Aurora* gefunden«, sagte er, »und ich habe in Erfahrung gebracht, daß sie laut Plan heute abend um acht Uhr bei Jacobson's Yard losmachen wird. Einer meiner Jungen ist als Wache dort und wird uns ein Zeichen geben, wenn sie ablegt.«

In der Dämmerung langten sie bei Jacobson's Yard an; der kleine Themsehafen am Surreyufer war ein einziges Gewirr aus Masten und Takelwerk.

»Kreuzen Sie vorsichtig hinter dieser Reihe von Schonern als Deckung«, sagte Holmes und zog seine Nachtgläser aus der Tasche.

»Dort ist ja unser Junge!« rief Watson jetzt. »Ich kann ihn unter der Gaslaterne deutlich erkennen. Er schwenkt ein Taschentuch.«

---

10 Das dürfte, wie Robert Keith Leavitt in: »Annie Oakley, Baker Street« ausgeführt hat, die sechskalibrige Adams .450 Hinterlader gewesen sein, die mit ihrem soliden, zuverlässigen Fünfzehn-Zentimeter-Lauf das Standardmodell der British Army im zweiten Afghanischen Krieg war. Vgl. J.N. George, *English Pistols and Revolvers*, erschienen bei Small Arms Technical Publishing Co., Marines, N.C., 1938.

»Und da ist auch die *Aurora*!« rief Holmes. »Ab geht sie wie der Teufel. Volle Kraft voraus, Leute! Kohlen drauf, was das Zeug hält!«

In den Kesseln prasselte das Feuer, und die mächtigen Maschinen zischten und pulsierten wie ein riesiges metallenes Herz. Steil fräste sich der spitze Bug der Polizeibarkasse durch den ruhigen Wasserspiegel und warf rechts und links eine große rollende Woge auf. Sie flogen an Booten, Frachtschiffen, Dampfern vorbei, durch den Pool, vorüber an den West India Docks, den langen Deptford Reach hinunter und um die Isle of Dogs herum. Aus dem verschwommenen, huschenden Schatten dort vor ihnen trat immer klarer die zierliche *Aurora* hervor. Im Heck saß ein Mann, der etwas Schwarzes zwischen den Knien hielt. Neben ihm lag eine dunkle Masse, die Watson als einen großen Hund, einen Neufundländer, zu erkennen glaubte. Der junge Jim Smith hielt die Ruderpinne, und vor der roten Glut des Ofens sahen sie auch den alten Smith, wie er, bis zum Gürtel nackt, auf Teufelkommheraus Kohlen schippte.

Jetzt lagen nur noch vier Bootslängen zwischen den beiden Schiffen. Jones brüllte der *Aurora* zu, daß sie stoppen sollten. Bei dem Anruf sprang der Mann im Heck sofort in die Höhe. Watson sah deutlich, daß es ein gutgebauter, kräftiger Mann war, der aber rechts vom Oberschenkel an abwärts nur einen hölzernen Stumpf besaß. Dann kam plötzlich Leben auch in das dunkle Bündel, das an Deck kauerte. Es streckte sich und wurde zu einem kleinen dunkelhäutigen Menschen mit einem übergroßen, unförmigen Kopf, um den wirres, verfilztes Zottelhaar hing, mit finster glühenden Augen und wulstigen Lippen, unter denen die Zähne hervorbleckten.

»Wenn er die Hand hebt, schießen«, sagte Holmes ruhig.

Noch während er es aussprach, zog der kleine schwarze Mensch blitzschnell unter seinem Umhang ein kurzes rundes Holzstück hervor und setzte es an den Mund. Holmes und Watson schossen gleichzeitig. Der kleine dunkle Mann wirbelte herum, warf die Arme hoch und stürzte mit einem kurzen hustenähnlichen Laut seitüber in den Fluß. Im selben Augenblick hatte der Mann mit dem Holzbein sich auch schon auf das Steuerruder geworfen und warf es scharf herum. Mit einem dumpfen Stoß lief die *Aurora* auf eine Sandbank. Der Einbeinige sprang über Bord, versank aber mit der ganzen Länge seines Stumpfes in dem schlammigen Grund. Sie mußten ihm eine Seilschlinge überwerfen, damit sie ihn herausziehen und zum Deck des Polizeiboots hochhieven konnten; dabei zappelte er wie ein großer widerwärtiger Fisch.

Watson hat über die seltsame Geschichte des Jonathan Small berichtet und erzählt, wie der Einbeinige und der Andamanen-Insulaner Tonga sich den berühmten Agra-Schatz zurückgeholt hatten, nur um ihn, als ihnen klar wurde, daß die *Aurora* dem Polizeiboot nicht mehr entkommen konnte, auf den Grund der Themse zu versenken.

Wer immer einen Schatz verloren haben mochte, Watson hatte einen gewonnen.

»Miss Morstan hat mir die Ehre erwiesen, mich als ihren künftigen Gatten zu akzeptieren«, teilte er seinem Freund Holmes mit, als sie später in der Baker Street in dem vertrauten Zimmer beisammensaßen und rauchten.

Holmes hob die Augenbraue.

»Aber, lieber Watson«, sagte er, »es ist doch erst neun Monate her, daß...«

»Wir werden natürlich nicht vor dem Frühjahr heiraten«, sagte Watson ein wenig hölzern.

»Trotzdem, gratulieren kann ich dir eigentlich nicht«, meinte Holmes. »Miss Morstan ist zwar eine der bezauberndsten jungen Damen, denen ich je begegnet bin, aber Liebe ist eine Sache des Gefühls, und alles, was mit Gefühl zu tun hat, widerstrebt dem realistischen kühlen Verstand, den ich über alles setze.«

Jetzt war es an Watson, die Augenbraue zu heben. Er

wollte schon etwas erwidern, doch dann besann er sich anders und lachte nur.

»Nun, ich denke, mein Verstand wird es überleben«, sagte er. »Aber die Dinge scheinen mir nicht sehr gerecht verteilt. Du hast in dieser Sache die ganze Arbeit gemacht. Ich bekomme dafür eine Frau. Jones erntet den ganzen Ruhm – ich kann mir denken, daß er jetzt im Yard an sehr bedeutender Stelle sitzt. Und was bleibt für dich?«

»Für mich«, sagte Sherlock Holmes, »bleibt immer noch das hier.« Und er streckte seine lange weiße Hand nach der Kokainflasche aus.

XIII.
Dr. James Mortimer und Sir Henry Baskerville: Dienstag, den 25. September bis Sonnabend, den 29. September 1888

»Was hältst du davon, Watson?«
SHERLOCK HOLMES

»Ich habe ein Schriftstück in der Tasche«, sagte Dr. James Mortimer.

»Das bemerkte ich schon, als Sie ins Zimmer kamen«, erwiderte Mr. Sherlock Holmes, der Detektiv aus der Baker Street.

Dr. James Mortimer war ein sehr großer, überschlanker Mann mit einer schnabelartig vorspringenden Nase und engstehenden grauen Augen, die scharf und selbstbewußt durch eine goldgeränderte Brille blitzten. Seine Kleidung war standesgemäß, aber ziemlich vernachlässigt; sein Gehrock war angeschmutzt, seine Hose schadhaft. Obwohl an Jahren noch jung, hielt er den langen Rücken bereits gebeugt, und beim Gehen schob sich sein Kopf nach vorn; sein ganzes Gebaren strahlte neugieriges Wohlwollen aus. Jetzt saß er im Korbsessel und blickte angelegentlich auf Sherlock Holmes und Dr. Watson, während er mit langen, unruhigen Fingern ein Papier aus der Brusttasche zog.

»Es ist ein Familiendokument«, sagte er, »meiner Obhut anvertraut von Sir Charles Baskerville, dessen plötzlicher tragischer Tod vor gut drei Monaten in Devonshire so viel Aufsehen erregt hat. Ich darf von mir behaupten, daß ich nicht nur sein medizinischer Ratgeber, sondern auch persönlich mit ihm befreundet war.«

»Das scheint eine Art Bericht zu sein«, bemerkte Dr. Watson.

»Ja«, bestätigte Dr. Mortimer, »es ist die Aufzeichnung einer Legende, die in der Familie der Baskervilles überliefert ist. Zur Zeit der großen englischen Revolution hatte die Herrschaft auf Baskerville ein gewisser Hugo inne, ein verruchter, gottloser Wüstling. Dieser Hugo, im Verein mit fünf oder sechs anderen üblen Kumpanen, hat eines Tages – am Michaelifest – die Tochter eines Pächters entführt. Er sperrte das Mädchen in eine über der Schloßhalle gelegene Kammer ein, doch während sie unten noch zechten, kletterte das Mädchen an einem Efeuspalier, das die Südmauer des Schlosses bedeckte und noch heute bedeckt, hinunter und entkam. Als Hugo ihr Verschwinden bemerkte, stürzte er aus dem Haus und brüllte die Stallknechte an, sie sollten ihm seine Stute satteln und die Hundemeute freilassen. Er winkte die Hunde heran, ließ sie an einem Halstuch des Mädchens wittern, und ab ging es mit lautem Gebell im Mondlicht über das Moor.

Die Zecher stiegen zu Pferde und folgten. Sie waren ein paar Meilen weit geritten, als sie an einem Schäfer vorüberkamen, dem sie die Frage zuschrien, ob er die Jagdmeute nicht gesehen habe. Der Mann war vor Angst so verstört, daß er kaum sprechen konnte, doch schließlich sagte er, ja, er habe das unselige Mädchen gesehen und auch die Jagdhunde auf ihrer Spur. ›Aber‹, fügte er hinzu, ›ich habe noch mehr gesehen: Hugo von Baskerville ist auf seinem großen schwarzen Pferd hier vorbeigeritten, und hinter ihm drein lief lautlos ein Höllenhund, wie ich ihn, Gott behüte, niemals möcht' auf den Fersen haben.‹

Die betrunkenen Ritter verfluchten den Schäfer und ga-

Dr. James Mortimer war ein sehr großer, überschlanker Mann mit einer schnabelartig vorspringenden Nase und engstehenden grauen Augen

loppierten weiter. Bald darauf hörten sie Hufschlag, und die schwarze Stute kam ihnen schaumbedeckt, mit schleifenden Zügeln und leerem Sattel, entgegen. Dann trafen sie auch auf die Jagdhunde, die sich winselnd am Rand einer Bodensenke zusammendrängten. Die Reitergesellschaft hielt an, und die drei Mutigsten ritten hinab in die Senke. Dort lag das unglückselige Mädchen, tot, gestorben aus Angst oder auch an Erschöpfung. Was aber den trunkenen Wüstlingen die Haare zu Berge stehen ließ, das war nicht der Anblick der Toten, noch der des neben ihr hingestreckten Hugo von Baskerville, sondern etwas anderes: Über dem Leichnam des Hugo von Baskerville, in dessen Kehle verbissen, stand eine riesige schwarze Bestie, von der Gestalt eines Hundes, jedoch viel größer als jeder Hund, den je ein Menschenauge erblickt hat. Und ehe die Männer sich dessen versahen, hatte das Untier dem Hugo Baskerville die Kehle herausgerissen und wandte sich jetzt mit feuersprühenden Augen und triefenden Lefzen drohend den Reitern zu. Die wilden Gesellen schrien vor Angst laut auf und ritten um ihr Leben. Einer von ihnen starb an dem Schock noch in derselben Nacht, die anderen waren für den Rest ihrer Tage gebrochene Männer.

Das also«, sagte Dr. Mortimer und schob sich die Brille auf die Stirn, »ist die Geschichte von der Herkunft des Hundes von Baskerville. Sie ist interessant, finden Sie nicht?«

»Für Märchensammler vielleicht«, gähnte Holmes.

Dr. Mortimer zog ein zusammengefaltetes Zeitungsblatt aus der Tasche.

»Nun, Mr. Holmes, dann sollen Sie jetzt etwas hören, was jüngeren Datums ist. Hier habe ich den *Devon County Chronicle*; er hat im Juni dieses Jahres über Sir Charles Baskervilles Tod eine kurze Meldung gebracht. Sir Charles hatte die Gewohnheit, jeden Abend, bevor er sich schlafen legte, in der berühmten Eibenallee von Schloß Baskerville noch ein wenig spazieren zu gehen. Am 4. Juni begab er sich wie immer auf seine allabendliche Spaziergang – er ist davon nie zurückgekehrt. Um Mitternacht wurde sein Butler Barrymore unruhig; er zündete eine Laterne an und machte sich auf die Suche nach seinem Herrn. Er fand Sir Charles' Leichnam am äußersten Ende der Allee, neben einem Eisentor, das zum Moor führt. Zeichen von Gewaltanwendung waren am Körper des Toten nicht festzustellen.« Dr. Mortimer faltete das Blatt zusammen und steckte es wieder ein.

»Das ist alles, was an Fakten veröffentlicht wurde?« fragte Holmes.

»Ja, alles.«

»Dann würde ich gern noch hören, was man privatim weiß.«

»Sehr wohl«, sagte Dr. Mortimer. »In der Todesnacht von Sir Charles ließ mich Barrymore holen. Ich bin Sir Charles' Fußspuren die Eibenallee entlang nach gegangen, und ich habe seine Leiche sorgfältig untersucht. Er lag auf dem Gesicht, die Arme ausgebreitet, die Finger in die Erde gekrallt; seine Züge waren wie von starker Erregung verzerrt. Ich fand keinerlei körperliche Verletzung. Barrymore sagte bei der amtlichen Untersuchung aus, daß es am Boden um die Leiche herum keine Spuren gebe. Er hatte nämlich keine gefunden. Ich fand sie aber – ein wenig weiter weg zwar, doch frisch und deutlich.«

»Fußspuren?«

»Fußspuren.«

»Von einem Mann oder von einer Frau?«

»Mr. Holmes«, sagte Dr. Mortimer, »es waren die Pfotenabdrücke von einem riesigen Hund.«

Holmes beugte sich vor, seine Augen glänzten. »Wäre ich doch zur Stelle gewesen!« rief er. »Daß Sie mich damals nicht gleich geholt haben, Dr. Mortimer! Wie kann ich Ihnen jetzt helfen?«

»Indem Sie mir raten, was ich mit Sir Henry Baskerville machen soll, der in genau eineinviertel Stunden an der Waterloo Station eintrifft.«

»Weil er der Erbe ist?«

»Genau. Nach Sir Charles' Tod haben wir nach dem jungen Mann geforscht und dabei erfahren, daß er bis jetzt in Kanada als Farmer gelebt hat.«

»Und warum soll er nicht jetzt ins Haus seiner Väter ziehen?«

»Das erscheint ganz natürlich, nicht wahr? Doch Sie müssen bedenken, noch jeder Baskerville, der sich dorthin begab, wurde von einem bösen Schicksal ereilt.«

Holmes dachte eine Weile nach.

»Gut«, sagte er schließlich. »Ich schlage vor, Sie nehmen eine Droschke, fahren zur Waterloo Station und holen Sir Henry Baskerville ab.«

»Und dann?«

»Dann sagen Sie ihm von alledem gar nichts, bis ich mir in dieser Sache schlüssig geworden bin.«

»Wie lange werden Sie dazu brauchen?«

»Vierundzwanzig Stunden. Ich darf Sie bitten, Dr. Mortimer, mich morgen früh um zehn Uhr wieder hier aufzusuchen, und es wird mir bei meinen künftigen Plänen sehr helfen, wenn Sie Sir Henry dann mitbringen.«

Sir Henry Baskerville, wie sich erwies, war ein kleiner, lebhafter, dunkeläugiger Mann um die dreißig, recht stämmig gebaut, mit dichten schwarzen Augenbrauen und einem derben, kampflustigen Gesicht.

»Hätte mein Freund Dr. Mortimer nicht den Vorschlag gemacht, daß wir heute morgen bei Ihnen hereinschauen«, sagte er zu Holmes, »so wäre ich von mir aus gekommen. Ich habe nämlich heute früh eine rätselhafte kleine Sache erlebt, die zu klären mehr Scharfsinn erfordert, als mir gegeben ist.«

»Bitte, Sir Henry, nehmen Sie doch Platz«, sagte Holmes. »Und um was geht es bei diesem merkwürdigen Erlebnis?«

»Dieser Brief, wenn man das einen Brief nennen kann, wurde mir heute morgen im Northumberland Hotel zugestellt.«

Aus dem Briefumschlag, den Sir Henry ihm reichte, zog Holmes einen doppelt gefalteten Halbbogen Schreibpapier. »*Wenn Ihnen Ihr Leben oder Ihr Verstand lieb ist, bleiben Sie dem Moor fern*«, las er. »Der Satz ist raffinierterweise aus gedruckten Wörtern zusammengeklebt. Lediglich das Wort ›Moor‹ wurde mit Tinte geschrieben. Diese gedruckten Wörter können nur aus einem Leitartikel der *Times* genommen sein, von nirgends sonst. Die Erkennung von Buchstabentypen gehört für den Kriminalexperten zum elementarsten Wissen, obwohl ich gestehe, daß ich einmal, als ich noch sehr jung war, die Titel-Lettern des *Mercury* mit denen der *Western Morning News* verwechselt habe. – Nun, Sir Henry, ist Ihnen sonst noch etwas Bemerkenswertes widerfahren, seit Sie in London sind?«

Sir Henry lächelte. »Ich weiß noch nicht viel über Sitten und Gebräuche in England, denn ich habe ja fast mein ganzes Leben in den Staaten und in Kanada zugebracht. Aber ich hoffe, es ist hierzulande nicht gang und gäbe, daß einem ein Stiefel abhanden kommt.«

»Ihnen ist ein Stiefel abhanden gekommen?«

»Nun, er ist jedenfalls nicht mehr da. Ich hatte mir gestern nachmittag in der Stadt ein Paar neue braune Stiefel gekauft. Gestern abend stellte ich sie zum Putzen vor die Tür, und heute früh war es nur noch einer.«

»Hm«, machte Holmes. »Ich glaube, es dürfte nicht lange dauern, bis der fehlende Stiefel sich wiederfindet. Aber jetzt, Dr. Mortimer, ist es wohl das Beste, Sie erzählen uns noch einmal Ihre Geschichte, genauso, wie Sie sie gestern erzählt haben.«

Sir Henry Baskerville hörte mit gespannter Aufmerksamkeit – und gelegentlich einem Zwischenruf des Erstaunens – zu.

»Nun«, sagte er, als Dr. Mortimer mit seiner Erzählung zu Ende war, »wie mir scheint, bin ich da zu einer Erbschaft gekommen, die es in sich hat. Aber eins sage ich Ihnen, Mr. Holmes: kein Mensch auf dieser Welt und kein

Teufel in der Hölle können mich daran hindern, in dem Haus meiner Väter zu wohnen. Jetzt gehe ich erst einmal in mein Hotel zurück. Darf ich vorschlagen, Sie und Dr. Watson kommen um zwei ebenfalls und essen mit uns?«

Sie hörten, wie die Tritte ihrer Besucher sich treppabwärts entfernten, dann schlug die Haustür. Augenblicklich wurde aus dem ruhig vor sich hinsinnenden Holmes wieder der Mann der Tat.

»Schnell, Watson, Hut und Galoschen an! Wir haben keinen Augenblick zu verlieren!«

Sie eilten zusammen die Treppe hinunter und auf die Straße hinaus. Dr. Mortimer und Sir Henry Baskerville waren noch zu sehen, wie sie etwa zweihundert Meter vor ihnen in Richtung Oxford Street gingen. Holmes beschleunigte seinen Schritt, bis er den Abstand auf die Hälfte verringert hatte; dann, hundert Meter hinter den beiden bleibend, folgten er und Watson ihnen in die Oxford Street und weiter über die Regent Street. Es dauerte nicht lang, da stieß Holmes einen leisen befriedigten Ausruf aus; Watson folgte seinem Blick und sah einen geschlossenen Hansom, in dem ein Mann saß.

»Da ist unser Mann, Watson! Komm, wir wollen ihn uns wenigstens genau anschauen.«

Jetzt bemerkte Watson, daß im Seitenfenster der Droschke ein buschiger schwarzer Bart und zwei stechende Augen sich ihnen zuwandten. Im gleichen Augenblick flog vorn die Sprechklappe auf, dem Kutscher wurde etwas zugeschrien, und der Wagen raste, die Regent Street hinunter, wie wild davon. Weit und breit war keine freie Kutsche in Sicht, mit der Holmes und Watson hätten hinterdrein fahren können.

»Na bitte!« schimpfte Holmes ironisch. »Hat man je so ein Pech erlebt und dazu eine derartige Dummheit? Wenn du ein ehrlicher Mensch bist, Watson, dann wirst du wohl leider auch das notieren müssen, und diesmal als Mißerfolg.«

»Da ist unser Mann, Watson!«

»Wie schade, daß wir uns die Droschkennummer nicht gemerkt haben.«

»Mein lieber Watson, wenn ich mich auch soeben wie ein Dummkopf angestellt habe, du traust mir doch nicht im Ernst zu, ich hätte mir die Nummer entgehen lassen? Nummer 2704, das ist unser Mann. Aber im Augenblick hilft uns das gar nichts. Laß uns auf einen Sprung in die Bond Street gehen, in eine der Kunstgalerien, und die Zeit mit Schönheit ausfüllen, bis man uns im Hotel erwartet.«

Zwei Stunden lang war Holmes ganz in die Gemälde der modernen belgischen Meister vertieft, und als er mit Watson zum Northumberland Hotel ging, redete er immer noch von nichts anderem als Malerei.

Oben an der Treppe kam ihnen Sir Henry Baskerville schon entgegen. Sein Gesicht war zornrot, in der Hand hielt er einen alten verdreckten Stiefel.

»Suchen Sie immer noch Ihren Schuh?« fragte Holmes.

»Ja, Sir, und ich werde ihn auch finden.«

»Sagten Sie nicht, daß es ein neuer brauner war?«

»Ganz recht, Sir. Und jetzt ist es ein alter schwarzer.«

»Was! Sie wollen doch nicht etwa sagen...«

»Ich besitze überhaupt nur drei Paar – die neuen braunen, die alten schwarzen, und die Lackstiefel, die ich gerade anhabe. Letzte Nacht hat man mir einen von den neuen braunen gestohlen, und heute haben sie einen von den alten schwarzen genommen. Aber Sie müssen entschuldigen, Mr. Holmes, daß ich Sie mit so einer Lappalie aufhalte...«

»Ich fürchte, man muß sich sehr wohl damit aufhalten«, sagte Holmes nachdenklich.

Das Mittagessen verlief angenehm; es wurde nur wenig über die Sache gesprochen, die sie zusammengeführt hatte. Anschließend zogen sie sich in Sir Henrys Wohnzimmer zurück.

»Was haben Sie nun weiterhin vor, Sir Henry?« fragte Holmes.

»Ende der Woche werde ich nach Schloß Baskerville fahren.«

»Im großen und ganzen halte ich Ihre Entscheidung für richtig. Wußten Sie, daß Sie heute vormittag verfolgt worden sind?«

Dr. Mortimer zuckte ganz erschrocken zusammen. »Verfolgt! Von wem?«

»Von einem Mann mit schwarzem Vollbart. Gibt es unter Ihren Nachbarn oder Bekannten aus der Gegend von Dartmoor so einen Mann?«

»Barrymore, Sir Charles' Butler, trägt einen schwarzen Vollbart.«

»Dann sollten wir uns besser vergewissern, daß Barrymore sich tatsächlich auf Schloß Baskerville befindet und nicht etwa in London. Kann ich hier ein Telegrammformular bekommen?«

Holmes schrieb das Telegramm und gab es auf. Dann wandte er sich wieder an Sir Henry.

»Also«, sagte er, »ich bin sehr dafür, daß Sie unverzüglich nach Devonshire reisen. Nur muß ich eine Bedingung stellen: Sie dürfen keinesfalls allein bleiben.«

»Dr. Mortimer reist mit mir zurück.«

»Aber Dr. Mortimer muß sich um seine Praxis kümmern, und sein Haus liegt meilenweit von Ihrem entfernt. Nein, Sir Henry, Sie müssen einen guten, verläßlichen Mann mitnehmen, der dort nicht von Ihrer Seite geht.«

»Wen würden Sie mir da empfehlen?«

Holmes legte die Hand auf Watsons Arm. »Wenn mein Freund es auf sich nehmen mag, an einem nicht ungefährlichen Ort in Ihrer Nähe zu sein, so wüßte ich keinen Menschen, der Ihres Vertrauens würdiger wäre. Und niemand kann das mit mehr Überzeugung sagen als ich.«

»Gut«, sagte Sir Henry, »wenn Dr. Watson mit mir nach Schloß Baskerville kommen und mir in dieser ganzen Sache beistehen will, so werde ich ihm das nie vergessen.«

»Ich komme sehr gern mit Ihnen«, sagte Watson.

»Und du wirst mir mit aller Genauigkeit berichten«,

mahnte Holmes. »Ich muß ja, wie du weißt, momentan noch in London bleiben. Einer der ehrwürdigsten Namen Englands wird zur Zeit von einem Erpresser in den Schmutz gezogen, und nur ich kann verhindern, daß ein verhängnisvoller Skandal daraus wird.«

Er und Watson hatten sich schon zum Aufbruch erhoben, als Sir Henry plötzlich einen Freudenschrei ausstieß und in eine Ecke des Zimmers eilte, wo er unter einer Vitrine einen braunen Stiefel hervorzog.

»Da, mein vermißter Schuh!« rief er.

»Das ist ja höchst sonderbar«, bemerkte Dr. Mortimer. »Ich habe doch vor Tisch buchstäblich jede Handbreit dieses Zimmers auf das Sorgfältigste durchsucht.«

Schweigend saß Holmes in der Kutsche, als er und Watson wieder zur Baker Street fuhren. Und den ganzen Nachmittag und noch bis zum Abend vergrub er sich tief in Gedanken und Tabakrauch. Kurz vor dem Abendessen wurde ihm vom Hausburschen ein Telegramm überbracht: *Erfahre soeben, Barrymore ist im Schloß. Baskerville.*

»Wir haben immer noch diesen Kutscher, der den Spitzel gefahren hat«, meinte Watson.

»Du sagst es. Ich habe bereits an die amtliche Registratur telegraphiert, um seinen Namen und die Adresse zu bekommen. Es sollte mich nicht wundern, wenn da nicht schon die Antwort auf meine Anfrage käme.«

Die Tür ging auf, und ein Kutscher schaute herein.

»John Clayton, Turpey Street 3, im Borough«, sagte er. »Wagen Nummer 2704.«

»Ah, Clayton«, sagte Holmes. »Sagen Sie mir doch bitte, was Sie über den Fahrgast wissen, den Sie heute morgen um zehn Uhr hatten. Er hat zuerst dieses Haus hier beobachtet und ist dann zwei Herren über die Regent Street nachgefahren.«

Der Kutscher blickte erstaunt und ein wenig verlegen.

»Na ja«, meinte er, »der ist um halb zehn am Trafalgar Square bei mir eingestiegen. Er sagte, er sei Detektiv, und hat mir zwei Guineas geboten, wenn ich den ganzen Tag genau mache, was er will, und keine Fragen stelle. Als erstes fuhren wir zum Northumberland Hotel und haben da gewartet, bis zwei Gentlemen rauskamen. Die nahmen sich eine Kutsche, und der sind wir nachgefahren, bis sie hier in der Nähe irgendwo hielt. Wir haben eine und eine halbe Stunde gewartet, dann sind die zwei Gentlemen zu Fuß an uns vorbei, und wir fuhren durch die Baker Street und noch drei Viertel von der Regent Street hinter ihnen her. Da hat dann mein Fahrgast die Sprechklappe aufgerissen und mir zugebrüllt, ich soll so schnell, wie ich kann, zur Waterloo fahren. Ich immerzu auf die Stute eingepeitscht, und in kaum zehn Minuten waren wir dort. Da hat er mir seine zwei Guineas bezahlt, einfach so aus dem Handgelenk, und weg war er, verschwunden im Bahnhof. Aber vorher hat er sich im Weggehen nochmal umgedreht und seinen Namen gesagt.«

Holmes warf Watson einen triumphierenden Blick zu.

»Und wie war der Name, den er genannt hat?« rief er ungeduldig.

»Der Name«, sagte der Kutscher, »war Mr. Sherlock Holmes.«

»Dieser gemeine Schuft!« schrie Holmes wütend. »Watson, das ist eine böse Geschichte, eine gefährliche und böse Geschichte, und je mehr ich davon zu wissen bekomme, um so weniger will sie mir gefallen. Ja, mein Lieber, du wirst vielleicht lachen, aber mein Wort darauf, ich werde froh sein, wenn ich dich wieder heil und gesund hier in der Baker Street habe.«

Pause.
Zwei Berichte aus der *London Times*: 1. und 2. Oktober 1888

Aus der *Times* vom Montag, dem 1. Oktober 1888:

Gestern in den frühen Morgenstunden wurden im Londoner East End wieder zwei schreckliche Morde verübt, deren Opfer, wie angenommen wird, beide der unteren Bevölkerungsschicht[1] angehören. Seitens der Polizei besteht offenbar kein Zweifel, daß diese grauenhaften Verbrechen das Werk der gleichen teuflischen Hände sind, durch deren Greueltaten Whitechapel bereits mehrfach in so unerquicklicher Art von sich reden machte. Die Schauplätze der beiden erneuten Morde liegen eine Viertelstunde Gehzeit voneinander entfernt; das als erstes entdeckte Verbrechen wurde auf einem Hof in der Berner Street (einer von der Commercial Street ausgehenden unbedeutenden Durchgangsstraße), das zweite innerhalb der Stadtgrenze am Mitre Square in Aldgate verübt...

Aus der *Times* vom Dienstag, dem 2. Oktober 1888:

Zwei Mitteilungen ungewöhnlicher Art, beide unterzeichnet mit *Jack the Ripper*, sind der Central News Agency zugegangen; die eine am vorigen Donnerstag und die andere gestern morgen. Die erste war ein Brief mit dem Post-Bezirksstempel London-Ost, worin Bezug genommen wird auf die vor einiger Zeit im East End verübten abscheuerregenden Morde, die begangen zu haben

---

1 Die Opfer: Elizabeth Stride und Catherine Eddowes, beides Prostituierte.

der Schreiber mit brutaler Witzigkeit eingesteht. Außerdem kündigt er an, *nächstes Mal* werde er *der Dame die Ohren abschneiden* und diese der Polizei übersenden; ferner bittet er, man möge seinen Brief einstweilen aufheben, bis er *noch etwas mehr Arbeit* geleistet habe.

Die zweite Mitteilung bestand aus einer Postkarte und traf, wie oben erwähnt, gestern morgen ein. Sie trug den Stempel *London-Ost, 1. Oktober* und lautete wie folgt: *Ich habe mit meinem Tip nicht bloß Wind gemacht, dear old Boss. Man wird von der Arbeit des Flotten Jack morgen hören. Diesmal doppelte Ausfertigung. Nummer eins hat ein bißchen gequiekt, es klappte nicht gleich. Ohren für die Polizei später, noch keine Zeit. Danke fürs Aufheben meines Briefes, bis ich wieder ans Arbeiten kam*. Die Postkarte war an Scotland Yard gerichtet. Es bestand jedoch kein Zweifel, daß der Schreiber beider Mitteilungen, wer immer er sein mag, ein und dieselbe Person ist...

XIV.
Der Schreckenshund: Sonntag, den 30. September, bis Sonnabend, den 20. Oktober 1888

»Ich glaube kaum, daß unter den fünfhundert hochbrisanten Fällen, die ich bearbeitet habe, auch nur einer war, der mir so unter die Haut ging.«
SHERLOCK HOLMES

Aus dem Schloß Baskerville in Devonshire erstattete Watson gewissenhaft an Holmes nach London Bericht.

Selden, der Mörder von Notting Hill, war aus dem Gefängnis in Princetown entflohen und wurde nun hier im Moor gejagt.

Während seiner ersten Nacht auf Schloß Baskerville hatte Watson das Schluchzen einer Frau gehört. Am folgenden Morgen bemerkte er, daß die Wirtschafterin, Mrs. Barrymore, Ehefrau des Butlers von Baskerville, rote Augen hatte und Watson aus ganz verschwollenen Lidern ansah.

Auf Spaziergängen durch das Moor war Watson mit Sir Henry Baskervilles Nachbarn, dem Naturforscher John Stapleton und seiner bezaubernden Schwester Beryl, bekanntgeworden.

»Hier überstürzen sich jetzt die Ereignisse«, schrieb Watson am 15. Oktober an Holmes. Watson und Sir Henry hatten entdeckt, daß der ausgebrochene Sträfling Selden

Mrs. Barrymores Bruder war. Auf der Suche nach Selden hatten die beiden Männer im Moor das Jaulen eines Hundes gehört – schrill, wild und drohend –, und Watson hatte flüchtig die Gestalt eines Mannes gesehen, die sich »schwarz wie eine Statue aus Ebenholz« gegen den Mondschein abhob. Doch es war nicht der Sträfling – den hatte Watson auch bereits zu Gesicht bekommen –, sondern ein Mann, der viel größer und viel magerer war.

Schon bald während der nächsten Tage fand Watson zwei weitere bedeutsame Tatsachen heraus: Erstens, wie er in seinem Tagebuch festhielt, hatte Mrs. Laura Lyons aus Coombe Tracey an Sir Charles Baskerville ein Schreiben gerichtet und sich mit ihm für eben den Ort und die Stunde verabredet, da er den Tod fand; zweitens mußte der im Moor lauernde Mann irgendwo zwischen den Steinhütten sein Versteck haben, zwischen jenen jungsteinzeitlichen Relikten, wie man sie in den Mooren von Devonshire noch hier und dort antreffen konnte.

Watson entschloß sich, Mrs. Lyons in Coombe Tracey aufzusuchen. Sie war, wie Watson fand, eine Schönheit, und sie gab offen zu, daß sie sich in der Tat mit Sir Charles zu der Stunde und an dem Ort, die ihm dann den Tod brachten, verabredet hatte – um finanzielle Hilfe von ihm zu erbitten, wie sie sagte; jedoch leugnete sie, die Verabredung eingehalten zu haben.

Eigentlich, dachte Watson, als er den Rückweg nach Schloß Baskerville einschlug, eigentlich könnte man doch auch jetzt gleich jene Steinhütte aufsuchen, in der sich der Fremde vielleicht versteckt hielt – warum denn nicht?

Er fand den Ort verlassen, doch gab es genügend Anzeichen dafür, daß er sich nicht auf falscher Fährte befand. Auf einer Steinplatte, in eine Regenhaut eingerollt, lagen einige Decken. Unter einem primitiv angefertigten Rost häufte sich Asche, davor fanden sich ein paar Kochutensilien und ein halb mit Wasser gefüllter Eimer. Zudem zeigten herumliegender Unrat und leere Büchsen an, daß der Platz, zumindest für eine Weile, benutzt worden war. In einer Ecke standen ein Trinkgefäß und eine noch halbvolle Schnapsflasche.

Konnte dies, fragte sich Watson, nicht womöglich der momentane Aufenthaltsort jenes geheimnisvollen Fremden sein, der Sir Henry Baskerville und Dr. Mortimer in London belauert hatte? Mit vibrierenden Nerven, jedoch zum Äußersten entschlossen, so saß er im dunklen Hinterhalt dieser Hütte und wartete mit finsterer Geduld auf das Eintreffen ihres Bewohners.

Und dann endlich hörte er ihn kommen. Von weit her noch ertönte das harte kurze Geräusch eines Stiefels, der an einen Stein stößt. Watson cntsicherte die Pistole in seiner Tasche. Lange Zeit geschah nichts, dann kamen die Fußtritte abermals, kamen näher, und ein Schatten fiel über den Eingang der Hütte.

»Was für ein wunderschöner Abend, mein lieber Watson«, sagte eine vertraute Stimme. »Ich finde, du solltest hier draußen sitzen, da ist es viel angenehmer!«

»Du bist mir in diesem Fall, wie schon in so vielen anderen, von unschätzbarem Wert gewesen«, sagte Sherlock Holmes. »Und ich bitte dich um Vergebung, wenn es so aussieht, als hätte ich dich zum Narren gehalten. Wäre ich mit dir und Sir Henry nach Devonshire gekommen, so hätte meine Anwesenheit unsere sehr ernstzunehmenden Gegner gewarnt, und sie wären auf der Hut gewesen. So aber bleibe ich in der Sache ein unbekannter Faktor und kann im kritischen Augenblick mit voller Wirksamkeit eingreifen. Noch einen Tag, höchstens zwei, und meine Beweisführung ist komplett; doch bis dahin – horch!«

Ein grausiger Schrei – ein gellendes, langanhaltendes Heulen wie in Entsetzen und Pein – drang plötzlich über das Moor. Ein zweites Mal zerriß er die Stille, ein qualvoller Laut, stärker und näher jetzt als zuvor. Und nun mischte sich ein neuer, anderer Ton hinein, ein tiefes, dumpfes Knurren, das gleichmäßig an- und abschwoll.

»Der Hund!« schrie Holmes. »Komm, Watson, los!«

Blindlings liefen sie durch die Finsternis, stolperten gegen Findlinge, zwängten sich durch Stechginsterbüsche, keuchten Hügel hinauf, hetzten Hügel hinunter. Dabei steuerten sie immerfort in die Richtung, aus der die Laute gekommen waren.

Ein leises Stöhnen drang jetzt an ihr Ohr. Zu ihrer Linken, am Fuß eines steilen Felsens, lag ausgestreckt auf dem Boden ein Mann. Sie beugten sich über die dunkle Gestalt, doch die gab schon keinen Ton mehr von sich. Holmes riß ein Zündholz an. Es war ihnen beiden unmöglich, den eigenartigen rötlichen Tweedanzug nicht zu erkennen, mit dem der hingestreckte Körper bekleidet war. Es war der Anzug, den Sir Henry Baskerville an jenem ersten Morgen, als sie ihn kennenlernten, getragen hatte.

Holmes stöhnte – doch dann, als er sich nochmals über den Leichnam beugte, stieß er einen Schrei aus.

»Ein Bart!« rief er. »Der Mann hat einen Bart! Das ist gar nicht Sir Henry – es ist Selden, der Sträfling!«

Dann fiel es Watson ein: Sir Henry hatte seine alte Garderobe dem Butler Barrymore überlassen, und Barrymore hatte die Sachen wohl an seinen Schwager Selden weitergegeben.

»Armer Kerl – der Anzug war sein Tod«, sagte Holmes. »Und kein Zweifel, der Hund ist durch einen Gegenstand, den Sir Henry benutzt hat, auf die Fährte gesetzt worden – nämlich durch den im Northumberland Hotel entwendeten Stiefel. Wir wollen den Leichnam in eine der Hütten legen, bis wir mit der Polizei Verbindung aufnehmen können. Und jetzt sehe ich allerdings keinen Grund mehr für weiteres Heimlichtun. Komm, wir gehen zusammen ins Schloß Baskerville.«

»Wie ich höre, sind Sie für heute abend mit den Stapletons in Merripit House zum Essen verabredet«, sagte Holmes anderntags zu Sir Henry Baskerville.

»Ich hoffe, Sie und Dr. Watson werden auch kommen.«

»Wir müssen leider nach London zurück.«

Sir Henrys Gesicht wurde lang. »Ich hatte gehofft, Sie würden in meiner Nähe bleiben, bis alles zu Ende ist«, sagte er. »Dieses Schloß und das Moor, das sind keine sehr angenehmen Orte, wenn man allein ist.«

»Mein lieber Freund, Sie müssen mir absolut vertrauen und genau tun, was ich Ihnen sage. Ich möchte, daß Sie zum Merripit House fahren. Schicken Sie dann aber Ihre kleine Kutsche zurück, und sagen Sie den Stapletons, daß Sie zu Fuß nach Hause gehen wollen.«

»Zu Fuß durch das Moor?«

»Sie müssen, es geht nicht anders.«

»Also gut.«

»Und wenn Ihnen Ihr Leben lieb ist, gehen Sie auf keinen Fall in irgendeiner anderen Richtung über das Moor, als auf dem geraden Fußweg, der vom Merripit House zur Grimpen Road führt.«

Wenige Stunden später waren Holmes und Watson an der Bahnstation von Coombe Tracey. Am Schalter fragte Holmes nach einem Telegramm, das er dann Watson reichte. *Kabel erhalten*, lautete es, *komme mit Blanko-Haftbefehl. Ankunft fünf Uhr vierzig. Lestrade.* In diesem Augenblick fuhr auch schon schnaubend der Schnellzug aus London ein, und aus einem Erster-Klasse-Waggon sprang der kleine drahtige Detektiv.

»Gute Sache?« fragte er Holmes eifrig.

»Die größte Sache seit Jahren. Wir haben noch zwei Stunden Zeit, ehe wir anfangen müssen. Ich glaube, wir sollten einen Bissen essen, und dann, Lestrade, sollen Sie den Londoner Nebel aus Ihrer Kehle loswerden und dafür die reine Nachtluft von Dartmoor einatmen.«

Über dem Moor hing dichter weißer Nebel. Der Mond schien darauf, und das Ganze sah aus wie ein großer schimmernder Gletscher, der die Spitzen und Kuppen der Felsen wie Steine auf seiner Oberfläche zu tragen schien. Holmes blickte unverwandt auf das Nebelfeld und beobachtete, ungeduldig murrend, sein träges Gewoge.

Der Laut rascher Tritte unterbrach jetzt die Stille im Moor. Durch den Nebel, wie durch einen Vorhang, wanderte Sir Henry Baskerville. Im Gehen sah er sich immer wieder bald über die eine bald die andere Schulter um, wie jemand, dem etwas nicht ganz geheuer ist.

»Pst!« flüsterte Holmes, und Watson und Lestrade hörten das feine Klicken, mit dem ein Revolver entsichert wird. »Paßt auf! Er kommt!«

Irgendwo in der Tiefe der kriechenden Nebelbank hatte sich ein schnelles, leises aber deutliches Getrappel erhoben. Watson blickte zu Holmes hinüber. Das Falkengesicht des Detektivs war blaß, aber siegesgewiß, seine Augen glänzten im Mondlicht. Plötzlich jedoch wurden sie hart und stierten wie verglast nur noch geradeaus, während Holmes' Mund sich in jäher Bestürzung öffnete. Im selben Moment stieß Lestrade einen Schrei des Entsetzens aus und warf sich mit dem Gesicht auf die Erde. Watson sprang auf, mit der Hand seine Pistole umklammernd, jedoch bis in die Seele gelähmt vom Anblick der fürchterlichen Gestalt, die da aus Dunkelheit und Nebel hervorsprang.

Es war ein Hund, ein riesenhafter, pechschwarzer Hund, aber von einer Art, wie Menschenaugen noch keinen gesehen haben. Feuer sprühte aus seinem Rachen, die Augen glühten wie schwelende Kohlen, um Lefzen und Nacken und Wamme stand ein einziger lodernder Flammenkranz. In gestrecktem Lauf jagte das Ungeheuer den Pfad entlang, genau in Sir Henry Baskervilles Spur.

Holmes und Watson schossen zur gleichen Zeit. Das Untier heulte schauerlich auf, lief aber, ohne auch nur innezuhalten, mit riesigen Sätzen weiter. Auf dem Moorweg, weit draußen, sahen sie noch immer Sir Henry; jetzt blickte er um, sein Gesicht war im Mondlicht ganz weiß, er hatte entsetzt die Hände erhoben und starrte wehrlos der grausigen Erscheinung entgegen, die in wilder Jagd immer näher kam.

»Niemals«, schrieb Watson später, »habe ich einen

Feuer sprühte aus seinem Rachen, die Augen glühten

Menschen so rennen sehen, wie Holmes in jener Nacht rannte. Man sagt mir nach, daß ich ein guter Läufer sei, er aber war mir ebenso weit voraus, wie ich selber dem kleinen Polizisten voraus war« – dem Scotland-Yard-Inspektor Lestrade.

Während sie förmlich über den Moorweg flogen, hörten sie wieder und wieder Sir Henry aufschreien, und die ganze Zeit bellte dumpf und drohend der entsetzliche Hund.

Watson kam eben rechtzeitig, um noch zu sehen, wie die Bestie ihr Opfer ansprang, es zu Boden schleuderte und ihm an die Kehle fuhr. Doch im nächsten Moment hatte Holmes dem Untier auch schon fünf Revolverkugeln in den Balg gejagt. Es heulte in Todesangst noch einmal auf, schnappte böse ins Leere, dann drehte es sich, mit allen Vieren wild um sich schlagend, auf den Rücken und fiel kraftlos zur Seite. Watson bückte sich und setzte seine Pistole an den furchterregenden, immer noch glimmenden Kopf. Doch abzudrücken brauchte er gar nicht mehr. Der Hund der Baskervilles war tot.

»Mein Gott«, flüsterte Sir Henry. »Was um des Himmels oder der Hölle willen war das für ein Tier?«

»Was immer es auch war«, sagte Holmes, »es ist tot. Sir Henry, wir haben Ihr Familiengespenst für immer erledigt.«

Watson legte die Hand auf die glimmende Schnauze. Als er sie wieder hob, schimmerten und glühten im Dunkeln auch seine Finger.

Dr. Watson lachte leise. »Phosphor«, sagte er.

Es war ein nebliger, unwirtlicher Novemberabend, und Holmes und Watson saßen im Wohnzimmer in der Baker Street einander am Kamin gegenüber.

»Der ganze Verlauf der Ereignisse«, sagte Sherlock Holmes, »kreist um jenen Mann, der sich Stapleton nannte. In Wirklichkeit war dieser Bursche aber ein Baskerville, und zwar der Sohn von Sir Charles' jüngerem Bruder. Stapleton – nennen wir ihn weiterhin so – hatte in Costarica seinerzeit eine einheimische Schönheit namens Beryl Garcia geheiratet. In Devonshire mußte sie dann allerdings seine Schwester spielen.

Stapleton erfuhr irgendwie, daß zwischen ihm und einem beträchtlichen Vermögen nur zwei Menschen standen. Daraufhin war es sein erstes, daß er sich möglichst nahe am Heimatsitz seiner Vorfahren niederließ, und als zweites baute er mit Sir Charles Baskerville und den anderen Nachbarn ein freundschaftliches Verhältnis auf.

Sir Charles selber hat Stapleton von jenem Hund in der Familienlegende erzählt und sich damit sein eigenes Grab gegraben. Stapleton wußte, daß der alte Mann herzkrank war und daß, wie Dr. Mortimer ihm gegenüber hatte verlauten lassen, ein Schock ihn töten würde. In Stapletons erfinderischem Sinn reifte bald ein Plan, auf welche Weise der Baronet ums Leben zu bringen sei.

Den Hund kaufte er in London. Es war der kräftigste und schärfste, den er bekommen konnte. Er hielt ihn im Zwinger auf einer Insel in den Grimpener Sümpfen. Aber es dauerte lange, bis seine Chance kam. Sir Charles war zur Nachtzeit nicht aus dem Schloßbereich fortzulocken.

Stapleton fand einen Ausweg über jene unselige Mrs. Laura Lyons. Indem er vorgab, Junggeselle zu sein, und durchblicken ließ, daß er sie heiraten werde, falls sie von ihrem Ehemann die Scheidung erlange, machte er sie sich völlig zu Willen. Er hieß sie einen Brief schreiben, in dem sie Sir Charles inständig um ein Treffen bat, und hinderte sie dann, hinzugehen. Er holte sich seinen Hund, behandelte ihn mit seiner Höllenfarbe und brachte das Vieh zu dem Tor hinüber, wo, wie er aus sicherer Quelle wußte, Sir Charles wartete. Der Hund, von seinem Herrn entsprechend gereizt, sprang über das niedrige Tor und hetzte den wehrlosen Baronet, dem vor Entsetzen das Herz versagte, so daß er am Ende der Eibenallee tot zu Boden sank.

Als dann Sir Henry Baskerville in England eintraf, war es Stapletons erster Gedanke, daß man ihn vielleicht schon in London würde beseitigen können. Durch einen Bart unkenntlich gemacht, folgte Stapleton Sir Henry und Dr. Mortimer erst in die Baker Street und dann zum Northumberland Hotel. Stapletons Frau hat von seinen finsteren Plänen etwas geahnt. Sir Henry mit einem Schreiben zu warnen, wagte sie aber nicht; sie half sich daher mit Wörtern in Zeitungsdruck, die sie ausschnitt und zu einer Botschaft zusammensetzte. Diese, wie wir wissen, hat Sir Henry erreicht – eine erste Warnung für ihn, daß er in Gefahr war.

Für Stapleton war es nun wichtig, irgendein Teil von Sir Henrys Kleidung in die Hand zu bekommen, damit er, falls er sich des Hundes bedienen mußte, etwas besaß, womit er das Tier auf die Spur setzen konnte. Zufällig war aber der erste Stiefel, den er entwendete, noch ganz neu und deshalb für seine Zwecke nicht zu gebrauchen. Er schaffte ihn wieder an Ort und Stelle und holte sich einen anderen.

Zu dem Zeitpunkt, als ich dich im Moor überraschte, war ich mir über die ganze Geschichte schon restlos klar, aber ich hatte noch nicht das Beweismaterial, womit man hätte vor Gericht gehen können. Selbst Stapletons Anschlag auf Sir Henry, der mit dem Tod des bedauernswerten Sträflings geendet hat, half uns nicht viel, wenn wir gegen unseren Mann Mordanklage erheben wollten. Blieb also offensichtlich keine andere Wahl, als ihn auf frischer Tat zu ertappen, und dazu mußten wir eben Sir Henry als Köder benutzen. – So, mein lieber Watson; ich wüßte nicht, was jetzt noch im Wesentlichen unklar sein sollte. Wir haben ein paar Wochen lang schwer gearbeitet, und ich meine, für einen Abend dürfen wir guten Gewissens unser Interesse erfreulicheren Dingen zuwenden. Ich habe Logenplätze für *Die Hugenotten*. Hast du die beiden De Reszkes[1] schon mal gehört?«

---

1 Jean de Reszke (1850–1925), polnischer Operntenor und Gesangslehrer, war sowohl für das lyrische Fach als auch für Wagnerpartien bekannt. Er war von 1891 bis 1901 erster Tenor an der Metropolitan Opera in New York. Sein Bruder Edouard de Reszke (1855–1917) war erster Baß, ebenfalls an der Metropolitan.

»Die De Reszkes kenne ich nicht«, entgegnete Watson, »aber ich habe in der Zeitung gelesen, daß Mme. Godfrey Norton, geborene Irene Adler, neuerdings zur Opernbühne zurückgekehrt ist. Die Rolle des Pagen Urbain in den *Hugenotten* gibt, meiner Erinnerung nach, einiges her, auch wird der Page häufig von einem hohen Tenor gesungen. ›Männerkleidung ist mir nichts Ungewohntes‹.«

Holmes nahm sich aus dem Kohlenkasten eine Zigarre. »Ich habe dir, glaube ich, oft gesagt, Watson«, meinte er, »nachdem du meine Methoden kennst, solltest du dich auch bemühen, sie anzuwenden. Es scheint, meine Ermahnung fruchtet.«

XV.
Jack the Ripper, der Dirnenmörder: Freitag, den 9. November bis Sonntag, den 11. November 1888

»Ich habe nie einen Fall erlebt,
in den er nicht etwas Licht gebracht hätte.«
INSPEKTOR ATHELNEY JONES

»Sie müssen uns helfen, Mr. Holmes, wirklich, Sie müssen!« rief der Mann von Scotland Yard. »Im ganzen Londoner East End regieren Angst und Grauen. Wir vom Yard wissen nicht mehr weiter. Wir brauchen unbedingt Ihre Mitarbeit, und ich habe Anweisung, sie uns zu sichern.«

»Anweisung?« fragte Sherlock Holmes.

»Anweisung«, sagte Inspektor Athelney Jones. »Anweisung von Sir Melville[1] persönlich. Ich glaube, Mr. Holmes, unter all Ihren Fällen fänden Sie keinen, der unglaublicher ist als dieser.«

Holmes lächelte. »Auch nicht das Zeichen der Vier?« meinte er.

»Auch nicht das Zeichen der Vier«, erwiderte Inspektor Jones.

Holmes lehnte sich im Sessel zurück und legte die Fin-

1 Sir Melville Macnaughten, damals hoher Beamter bei Scotland Yard.

gerspitzen gegeneinander. Seine durchdringenden grauen Augen sahen den Inspektor leicht spöttisch an.

»Sie meinen natürlich die Ripper-Morde«, sagte er. »Die konnten schwerlich meiner Aufmerksamkeit entgehen. Aber wir haben arbeitsreiche Wochen hinter uns, sowohl Dr. Watson als auch ich selbst. Die kleine Sache mit dem griechischen Dolmetscher, der Fall mit dem Zeichen der Vier, an dem Sie selbst ja mitgewirkt haben, dann die finstere Angelegenheit mit dem Hund von Baskerville... «

Watson, der am Erkerfenster stand, drehte sich um.

»Vergiß nicht«, sagte er, »daß du seit unserer Rückkehr aus Devonshire auch schon wieder mit zwci schr wichtigen Affären zu tun hattest.«[2]

Holmes zuckte die Achseln.

»Man kann nicht alles zugleich machen«, sagte er. »Über die Ripper-Morde weiß ich also nur, was ich in der *Times* gelesen habe. An sechs Dirnen sind Gewaltverbrechen begangen worden.«

Inspektor Athelney Jones blickte von seiner Zigarre auf; die Tränensäcke unter seinen Knopfäuglein waren größer und aufgeschwemmter denn je.

»*Sieben* Dirnen, Mr. Holmes«, sagte er. »Und das siebente Gewaltverbrechen das schlimmste von allen.«

Holmes beugte sich vor, seine Augen funkelten.

»Ein siebenter Ripper-Mord?« fragte er. »Wann wurde er verübt? Heute morgen?«

»Ja, heute morgen, in aller Frühe,« antwortete der Inspektor. »Dorset Street 26.«

---

2 Watson meinte bekanntlich die beiden Fälle, auf die sein Schlußkapitel im *Hund von Baskerville* anspielt. Im ersten dieser Fälle hat Holmes das empörende Verhalten von Colonel Upwood im Zusammenhang mit dem berüchtigten Kartenskandal im Nonpareil-Klub enthüllt. Im zweiten verteidigte er die bedauernswerte Mme. Montpensier gegen den Mordverdacht, in dem sie im Zusammenhang mit dem vermeintlichen Tod ihrer Stieftochter Mlle. Carère stand. Die junge Dame wurde, wie man sich erinnern wird, sechs Monate später quicklebendig und glücklich verheiratet in New York City ausfindig gemacht. Siehe Anhang.

Watson konnte es Holmes geradezu ansehen, wie er im Geiste die zahllosen ihm bekannten Nebenstraßen und Gassen Londons Revue passieren ließ.

»Dorset Street 26«, wiederholte er schließlich. »Das ist, wenn ich nicht irre, nur ein paar hundert Meter weit von der Stelle, wo man Mary Ann Nichols, The Rippers drittes Opfer, gefunden hat.«

»Stimmt genau«, sagte Athelney Jones. »Aber etwas ist anders an diesem heutigen Mord. Erstmalig wurde die Tat drinnen im Haus verübt.«

»Und Sie haben gar keinen Zweifel, daß der Täter wieder dieselbe Person ist, die auch die früheren Morde begangen hat?«

Jones schüttelte den Kopf. »Nicht den leisesten, Mr. Holmes«, sagte er. »Die Art der Verstümmelungen – genau wie bisher.«

»Geben Sie mir die kompletten Fakten«, sagte Holmes. »Aber vorher vielleicht – einen Whisky Soda?«

»Nun ja, einen kleinen«, sagte der Inspektor. »Ich habe allerhand hinter mir, was mir ganz schön zugesetzt hat.«

Watson griff nach Syphon und Tantalus.

Als Jones mit seinem Drink wieder im Korbstuhl saß, begann er: »Genau wie all die anderen war auch Mary Jane Kelly eine lockere Person. Obwohl ihre Wohnung, wie ich schon sagte, postalisch Dorset Street 26 lautet, liegt der Eingang im Hinterhaus über einem schmalen Hof, dem sogenannten Millerhof, auf den sechs oder sieben Häuser hinausgehen. Das von der Kelly bewohnte Zimmer hat keinerlei Verbindung mit dem übrigen Teil des Hauses, sondern besitzt einen eigenen Eingang, eben vom Millerhof her. Es hat die Nummer dreizehn. Fast die ganze Straße dort besteht nämlich aus Absteigequartieren. Eins davon, es liegt genau gegenüber dem Mordhaus, kann über dreihundert Personen aufnehmen.«

»Und das ist jede Nacht voll belegt?« fragte Holmes. »War es heute nacht voll belegt?«

Der Inspektor nickte bejahend.

»Vor etwa einem Jahr«, fuhr er fort, »kam diese Mary Jane Kelly, sie war damals ungefähr vierundzwanzig, zum Hausbesitzer, einem gewissen M'Carthy, und hatte einen Mann bei sich, den sie Joseph Kelly nannte. Kelly sei ihr Ehemann, sagte sie, er sei als Transportarbeiter am Spitalfields Market beschäftigt. Die beiden mieteten das Erdgeschoßzimmer – eben das Zimmer, in dem die arme Frau jetzt umgebracht worden ist. Mietpreis vier Shilling die Woche.

Vor rund vierzehn Tagen hatte die Frau einen Streit mit Kelly. Es setzte wohl ein paar Hiebe von beiden Seiten, Kelly verließ die Wohnung und kam nicht wieder. Seitdem ging die Frau auf den Strich, um leben zu können.

Nun zu gestern abend, also Donnerstagabend.

Niemand von all den Leuten, die zum Millerhof hinaus wohnen, und auch keiner von den Bewohnern des Vorderhauses Dorset Street 26, hat nach acht Uhr abends noch etwas von Mary Jane Kelly gesehen. Aber in der Commercial Road ist sie gesehen worden, und zwar kurz bevor dort das Lokal schloß. Sie soll stockbetrunken gewesen sein.

Nun, unsere Mary Jane Kelly war mit 35 Shilling Miete im Rückstand. Um dreiviertel elf am Freitagvormittag, also heute, sagt der Hauseigentümer – das ist dieser Mr. M'Carthy, wie Sie sich erinnern – zu einem Mann, der für ihn arbeitet, er heißt übrigens John Bowyer: ›Geh doch auf Nummer dreizehn und sieh mal zu, ob du was von der Miete kassieren kannst‹.

Schön, Bowyer tut wie geheißen. Er klopft, aber es kommt keine Antwort. Dann dreht er den Türgriff, findet die Tür aber abgesperrt. Dann schaut er durchs Schlüsselloch und stellt fest, daß kein Schlüssel steckt. Nun, die linke Zimmerwand liegt zum Hof hin, zum Millerhof, und in dieser Wand sind zwei große Fenster. Bowyer wußte, daß bei dem Streit, den der verschwundene Kelly und die tote Frau miteinander hatten, in dem einen Fenster eine Scheibe zerbrochen ist, die inzwischen noch nicht ersetzt worden war. Also geht Bowyer nach draußen, steckt die Hand durch das Loch im Glas und schiebt drinnen den Musselinvorhang auseinander.

Mr. Holmes, Dr. Watson – den Anblick, der sich Bowyer bot, können Sie sich nicht vorstellen.

Die Frau lag auf dem Bett, auf dem Rücken, splitternackt und blutüberströmt. Bowyer rannte zu seinem Chef. M'Carthy ging sofort selber nachsehen, ein Blick durch das zerbrochene Fenster, und er schickte Bowyer in die Commercial Road zum Polizeirevier, wo ich gerade selbst Dienst hatte.

Ich ging dann mit Bowyer, unserem Gerichtsarzt Dr. Phillips und Superintendent Arnold hin. Mr. Arnold ordnete an, das eine Fenster von Nummer dreizehn vollständig zu entfernen. Nein, der Anblick war einfach ein Schock, schrecklich und widerlich. Die Frau – buchstäblich von Ohr zu Ohr war ihr der Hals aufgeschlitzt, durch und durch, bis zu den Nackenwirbeln. Ohren und Nase hatte sie keine mehr – glatt abgeschnitten. Ihre Brüste – und die Teile, die fehlten –«

Der Inspektor vergrub den Kopf in den Händen.

»Und wenn man bedenkt, Mr. Holmes, daß sie noch zehn Stunden vorher so jung und rosig war und vor Vergnügen gesungen hat... «

Holmes erhob sich und ging zum Fenster. Die Hände im Rücken verschränkt, stand er da und sah hinaus auf die Baker Street.

»Der Mann, der sich Jack the Ripper nennt, hat eine lange Reihe von Vorgängern«, sagte er schließlich, immer noch in den gelben Nebel hinabstarrend, der durch die Straße wabberte. »Joseph Phillipe zum Beispiel, den französischen Halsaufschlitzer der 1860er Jahre in Paris; er tötete seine Opfer nicht nur, sondern raubte sie auch noch aus. Man hat ihn den Schrecken von Paris genannt; acht Frauen hat er beseitigt, alles Prostituierte. Dann William Palmer, diesen König unter den Giftmördern – in zehn Jahren brachte er sieben von seinen Kindern um, vier legitime, drei illegitime, außerdem seine Frau, seine Mutter, eine Tante, einen Onkel, seine Schwiegermutter und drei gute Freunde. Bei drei weiteren hat er es versucht, aber ohne Erfolg. Dasselbe in Amerika: Jesse Pomeroy, noch nicht zwanzig, erschlug und verstümmelte siebenundzwanzig Kinder, teils Knaben, teils Mädchen, alle im Alter zwischen sieben und zehn. Pomeroy hat in South Boston gelebt. Seine Verbrechen sind in dem Jahr geschehen, in dem wir uns kennengelernt haben, Watson.«

»Ich bin kein Theoretiker, Mr. Holmes, wie Sie wohl wissen«, sagte Inspektor Athelney Jones, »aber Sir Melville besteht darauf, daß wir auch den entferntesten Hinweisen nachgehen sollen. Es gibt da einen Volksglauben: wenn jemand stirbt, soll die letzte Szene, die er mitangesehen hat, unauslöschlich in die Iris seiner Augen eingeprägt bleiben... «

»Blödsinn«, sagte Holmes.

»Jedenfalls«, fuhr Jones fort, »haben wir bei drei von den Opfern die Augen photographiert, in der Hoffnung, die Vergrößerung würde uns so etwas wie ein Porträt des Mörders zeigen.«

»Im höchsten Grade unwissenschaftlich«, sagte Holmes. »Ist zur Erkennung der Identität des Mörders nichts Gescheiteres unternommen worden?«

»Ich kann Ihnen nur noch eines sagen«, erwiderte der Inspektor. »Der vorhin schon erwähnte Gerichtspathologe Dr. Phillips und noch einige andere Gerichtsmediziner, die bei den früheren Opfern von Jack the Ripper das Untersuchungsergebnis testiert haben, sind übereinstimmend der Meinung, daß dieser Täter selbst Arzt beziehungsweise Chirurg ist, oder daß er zumindest mehrere Monate medizinischer Ausbildung absolviert haben muß. Ohne eine gewisse Kenntnis in Anatomie wären offenbar einige der Verstümmelungen gar nicht denkbar –«

»Auch wenn dieser Unmensch gefaßt wird«, schaltete Watson sich ein, »wird er wahrscheinlich für verrückt erklärt und geht straffrei aus.«

»Verrückt ist er ja wohl wirklich«, sagte Holmes. »Aber

ich kann mir nicht vorstellen, daß ein Mörder ausgerechnet und *ausschließlich* Dirnen mordet, wenn er nicht einen bestimmten Grund dafür hat. Es ließe sich zum Beispiel ein Sohn denken, der sich bei einer Prostituierten im East End eine widerliche Krankheit geholt hat, und es läßt sich ein Vater denken, der aus Affenliebe die seinem Sohn angetane Schmach um jeden Preis rächen will. Dieser Vater durchkämmt nun ganz Whitechapel und fragt alle Dirnen aus nach der einen einzigen, die er sucht. Damen in diesem Gewerbe wechseln aber öfters den Namen, und der Vater kann die wahre Sünderin nicht gleich finden. Aber seine Fragen sind so eindringlich und verräterisch, daß er jede, die er gefragt hat, beseitigen muß, damit sie ihn nicht als den Mörder entlarvt, wenn er zu guter Letzt die Schuldige findet.«

»Das hat Hand und Fuß, aber nicht genügend Beweiskraft«, entgegnete Watson. »Und warum muß überhaupt für die Krankheit ein Sohn her? Kann nicht der Messermörder selbst krank sein? Diese Krankheit kann sehr wohl das Gehirn angreifen und könnte bewirken, daß jemand in seinem Wahn einer ganzen Bevölkerungsschicht den Krieg erklärt und sich dann aus dieser Schicht seine Opfer holt. Die Verstümmelungen resultieren nur aus dem Blutrausch und aus dem Bedürfnis, den Haß auch noch an den leblosen Leibern dieser Unglücklichen auszulassen. Davon abgesehen, meiner Meinung nach muß dieser Jack the Ripper irgendwo in der Nähe einen Unterschlupf oder ein Versteck haben, wo er alles verschwinden lassen kann, was auf sein fürchterliches Tun hinweisen würde. Ich möchte noch eins hinzufügen: es gibt gewisse Leute in London, die über sein Treiben mehr als nur Vermutungen haben, die aber sehr genau wissen, warum sie ihn nicht anzeigen.«

Holmes wandte sich vom Fenster ab. »Immer wieder überraschst du mich, Watson«, sagte er. »Da sind noch Möglichkeiten in dir, von denen ich nichts ahne.«

»Sie sind also einverstanden und übernehmen den Fall?« fragte Inspektor Athelney Jones.

»Ich glaube, ja«, sagte Holmes. »Aber wie ich ihn praktisch löse, das könnte vielleicht – nicht ganz im Sinne des Gesetzes sein.«

»Sie haben freie Hand, Mr. Holmes«, sagte Inspektor Athelney Jones.

Tags darauf waren die Zeitungen voll von dem siebenten Whitechapel-Mord, und an diesem Sonnabendvormittag verbrachte Dr. Watson eine ausgiebige Stunde über seiner *Times*.

Holmes war lange vor dem Doktor aufgestanden, aber der Detektiv war zum Reden nicht aufgelegt. Er saß im Sessel beim Feuer, seine Geige auf dem Schoß, und starrte in die Flammen. Dann und wann hob er den Bogen und strich ein paar Töne an; es klang voll und schön, aber melancholisch.

Am späteren Vormittag erhob sich Watson von seinem Stuhl und nahm Zylinder und Mantel. Als er nach einer Stunde wieder in die Baker Street kam, saß Holmes immer noch, ins Feuer blickend, vor dem Kamin.

»Du warst auf der Post in der Wigmore Street«, sagte er, als Watson eintrat. »Du hast ein Telegramm aufgegeben.«

»Telegramme«, verbesserte Watson. »Aber, offen gestanden, ich begreife nicht, wie du auch nur auf eines gekommen bist. Es war ein ganz spontaner Impuls.«

»Es ist das Einfachste von der Welt«, sagte Holmes. »So lächerlich einfach, daß sich eine Erklärung im Grunde erübrigt. Aber sie kann vielleicht deutlich machen, was Beobachtung und was Folgerung ist. Beobachtung sagte mir, daß an deinen Schuhen ein wenig rötliche Erde haftet. Genau vor der Post in der Wigmore Street haben sie das Pflaster aufgerissen und Erde herausgeschaufelt, die so daliegt, daß man ein Hineintreten nur schwer vermeiden kann, wenn man ins Postamt will. Es ist Erde von einer ganz besonderen rötlichen Farbe, wie man sie in der Nähe sonst nirgends findet. So weit die Beobachtung. Der Rest ist Folgerung.«

»Und wieso lautet die ausgerechnet auf ein Telegramm?«

»Nun, daß du keinen Brief geschrieben hattest, das wußte ich doch, nachdem ich dir den ganzen Vormittag gegenübergesessen habe. Ich sehe ferner, daß du in deinem offenen Sekretär einen Bogen Briefmarken und einen ganzen Stoß Postkarten hast. Wozu also solltest du zum Postschalter gehen, außer du wolltest ein Kabel abschicken? Wenn alle anderen Faktoren ausscheiden, muß der eine Faktor, der übrig bleibt, die Wahrheit sein.«

»Diesmal stimmt es genau«, erwiderte Watson nach kurzem Überlegen. »Aber wie du sagst, die Sache war wirklich sehr einfach. Übrigens, hast du dich schon für einen Weg entschieden, wie du diese Whitechapel-Morde aufklären willst?«

»Ja, mir ist ein Plan eingefallen, nach dem ich vorzugehen gedenke. Heute am späten Abend werde ich ihn anlaufen lassen.«

»Ich begleite dich, wenn du willst.«

Holmes sprang vom Sessel auf. »Das will ich gerade *nicht*!« rief er. »Du darfst unter keinen Umständen mitkommen!«

»Aber es wird doch vielleicht gefährlich.«

»Es wird bestimmt gefährlich.«

»Warst du je unzufrieden mit mir?«

Holmes ließ seine Hand auf Watsons Schulter fallen. »Du weißt es, und ich sage es dir noch einmal: es gibt niemanden, den ich in kritischen Augenblicken lieber an meiner Seite hätte als dich. Aber mein Plan verlangt diesmal, daß ich allein handle. Du darfst mir auf keinen Fall nachgehen, wenn ich heute abend das Haus verlasse.«

»Du bestehst darauf?«

»Ich muß darauf bestehen.«

»Gut«, sagte Watson. »Ich gehe dir auf keinen Fall nach.«

»Ich nehme dich aber beim Wort«, sagte Holmes und holte seine Geige hervor.

»So Doktor, jetzt ein paar deiner Lieblingslieder. Was darf es sein, an diesem nebligen, nebligen Morgen, Mendelssohn oder Gilbert-Sullivan?«

»Einen Sixpence«, bettelte die Frau. »Nur einen Sixpence.«

Der Wirt der Kneipe war keiner, der einem Gast Geld lieh, schon gar nicht einem, der ihm noch nie vor die Augen gekommen war. Der da sah man die Prostituierte an. Man sah auch, daß es ihr sogar in Whitechapel schwerfallen mußte, sich den Lebensunterhalt zu verdienen. Das Haar war noch das Beste an ihr. Blond. Natürlich gefärbt. Ohne das Rouge auf den Wangen sähe sie sehr bleich aus. Ihr Mund war dünn wie ein Strich, aber es war ein sinnlicher Venusbogen darübergeschminkt. Sie hatte eine Habichtsnase, und sie war viel zu groß und zu mager. Und, um das Maß voll zu machen, sie hinkte – nicht stark, aber doch so, daß sie einen Stock als Stütze brauchte.

»Von mir kriegst du keinen Sixpence«, knurrte der Wirt. »Und auch keinen Gin mehr. Es ist Sperrstunde. Sperrstunde!« wiederholte er mit erhobener Stimme.

Die Dirne hinkte zur Tür. Dem Wirt über die Schulter weg einen Fluch zurufend, ging sie in das neblige, elende Viertel hinaus.

Das Lokal hatte zu dieser späten Stunde nur noch einen einzigen Gast. An einem dunklen Ecktisch stand jetzt ein Mann auf. Er war nicht groß, aber seine Gestalt, die ein schwarzer Mantel umhüllte, wirkte breit und stämmig. Von seinem Gesicht war nicht viel zu sehen. Den breitkrempigen Hut hatte er tief in die Stirn gezogen, und seinen Hals und die Kinnpartie vermummte, mehrfach herumgewickelt, ein dicker wollener Schal. Seine kleinen Augen blickten stechend aus seinem aufgedunsenen, schwammigen Gesicht hervor.

Der Mann warf das Geld für seinen Verzehr auf die zerkratzte Tischplatte. Dann griff er nach unten und zog eine kleine schwarze Tasche herauf, die dicht neben seinen Füßen am Boden gestanden hatte. Feist, apoplektisch, stumm wie ein Schlafwandler, so folgte er der Hure in den Nebel der Commercial Road.

Die Dirne war zur nächsten Straßenecke gehumpelt. Zögernd, als wisse sie nicht wohin, stand sie noch unter der Gaslaterne. Der Mann im schwarzen Umhang hatte sie trotz seiner Leibesfülle schnell eingeholt.

»Du wolltest doch einen Sixpence«, sagte er mit tiefer, heiserer Stimme und legte ihr die Hand leicht auf den Arm. »Von mir kriegst du mehr. Wenn du's ordentlich machst.«

Die Hure grinste einfältig.

»Ich wohn' hinter der Cable Street«, sagte sie. Behende trotz ihres Hinkebeins wandte sie sich um und ging zur Linken die Straße hinunter. Der Mann im Umhang, Tasche in der Hand, hinterdrein. Schon bald standen sie, in der kalten Feuchtigkeit schaudernd, am Torweg zu einem schmutzigen Hof. Der Nebel war stärker geworden. Es war sehr dunkel, und der Wind fing sich in den Ecken des Hofes.

Der Mann im schwarzen Umhang zog seinen Wollschal enger um sein Gesicht und sah sich rasch auf dem Hof um. Sie waren ganz alleine, er und die Dirne, und aus den Fenstern über ihnen drang keinerlei Licht. In der dichter werdenden Dunkelheit war nicht einmal mehr die Oberkante der Hofmauer zu erkennen.

»Hier wohnst du?« flüsterte der Mann.

Die Frau nickte bejahend und streckte die Hand schon nach ihrer Tür aus.

»Einen Moment«, sagte der Mann leise. Er setzte die kleine schwarze Tasche auf den Boden und ließ sie aufschnappen. Was er herauszog, war ein fast zwanzig Zentimeter langes Schlachtermesser, scharf wie eine Rasierklinge. Der Mann richtete sich wieder auf, das Messer in der Hand.

Die Dirne drückte sich mit dem Rücken gegen die Tür.

»Jack?« flüsterte sie.

»Jack the Ripper, jawohl, Jack der Hurenmörder«,

schnaubte der Mann und wollte mit dem Messer auf sie losgehen.

Blitzschnell fuhr die rechte Hand der Frau an den Stock in ihrer Linken. Mit einer einzigen, unglaublich sicheren Bewegung drehte sie dessen Knauf und hielt einen langen geschliffenen Dolch in der Rechten, der im schwachen Gaslicht aufblitzte.

»Wirf dein Messer weg, Jack«, sagte Sherlock Holmes aus der Baker Street.

Jack the Ripper wich zurück. Hinter ihm war die Mauer, zweieinhalb Meter hoch – da konnte er nicht entkommen. Der einzige Zugang zum Hof war der Torweg, durch den sie soeben gegangen waren, doch zwischen dem und Jack the Ripper stand einer der besten Fechter von ganz Europa.

Holmes' Dolchklinge schnellte wie eine Schlange vor, erfaßte den Schal, unter dem Jack the Rippers Gesicht verborgen war, und schleuderte ihn in eine Ecke.

Jack the Ripper schlug hastig den Arm vors Gesicht.

»Dein Spiel ist aus, Jack«, sagte Holmes ruhig. »Gibst du auf?«

Jack the Ripper zuckte mit den wuchtigen Schultern. »Muß ich ja wohl«, knurrte er in seinem rauhen Baß. Er ließ das Messer fallen. Und dann sprang er.

Mit einer Wendigkeit, wie man sie diesem massiven Mann gar nicht zugetraut hätte, packte er Holmes um die Knie. Der Detektiv, auf so etwas ganz und gar nicht gefaßt, stürzte rücklings und schlug mit dem Hinterkopf auf eine der steinernen Türstufen.

Eine Sekunde lang war es in dem trostlosen Hof totenstill.

Langsam richtete Jack the Ripper sich auf. Neben ihm auf dem Kopfsteinpflaster lag sein langes rasierklingenscharfes Messer. Er bückte sich und hob es auf. Vorsichtig näherte er sich dem bewußtlos daliegenden Detektiv.

Da kam aus dem Dunkel über der Hofmauer plötzlich

ein schwerer Körper heruntergesaust. Er landete mit voller Wucht auf Jack the Ripper, so daß dieser das Gleichgewicht verlor und auf das Pflaster schlug.

Der Mann, der sich über die Mauer geschwungen hatte, entwand mit der einen Hand The Ripper das Messer und versetzte ihm mit der anderen einen krachenden Kinnhaken. Aus Jack the Rippers Mundwinkeln sickerte Blut. Der Mann von der Mauer packte ihn bei beiden Schultern, hob den dicken Burschen mühelos hoch und schmetterte ihn mit dem Kopf auf das Pflaster. Er blieb auf dem Rükken liegen wie tot. Der Mann von der Mauer sah lange auf ihn hinab. Doch selbst in diesem unbeleuchteten Hinterhof war Jack the Ripper leicht zu erkennen.

Jetzt wandte sich der Mann, der von der Mauer gesprungen war, Holmes zu und fühlte ihm den Puls.

Einer Innentasche seines Mantels entnahm er ein Fläschchen und träufelte mit sanfter Gewalt dem Detektiv etwas Brandy zwischen die Lippen. Holmes schlug die Augen auf. Seine Rechte tastete nach dem Schwertstock, der neben ihm lag. Dann erkannte er seinen Retter.

»Mein lieber, guter Watson!« rief Sherlock Holmes.

Holmes, einen von seinem ärztlichen Freund kunstgerecht gelegten Verband um den Kopf, langte nach seiner Pfeife, zündete sie an und warf sich in dem alten Wohnzimmer in der Baker Street in seinen Kaminsessel.

»Es ist doch jammerschade«, sagte er zu Watson, der ihm gegenübersaß, »da hast du nun alle Fakten in deinem Tagebuch, und die Öffentlichkeit wird sie nie erfahren. Scotland Yard kann ja nicht gut zugeben, daß der Messermörder, der so viele Monate lang das ganze Londoner East End in Angst und Schrecken gehalten hat, einer von den eigenen Leuten ist – und auch noch ein Inspektor, vor dem eine Karriere lag. Aber was ich dich fragen wollte: Was hattest du eigentlich in diesem Hinterhof an der Cable Street zu suchen? Du hattest mir fest versprochen, daß du mir nicht nachgehen würdest.«

»Das habe ich auch nicht getan«, sagte Watson. »Ich bin Athelney Jones nachgegangen. Darüber bestand ja kein Verbot und auch kein Versprechen.«

»Du hattest ihn im Verdacht?«

»Mehr als das, Holmes. Als ich ihm nachging, wußte ich bereits, daß Athelney Jones identisch mit Jack the Ripper war.«

»Wieso, Watson? Woher wußtest du das?«

Es war Sonntag, der 11. November 1888, eine frühe Vormittagsstunde.

»Du erinnerst dich«, sagte Dr. Watson, »daß Inspektor Jones, als er« – er blickte zum Wandkalender – »als er vorgestern hier war, uns über den siebenten Rippermord, den Mord an Mary Jane Kelly, berichtet hat. Vielleicht weißt du auch noch, daß er abschließend sagte: ›Von den Hofbewohnern in der Dorset Street 26 hat nach acht Uhr abends niemand mehr Mary Jane Kelly gesehen. Aber gesehen hat man sie in der Commercial Street, kurz bevor das Lokal zumachte.‹ Und gleich danach sagte er: ›Und wenn man bedenkt, Mr. Holmes, daß sie noch zehn Stunden zuvor so mollig und rosig war und vor Vergnügen gesungen hat –‹ «

»Ich fürchte, ich komme noch nicht ganz – « setzte Holmes an.

»Die *Times* am anderen Morgen – die du nicht gelesen hattest, als ich sie mir nach dem Frühstück nahm, sie war nämlich noch frisch gefaltet – berichtete, daß mittags so um ein Uhr herum jemand, der im anderen Hofgebäude gegenüber dem Haus der Ermordeten wohnt, sie tatsächlich hat singen hören. Das Lied war *Sweet Violets*.

Wie du sehr richtig kombiniert hast, bin ich an dem Vormittag noch zur Post gegangen und habe telegraphiert, und zwar an die *Times*. Ich bat um Rückantwort über das Postamt, und die ist auch schnell eingetroffen. Danach hatte nur diese eine Person – abgesehen natürlich von Jack the Ripper selbst – das Singen gehört: ein Möbelpacker mit Namen Becket. Und dieser Becket hatte, wie er dem *Times*-Korrespondenten sagte, darüber mit keinem Menschen gesprochen; er war nämlich nicht zu Hause gewesen, als die Polizei kam, um ihm Fragen zu stellen. Daß Becket die Kelly hat singen hören, das erfuhr man also erst durch die *Times*. Nun, wenn nicht Inspektor Athelney Jones selber Jack the Ripper war, den er angeblich fassen wollte, wieso wußte er dann – einen Tag *ehe* die *Times* erschien –, daß Mary Jane Kelly vor ihrem schrecklichen Ende mollig und rosig war und *gesungen hat?*

Du kombinierst, daß ich auf der Post in der Wigmore Street ein Telegramm abgeschickt habe. In Wirklichkeit waren es drei: an die *Times*, an den jungen Stamford, und an Superintendent Arnold; die beiden letzteren gab ich auf, nachdem ich von der *Times* Antwort hatte. Der junge Stamford war dann so freundlich und hat für mich im Archiv von Saint Bartholomew's nachgeschlagen. Athelney Jones hat tatsächlich früher einmal chirurgische Vorlesungen belegt – das gehörte, wie er damals offiziell angab, zu seiner Ausbildung, mit der er es ja dann in relativ kurzer Zeit zum Inspektor bei Scotland Yard gebracht hat. Er konnte also durchaus über das anatomische Wissen verfügen, wie es der Mann, der sich Jack the Ripper nannte, allem Anschein nach haben mußte. Mein Telegramm an Superintendent Arnold enthielt ebenfalls nur eine einfache Frage: Hat Inspektor Athelney Jones im Polizeirevier Commercial Road ein eigenes Büro? Superintendent Arnolds Antwort lautete: Ja. Dieses Büro hat natürlich seinen Eingang innerhalb der Räume des Polizeireviers, aber es hat auch noch eine zweite Tür, durch die man in eine hinter der Commercial Street gelegene kleine Gasse gelangt. Du weißt ja, ich hatte bereits stark den Verdacht, daß Jack the Ripper irgendwo in Whitechapel einen geheimen Unterschlupf haben mußte, wo er alles verschwinden lassen konnte, was irgendwie auf seine Untaten hinwies.

Nach alledem hielt ich es für richtig, den Inspektor zu beschatten. Und als ich dich in deiner Prostituierten-Maskerade dann sagen hörte: ›Ich wohne hinter der Cable Street‹, da wußte ich, wo der Messermörder das nächste Mal zuschlagen würde. Ich nahm einen Abkürzungsweg durch die Gasse hinter der Hofmauer, stellte dort Kisten übereinander, kletterte auf den Mauersims, und dann habe ich nur die paar Minuten gewartet, bis du angehinkt kamst. Wie es weiterging, weißt du ja.«

Holmes nahm die Pfeife aus dem Mund.

»Hervorragend, mein lieber Watson«, sagte er.

»Bloß gute Schule, mein lieber Holmes«, sagte Dr. John H. Watson.

XVI.
Die zweite Mrs. Watson: 1889–1890

Nach meiner Heirat,
als auch meine Privatpraxis angelaufen war,
kühlte sich das so herzliche Verhältnis,
das zwischen Holmes und mir bestanden hatte,
ein wenig ab.
Doch wandte er sich nach wie vor an mich,
wenn er bei seinen Ermittlungen
einen Begleiter wünschte…
DR. JOHN H. WATSON

Miss Mary Morstan, Tochter des verstorbenen Captain Arthur Morstan vom 34. Infanterieregiment Bombay, und Dr. John H. Watson, wohnhaft in London, Baker Street 221 B, wurden am Mittwoch, dem 1. Mai 1889, in der St.-Markus-Kirche in Camberwell getraut. Mrs. Cecil Forrester fungierte als Brautführerin; Mr. Sherlock Holmes, gleichfalls wohnhaft Baker Street 221 B, war natürlich Trauzeuge.

Kurz zuvor, im April, waren Watson und Holmes noch gemeinsam mit der Blutbuchen-Ermittlung für Miss Violet Hunter[1] beschäftigt gewesen. »Kein großes Problem«, äu-

---

1 In seiner langen beruflichen Praxis stand Mr. Sherlock Holmes aus der Baker Street immer besonders gern Klientinnen bei, die den Vornamen Violet hatten. Es war bekanntlich der Vorname seiner Mutter.

ßerte Holmes darüber, aber »das interessanteste«, das ihm seit Monaten begegnet war. Für Watson indessen endete der Fall mit einer Enttäuschung. Genau wie vordem seine Mary war auch Miss Hunter Erzieherin, und offensichtlich schätzte sie in Holmes nicht nur den Detektiv, sondern ebensosehr auch den Mann. Wie wunderschön, dachte Watson, wenn es im kommenden Mai dann gleich eine Doppelhochzeit gäbe. Doch sein Freund Holmes, wie Watson am Ende seines Berichts über den Fall recht wehmütig schreibt, »bekundete an Miss Hunter, sobald sie nicht mehr im Mittelpunkt seiner kriminalistischen Aufgaben stand, kein weiteres Interesse«.

Allein in der Baker Street, geriet Holmes ins Grübeln.

Wie anders, dachte er, war doch die (zweite) Trauung seines Freundes Watson verlaufen, wie anders als jene Vermählungszeremonie seinerzeit, bei der Holmes gleichfalls amtiert hatte – die Vermählung Irene Adlers mit dem Rechtsanwalt Godfrey Norton.

Je länger der Detektiv über die Sache nachsann, um so mehr gewann er die Überzeugung, daß da eine gültige Verbindung nicht vorliegen konnte. Ruhig und unauffällig machte er sich an eine Ermittlung.

Er fand bald heraus, daß Mme. Adler-Norton ein elendes Dasein führte. Der schmucke Norton hatte sich als waschechter Schurke erwiesen – als Mann war er ein versoffener Wüstling, als Rechtsanwalt ein skrupelloser Halunke. Irene war nichts anderes übrig geblieben, als wieder zur Oper zu gehen – ihre nicht unbeträchtliche Gage riß der »Gemahl« ihr jeweils sofort aus der Hand.

Was den Geistlichen anging, der die vermeintliche Trauung vollzogen hatte, so war er tatsächlich geweihter Priester, war aber, wie Holmes sehr schnell feststellte, seines Priesteramtes wieder entkleidet worden.

Als Holmes das Beweismaterial beisammen hatte, ging er damit zu Scotland Yard.

»Eine zum Schein geschlossene Ehe ist keine Ehe«, erklärte Holmes. »Das ist ein schweres Betrugsdelikt, Lestrade.«

»Was Mr. Godfrey Norton noch merken wird, wenn ich erst mit ihm fertig bin!« rief der kleine Inspektor, und seine braunen Augen blitzten dabei. »Wenn ich mich nicht sehr täusche, wird er die nächsten zehn Jahre Zeit haben, darüber nachzudenken.«

Lestrade täuschte sich nicht.

»Miss Adler ist diesen Schurken los«, berichtete er Holmes bald darauf in dem vertrauten Wohnzimmer in der Baker Street. »Und ich habe auch Wort gehalten: daß Sie bei den Vorgängen die Hand im Spiel hatten, davon hat sie keine Ahnung.«

»So wollte ich es haben«, sagte Holmes und griff nach der Kokainflasche.

Kurz nach seiner zweiten Heirat erwarb Watson eine Praxis im Bezirk Paddington. Der alte Mr. Farquhar, von dem er sie übernahm, war einmal ein ausgezeichneter praktischer Arzt gewesen, doch durch sein Alter und durch eine veitstanzähnliche Krankheit, an der er litt, war seine Praxis arg zusammengeschrumpft.

»Die Leute«, schreibt Watson[2], »gehen nun einmal normalerweise von dem Prinzip aus, daß einer, der andere gesund machen will, selbst gesund sein muß, und sie halten nicht viel von der ärztlichen Kunst eines Mannes, dessen eigenes Leiden sich der Wirkung seiner Mittel entzieht. Mit der nachlassenden Gesundheit meines Vorgängers nahm daher auch seine Praxis ab, und als ich sie übernahm, war sie bereits von zwölfhundert Pfund im Jahr auf etwas über dreihundert abgesunken. Ich baute jedoch auf meine Jugend und Tatkraft und zweifelte nicht daran, daß ich in ein paar Jahren eingeführt sein und das Geschäft wieder blühen würde.«

---

2 In »Der Fehler in der Rechnung«.

Watsons Zuversicht wurde bestätigt, als Holmes ihn erstmals besuchte.[3]

»Dein Nachbar ist ja auch Arzt«, stellte der Freund fest und wies durch eine Kopfbewegung auf das am Nebenhaus befindliche Messingschild.

»Ja, der hat auch die Praxis gekauft, genau wie ich.«

»Eine alte Praxis?«

»So alt wie meine. Beide existieren hier schon, solange die Häuser stehen.«

»Ah, dann hast du aber die bessere von beiden erwischt.«

»Das glaube ich auch. Aber wieso weißt du das?«

Holmes lachte verschmitzt. »Die Treppe, mein Junge. Bei dir sind die Stufen drei Zentimeter mehr abgetreten.«

Der auf Watsons Heirat mit Mary Morstan folgende Juli blieb Watson in Erinnerung durch drei interessante Fälle, bei denen, wie er uns sagt, es ihm vergönnt war, wieder aus der Arbeitsweise seines Freundes Mr. Sherlock Holmes zu lernen.

Der erste dieser Fälle drehte sich jedoch um Belange von solcher Wichtigkeit und zog so viele Familien aus den ersten Kreisen Englands in Mitleidenschaft, daß Watson den Eindruck hatte, man werde »wohl kaum vor Anbruch des neuen Jahrhunderts unbefangen darüber reden können«.

Es ist sehr schade, daß Watson also nie zusammenhängend über die Sache berichtet hat und daß noch so intensives Forschen seitens zahlreicher hervorragender Historiker den wenigen Einzelheiten, die Watson uns liefert, nichts hinzufügen konnte. Denn kein Fall, in den Holmes

---

3 Am Sonnabend, dem 15. Juni 1889. Eine Woche zuvor hatten Holmes und Watson zusammen den Fall bearbeitet, den Watson später unter dem Titel »Das Geheimnis von Boscombe Valley« aufzeichnete. Aber in diesem Fall hat Holmes Watson nicht *besucht* – vielmehr bat er den Doktor per Telegramm, sich am Bahnhof Paddington mit ihm zu treffen.

jemals eingeschaltet war, hat die Qualität seiner Analysen so klar veranschaulicht und seine Mandanten und Mitarbeiter so tief beeindruckt wie dieser. »Ich besitze noch heute die fast wörtliche Aufzeichnung von jenem Gespräch, in welchem Holmes dem Monsieur Dubuque von der Pariser Kriminalpolizei und dem bekannten Danziger Kriminalisten Fritz von Waldbaum – die beide ihre Zeit und Kraft an Dinge verschwendet hatten, die sich dann als Seifenblasen erwiesen – den wahren Sachverhalt dargelegt hat.«

Auch der zweite Fall aus dem Jahr 1889 ist leider für uns verloren – Watson hat uns lediglich die Überschrift hinterlassen, mit der er ihn in seinen Notizen aufgeführt hat.[4] Den dritten Fall vom Juli 1889 indessen[5], das verwirrende und komplexe Rätsel des Geheimabkommens, finden wir im Oktober- und Novemberheft 1893 des *Strand Magazine* sowie in *Harper's Weekly* vom 14. und 21. Oktober 1893 von Watson ausführlich wiedergegeben.

Percy Phelps, früher Watsons Schulkamerad, hatte es mit den Jahren zu einer hohen Position im Außenministerium gebracht und genoß dort Ansehen und Vertrauen, bis ihm eines Tages ein furchtbares Mißgeschick widerfuhr, das seine Karriere mit einem Schlag zu vernichten drohte. Ob vielleicht, so fragte er an, Watsons berühmter Freund, Mr. Sherlock Holmes, dazu bereit sei, nach Briarbrae, Woking, zu kommen und Näheres über die Sache zu hören?

Holmes kam gern und erfuhr von Phelps, daß diesem der

---

4 Unter dem Titel »Der müde Kapitän«. Es sei dazu jedoch vermerkt, daß Mr. Rolfe Boswell der Meinung ist, dieser Fall sei mit dem des »vermißten Rugbyspielers« identisch. Vgl. *Baker Street Journal*, Bd. II, Heft 2, S. 161.

5 De facto ist es bereits der *vierte* Fall im Monat Juli des Jahres 1889. Am Dienstag, dem 30. Juli, als die Sache »Das Geheimabkommen« begann, war Holmes mit einer Ermittlung beschäftigt, an der Watson nicht beteiligt war – es handelte sich um einen ›ganz gewöhnlichen kleinen Mord‹. Vgl. Anhang.

Text eines geheimen Abkommens zwischen Italien und England anvertraut worden war. Es handelte sich um ein Dokument von allerhöchster Wichtigkeit, eben dies Dokument aber hatte man Phelps gestohlen, und zwar unter Umständen, die befürchten ließen, daß selbst ein Sherlock Holmes ihm nicht würde helfen können.

»Du glaubst an Holmes ohne Einschränkung?« fragte Phelps seinen Freund Watson.

»Er hat einige bemerkenswerte Dinge vollbracht, das habe ich selbst gesehen.«

»Aber eine so dunkle Geschichte wie diese hier hatte er sicher noch nie aufzuklären?«

»O doch«, sagte Watson in beruhigendem Ton. »Ich habe erlebt, daß er Probleme löste, die noch viel weniger Anhaltspunkte boten als deins.«

Schon für den folgenden Tag lud Holmes Phelps und Watson zum Frühstück in die Baker Street ein.

»Diesmal hat Mrs. Hudson sich aber angestrengt«, meinte er, als er eine Schüssel mit Curryhuhn aufdeckte. »Ihre Küche läßt ja immer ein bißchen zu wünschen übrig, aber das Frühstück bereitet sie so üppig wie eine echte schottische Hausfrau. Was hast du denn da, Watson?«

»Ham and Eggs.«

»Bestens! Was darf ich Ihnen geben, Mr. Phelps? Curryhuhn, Eier, oder möchten Sie selber zugreifen?«

»Vielen Dank, aber ich kann nichts essen.«

»Na, na, was denn! Probieren Sie doch einmal das, was da vor Ihnen steht.«

»Danke, ich möchte wirklich nicht.«

»Auch gut«, sagte Holmes mit schelmischem Augenzwinkern, »aber Sie weigern sich doch wohl nicht, mir etwas aufzulegen?«

Phelps hob den Deckel und stieß einen Schrei aus. Dann saß er da und starrte die Schüssel an; sein Gesicht war so weiß wie das Porzellan. Mitten in der Schüssel lag eine kleine blaugraue Papierrolle.

»Der Vertrag!« rief Phelps. Er hob die Rolle heraus,

verschlang sie förmlich mit den Augen, drückte sie an die Brust und schrie vor Entzücken.

»Nun, nun«, sagte Holmes und klopfte ihm auf die Schulter. »Es war aber auch zu schlimm von mir, Sie damit auf solche Weise zu überfallen. Doch mein Freund Watson hier könnte Ihnen verraten, daß ich für ein bißchen Dramatik nun mal eine Schwäche habe.«

Während Watsons Praxis sich laufend vergrößerte, sah ihn jedoch der August 1889 vor einem trostlos zusammengeschmolzenen Bankkonto. Mary hatte er zu einem Urlaub in die Hügeltäler des New Forest und an den Strand von Southsea geschickt; er wäre liebend gern mitgefahren, zog aber statt dessen wieder einmal in die Baker Street, um die vierzehn Tage mit Holmes zu verbringen. Wir verdanken diesem Besuch seine Schilderung jener sonderbaren, allerdings auch besonders grauenvollen Ereigniskette, die er mit »Ein unheimliches Paket« überschrieben hat.

Am Sonnabend, dem 7. September 1889, war Mary aus ihren Ferien zurück, und Watson arbeitete wieder. »Unter all den Problemen, die meinem Freund Mr. Sherlock Holmes in unseren gemeinsamen Jahren zur Klärung vorgelegt worden sind, hat es nur zwei gegeben, auf die er durch mich als Mittelsperson aufmerksam wurde. Das eine war der Fall des wahnsinnigen Colonel Warburton, das andere die Geschichte mit Mr. Hatherleys Daumen.« Der letztere Fall, laut Watsons Bericht, war anfangs nur merkwürdig, wurde dann aber in den Einzelheiten dramatisch – mag er auch »meinem Freund etwas weniger an Ausgangspunkten geliefert haben für jenes deduktive System der Beweisführung, mit dem er stets zu so bemerkenswerten Resultaten gelangte«.

Dann, Mitte September, kam »einer der eigenartigsten Fälle, die je ein menschliches Gehirn in Verwirrung setzten« –, von Watson »Ein ganz einfacher Fall« genannt.

Etwas an diesem Fall, als er bereits abgeschlossen war, ließ Watson keine Ruhe.

»Wenn der Ehemann James hieß«, meinte er, während sie zusammen zum Bahnhof gingen, »und der andere hieß Henry, was hatte es dann mit diesem sogenannten David auf sich?«

Holmes kicherte.

»Dieses eine Wort, mein lieber Watson, hätte mir alles erklären müssen, wenn ich der unfehlbare Logiker wäre, als den du mich so gern hinstellst«, sagte er. »Der Name konnte nur als Schimpfwort gemeint sein.«

»Als Schimpfwort?«

»Ja, du weißt doch, der biblische König David kam gelegentlich ein bißchen vom rechten Weg ab, und einmal hat er etwas ähnliches getan wie dieser James Barclay. Erinnerst du dich nicht mehr an die Affäre mit Uria und Bathseba? Meine Bibelkenntnisse sind leider etwas eingerostet, aber du kannst die Geschichte im ersten oder zweiten Buch Samuel nachlesen.«

Die Praxis nahm Watson mehr und mehr in Anspruch Er sah Holmes immer seltener, und im Jahr 1890 gibt es nur ganze drei Fälle, von denen er Aufzeichnungen gemacht hat.

Im März des Jahres ging es um den verworrenen Fall des Tigers von San Pedro – verworren deshalb, weil sich die Vorgänge auf zwei Kontinente erstreckten und zwei höchst undurchsichtige Personengruppen im Spiel waren.

»Du wirst«, sagte Holmes zu Watson, »das Ganze unmöglich in jener knappen, präzisen Form darstellen können, an der dein Chronistenherz so hängt.«

Im September des gleichen Jahres ereignete sich die Sache mit dem Rennpferd Silberpfeil. Es ist ein denkwürdiger Fall – besonders denkwürdig vielleicht ob jener Bemerkung, die Holmes zu Inspektor Gregory machte.

»Gibt es sonst noch einen Punkt, auf den Sie mein Augenmerk zu lenken wünschen?« fragte Gregory.

»Ja, das sonderbare Verhalten des Hundes während der Nacht«, antwortete Holmes.

»Der Hund hat sich während der Nacht doch gar nicht gerührt«, versetzte der Inspektor.

»Eben«, sagte Holmes, »das war ja das Sonderbare.«

Drei Monate später, im Dezember, kam »ein ganz reizendes kleines Problemchen« – die Sache mit dem Smaragddiadem. »Nicht um viel möchte ich es missen«, sagte Holmes – vielleicht weil es ihn in die Lage versetzte, wieder einmal einem Mann zu Diensten zu sein, den er zwar nicht leiden konnte, dem aber kein loyaldenkender Engländer sich hätte versagen können. »Ein Name, der auf der ganzen Welt Klang hat, und einer der nobelsten, erlesensten Namen in England.«

Aber wir sollten das Jahr 1890 nicht abschließen, ohne noch die Beziehung zwischen dem großen Sherlock Holmes aus der Baker Street und seinem großen Zeitgenossen George Bernard Shaw zu erwähnen.

Daß Sherlock Holmes für George Bernard Shaw kein Unbekannter war, ist gewiß. Der englische Biograph Hesketh Pearson berichtet in seinem Aufsatz *G. B. S. – Ein Nachtrag*, daß Shaw noch als Achtundachtzigjähriger über Holmes folgendermaßen urteilte: »Sherlock war ein Rauschgiftsüchtiger ohne einen einzigen liebenswerten Zug, [aber] Watson war ein netter Kerl.«

Was hat Holmes und Shaw eigentlich zusammengeführt? Und was war der Grund dafür, daß sie einander nicht mochten?

»Das Bindeglied«, schreibt Mr. Rolfe Boswell[6], »ist Sarasate … «

Pablo de Sarasate (1844–1908) war bekanntlich der große spanische Geigenkünstler, und Holmes gehörte zu seinen wärmsten Bewunderern.

Im Jahre 1887 hatte Holmes die sehr komplizierte Er-

6 »Sarasate, Sherlock und Shaw«, in: *Baker Street Journal*, Bd. II, Heft 1, Neuauflage Januar 1952, S. 22 ff.

mittlung in Sachen des Rothaarigen-Klubs unterbrochen, um Sarasate in der St. James Hall spielen zu hören. »Wie ich sehe, steht ein gut Teil deutscher Musik auf dem Programm«, bemerkte er damals zu Watson. »Die ist eigentlich mehr nach meinem Geschmack als die italienische oder französische. Sie hilft einem zur Selbstversenkung, und das kann ich jetzt gerade gut gebrauchen.«

Watson erzählt uns, Holmes habe an jenem Oktobernachmittag die ganze Zeit selig und weltentrückt zwischen den Leuten auf seinem Parkettplatz gesessen, die langen schlanken Hände leicht im Takt auf und nieder bewegend, mit einem Lächeln im Gesicht und träumerisch halbgeschlossenen Augen.

Sarasate konzertierte im Oktober 1890 wieder in London. Wir dürfen gewiß sein, daß Holmes gleich das erste Konzert besucht hat, und ebenso tat dies George Bernard Shaw, der zu jener Zeit als Musikkritiker bei der *World* seine Kolumnen erstmalig mit den Initialen G.B.S. zeichnete.[7]

Holmes gingen die Streichinstrumente über alles. Shaw hingegen behauptete, daß das bei weitem reichste musikalische Ausdrucksmittel die menschliche Stimme sei. Über Sarasates Eröffnungskonzert berichtete er mit beißender Schärfe. »Sarasate«, so schrieb der rothaarige, rotbärtige Ire, »in bester Herbstferien-Form, ließ absolut jede Kritik hinter sich... und er ließ auch Cusins hinter sich, in den zwei Violinkonzerten jeweils gut einen halben Takt. Der unvorhergesehene Synkopeneffekt, den er damit erzielte, war mehr eine Kuriosität denn ein Ohrenschmaus.«

»Zweifellos«, wie Mr. Boswell ausführt, »mußte ein derart leicht- und zungenfertiger Kommentar Sherlock Holmes verärgern, der vom Geigespielen mehr bereits

---

7 Ein Jahr zuvor, als Musikkritiker beim *Star*, hatte Shaw seine Berichte noch mit *Corno di Bassetto* gezeichnet, dem italienischen Ausdruck für eine in F stehende Alt-Klarinette, auch Bassetthorn genannt, die zwecks bequemerer Handhabung meist gebogen ist.

wieder vergessen hatte, als G.B.S. jemals wissen würde. Sehr wahrscheinlich ging aus der Baker Street ein scharfer Protestbrief an die Chefredaktion der *World*, in dem klargestellt wurde, daß Sarasates fünf Abende füllende, hervorragende Konzertserie Anfang des Monats in Barcelona nicht gerade als herbstlicher Ferien-Müßiggang zu bezeichnen sei.«

Es ist aufrichtig zu bedauern, daß der Bruch zwischen Sherlock Holmes und George Bernard Shaw nie verheilte. Die beiden Männer hatten vieles miteinander gemein, ebensoviel, wie sie Trennendes hatten, und beiden war es bestimmt, zu den langlebigsten Menschen ihrer Generation zu gehören.[8]

---

8 Shaw, 1856 geboren, starb im Jahre 1950 im gesegneten Alter von vierundneunzig Jahren.

XVII.
Sherlock Holmes' Untergang: Freitag, den 24. April bis Montag, den 4. Mai 1891

Mir ist das Herz schwer,
nun ich zum letztenmal die Feder ansetze,
um die außerordentlichen Gaben meines
Freundes Sherlock Holmes zu beschreiben.
DR. JOHN H. WATSON

Im Winter 1890 und während der ersten Frühjahrswochen 1891 erfuhr Watson aus den Zeitungen, daß Holmes von der französischen Regierung mit einer Aufgabe von allerhöchster Wichtigkeit betraut worden war; auch erhielt er zwei kurze Schreiben von Holmes, das eine aus Narbonne, das andere mit dem Poststempel Nimes, denen er entnahm, daß Holmes' Aufenthalt in Frankreich voraussichtlich von längerer Dauer sein würde.

So war Watson denn eingermaßen überrascht, als am Abend des 24. April 1891 der Freund plötzlich zu ihm ins Sprechzimmer trat. Er fand, daß Holmes noch blasser und magerer aussah als sonst. Fast ohne Begrüßungswort für den Doktor huschte Holmes an der Wand entlang zum Fenster hinüber, wo er hastig die Läden schloß und nachdrücklich die Riegel vorlegte.

»Hast du vor etwas Angst?« fragte Watson.

Holmes ließ sich in einen Sessel fallen.

»Ja«, sagte er, »habe ich.«

»Wovor?«

»Vor einem Luftgewehr.«

»Aber, mein guter Holmes, was soll denn das heißen?«

»Dieses Luftgewehr ist nicht aus der Luft gegriffen«, sagte Holmes lächelnd, »sondern befindet sich in der Hand von Colonel Sebastian Moran. Aber sag mir erst – ist deine Frau zu Hause?«

»Sie ist verreist, zu Freunden. Ich bin ganz allein.«

»Das trifft sich gut. Ich wollte dir nämlich den Vorschlag machen, mit mir ein paar Tage wegzufahren.«

So mir nichts, dir nichts Ferien zu machen, war nicht Holmes' Art, und etwas in seinem bleichen, abgezehrten Gesicht ließ Watson erkennen, daß seine Nerven dem Zerreißen nahe sein mußten. Holmes, der die Frage in Watsons Augen sah, stützte die Ellenbogen auf die Knie, legte die Fingerspitzen gegeneinander und schickte sich zu einer Erklärung an.

»Du hast doch von mir schon den Namen Professor Moriarty gehört, nicht wahr?« fragte er.

»Ja, das ist dieser berühmte gelehrte Verbrecher, der unter Gaunern so bekannt ist wie –«

»Wie ich, Watson«, murmelte Holmes.

»Ich wollte sagen: wie er in der Öffentlichkeit unbekannt ist.«

»Das war eine Pointe, Watson – entschieden eine Pointe!« Holmes lachte. »Du entwickelst mit einemmal eine ganz neue, hintersinnige Witzigkeit, vor der ich mich künftig wohl werde in acht nehmen müssen.«

»Und was ist nun mit Moriarty?« fragte Watson besorgt.

»Er hat endlich einmal einen Schnitzer gemacht. Nur einen ganz kleinen zwar, Watson, aber so etwas kann er sich eben nicht leisten. Vor drei Monaten kam also meine Chance, und seitdem habe ich systematisch mein Netz um ihn gesponnen und bin jetzt so weit, daß ich es zuziehen kann. In drei Tagen, das wäre dann Montag, werden die

Dinge zum Klappen kommen, und der Professor mitsamt den Anführern seiner Bande dürfte sich danach in der Hand der Polizei wiederfinden. Dann wird es den größten Strafprozeß des Jahrhunderts geben, die Aufklärung von über vierzig Kriminalfällen, und für die ganze Rotte den Strang. Aber wenn wir zu früh handeln, verstehst du, entwischen sie uns womöglich noch im letzten Moment.

Nun, alles wäre in Ordnung, wenn ich ohne Moriartys Wissen hätte arbeiten können. Aber dafür ist er ja viel zu gerissen. Kein Handgriff, mit dem ich meine Schlingen um ihn legte, ist ihm entgangen. Immer wieder hat er auszubrechen versucht, aber jedesmal kam ich ihm dazwischen. Ich sage dir, mein Freund, könnte man von diesem stummen Kampf in all seinen einzelnen Phasen ein Protokoll schreiben, es ginge als ein Glanzstück beispielhafter Schlag-und-Gegenschlag-Arbeit in die Ermittlungsarchive ein. Nie zuvor habe ich mich derart selbst übertroffen, aber auch nie zuvor hat mir ein Gegner dermaßen zugesetzt. Ja, er hat hart gekämpft, aber ich war doch härter. Heute morgen wurden die letzten Maßnahmen eingeleitet, und jetzt dauert es nur mehr drei Tage, bis das Ganze zum Abschluß kommt. Aber wie ich heute vormittag so in meinem Zimmer sitze und alles noch einmal durchdenke, da geht plötzlich die Tür auf, und vor mir steht Professor Moriarty.

Ich habe wahrlich stabile Nerven, Watson, aber ich muß gestehen, als ich ausgerechnet den Mann, um den fortwährend meine Gedanken kreisten, in meiner Tür stehen sah, da ist es mir doch in die Glieder gefahren. Natürlich habe ich ihn sofort erkannt. Neugierig starrte er mich aus zusammengekniffenen Augen an, reckte den Hals vor und bewegte den Kopf ständig hin und her wie ein Reptil.

›Die Denkerstirn, die Ihr Knabengesicht erwarten ließ, haben Sie nicht bekommen‹, sagte er schließlich. ›Übrigens, Master Sherlock, es ist eine gefährliche Angewohnheit, an einer geladenen Schußwaffe in der Schlafrocktasche herumzufingern.‹

Tatsache ist, daß ich bei seinem Eintreten sofort die extreme physische Gefahr erkannte, in der ich mich befand. Mich zum Schweigen zu bringen, war für ihn ja der einzig denkbare Ausweg. Binnen einer Sekunde hatte ich den Revolver aus der Lade in meine Tasche befördert und hielt ihn unter dem Stoff auf Moriarty gerichtet. Auf seine Bemerkung hin zog ich die Waffe heraus und legte sie schußbereit auf den Tisch. Er lächelte noch immer und blinzelte, aber irgend etwas in seinem Blick ließ mich doch froh sein, daß ich das Ding in Reichweite hatte.

›Setzen Sie sich doch‹, sagte ich, ›fünf Minuten kann ich erübrigen, wenn Sie mir etwas zu sagen haben.‹

›Was ich Ihnen zu sagen habe, wissen Sie bereits.‹

›Dann wissen Sie vielleicht auch bereits meine Antwort‹, entgegnete ich.

›Sie bleiben also dabei?‹

›Absolut.‹

Er fuhr mit der Hand in seine Rocktasche, und ich hob den Revolver vom Tisch. Aber er zog bloß ein Notizbuch heraus, in dem ein paar hingekritzelte Zahlen standen.

›Am vierten Januar haben Sie sich mir in den Weg gestellt‹, sagte er. ›Am dreiundzwanzigsten haben Sie mich belästigt. Mitte Februar haben Sie mir ernstliche Ungelegenheiten bereitet; Ende März haben Sie Pläne, die ich hatte, völlig durchkreuzt; und jetzt, Ende April, sehe ich mich durch Ihre ständigen Verfolgungen in eine Lage gebracht, in eine Lage gebracht, die meine Freiheit gefährdet. So kann das nicht weitergehen.‹

›Haben Sie einen Vorschlag zu machen?‹ fragte ich.

›Sie müssen aufgeben, Master Sherlock‹, sagte er, seinen Kopf hin und her wiegend. ›Sie müssen es wirklich aufgeben, verstehen Sie.‹

›Nach dem Montag‹, sagte ich.

›Aber, aber, Mr. Holmes‹, sagte er. – Du erinnerst dich sicher noch an den unverschämten Zettel, Watson, den er uns damals geschickt hat, am Schluß jener sonderbaren

Geschichte, die du in deinen Aufzeichnungen *Das Tal der Furcht* genannt hast. ›Ein Mann mit Ihrer Intelligenz muß doch einsehen, daß es keinen anderen Weg gibt, um aus dieser Sache wieder herauszukommen. Sie müssen zurückstecken, anders geht es nicht. Sie haben die Dinge in einer Weise auf die Spitze getrieben, daß uns nur noch diese eine Möglichkeit bleibt. Es war mir ein hohes intellektuelles Vergnügen, Ihr Vorgehen in dieser Angelegenheit zu beobachten, und es ist nicht übertrieben, wenn ich sage, daß es Ihrem alten Erzieher leid täte, müßte er zum Äußersten greifen. Sie lächeln, Sir, doch ich versichere Ihnen, es täte mir wirklich leid.‹

›Gefahr gehört zu meinem Beruf‹, bemerkte ich.

›Hier geht es nicht um Gefahr. Hier geht es um Eliminierung, so oder so. Sie stehen nicht lediglich einer Einzelperson im Weg, sondern einer Organisation, von deren Macht Sie auch bei Ihrer Gerissenheit nicht imstande sind, sich in vollem Umfange einen Begriff zu machen. Gehen Sie uns aus dem Weg, Holmes, oder Sie werden zertreten.‹

›Ich fürchte‹, sagte ich und stand auf, ›ich verabsäume über dieser anregenden Unterhaltung wichtige berufliche Pflichten, die mich anderwärts noch erwarten.‹

Er stand ebenfalls auf, sah mich stumm an und schüttelte bekümmert den Kopf.

›Nun ja‹, sagte er dann, ›es ist wirklich schade, aber ich habe getan, was ich konnte. Ich kenne in Ihrem Spiel jeden Zug. Vor Montag können Sie nichts unternehmen. Seit Jahren führen wir nun schon dieses Duell, und jetzt glauben Sie, Sie könnten mich auf die Anklagebank bringen. Aber ich sage Ihnen, auf der Anklagebank sitzen werde ich nie. Sollten Sie es schaffen, mich zu vernichten, so seien Sie gewiß, daß Ihnen Gleiches widerfahren wird.‹

›Sie haben mir etliche Komplimente gemacht, Professor Moriarty‹, sagte ich. ›Erlauben Sie, daß ich Ihnen hiermit eines zurückgebe: könnte ich der ersteren Möglichkeit sicher sein, so würde ich im Interesse der Allgemeinheit mit Freuden die letztere akzeptieren.‹

›Die eine kann ich Ihnen versprechen, die andere allerdings nicht‹, schnaubte er, drehte mir seinen gebeugten Rücken zu und verließ blinzelnd das Zimmer.

Das, Watson, war also meine erstaunliche Unterredung mit Professor Moriarty. Ich gebe zu, sehr wohl war mir danach nicht. Seine leise, präzise Art zu sprechen gibt einem die Überzeugung, daß er es ernst meint und nicht bloß das Maul aufreißt. Natürlich wirst du jetzt sagen: Warum schaltest du nicht vorsorglich die Polizei ein? Das hat seinen Grund. Ich bin nämlich fest überzeugt, der Schlag wird durch seine Handlanger fallen. Dafür habe ich sogar beste Beweise.«

»Hat man dich etwa schon angegriffen?«

»Mein lieber Watson, Professor Moriarty ist nicht der Mann, der Däumchen dreht, wenn's ihm an den Kragen geht. Gegen Mittag wollte ich in die Oxford Street, um eine Besorgung zu machen. Als ich an die Kreuzung Bentick Street und Welbeck Street kam, raste ein zweispänniger Wagen wie wild um die Kurve und fuhr wie der Blitz auf mich los. Ich sprang auf den Gehsteig und bin um Haaresbreite davongekommen. Der Wagen fegte über die Marylebone Lane, wieder um die Ecke, und war im nächsten Moment verschwunden. Danach blieb ich auf dem Trottoir, wie du dir denken kannst, aber als ich dann an den Häusern der Vere Street entlangging, fiel von einem der Dächer ein Ziegelstein und zerschellte mir vor den Füßen. Ich habe die Polizei gerufen und das Haus untersuchen lassen. Auf dem Dach waren Schieferplatten und Ziegel für irgendwelche Reparaturen gestapelt, und man wollte mir weismachen, im Wind hätte ein Ziegelstein sich verschoben und wäre heruntergekippt. Ich wußte natürlich besser Bescheid, aber ich konnte ja nichts beweisen. Daraufhin habe ich mir eine Droschke genommen und bin zur Wohnung meines Bruders Mycroft in die Pall Mall gefahren, wo ich dann den ganzen Nachmittag war. Nun wollte ich aber zu dir, und auf dem Weg hierher ist irgendein Rabauke mit einem Knüppel über mich hergefallen. Ich habe ihn niedergeschlagen, und jetzt hat ihn die Polizei in Gewahrsam, aber du kannst Gift darauf nehmen, zwischen dem sauberen Herrn, dem von meiner Faust noch die Schneidezähne wackeln, und dieser auf Ecken spezialisierten Kutsche wird man niemals auch nur die Spur eines Zusammenhangs finden.«

»Du mußt die Nacht über hierbleiben«, meinte Watson.

»Nein, mein Freund, ich wäre ein allzu gefährlicher Gast für dich. Ich habe meine Vorkehrungen getroffen, es geht alles nach Plan. Die Sache ist jetzt so weit gediehen, daß sich bis zur Verhaftung alles ohne mein Zutun entwickeln wird. Deshalb kann ich, wie du einsehen wirst, nichts Besseres tun, als für die paar Tage, bis die Polizei freie Hand zum Eingreifen hat, von hier zu verschwinden. Und deshalb fände ich es sehr schön, wenn du auf den Kontinent mitkommen wolltest.«

»Wie du weißt, ist mein Nachbar ein Berufskollege, der sich mit Freuden für vielleicht eine Woche meiner Praxis annehmen wird«, sagte Watson. »Ja, ich käme gern mit.«

»Geht es gleich morgen früh?«

»Wenn es sein muß.«

»O ja, es muß unbedingt sein. Ich muß dir auch einige Anweisungen geben, und ich bitte dich sehr, mein lieber Watson, daß du sie aufs i-Tüpfelchen genau befolgst, denn du spielst jetzt mit mir zusammen ein hochgefährliches Spiel gegen den abgefeimtesten Schurken und das mächtigste Verbrechersyndikat ganz Europas, wenn nicht der ganzen Welt. Also hör zu. Was du an Gepäck mitnehmen willst, das läßt du heute abend durch einen Vertrauensmann zur Victoria Station bringen. Morgen früh läßt du dir eine geschlossene Droschke kommen, wobei du deinem Mann aber einschärfst, daß er von denen, die zur Verfügung stehen, die erste und auch die zweite *nicht* nehmen soll. Du springst also in die dritte und fährst bis zur Strand, Abzweigung Lowther Arcade. Die Adresse gibst du dem Kutscher auf einem Zettel und sagst ihm, daß er den nur ja nicht wegwerfen soll. Halte dein Fahrgeld parat, und sowie euer Wagen steht, läufst du, so schnell du kannst, durch die Arcade; du mußt es aber zeitlich so abstimmen, daß du punkt neun Uhr fünfzehn am anderen Ende anlangst. Dort wird dicht am Bordstein ein kleiner Brougham warten; der Kutscher trägt einen dicken schwarzen Umhang mit rot abgesteppten Kragen. In diese kleine Kutsche steigst du ein und bist dann pünktlich zum Continental Express am Victoria.«

»Und wo treffe ich dich?«

»Am Zug. Im zweiten Erste-Klasse-Waggon von vorn ist für uns ein Abteil reserviert.«

Am anderen Morgen führte Watson Holmes' Anweisungen getreulich aus. Die Droschke wurde mit solcher Umsicht besorgt, daß es mit Sicherheit keine sein konnte, die etwa für ihn bereitgestellt war, und Watson fuhr ohne Säumen zur Lowther Arcade, die er dann im Geschwindschritt durcheilte. Tatsächlich wartete am Straßenrand schon ein Brougham mit einem ziemlich beleibten Kutscher, der in einem dunklen Umhang steckte und der, kaum daß Watson im Wagen war, sein Pferd auf Trab peitschte, um mit Geratter zur Victoria Station zu fahren. Als er Watson dort abgesetzt hatte, machte er mit seiner Kutsche augenblicks kehrt und fegte davon, ohne Watson auch nur einen Blick zu gönnen.

Watsons Gepäck war schon da, und er fand auch mühelos den von Holmes angegebenen Waggon. Das einzige, was ihm Sorgen machte, war das Ausbleiben seines Freundes. Nach der Bahnhofsuhr waren es nur mehr sieben Minuten bis zur Abfahrt des Zuges. Vergebens hielt er unter den Menschengruppen, Reisenden oder Abschiednehmenden, Ausschau; weit und breit war von seinem Freund Holmes nichts zu sehen. Watson vertrieb sich ein paar Minuten damit, einem erwürdigen italienischen Priester beizuspringen, der in sehr gebrochenem Englisch einem Gepäckträger begreiflich zu machen suchte, daß sein Gepäck unmittelbar nach Paris gehen sollte. Dann begab Watson sich wieder in seinen Erste-Klasse-Waggon, wo er feststellte, daß der Schaffner, ungeachtet des am Abteilfenster angebrachten Vermerks »Reserviert«, ihm den altersschwachen Italiener als Reisegefährten zugeteilt hatte. Watson zuckte ergeben die breiten Schultern und hielt von neuem unruhig Ausschau nach seinem Freund. Die Waggontüren waren schon zugeschlagen worden, der Pfiff der Lokomotive ertönte, da –

»Aber, mein lieber Watson«, sagte eine vertraute Stimme, »du geruhst ja nicht einmal, mir guten Morgen zu sagen.«

Watson wandte sich überrascht um. Der angejahrte Geistliche hatte ihm das Gesicht zugekehrt, und für Sekundendauer waren wie durch ein Wunder die Runzeln daraus verschwunden, die Nase hob sich vom Kinn, die Unterlippe war nicht mehr vorgeschoben, und der Brabbelmund schwieg. Die stumpfen Augen gewannen Leben, die zusammengesunkene Gestalt streckte sich. Aber schon im nächsten Moment war Hochwürden wieder alt und kam hörbar aus Italien. Sherlock Holmes, für einen Augenblick dagewesen, war wieder weg.

»Mein Gott!« entfuhr es Watson. »Hast du mich aber erschreckt!«

»Wir müssen noch sehr vorsichtig sein«, flüsterte Holmes. »Es sieht ganz so aus, als wären sie uns dicht auf den Fersen. Da kommt er ja selbst, unser Freund Moriarty!«

Bei Holmes' Worten hatte sich der Zug bereits in Bewegung gesetzt. Watson blickte zurück und sah, wie ein hochgewachsener Mann sich ungestüm durch die Menge drängte, wild den Arm schwenkend, als wollte er den Zug anhalten. Aber es war zu spät. Der Zug gewann rasch an Tempo und brauste gleich darauf aus dem Bahnhof.

»Siehst du, trotz all unserer Vorsicht war es ein knappes Rennen«, sagte Holmes lachend. Er stand auf, riß sich den Pfaffenhut und die schwarze Soutane herunter und verstaute die Maskerade in seiner Reisetasche.

»Hast du schon die Morgenzeitung gelesen, Watson?«

»Nein.«

»Gestern abend haben sie in der Baker Street unsere Wohnung in Brand gesteckt. Es ist aber nicht viel passiert.«

»Holmes! Das geht wirklich zu weit!«

»Sie müssen wohl meine Spur verloren haben, als man den Strolch mit dem Knüppel eingesperrt hatte. Sonst hätten sie ja nicht annehmen können, ich wäre wieder zu Hause. Offenbar haben sie aber vorsichtshalber dich überwacht, nur dadurch konnte Moriarty am Victoria aufkreuzen. Oder hast du vielleicht unterwegs irgendwas falsch gemacht?«

»Ich habe genau getan, was du mir gesagt hast.«

»Hast du deine Kutsche sofort gefunden?«

»Ja, sie war da.«

»Hast du auch erkannt, wer der Kutscher war?«

»Nein.«

»Mein Bruder Mycroft. Es ist in solchen Fällen doch gut, einen Bruder wie Mycroft zu haben, der einem auf so vielerlei Weise behilflich sein kann. Aber jetzt müssen wir uns überlegen, was in Sachen Moriarty zu tun ist.«

»Dies ist doch ein Schnellzug und hat Anschluß an unser Schiff, da müßten wir ihn eigentlich mit Erfolg abgeschüttelt haben.«

»Mein guter Watson, du hast mich anscheinend nicht ganz richtig verstanden, als ich dir letzthin sagte, daß man Moriarty das gleiche geistige Format unterstellen muß wie mir. Du glaubst doch wohl nicht, daß ich, wenn ich hinter jemandem her bin, mich so leicht geschlagen gebe, nur weil eine Kleinigkeit mir dazwischen kommt. Warum also traust du das ihm zu?«

»Und was, glaubst du, wird er tun?«

»Dasselbe, was *ich* tun würde. Nämlich einen Sonderzug anfordern. Unser Zug hält in Canterbury. Und dann gibt es immer mindestens fünfzehn Minuten Aufenthalt, bis das Schiff geht. Da kann er uns erwischen.«

»Man möchte meinen, wir wären die Verbrecher. Wir

können ihn doch einfach verhaften lassen, wenn er ankommt.«

»Damit wäre die ganze Arbeit dieser drei Monate zunichte gemacht. Den großen Fisch hätten wir dann im Netz, aber die kleinen würden uns rechts und links durch die Maschen gehen. Montag hingegen kriegen wir sie allesamt. Nein, Verhaftenlassen kommt nicht in Frage.«

»Was machen wir also?«

»Wir steigen in Canterbury aus.«

»Und dann?«

»Nun, dann müssen wir eben kreuz und quer über Land nach Newhaven fahren und von dort hinüber nach Dieppe. Moriarty wird wiederum das tun, was *ich* täte; er wird nach Paris weiterfahren, unsere Koffer ausfindig machen und vor dem Gepäckdepot ein paar Tage auf uns warten. Inzwischen leisten wir uns ein paar neue Reisetaschen, kurbeln die Industrie unserer Durchreiseländer an und gondeln über Luxemburg und Basel in die Schweiz.«

Sie stiegen in Canterbury also aus. In einer Stunde ging ein Zug nach Newhaven. Holmes deutete auf den Schienenstrang.

»Siehst du, da kommt er schon.«

Noch weit draußen über den Wäldern von Kent stieg ein dünnes Rauchwölkchen auf. Bald danach wurde eine Lokomotive mit einem Waggon sichtbar, die in rasendem Tempo die zur Bahnstation führende weite Kurve entlangflog. Holmes und Watson hatten gerade noch Zeit, sich hinter einen Berg Koffer zu ducken, da raste auch schon der Sonderzug ratternd und schnaubend vorüber, und den beiden fuhr ein heißer Luftstrom ins Gesicht.

»Da fährt er«, sagte Holmes, während sie dem Waggon nachblickten, der hin und her schwankend über die Weichen rumpelte. »Wie du siehst, hat die Intelligenz unseres Freundes eben doch ihre Grenzen. Allerdings, wenn er meine Kombination kombiniert und dementsprechend gehandelt hätte, das wäre in der Tat ein *coup de maître* gewesen.«

»Siehst du, da kommt er schon.«

»Angenommen, er hätte uns irgendwo eingeholt, was hätte er wohl gemacht?«

»Mich kaltzumachen versucht, das ist doch klar. Aber zu diesem Spiel gehören nun einmal zwei. So, und nun zu der Frage, ob wir hier einen etwas verfrühten Lunch zu uns nehmen oder aber uns der Gefahr aussetzen wollen, daß wir bis zu unserer Ankunft in der Bahnhofsgaststätte Newhaven verhungert sind.«

In der Nacht erreichten sie Brüssel, wo sie zwei Tage blieben, um am dritten Tag nach Straßburg weiterzufahren. Am Montagmorgen hatte Holmes an die Londoner Polizei telegraphiert, und abends fanden sie im Hotel schon die Antwort vor. Holmes riß das Telegramm auf, warf es dann mit einem höhnischen Fluch ins Feuer.

»Das hätt' ich mir denken können«, zischte er. »Er ist weg.«

»Moriarty?«

»Ja. Er ist ihnen entwischt. Er als einziger. Die anderen sitzen alle fest hinter Schloß und Riegel.«

Aber Scotland Yard irrte sich.

Man stelle sich das Gesicht eines Mannes vor, mit philosophischer Denkerstirn, jedoch sinnlicher Kinnpartie, mit eisigen blauen Augen, deren schlaffe Lider Zynismus verraten, mit einer schmalen herrischen Nase, einem riesigen Schnurrbart, der schon ins Graue spielt, und einem kleinen Mund zwischen tief eingegrabenen, grausamen Wangenfurchen.

So ein Gesicht hat Colonel Sebastian Moran.

Sohn des Bath-Orden-Ritters und weiland britischen Ministers in Persien, Sir Augustus Moran, Eton-Schüler und Oxfordstudent, seinerzeit Offizier bei den königlich britischen Indientruppen, und zwar den Bangalore-Pionieren – so ist Colonel Sebastian Moran der beste Schütze im ganzen Empire und hält insbesondere bei der Tigerjagd den unangefochtenen Beuterekord.

Außerdem ist er, nächst Professor James Moriarty, Londons gefährlichster Schwerverbrecher.

Jedoch Colonel Sebastian Moran, der alte Buschjäger, weilt zur Zeit nicht in London. Denn Colonel Sebastian Moran ist Professor Moriartys rechte Hand und befindet sich, ebenso wie sein Chef, momentan auf dem Kontinent – ausschließlich damit befaßt, einen gewissen Mr. Sherlock Holmes zu eliminieren.

Eine bezaubernde Woche lang durchwanderten Holmes und Watson das Rhônetal. Bei Leuk bogen sie ab, überschritten den Gemmi-Paß, der noch tief verschneit war, und gelangten so über Interlaken nach Meiringen.

»Es war eine wunderschöne Reise«, schreibt Watson, »in den Tälern das zarte Frühlingsgrün, oben noch das jungfräuliche Weiß des Winters; doch mir war klar, daß Holmes in der ganzen Zeit auch nicht einen Augenblick lang den drohenden Schatten vergaß, der über ihm schwebte. Ob in traulichen Alpendörfern oder auf einsamen Bergpfaden, überall machte sein gehetzter, unsteter Blick, mit dem er jedem Menschen, der uns begegnete, rasch und forschend ins Gesicht sah, mir aufs neue bewußt, daß wir der Gefahr, die uns auf Schritt und Tritt folgte, nirgends entgehen konnten.

Ich erinnere mich, daß einmal, als wir vom Gemmi kamen und am Ufer des melancholischen Daubensees entlangwanderten, ein großer Felsbrocken, der sich von dem Grat zu unserer Rechten gelöst hatte, den Abhang herunterkam und hinter uns tosend in den See rollte. Binnen Sekunden hatte Holmes den Grat erklommen, stand da wie auf einer Zinne und reckte den Hals nach allen Himmelsrichtungen. Unnütz, daß unser Bergführer ihm versicherte, Steinschlag an diesem Hang sei im Frühjahr eine ganz alltägliche Sache. Holmes sagte nichts darauf, sondern lächelte mir bloß zu wie jemand, der eintreffen sieht, was er erwartet hat… «

Am dritten Mai langten sie in dem kleinen Ort Meiringen an, wo sie im *Englischen Hof* Quartier nahmen. Auf einen Vorschlag des Gastwirts hin brachen sie am vierten

Mai mittags zu einer Wanderung auf; sie wollten über den Hügelkamm in den Weiler Rosenlaui hinunter und dort übernachten.

Zuerst jedoch machten sie einen kleinen Umweg. Auf halber Höhe lagen die weltberühmten Reichenbach-Wasserfälle, und Holmes wollte sie unbedingt sehen.

Nun stand er mit Watson am oberen Felsenrand. Unter ihnen stürzte der Wildbach, von der Schneeschmelze angeschwollen, in eine furchterregende Schlucht hinab, aus der in Wolken der Gischt aufsprühte wie Rauch aus einem brennenden Haus. Die Klamm, in die der Bach sich strudelnd ergoß, war ein ungeheurer Felsenschacht mit Wänden aus glitzerndem, pechschwarzem Gestein und verengte sich unten zu einem brodelnden Loch von unbestimmbarer Tiefe, aus dem das Wasser wieder emporquoll und reißend über den zerklüfteten Rand weiter abwärts schoß.

Watson blickte auf den endlosen, grünlich schäumenden Wasserschweif, über dem als dichter, flackernder Vorhang der Gischt aufstob, und es schauderte ihn. »Hier kann einem angst und bang werden«, sagte er.

»Der Pfad führt ja auch nicht weiter«, erwiderte Holmes. »Gehen wir wieder zurück.«

Sie wollten gerade aufbrechen, als sie sahen, wie ein Bursche in Schweizer Tracht mit einem Brief in der Hand den Pfad heraufgerannt kam. Das Kuvert war mit *Englischer Hof* gestempelt und trug Watsons Namen.

»Von wem ist das?« fragte Holmes.

»Von einer Engländerin im Hotel«, antwortete Watson. »Sie hat ganz plötzlich einen Blutsturz gehabt und möchte mit einem englischen Arzt sprechen.«

»Dann mußt du nach Meiringen zurück«, sagte Holmes. »Weißt du was, ich gehe schon über den Hügel nach Rosenlaui, und wir treffen uns dort am Abend.« Er saß mit dem Rücken an einen Felsen gelehnt, die Arme verschränkt, und blickte auf die schäumenden Wassermassen hinunter.

Schon beinahe wieder im Tal, drehte sich Watson noch einmal um und schaute zurück. Den Wasserfall konnte er nicht mehr sehen, wohl aber den Serpentinenweg, der sich über den Bergbuckel schlängelte und weiter bis an die Schlucht führte. Auf diesem Pfad ging jetzt in raschem Tempo ein Mann; schwarz hob sich seine Gestalt von dem grünen Hügelhintergrund ab.

Watson dachte an seinen Auftrag und eilte weiter.

In Meiringen stand der Wirt am Hoteleingang.

»Wie geht es der Dame«, sagte Watson ganz außer Atem, »hoffentlich hat sich ihr Zustand nicht verschlimmert?«

Der Wirt schaute ihn verständnislos an.

»Sie haben mir doch diese Nachricht geschickt«, sagte Watson und zog den Brief aus der Tasche. »Wie, es ist gar keine kranke Engländerin im Haus?«

»Ach wo«, lachte der Wirt. »Aber – das hat ja den Hotelstempel! Dann kann nur dieser lange Engländer es geschrieben haben; der ist angekommen, da waren Sie eben weg. Er sagte –«

Aber Watson rannte bereits über die Dorfstraße, zurück auf den Pfad, den er gerade erst heruntergestiegen war.

»Guten Tag, Mr. Sherlock Holmes.«

Der Detektiv blickte auf. Breitbeinig, die Hände hinter dem Rücken verschränkt, stand Professor James Moriarty auf dem schmalen Steig, dem einzigen Weg in die Sicherheit, den es gegeben hätte. In den grauen Augen des Schwerverbrechers stand gnadenlose Entschlossenheit; Holmes konnte in Augen lesen.

»Ein finsterer Ort«, sagte der Professor. »Der passende Ort für unsere letzte Begegnung.«

Holmes gab keine Antwort.

»Es war nicht leicht, Ihre Spur zu finden«, fuhr der Professor fort. »Eins müssen Sie zugeben; daß wir Sie doch noch aufgespürt haben, spricht entschieden für die Tüchtigkeit meiner Organisation.«

»Einer Organisation, mit der es jetzt aus ist.«

Der Professor lächelte dünn.

»Vielleicht vorübergehend, in England«, räumte er ein. »Dank Ihrer unglaublichen Impertinenz, Holmes. Aber hier auf dem Kontinent habe ich nach wie vor Freunde und bewährte Bundesgenossen. Vielleicht werde ich ein, zwei Jahre hierbleiben. Aber dann kehre ich nach London zurück, stärker denn je, weil es dann Sie nicht mehr gibt.«

Langsam trat der Professor einen Schritt vor.

»Darf ich noch meinem Freund ein paar Zeilen schreiben?« fragte Holmes.

Der Professor zögerte, doch dann nickte er. »Aber wenn ich bitten darf, kurze Zeilen.«

Holmes riß ein paar Blätter aus seinem Notizbuch und schrieb:

»Mein lieber Watson, Mr. Moriarty war so freundlich, mir Zeit für diese wenn auch wenigen Zeilen zu geben, bevor ich ihm zwecks Bereinigung der zwischen uns offen gebliebenen Fragen zur Verfügung stehe ...

Es ist mir ein angenehmer Gedanke, daß ich nunmehr imstande bin, die menschliche Gesellschaft von weiteren Auswirkungen seiner Existenz zu befreien, wenn auch, wie ich fürchte, um einen Preis, der für meine Freunde schmerzlich sein wird, besonders, mein lieber Watson, für Dich ...

De facto, um ganz offen zu Dir zu sein, hatte ich keinerlei Zweifel, daß der Brief aus Meiringen eine Falle war, und in der Überzeugung, daß die Dinge einen Verlauf dieser Art nehmen würden, habe ich Dich zu diesem Krankenbesuch ins Dorf gehen lassen.

Sage bitte Inspektor Patterson, die Papiere, die er zum Überführen der Bande braucht, liegen in Fach M; es ist ein blaues Kuvert mit der Aufschrift *Moriarty*. Über mein Eigentum undsoweiter habe ich vor unserer Abreise aus England schriftlich verfügt; das Testament hat mein Bruder Mycroft in Händen. Meine Empfehlungen an Mrs. Watson, und für Dich, alter Junge, bleibe ich allzeit

Dein Sherlock Holmes.

Holmes knickte die Blätter und legte sie, beschwert mit seinem silbernen Zigarettenetui, auf einen Felsen, der in den Pfad hineinragte. Dann schritt er, Moriarty dicht hinter sich, auf die Stelle zu, wo der Pfad endete.

Hier drehte Holmes sich um. Fast im selben Augenblick sprang der Professor ihn an. Wie ein Affe umklammerte er mit langen Armen den Detektiv und drängte ihn gewaltsam bis an den Abgrund. Sekundenlang balancierten sie, ineinander verkrallt, schwankend über dem Rand der Schlucht. Dann aber gelang es Holmes, mit einer ruckartigen Bewegung den Griff des anderen zu sprengen und blitzschnell zurückzuweichen. Der Professor verlor das Gleichgewicht und kam auf den gischtfeuchten Steinen ins Rutschen. Trampelnd suchte er sich noch einmal zu fangen, griff mit beiden Händen verzweifelt ins Leere – dann stürzte er mit einem grauenerregenden Aufschrei über den Felsenrand. Holmes sah ihn in einem langen Sturz niedergehen, sah, wie er einen Fels streifte, abprallte und endlich im strudelnden Wasser verschwand. Minuten verstrichen, doch der Professor kam nicht mehr zum Vorschein.

Der Körper des Verbrecherkönigs war noch nicht unten aufgeschlagen, da stand Holmes' Plan bereits fest. Der Professor, so viel war sicher, konnte nicht mehr am Leben sein, aber Moriarty war ja nicht der einzige Mensch gewesen, der sich Holmes' Vernichtung geschworen hatte. Es gab mindestens noch drei andere – darunter an erster Stelle diesen finsteren Colonel Moran –, deren Rachedurst durch den Tod ihres Anführers nur noch wachsen würde. Falls diese Männer sich in London befanden, würde Inspektor Patterson sie zu fassen bekommen. Wenn aber einer von ihnen oder gar alle drei zusammen mit Moriarty auf den Kontinent herübergekommen waren...

Gut denn, mochte die Welt ruhig glauben, Sherlock Holmes sei tot. Dann würden diese Männer, sofern sie noch frei herumliefen, sich sicher fühlen. Sie würden offen in Erscheinung treten und früher oder später konnte er, Holmes, ihnen das Handwerk legen.

Sekundenlang balancierten sie, ineinander verkrallt, schwankend über dem Rand der Schlucht

Zunächst jedoch gab es ein anderes, höchst akutes Problem. Holmes konnte nicht von hier absteigen, ohne daß er auf dem feuchten Pfad Fußspuren hinterließ, die ihn verraten würden. Er stand auf und nahm die hinter ihm steil ansteigende Felswand näher in Augenschein. Ein paar kleine Stellen sahen ihm danach aus, daß man den Fuß aufsetzen und sich dann hochziehen konnte, und etwa in halber Höhe zum Kamm zeigte sich die Andeutung eines Bandes, vielleicht sogar einer schmalen Terrasse. Holmes machte sich an den Aufstieg. Tief unter ihm dröhnte der Wasserfall, und Holmes, obwohl er im allgemeinen nicht viel Phantasie hatte, glaubte aus dem Abgrund herauf noch immer den Schrei des Professors zu hören. Doch ein einziger falscher Tritt oder Griff konnte hier das Ende bedeuten. Ab und zu löste sich ein Grasbüschel unter seiner Hand, und mehr als einmal glitt ihm der Fuß auf dem nassen, zerklüfteten Gestein aus. Aber es ging, wenn auch mühsam, aufwärts. Endlich hatte er die kleine Terrasse erreicht; sie war gut einen Meter breit und mit grünen Moosen bedeckt. Hier konnte er sich, ungesehen, erst einmal ausstrecken.

Und hier lag er denn auch, als Dr. John H. Watson zum zweiten Mal bei den Reichenbachfällen eintraf.

Der Doktor rief und rief, doch vergebens. Die einzige Antwort, die er bekam, war das Echo seiner eigenen Stimme, das hallend von Felswand zu Felswand lief. Dann sah er Holmes' Bergstock, der an einem Felsbrocken lehnte, und ihm wurde ganz kalt und elend. Minutenlang stand er bloß da und suchte sich wieder zu fassen. Dann legte er sich flach auf den Bauch und spähte über den Felsenrand; von allen Seiten stob ihm der Gischt ins Gesicht. Von neuem rief er, doch nur das schaurige, fast einer menschlichen Stimme ähnelnde Brüllen des Wasserfalls kam zu ihm zurück. Dann sah er irgendwo etwas glitzern: Holmes' Zigarettenetui. Darunter die Zettel mit seinem Brief. Die Handschrift war fest und klar, als hätte der Detektiv den Text daheim am Schreibtisch geschrieben, in dem friedlichen Wohnzimmer in der Baker Street.

Langsam, Wort für Wort, las Dr. Watson die Nachricht. Grauen erfaßte ihn. Er drehte sich um und taumelte blindlings den Steig hinunter ins Dorf.

Oben auf seiner Felsenterrasse hob Holmes den Kopf, stützte sich auf die Ellenbogen und hing dem Gedanken nach, daß seine wilden Erlebnisse ja nun ihr Ende gefunden hätten. Aber er täuschte sich und sollte es sehr bald merken.

Ein riesiger Felsbrocken polterte plötzlich von oben an ihm vorbei, streifte den Pfad und kippte über den Schroffenrand in die Schlucht hinunter. Eine Sekunde darauf kam ein zweiter Stein, der diesmal das Felsband streifte, kaum einen Fuß von Holmes' Kopf entfernt.

Der Detektiv sah nach oben. Auf ihn herhab starrte ein bitterböses Gesicht, nackten Haß in den eisigen blauen Augen.

Holmes hatte also doch recht gehabt: Moriarty war nicht allein aufs Festland gekommen. Zumindest einen Komplizen hatte er mitgebracht, der dann irgendwo lauerte, während der Professor angriff – und das war kein anderer als der schreckliche Colonel Moran.

Wieder schaute Holmes auf: das Gesicht des Großwildjägers lugte immer noch über den Grat. Und wieder rollte ein Brocken, zwei Kopf groß, an ihm vorbei. Blitzschnell schwang sich Holmes über den Rand des Felsbands, tastete, an den Händen baumelnd, mit den Füßen nach einem Halt und begann zentimeterweise, so vorsichtig er nur konnte, sich an der fast spiegelglatten Wand wieder hinunterzulassen – war es bergauf schon nicht einfach gewesen, dieser Abstieg war noch tausendmal schlimmer.

Endlich landete er, zerschunden und blutverschmiert, wieder auf dem Pfad. Und der Verfolger da droben mußte tatenlos zusehen, wie der große Sherlock Holmes aus der Baker Street in der sinkenden Dämmerung des Abends verschwand. Fluchend und völlig unnützerweise warf Colonel Moran noch einen letzten Stein.

Zwischenakt.
Dr. Watson als Schriftsteller

Die kurzen… Einblicke, die ich hin und wieder [der] Öffentlichkeit in das Denken und Wirken eines so bemerkenswerten Mannes vermittelte, haben sichtlich Interesse gefunden…

DR. JOHN H. WATSON

Mit schwerem Herzen, erschöpft und voll tiefer Trauer über den Tod des gescheitesten und anständigsten Mannes, dem er jemals begegnet war, kehrte Dr. John H. Watson nach England zurück.

»Ihre Leistung sollte auch öffentlich anerkannt werden«, hatte er nach Abschluß des ersten Falles, den sie gemeinsam bearbeitet hatten, zu Holmes gesagt. »Sie sollten das Ganze aufschreiben und publizieren. Wenn Sie es nicht machen wollen, übernehme ich es.«

»Meinetwegen, Doktor«, hatte Holmes gleichmütig erwidert.

Es war eine lange und mühsame Arbeit für Watson gewesen, aber sie fand ihren Lohn. Im Dezember 1887 hatte *Beetons Weihnachts-Jahrbuch* die von Watson verfaßte und mit der höchst wirkungsvollen Überschrift *Studie in Scharlachrot* versehene Chronik jenes Falles als Titelgeschichte gebracht.

Drei Jahre darauf, 1890, hatte er einen weiteren Fall veröffentlicht, den denkwürdigen Bericht *Im Zeichen der Vier*.

Jetzt, im Jahr 1891, wollte sich Dr. Watson aufs neue der schriftstellerischen Arbeit hingeben – einer, wie er ja wußte, für einen von der Feldchirurgie her kommenden praktischen Arzt nicht eben leichten Arbeit. Es fiel ihm jedoch nichts Besseres ein, womit er dem Andenken seines Freundes noch hätte dienen können.

Die erste Schwierigkeit stellte sich bald ein.

Seit kurzem weilte jedoch Watsons Verlagsagent Dr. Conan Doyle[1], aus Wien gekommen, wieder in England und wohnte mit seiner Familie in Montague Place 23 am Russel Square. Watson ging hin und trug ihm sein Problem vor.

Doyle hatte seinerzeit Watsons *Studie in Scharlachrot* bei einem Buchverlag untergebracht, und damit das Manuskript den für Buchform erforderlichen Umfang erhielt, hatte er Watsons Text eine Geschichte aus eigener Feder, betitelt »Das Land der Heiligen«, eingefügt. Doyle besaß Geist, und er konnte schreiben; erst unlängst hatte er eine Erzählung verfaßt – *Die weiße Bruderschaft* –, die jetzt gerade im *Cornhill Magazine* in Fortsetzungen erschien.

Dr. Arthur Conan Doyle freute sich, daß er seinem alten Bekannten Dr. John H. Watson einen Rat geben konnte.

»Wie ich es sehe, liegen die Dinge doch so«, sagte er, indem er sich in seinem Sessel am Schreibtisch (wo er auch seine eigenen Arbeiten schrieb) zurücklehnte und dicke Rauchwolken aus seiner irischen Tonpfeife paffte. »Von Ihrer Pension allein können Sie und Ihre Frau Mary nicht

---

1 Der spätere Sir Arthur Conan Doyle (1859–1930). Obwohl seine Vorfahren dem irischen Landadel angehörten, war die Großmutter von Sir Arthur, ebenso wie die von Holmes, französischer Abkunft. Sein Großvater John Doyle galt in den ersten Jahren nach 1800 als ein Meister der politischen Karikatur; von seinem Onkel Richard Doyle stammt eine Umschlagzeichnung für *Punch*, die noch bis vor wenigen Jahren in Gebrauch war; sein Onkel Henry Doyle war Direktor der Irischen Nationalgalerie; sein Onkel James Doyle endlich stellte *The Chronicle of England* zusammen.

leben. Aber Ihre Praxis in Paddington nimmt Sie zu sehr in Anspruch. Seit Sie sie von dem alten Farquhar übernommen haben, ist sie ja immer größer geworden. Zum Schreiben bleibt Ihnen da weder Zeit noch Kraft.

Nun, wenn ich mich recht erinnere, hatten Sie während Ihrer ersten Ehe eine Praxis in – Kensington, glaube ich, die Sie doch nie so ganz ausgefüllt hat.[2] Wie wäre es, wenn Sie die Paddingtoner Praxis aufgeben und zusehen würden, ob Sie vielleicht Ihre alte Praxis in Kensington wieder erwerben können? Dann hätten Sie immerhin Ihr Auskommen – und nebenher doch die Möglichkeit, der Welt einiges mehr von Ihrem bemerkenswerten Freund zu berichten.«

Es war ein guter Rat, und Watson befolgte ihn unverzüglich.

Aber in Kensington sah er sich einem neuen Problem gegenüber.

Von den Fällen, die er gern der Öffentlichkeit vorlegen wollte, fielen nicht wenige – darunter »Skandal in Böhmen«, »Der Klub der Rothaarigen«, »Der verschwundene Bräutigam«, »Die fünf Orangenkerne« und noch einige andere – in die Zeit seiner ersten Ehe.

Aber wenn er nun in den Veröffentlichungen immer wieder von seiner ersten Frau sprach, mußte das für Mary jedesmal ein Schlag ins Gesicht sein – mußte es sie doch stets von neuem daran erinnern, daß sie nicht seine erste Liebe gewesen war.

Dr. Watson wußte sich zu helfen. Er würde ganz einfach, wo es angebracht war, im Text hier und dort eine kleine Zwischenbemerkung einflechten, irgendeine Anspielung, die den Eindruck erweckte, als habe sich der betreffende Fall *nach* dem Zeichen der Vier und somit nach seiner Begegnung mit Mary ereignet. Wenn er dann von »seiner Frau« sprach, so überlegte Watson, würde der Leser

---

2 Vgl. »Der Klub der Rothaarigen«.

selbstverständlich annehmen, daß damit seine Frau Mary gemeint sei.[3]

Es war bewußte Täuschung, gewiß, und Watson als einem ehrlichen Menschen war dergleichen zuwider. Doch fand er es besser, den Leser irrezuführen, als Mary weh zu tun.

So machte er sich denn ans Schreiben und ließ all den in seinem Gedächtnis angestauten Lebenserinnerungen endlich freien Lauf.

Man darf ohne Übertreibung sagen, daß die gesamte Welt aufhorchte, als im Juliheft 1891 des *Strand Magazine*, noch keine zwei Monate nach Holmes' Verschwinden, der erste dieser so lange zurückgehaltenen Tatsachenberichte erschien.

Und von da an strömten bis zum Dezember 1893 zwei runde Dutzend dieser Erlebnisberichte in ununterbrochener Folge aus Dr. John H. Watsons treulicher Feder.

---

3 So zum Beispiel in »Skandal in Böhmen«, wo Watson von der »altvertrauten Haustür« (Baker Street 221 B) spricht, »an die ich stets nur mit Wehmut zurückdenken kann... «. Ebenso in »Der Klub der Rothaarigen«, wo er den Polizeibeamten Peter Jones auf »diese Mordsache Sholto« und den »Agra-Schatz« anspielen läßt. Ferner in »Der verschwundene Bräutigam«; hier macht Watson uns weis, daß er auf die »rätselhafte Sache mit dem Zeichen der Vier *zurück*blicke«; und in »Die fünf Orangenkerne« erwähnt Holmes angeblich das Zeichen der Vier als einen »vielleicht noch phantastischeren« Fall.

XVIII.
Begegnung in Montenegro: Juni 1891

»Ihr Sohn… hat sich in dieser Sache verhalten, wie ich es gern und mit Stolz an meinem eigenen Sohn sehen würde, sollte ich je einen haben.«
SHERLOCK HOLMES

Im Jahre 1891 war Cettigne (Cetinje), Metropole des abgelegenen und so gut wie unzugänglichen Fürstentums Montenegro, ein Ort von vielleicht dreitausend Einwohnern. Es war jedoch Regierungssitz, und hier befand sich auch der neue Palast, wo der etwas geheimnisumwitterte Prinz Nikola mit seinem Hof residierte. Außerdem konnte Cetinje sich eines Operntheaters rühmen.

In den Jahren um 1890 besaß Montenegro noch keine Eisenbahnen. Über die Grenze führten fast ausschließlich hoch zwischen Bergkämmen verlaufende Ziegenpfade. Der kleine Hafen Antivari –, nur zu erreichen mit einem bestimmten Schiff der Apulien-Linie, das ihn in großen Abständen vom italienischen Bari aus anlief – war praktisch der einzige Zugang ins Land.

Von Antivari aus gab es eine unwegsame Landstraße, die den Hafen mit Rjeka und Cetinje verband, und über diese Straße rumpelte an einem schönen Junitag des Jahres 1891 mühselig eine Kutsche. Sie beförderte einen hochgewachsenen, hageren Mann mit einer Adlernase, der den Namen Sigerson führte und sich als Norweger ausgab.

Cetinje, so hatte sich Sherlock Holmes überlegt, war ein Städtchen, wo jemand, der Tag und Nacht fürchten mußte, von einem Colonel Moran gestellt zu werden, sich zumindest für eine Weile halbwegs in Sicherheit fühlen durfte.

Über die Telegraphenleitung nach Belgrad und Wien konnte er unschwer mit seinem Bruder Mycroft Verbindung halten – denn auf der ganzen Welt wußten nur Mycroft und Moran, daß Sherlock Holmes noch am Leben war. Dieser Kontakt war allerdings wichtig, denn Holmes mußte ja existieren. Und kleine diskrete Bestechungen, zusammen mit einer ebenso wirkungsvollen wie einfachen Maske – ein jüngst gewachsener Schnurrbart und schwarzgefärbtes Haar – würden gewährleisten, daß von seiner Anwesenheit in Montenegro keinerlei Kunde in die Außenwelt drang.

Alles in allem war Holmes mit dem Stand der Dinge zufrieden.

Irene Adler war es recht gut ergangen, seit Inspektor Lestrade sie aus ihrer Scheinehe mit dem Wüstling Norton befreit hatte.

Immer noch war sie eine beachtliche Schönheit, immer noch eine Opernaltistin von internationalem Rang, und so hatte ihr die Rückkehr zur Bühne nicht allzuviel Schwierigkeiten bereitet. Im Augenblick war es zwar mit der Mailänder Scala und mit Warschau noch nichts, aber irgendwann, vielleicht bald...

Sie hatte inzwischen, wieder auf eigenen Füßen, sich als Primadonna eines kleinen Ensembles erneut einen Namen gemacht. Im Spätherbst 1890 war die Truppe auf Tournee gegangen. Das Frühjahr 1891 fand das Ensemble in Osteuropa. Und jetzt, im Juni 1891, gastierten sie im Opernhaus der montenegrinischen Hauptstadt Cetinje.

Es war in der dritten Rigoletto-Aufführung – Irene sang die Maddalena –, daß der Altistin während der Pause ein Billett in ihre Garderobe gebracht wurde.

Ein alter Bekannter, so lautete das Schreiben, *würde sich glücklich schätzen, mit Miss Adler nach der Vorstellung soupieren zu dürfen. Vielleicht wird Miss Adler sich dieses Bekannten wieder erinnern, wenn er bemerkt, daß sie im Jahre 1887 in der Baker Street London ihm einmal gute Nacht gewünscht und dabei seinen Namen genannt hat. Hier in Montenegro indessen zieht er es vor, sich ihr ergebenst zu empfehlen als*

Sigerson.

Irene Adler lächelte und schrieb auf den unteren Rand des Blattes: *Es wird Irene Adler ein Vergnügen sein, heute abend mit jemandem zu soupieren, den sie seit 1887 als schlimmen Widersacher noch sehr wohl in Erinnerung hat.*

»Bring das zu Monsieur Sigerson«, trug sie dem Jungen auf, der die Botschaft überbracht hatte, und ging wieder an ihren Schminktisch.

Es war behaglich in diesem großen Bett, sehr behaglich, aber auch einsam. Eigentlich paradox: immer allein zu sein, und dennoch nie ganz allein.

Was sagte der Kalender? März 1892. Vierunddreißig Jahre war sie nun schon auf der Welt. Wie erfüllt waren diese Jahre gewesen! Sie hatten ihr alle guten Dinge gebracht, die einem die Jahre überhaupt bringen konnten – Glück und Ruhm und auch das, was mehr war als Glück und Ruhm zusammengenommen: Liebe.

Da hatte sie nun auf der ganzen Welt gesungen und hatte überall, wo sie sang, Anklang und Freunde gefunden. Aber von dieser ganzen weiten herrlichen Welt mußte es ausgerechnet dieses New Jersey sein, wo sie geboren war – und geboren *hatte*. New Jersey, was war das überhaupt für ein Land? Nun, dachte sie, man würde es wohl noch lieben lernen, sobald man es einmal besser kannte, zumal wenn man hier geboren war. Trotzdem, warum hatte es nicht irgendein romantisches Fleckchen in Europa sein können, in England vielleicht oder Frankreich, in Spanien, Italien? Montenegro wäre natürlich am schönsten gewesen. Montenegro war, mochten seine Menschen auch seltsam und ihre Sitten und Bräuche noch seltsamer sein, doch ein bezauberndes Land.

Und dort in Cetinje war es geschehen, und er hatte Abend für Abend im Opernhaus in derselben Loge gesessen, ihr fast zum Greifen nah, und sie hatte ihn nicht erkannt. Gewiß, das gefärbte Haar und dieser scheußliche Schnurrbart, den er sich hatte wachsen lassen, aber trotzdem – sie hatte ihn ganz einfach nicht erkannt. Und dann war das Briefchen gekommen.

Eine wunderschöne Villa hatte er für sie beide gefunden, dort draußen im Grün, am Rande der Stadt Cetinje.

Sie hatte ihn sehr bald dazu überredet, sich die Farbe aus den Haaren zu waschen, dann war auch der Schnurrbart gefallen, und Sherlock Holmes war wieder er selbst gewesen. Natürlich hatte er zuerst protestiert, doch mittlerweile brachte er es schon nicht mehr fertig, ihr etwas abzuschlagen. Dann hatte sie darauf bestanden, daß er sich photographieren ließ. Es sei doch zum Lachen, hatte sie gesagt, der berühmteste Detektiv der Welt, und es existierte kein Bild von ihm! »Übrigens«, sagte sie, »du trägst mein Bild immer mit dir herum, dabei hab' ich es gar nicht dir, sondern einem König geschenkt. Aber wenn du mein Bild immer bei dir hast, dann muß ich auch deins immer haben.« Und Holmes, obwohl nach wie vor widerstrebend, hatte sich aufnehmen lassen.

Ja, das war Irene Adlers glücklichste Zeit gewesen, die schönsten Monate in ihrem ganzen Leben.

Aber dann war dieser schreckliche alte Mann aufgetaucht. Auf dem Dorfplatz hatte sie seine lange, gebeugte Gestalt gesehen. Das konnte nur ein Engländer sein. Augenbrauen – wie Shakespeare! Und die grausamen blauen Augen, die lange spitze Nase, der böse Mund! Was hatte doch Sherlock von ihm gesagt? Großwildjäger sei er, berühmt für die Tigerjagd. Jetzt jagte er einen Mann.

Was sollte sie tun?

Sie selbst mußte Montenegro in Bälde verlassen, denn

mittlerweile trug sie bereits ihr Geheimnis. Wenn sie nun eine falsche Spur legte? So, daß Sherlock aus Montenegro fortkam, fort aus der Gefahr, aber in eine ganz andere Richtung als die, die sie selber einzuschlagen gedachte?

Der Plan war gelungen, aber es war alles andere als einfach gewesen. Und diese gräßliche Reise nach Amerika! Und vorher hatte noch dieser Brief verfaßt werden müssen, der ebenso schwer zu schreiben war – weil gewisse Dinge nicht darin anklingen durften – wie jener andere Brief, damals in Briony Lodge...

Wie dunkel es inzwischen geworden war! Gleich war es Nacht. Aber morgen früh würde es ja wieder hell werden. Und die ersten schrägen Strahlen der Morgensonne würden in dieses stille Zimmer fallen und auch das Photo bescheinen, das an ihrem Bett auf dem Tischchen stand. Aber das Gesicht auf dem Bild, das sie morgen im Sonnenlicht wieder anschauen würde, war nicht das Gesicht eines Rechtsanwalts und auch nicht das eines Königs.[1]

Wir dürfen gewiß sein, daß das Baby ein Junge war.

Denn folgendes ist zu bedenken:

---

1 An dieser Stelle erscheint eine Erklärung angebracht. Wie Sherlock-Holmes-Forscher in den USA heute wissen, war »Irene Adler« der Künstlername der Sängerin Clara Stephens aus Trenton, New Jersey. Ihre Schwester Eliza P. Stephens war die Mutter des verblichenen großen James Montgomery, eines glühenden Sherlock-Bewunderers.
Um die Mitte des Jahres 1950 fiel Montgomery beim Sichten irgendwelcher Familienpapiere unversehens eine alte Photographie in die Hand; sie steckte geschützt zwischen zwei Pappkartonstücken, zusammen mit einem vergilbten Schreiben, aus dem hervorging, daß *dieses* Bild und kein anderes die bewußte Aufnahme von »Irene Adler« und dem »König von Böhmen« sei.
Montgomery fiel es wie Schuppen von den Augen, und er ließ von dem Bild sogar Reproduktionen in Form von Glückwunschkarten anfertigen, die er zu Weihnachten 1950 an die Mitglieder der Gesellschaft der Baker-Street-Freunde e. V. verschickte.
Davon, daß Mr. Montgomery weitere Photographien und Briefe – so etwa das Bild von Holmes oder den Bericht über seine Tätigkeit in Sachen der Ripper-Morde, den er »Irene Adler« persönlich zukommen ließ – aufgefunden hätte, ist bis jetzt nichts bekannt.

In New York City lebt und arbeitet heute ein sehr berühmter Mann.

Er ist in den Vereinigten Staaten geboren, seine »Knabenheimat« jedoch, sagt er, ist Montenegro. Dort wurde er »schon als Knabe« Soldat.

Ein berufenes Mitglied der American Historical Association setzt »nach eingehendem, auf den legitimen Methoden der Geschichtsforschung basierendem Quellenstudium« das Geburtsdatum dieses Mannes auf die Zeitspanne »zwischen 1892 und 1895« an.[2]

Dr. John D. Clark, ebenfalls Historiker und Experte, begrenzt diesen Zeitraum auf »Ende 1892 oder Anfang 1893«.[3]

Gleich Sherlock Holmes ist besagter Mann, und zwar hauptberuflich, Detektiv und wird häufig von der beamteten Polizei bei der Aufklärung von Verbrechensfällen herangezogen. Er hat seine Wohnung und sein Büro in einem der alten Brownstone-Häuser am südlichen Ende der Fünfunddreißigsten Straße, zwischen Tenth Avenue und Eleventh Avenue. Seine Anschrift lautet: 506 West Thirty-fifth. Seine Telefonnummer: Bryant 9-2828.

Der Name, den dieser Mann trägt, ist nach aller Wahrscheinlichkeit nicht sein bürgerlicher Name, sondern ein Pseudonym. Es dürfte jedoch kein Zufall sein, daß der von ihm geführte Vorname das »er« und das »o« des Vornamens Sh*er*l*o*ck enthält, während andererseits sein Zuname die Buchstabenfolge »ol-e« des Zunamens »H*ol*m*e*s aufweist.[4]

Von nur drei Menschen wird dieser Mann bei seinem Vornamen genannt. Er selbst redet nur zwei Menschen,

---

2 Siehe »Der Lehnsessel«, von Bernard de Voto, ersch. in: *Harper's Magazine*, Juliheft 1954, S. 8 ff.

3 Vgl. Dr. Clarks diesbezgl. Aufsatz, in: *Baker Street Journal* Bd. VI, Heft 1, Neue Folge Januar 1956, S. 5 ff.

4 Vgl. Ellery Queen: »Die große O-E-Hypothese«, in: *The Queen's Parlor*, New York 1957, S. 4–5.

die nicht seine Angestellten sind, mit ihrem Vornamen an.

Gleich Sherlock Holmes arbeitet dieser Mann mit einem tatkräftigen Assistenten zusammen, der gleichzeitig als sein Chronist fungiert. Der Assistent wiederum bedient sich, ebenso wie Dr. John H. Watson, eines literarischen Agenten, der selbst ein erfolgreicher Autor ist.

In seiner Jugend war dieser Detektiv, genau wie Sherlock Holmes, ein tüchtiger Sportler.

Und gleich Sherlock Holmes ist dieser Mann ein Feinschmecker, der erlesene Speisen und Weine zu schätzen weiß.

Ebenso wie Sherlock Holmes besitzt dieser Mann (anscheinend) keine Antenne für Frauen.

Gleich Sherlock Holmes führte dieser Mann vertrauliche Aufträge im Dienste seines Vaterlandes durch. Vor dem Zweiten Weltkrieg arbeitete er für das US State Department. Während des Zweiten Weltkrieges wurde er in wenigstens zwei Fällen vom FBI und wiederholt vom G-2 bemüht.

In geistig-rationaler Hinsicht erinnert er auffallend an Sherlock Holmes. Nicht minder fällt seine körperliche und emotionale Ähnlichkeit mit *Mycroft* Holmes ins Auge.

Wie Mycroft Holmes ist auch dieser Mann groß und stämmig. Seine Figur wirkt »ausgesprochen korpulent«. Sein Gesicht, obwohl »groß und robust«, besitzt »ausdrucksvolle Schärfe«. Seine Hände, gleich denen von Mycroft Holmes, kann man als »breit«, »flach« und »nicht unähnlich einer Seehundflosse« bezeichnen.

Ebenso wie Mycroft Holmes besitzt dieser Mann nicht sehr viel Energie. Er bewegt sich so wenig wie möglich, jahraus, jahrein. Die Arbeit eines Detektivs besteht für ihn von A bis Z aus Gedankenarbeit im Sessel. An den Tatort eines Verbrechens begibt er sich fast nie – ebensogut könnte ein Planet seine Bahn verlassen. Wo Beinarbeit nicht zu vermeiden ist, überläßt er sie anderen.

Folgendes sei noch besonders vermerkt: jener erfolgreiche Autor, der dem Mitarbeiter dieses berühmten Detektivs als literarischer Agent zur Verfügung steht, pflegt grundsätzlich der Behauptung, der Vater des Detektivs sei kein anderer als der große Sherlock Holmes aus der Baker Street, weder zuzustimmen noch zu widersprechen.

»Als der literarische Agent von [Name gestrichen]«, äußert er am 14. Juni 1955 in einem Schreiben an den Herausgeber des *Baker Street Journal*, »bin ich mit zahlreichen Details aus [Name gestrichen]'s Vergangenheit selbstverständlich vertraut, über welche jedoch die breite Leserschaft vorerst noch in Unkenntnis bleiben muß. Sollte es mir zu gegebener Zeit möglich werden, irgend etwas davon bekanntzugeben, so dürfte Ihre geschätzte Zeitschrift hierfür das geeignete Forum sein. Die Interessen meines Klienten, die ich zu wahren habe, verbieten es mir, heute schon mehr zu sagen. Mit den besten Empfehlungen

Ihr Rex Stout.«

XIX.
Aufbruch ins Unbekannte: 1891–1893

»Ich habe also zwei Jahre lang Tibet bereist,
mir in Lhasa die Zeit vertrieben und war auch mehrere
Tage Gast beim Obersten Lama.
Du wirst von dem Norweger Sigerson und seinen
erstaunlichen Untersuchungen
wohl in der Zeitung gelesen haben,
doch bestimmt ist dir nie in den Sinn gekommen,
daß du damit ein Lebenszeichen deines Freundes
in Händen hieltest...«
SHERLOCK HOLMES

Gleich seinem Bruder Sherlock meinte auch Mycroft Holmes, daß Arbeit die beste Medizin gegen Kummer sei.

Welche hohe und ungewöhnliche Position Mycroft mittlerweile bekleidete, davon sollte Dr. Watson in vollem Umfange erst vier Jahre später erfahren. Im Jahre 1895 hat Sherlock Holmes nämlich zu ihm gesagt: »Du hast schon recht, er untersteht unmittelbar der englischen Regierung, doch in gewissem Sinne könnte man bisweilen auch sagen, daß er persönlich England regiert.«[1]

Jetzt, im August 1891, war Sherlock tief bekümmert, weil er seine Irene verloren hatte. Mochte er. Mycroft

1 »London im Nebel«.

würde, zu Nutz und Frommen Englands, für den Bruder schon Arbeit finden.

Es gab zu der Zeit, wie auch bereits in früheren Jahren, an der Nordgrenze Indiens Reibereien mit Rußland, die aber neuerdings nicht mehr abrissen und für England eine Quelle ernstlicher Sorge waren. Tibet wurde immer mehr von Mongolen und Burjaten durchsetzt, die für Rußland Spionage betrieben. Mycroft, alias die englische Regierung, konnte es nur begrüßen, einen versierten Beobachter an Ort und Stelle zu haben, der sich in den internationalen Spionagemethoden auskannte und über die Lage in jenem unzugänglichen, aber für England lebenswichtigen Grenzgebiet zuverlässig berichten konnte.

Man darf guten Gewissens unterstellen, schreibt Mr. A. Carson Simpson[2], *daß Sherlock Holmes »auf höheren Befehl« nach Tibet gegangen ist. Wie wäre es sonst zu deuten, daß er in Lhasa nach eigener Aussage »mehrere Tage lang Gast beim Obersten Lama« war?*

Wir dürfen demnach, obschon es sich der diplomatischen Geheimhaltung zufolge nicht verifizieren läßt, auch vermuten, daß die englische Regierung alles getan hat, um Holmes in den britischen Kontroll- oder Mandatsgebieten, durch die er reisen mußte, nach Kräften die Wege zu ebnen. Begleiten wir also, unter Mr. Simpsons Ägide, nun Sherlock Holmes bei seinem Aufbruch ins Unbekannte, der inmitten der imposanten Berge Nordindiens, in der auf 2185 Meter Seehöhe gelegenen Stadt Darjeeling, seinen Anfang nahm.

Holmes' Aufenthalt in Darjeeling war kurz, jedoch angefüllt mit Erledigungen: er mußte sich für die Weiterreise Träger und Tiere beschaffen und sie entsprechend ausrüsten; ferner kaufte er zum Mitnehmen noch Proviant ein,

---

2 Seite 10, Band II seines großartigen Werkes *Sherlock Holmes' Wanderjahre* (Philadelphia, Bd. I 1953, Bd. II 1954, Bd. III 1955, Bd. IV 1956).

wie etwa Tee, Mehl, Zucker, Kartoffeln. Ein gut Teil an Vorräten hatte ihm Mycroft über das Britische Reichsamt für Indien bereits besorgt; sonstige Bedarfsartikel hatte er sich in Bombay und Calcutta beschaffen können.

In Darjeeling wurde Holmes auch die zur Ein- und Weiterreise in Tibet erforderliche amtliche Genehmigung ausgestellt – ein wahrhaft imponierendes Dokument, datiert vom Jahre der Eisernen Häsin und unterzeichnet vom Obersten Lama, dem bis zur Volljährigkeit des Dalai Lama stellvertretenden Landesregenten sowie Abt des berühmten Ten-gye-ling-Klosters zu Lhasa, das damals eines der vier maßgeblichen Klöster Tibets war. Der Ausweis erschloß Holmes das Land nördlich jener Gipfelriesen der Himalayakette, die er von seinem Berglager aus, wo er das Potential seiner Expedition zusammenstellte, tagtäglich sah. Kein Zweifel, daß er während der Arbeit so seine Überlegungen angestellt hat, was ihn wohl dort drüben erwarten mochte.

Endlich marschbereit, mußte Holmes zunächst achtzehn Meilen auf einem schmalen Pfad in das fast zweitausend Meter tiefer gelegene Tal zum Fluß Teesta absteigen. Diesen überquerte er anderntags auf der Teesta-Brücke, und dann begann die lange Wanderung, sechzig Meilen weit auf schmalen, unwegsamen Saumpfaden, hinauf zur tibetischen Grenze.

Es war bereits Monsunzeit. Jeden Tag gingen schwere Sturzregen nieder. Das Teesta-Tal war tief und schmal, unerträglich heiß, ohne den leisesten Windhauch. Und in dieser Dunstatmosphäre, in der sich kaum atmen ließ, machte Holmes auch noch Bekanntschaft mit der denkbar widerwärtigsten Plage jenes Gebietes: dem Himalaya-Egel.

Links und rechts des Pfades, auf Steinen und Gräsern, saßen die Blutsauger massenweise und warteten auf ihr Opfer. Was immer des Weges kam, Mensch oder Tier, wurde von ihnen befallen. Holmes' Maulesel hatten schwer zu leiden, und immer öfter, je weiter sie kamen, tropfte das Blut aus den Wundstellen auf den Pfad.

Den ganzen ersten Abend verbrachte Holmes sich damit, die Blutegel von den Kleidern, von Händen und Waden und Kopf zu entfernen. Aber sie krochen auch an den Wänden seines Zeltes hinauf und fielen von dort in sein Essen, auf seinen Teller, ins Trinkgefäß. Sie waren verschieden groß, vom großen gestreiften Pferde-Egel bis zu einer ganz winzigen Art von nur Nadelstärke – vollgesogen allerdings fingerdick.

Es war die reinste Bluttaufe, deren Empfang Sherlock Holmes wohl besonders dazu prädestiniert hat, im Jahre 1894 über die »widerliche Geschichte mit dem roten Blutegel und den furchtbaren Tod des Bankiers Crosby«[3] die Wahrheit herauszufinden.

Ständig im Kampf mit den Blutegeln, folgte Holmes dem Saumpfad durch Yalimpong, wandte sich dann flußaufwärts nach Rangpo, wo er den Fluß verließ und den Weg nach Sikkim einschlug. Hier zeigten die Lebensbedingungen, die den Egeln so günstig waren, auch ihre andere Seite: der Weg führte jetzt durch einen tropischen Regenwald aus immergrünen Eichen, Baumfarnen, Dattel- und Pandanuspalmen, Hibiskus- und Bougainvilleabüschen, durchrankt von Orchideen und blühenden Schlinggewächsen

---

3 »Das goldene Pincenez«. Leider hat Dr. Watson darauf verzichtet, uns irgendwelche Details über diesen Fall zu geben; vielleicht, da sie für das Leserpublikum der viktorianischen Ära allzu grausam gewesen wären. Simpson vermutet, daß Crosby auf einen überdimensionalen Blutegel gestoßen sein muß – eine Mutation oder eine Art »Prachtexemplar« –, der ihm *alles* Blut aus dem Körper gezogen und nur einen eingefallenen, zusammengeschrumpften Leichnam übriggelassen hat. Simpson schließt indessen auch nicht die Möglichkeit aus, daß der Ausdruck »Blutegel« in übertragener Bedeutung gebraucht ist (etwa im Sinne von »Arzt«) und daß das »rot« sich auf dessen Haarfarbe, die Farbe seiner Kleidung, seinen Umgang mit Aderlässen oder auch auf seine politische Färbung beziehen könnte, »in welchem Falle das ausersehene Opfer natürlich der Kapitalist Crosby sein mußte«.

und mit großen, leuchtend bunten Schmetterlingen bevölkert, die scharenweise über den Pfad flatterten.

Von hier aus begann der letzte steile Aufstieg zur Grenze Tibets. Bei Gnatong erreichte der Pfad die farbenprächtige Rhododendronzone. Bald darauf überschritt Holmes den rund viereinhalbtausend Meter hohen Pass Jelep-La, der an dieser Stelle die Grenze bildet, und überwand den steilen Abhang hinunter ins Chumbi-Tal. Das Wegstück talaufwärts zur Siedlung Chumbi war leicht zu gehen, und die Flora hier, die vorwiegend aus Birken, Bergahorn, Weiden, Heckenrosen, Iris und wilden Erdbeerstauden bestand, bot zu dem Urwald auf der Sikkimer Paßseite willkommene Abwechslung, so daß Holmes in relativ raschem Aufstieg das Dorf Phari Dzong erreichte, das vierzig Meilen vom Jelep-La entfernt und sogar noch etwas höher lag.

Holmes zog weiter über das tibetische Hochplateau; die Monsunregen hatte er hinter sich gelassen. Er erlebte nun das typische Trockenklima Tibets mit seinem strahlenden Sonnenschein und tiefblauen Himmel, den windstillen Morgenstunden und den windreichen Nachmittagen, wenn scharfe Böen den Staub in jede Ritze bliesen.

Bei Gyantsa zweigte die Handelsstraße nach West-Tibet ab, doch Holmes zog natürlich geradeaus weiter gen Lhasa. Nach genau hundert Meilen Wegs überschritt er den Fluß Tsangpo auf der berühmten uralten Hängebrücke – sie bestand aus einem einzigen, etwa 150 Meter langen Steg, der zwischen hohen steinernen Brückenpfeilern an eisengeschmiedeten, aus etwa fußlangen Gliedern bestehenden Ketten aufgehängt war. Er war nur für Fußgänger vorgesehen und bestand aus dicht hintereinandergefügten Holzplanken von vielleicht dreißig Zentimeter Breite, die ihrerseits durch Seile aus Yak-Haar mit den Ketten verbunden waren.

Unweit der Brücke vereinigte sich der Tsangpo mit dem Kyi, und diesem Flußlauf folgte Holmes nun die letzten 35 Meilen bis Lhasa. Dort hatte er nichts Eiligeres zu tun, als sich beim Obersten Lama zu melden und ihm die traditionelle weiße Seidenschärpe als Gastgeschenk zu verehren.

Wir wissen, daß Holmes zu seiner Reise nach Tibet einen Auftrag seitens der britischen Regierung besaß. Damit wissen wir jedoch nicht die Antwort auf eine andere Frage: Warum hat die Regierung Tibets, der Oberste Lama, den noch nie dagewesenen Schritt gewagt, Holmes nach Lhasa zu einem persönlichen Besuch einzuladen?

Mrs. Winifred M. Christie bemerkt hierzu[4] , daß diese Einladung nur zu deuten sei, indem man folgendes annimmt: der Regent wußte, wer Holmes in Wirklichkeit war, und bat ihn zu sich nach Lhasa, um von ihm Aufklärung zu erlangen über ein Lebewesen, für das er sich damals, 1891, gerade zu interessieren begann – ein Lebewesen, von dem im Volk hier und da unter der Bezeichnung *metoh-kangmi* die Rede ging – was aus dem Tibetischen übersetzt etwa heißen würde »Der gräßliche Schneemensch«.[5]

Während der sogenannte Schneemensch ins europäische Bewußtsein erst 1921 wie eine Bombe einschlägt, als nämlich Teilnehmer der ersten Mount-Everest-Expedition auf einem Sattel in siebeneinhalbtausend Meter Höhe seine Fußspur erblickten, ist in Tibet die Kunde von diesem furchterregenden Wesen schon sehr viel älter, und es gingen damals beängstigende Geschichten darüber um. Doch niemand konnte sich rühmen, es zu Lebzeiten mit eigenen Augen gesehen zu haben. Man wußte von seiner Existenz lediglich durch die Fußabdrücke im Schnee.

Was konnte für den Regenten Tibets daher näher liegen, [schreibt Mr. Simpson], als daß er sich an *die* Weltkapazität für

---

4 »Über die erstaunlichen Entdeckungen eines gewissen Sigerson«, in: *Sherlock-Holmes-Journal*, Bd. I, Heft 2, September 1952, S. 39 ff.

5 Mit »gräßlich« ist das tibetische Wort nicht ganz richtig wiedergegeben. Sprachkenner behaupten, »ekelhaft«, »abstoßend« oder auch »dämonisch« träfen den Wortsinn besser.

Fußspuren wandte? Wir wissen, daß Holmes auch auf diesem Gebiet, ebenso wie in anderen Disziplinen der wissenschaftlichen Verbrechensaufklärung, seiner Zeit weit voraus war. Seine Schrift *Das Erkennen von Fußspuren, mit Bemerkungen über die Verwendung von Gips zur Konservierung der Abdrücke* wurde durch François le Villard von der Pariser Ermittlungszentrale sogar ins Französische übersetzt[6].

Was den Regenten angeht, so hatte er seinen Grund, mehr über den Schneemenschen wissen zu wollen. Sir Charles Bell, in seinem Buch *Tibet – Gestern und heute* (Oxford 1924, S. 21), schreibt dazu:

> Ihrer Sage nach stammen die Tibeter von einem Affen ab. Dieser, seinerseits eine Inkarnation von Chen-re-zi, dem Gott des Mitleids, traf eines Tages eine Teufelin, die so zu ihm sprach: »Aufgrund meiner Taten in meinem früheren Leben wurde ich als Tochter eines Volkes von Teufeln wiedergeboren, doch da ich in der Gewalt des Lustgottes bin, liebe ich dich unsäglich.« Nach langem Zögern und eingehender Beratung mit seinem Schutzgeist nahm der Große Mitleidige sie zum Weib, und sie bekamen sechs Kinder. Der Vater speiste die Kinder mit geweihtem Korn, was zur Folge hatte, daß nach und nach der Haarwuchs an ihren Körpern zurückging und ihre Schwänze kürzer und kürzer wurden, bis sie schließlich verschwunden waren. So wird es in der tibetischen Chronik »Pu-tön Rim-po-che's Chö-chung« in Band 10 berichtet.
>
> Dem Lama [fügt Mr. Simpson hinzu] lag natürlich daran zu erfahren, ob zwischen diesen Schneemenschen und den Tibetern seiner Tage vielleicht irgendeine atavistische Verwandtschaft bestand.

Wie sahen sie denn nun aus, diese Schneemenschen? Die wahrscheinlich beste Beschreibung, die einstweilen vorliegt, gibt uns Captain John Noel in seiner Schrift *Die Mount-Everest-Story* (Boston 1927, S. 110 ff.):

---

6 Im Jahre 1888 (*Im Zeichen der Vier*). Die erste Veröffentlichung in englischer Sprache erfolgte im Jahr 1878.

Sie lebten hoch oben auf dem Mount Everest, aber von Zeit zu Zeit kamen sie herunter und zerstörten und verwüsteten die Dörfer... Wenn man von ihnen spricht, muß man es mit großem Respekt tun, sonst bringen sie Unglück oder kommen womöglich ins Tal und verwüsten und töten. Sie sind dafür bekannt, daß sie Männer töten und Frauen verschleppen und daß sie auch den Yaks die Gurgel durchbeißen und ihr Blut trinken. Fast jeder tibetische Bauer... weiß von ihren seltsamen Wanderzügen zu berichten und von den langen Haaren, die ihnen übers Gesicht fallen, so daß man, weiß man sich von einem Sukpa[7] verfolgt, immer bergab laufen muß; dann geraten die langen Haare ihm in die Augen, und man kann ihm entkommen... Der König der Sukpas soll, wie man annimmt, auf dem höchsten Gipfel des Everest hausen, so daß er alles, was unter ihm liegt, überblicken und sich aussuchen kann, auf welche Herde friedlich grasender Yaks er sich stürzen will. Yak-Hirten sagen, der Sukpa könne sich springend mit riesigen Sätzen fortbewegen; auch soll er viel größer sein als der größte Mensch und einen stämmigen Schwanz haben, auf den er sich nieder setzen kann. Die Menschen, die er tötet, pflegt er nicht zu verzehren; er beißt ihnen lediglich Fingerspitzen, Zehen und Nase ab und läßt sie dann einfach liegen.

Bei der zweiten Mount-Everest-Expedition fand man keine Fußspuren, die vom Schneemenschen hätten stammen können, wenngleich der Abt der Lamaserei Rongbuk damals versicherte, daß es im oberen Rongbuk-Tal und seinem Gletschergebiet mindestens fünf dieser Wesen gebe.

Im Jahre 1925 jedoch ist der Schneemensch tatsächlich auch von einem Europäer – N.A. Tombazi – gesehen worden, und zwar in Sikkim in der Nähe der Zemu-Schlucht.

Ich hatte das Geschöpf sogleich ausgemacht, zwei- oder dreihundert Meter weiter unten im Tal [schreibt Tombazi (*Bericht*

---

7 Ein weiterer tibetischer Ausdruck für die schreckliche Kreatur. Sie ist übrigens auch noch bekannt unter der Bezeichnung *Yeti*. [W. S. B.-G.]

von einer Kamera-Expedition zu den Südgletschern des Kanchenjunga im Sikkimer Himalaya, Bombay 1925, S. 55ff.)]. Seine Umrisse waren die einer menschlichen Gestalt; es ging aufrecht... hob sich dunkel gegen den Schnee ab und war offensichtlich unbekleidet... Ich untersuchte die Fußabdrücke, die den Spuren menschlicher Füße glichen, jedoch nur 15 bis 16 Zentimeter lang waren. Die fünf Zehen und den Ballen konnte ich deutlich erkennen, der Abdruck der Ferse allerdings war sehr schwach. Einwandfrei waren es die Fußspuren eines Zweibeiners. Laut Nachforschungen, die ich anstellte, hatte sich seit Jahresbeginn kein Mensch mehr in diesem Gebiet aufgehalten.

Photographiert wurden Fußabdrücke des Schneemenschen im Jahre 1951 von Eric Shipton, einem Teilnehmer der Mount-Everest-Dankexpedition; er fand sie in etwa sechseinhalbtausend Meter Höhe auf der Nepaler Seite des Everest, und sie waren nicht länger als der Kopf seines Eispickels.

Die Schweizer Expedition des folgenden Jahres hat gleichfalls Spuren gefunden und sie gemessen; hier waren die Fußabdrücke 29 Zentimeter lang und zwölf Zentimeter breit und lagen jeweils 51 Zentimeter weit auseinander.

Die im Jahre 1954 von der Londoner *Daily Mail* veranstaltete Expedition stieß in Klöstern mehrfach auf präparierte Schädel von Schneemenschen, die dort bei kultischen Tänzen Verwendung fanden. Nach Aussage des offiziellen Schriftführers der Expedition[8] sind die Sherpas in Nepal – ein intelligentes, nüchternes und ebenso zuverlässiges wie eigensinniges Volk – übereinstimmend der Meinung, daß der Schneemensch ungefähr 165 Zentimeter groß ist, einen hohen spitzen Kopf und im Gesicht keine Behaarung hat, wohingegen sein Körper mit derben, rötlichen, etwa zehn Zentimeter langen Haaren bedeckt ist. Er läßt einen ganz bestimmten Ruf hören, vergleichbar dem

8 Ralph Izzard, *Der Schneemensch*, Garden City, N. Y., 1955. Vgl. auch Charles Stonor, *Sherpa und Schneemensch*, London 1955.

Schrei der Seemöve, aber ungleich lauter. Hier ist natürlich von dem kleineren der beiden Schneemenschentypen die Rede; wie Izzard berichtet, hat die *Daily-Mail-* Expedition nämlich festgestellt, daß es zwei Typen gibt: den größeren *dzu-teh*, wie er in Tibet und im angrenzenden Sikkim vorkommt, und den kleineren *mih-teh*, den man in Nepal kennt.

Aber das alles kam erst viel später. Als Holmes im Jahre 1891 daranging, für den Obersten Lama in Sachen Schneemensch Näheres zu ermitteln, hatte erst ein einziger Europäer dessen Fußspuren zu Gesicht bekommen, nämlich Lieutenant Colonel L. Austine Waddell – der sie im Jahre 1889 auf einer Paßhöhe in Sikkim fand –, und sein Erlebnisbericht *In der Gipfelwelt des Himalaya* sollte erst 1898, also neun Jahre später, zur Veröffentlichung gelangen.

Wir dürfen sicher sein, daß Holmes mit dem Obersten Lama nicht nur den Schneemenschen diskutierte, sondern daß er sich von ihm auch einiges über den Buddhismus hat erzählen lassen.

Wie man sich noch erinnern wird, hat Holmes im September 1888 – er ermittelte damals gerade über das Zeichen der Vier – sich einmal über den Buddhismus auf Ceylon verbreitet, und zwar so kenntnisreich, »als hätte er darin promoviert«.

Sein Interesse mag ursprünglich erwacht sein, als er Anfang 1887 oder auch bereits Ende 1886 die erschütternde Tragödie der Atkinson Brüder in Trincomalee aufklären half. Wie auch immer, nachdem ihm die südliche Form des Buddhismus schon so vertraut war, mußte er nun den Wunsch haben, auch über die nördliche, den Buddhismus Tibets, mehr zu erfahren.

Wenn man, schreibt dazu Mr. Simpson, *seine verbissene Zielstrebigkeit kennt, kann man dann noch daran zweifeln, daß er es mit seinen… Studien bis zum Arhanta, zum Adepten, gebracht hat?* Und Mr. Simpson behauptet, daß die nach 1894 an Holmes feststellbare Wandlung, die so viele Holmes-Kommentatoren erwähnen, nur darauf zurückzuführen sein könne.

Zu den Veränderungen, die sich auf diese Weise erklären lassen [fährt Mr. Simpson fort], gehört unter anderem Holmes' Verzicht auf den Kokaingebrauch. Es gibt kein Beispiel dafür, daß er nach seiner Wiederkehr noch jemals Kokain oder ein anderes Narkotikum eingenommen hätte... Dank dem Wissen, das er bei den Lamas in Tibet erlangt hatte, vermochte er fortan auch ohne Lethetrank gelassenen Geistes zu sein...

Bezeichnend ist auch, und zwar im Hinblick auf die Abneigung der Tibeter gegen Alkohol, der nach Holmes' Wiederkehr unverkennbare Wandel in seinen Trinkgewohnheiten.[9] Er kam zwar nicht gerade als Abstinenzler zurück, war jedoch außerordentlich maßvoll geworden. Bevor er nach Tibet ging, hatte er, worauf es viele Hinweise gibt, oft und gern etwas getrunken, unter anderem auch Whisky und Brandy. In den... Ermittlungsfällen hingegen, die zeitlich nach seiner Wiederkehr liegen und die sich immerhin noch über eine ganze Reihe von Jahren erstrecken, findet sich nur insgesamt viermal eine Andeutung, daß er überhaupt einen Drink zu sich nahm, und in keinem Fall einen »harten«...

Ein weiterer Beweis für den Einfluß der buddhistischen Lehre auf Holmes ist in der Tatsache zu erblicken, daß er nach seiner Wiederkehr nur ein einziges Mal ein Lebewesen getötet hat...[10]

Unser Schluß wird überdies noch erhärtet durch eine neue innere Einstellung, die Holmes nunmehr an den Tag legt und die eindeutig nur von lamaistischen Lehren inspiriert sein kann... In dem Fall des »Toten von Abbey Grange« zum Beispiel [sagt Holmes]: »Ich glaube, ein paarmal in meinem Berufsleben habe ich dadurch, daß ich den Schuldigen entlarvte, praktisch mehr Schaden angerichtet als er durch seine Tat. Heute weiß ich, daß

---

9 Trotzdem brauen die Tibeter ein Bier, *chang* genannt, das Schneemenschen, wenn sie seiner habhaft werden, schwer betrunken macht. [W. S. B.-G.]

10 Und in diesem Fall betrachtete Holmes sich auch nur als Vollstrecker: das böse, der Welt schädliche Lebewesen mußte eben vernichtet werden. Siehe »Die Löwenmähne«. [W. S. B.-G.]

man behutsamer vorgehen muß, und lieber würde ich fortan die englischen Gesetze ein wenig zurechtbiegen, als meine Gewissensgrundsätze ... «

Wir müssen bedenken, daß für den Lama das Nirwana nicht völliges Ausgelöschtsein bedeutet, wofür es die weniger fortgeschrittenen Jünger Buddhas noch halten, sondern daß es ein Jenseits ewiger Erfüllung ist, ein Weiterleben an den Zehn heiligen Himmelspunkten. Daß sich [Holmes] diese Lehre zu eigen gemacht hat, ebenso wie die Karmalehre und den Begriff der Summe des Erreichten, geht deutlich aus jenen zwei Sätzen hervor, die er in dem Fall »Das verhüllte Gesicht« zu Mrs. Ronder sagt: »Die Wege, die das Schicksal bisweilen geht, sind wahrlich schwer zu verstehen. Wenn es nicht nach dem Tod einen Ausgleich gibt, ist das Leben nur ein grausamer Scherz.«

Und an späterer Stelle, in dem gleichen Bericht: »Ihr Leben ist nicht Ihr Eigentum, Sie dürfen nicht Hand daran legen... Das Beispiel geduldig ertragenen Leidens spricht für sich selbst, als die kostbarste aller Lehren, die man unserer ungeduldigen Welt erteilen kann.«

Und noch einmal sieht man, wie Holmes die Lehre von der Scheinhaftigkeit der äußeren Welt und der stofflichen – von uns darob für »wirklich« gehaltenen – Dinge zutiefst bejaht, wenn er in der Sache des »Farbenhändlers im Ruhestand« sagt: »Ist nicht alles Leben im Grunde armselig, nutzlos?... Wir streben, wir raffen – und was halten wir zuletzt in der Hand? Einen Schatten.« Man nennt dergleichen Gedankengänge ja auch: die Lehre vom Schein.

Und noch bezeichnender sind die Schlußworte des Berichts über das »Unheimliche Paket«[11]: »Was bedeutet das alles, Watson? Wohin führt dieser ganze Teufelskreis aus Elend, Angst und Gewalt? Irgendeinen Sinn muß das Ganze doch haben, oder unsere Welt wäre vom Zufall gelenkt, und das ist undenkbar. Aber welchen Sinn? Das ist die eine große, nie verstummende Frage, die zu beantworten Menschengeist heute so wenig hinreicht wie eh und je.«

---

11 Da dieser Ermittlungsfall nachweislich noch *vor* Holmes' Tibetreise liegt, ist der Ausspruch ein Beweis mehr für sein sehr frühes Interesse am Buddhismus in allen seinen Formen und zeigt, wie viel er darüber gelesen haben muß. [W. S. B.-G.]

Hier haben wir die klare Anerkennung eines der Grundprinzipien des Lama-Buddhismus – daß nämlich wahres Verstehen mittels allein der eigenen Vernunft nicht möglich ist; es bedarf dazu der Führung durch einen Lehrer. Außerdem wird hier unverkennbar auf die Lehre vom Kreis (oder Rad) des Seins angespielt, in welchem das Individuum eine Reihe von Wiedergeburten verschiedener Beschaffenheit durchmachen und mehr oder minder leiden muß. Es kann dem Kreis nur entrinnen, wenn es jenen höchsten Bewußtseinszustand erreicht, der als Erleuchtetsein bezeichnet wird und der den Betreffenden zum Rang eines Buddha erhebt...

Der Oberste Lama wird Holmes vermutlich gesagt haben, einen geeigneten und überaus tüchtigen Buddhalehrer finde er in dem Abt des Inneren Felsenklosters über dem Tal von Rongbuk. Von diesem Kloster aus waren es nur noch sechzehn Meilen bis zum Mount Everest, und dorthin wollte Holmes ja auf jeden Fall, um über den Schneemenschen Näheres zu ermitteln.

Ein weiterer Ort, den Holmes im Verlauf seiner Erkundungen zwangsläufig aufgesucht und wo er geistige Unterweisung höchsten Ranges empfangen haben dürfte, war das Kloster am sogenannten Berg des Segens – Ta-shi Lhün-po –, der Sitz des Panchen Rim-po-che, oder des Ta-shi Lama, eines fast ebenso hohen Würdenträgers, wie der Dalai Lama es ist.

Holmes dürfte also den gleichen Weg, den er kam, bis kurz hinter die Chak-sam-Brücke wieder zurückgewandert und dann ein paar Meilen auf dem nördlichen Schenkel der Ost-West-Handelsstraße, den Tsang-po-Fluß entlang, weitergezogen sein. Unweit Shigatse laufen die beiden Schenkel der Ost-West-Straße zusammen; nicht weit dahinter zweigt der Karawanenweg nach Katmandu ab, auf dem Holmes über Shekar Dzong bis nach Tingri Dzong gewandert sein dürfte. Hier hat er sich wahrscheinlich nach Süden gewandt und ist das Flußtal entlang nach Rongbuk gelaufen – alles in allem, ab Lhasa, ein Fußmarsch von 375 Meilen.

Wie weit Holmes eigentlich den Mount Everest hinaufgelangt ist, diese Frage wird nie zu klären sein. Mr. Simpson hält es für unwahrscheinlich, daß er den Gipfel erreicht hat, *doch kann er sehr wohl bis zum Nordsattel, vielleicht sogar noch etwas höher, gekommen sein* – er suchte ja seinen Schneemenschen. Damit war, wie Mr. Simpson sehr richtig bemerkt, Holmes *der erste Europäer – und vermutlich der erste Mensch überhaupt –, der den heiligen Boden des höchsten Berges der Welt je betreten hat. England fällt daher nicht nur das Verdienst der an jenem denkwürdigen 29. Mai 1953 vollbrachten ersten Gipfelbesteigung zu, sondern England konnte auch, und das bereits mehr als sechzig Jahre zuvor, den Ruhm einer ersten Teilbezwingung für sich verbuchen.*

Holmes war der Aufgabe, wie uns Watson verrät[12], glänzend gewachsen. »Kaum ein Mann war größerer körperlicher Leistung fähig... – er war einfach unermüdlich.« Er »besaß ausnehmend viel Kraft in den Fingern«[13] – beim Klettern im Gebirge ein großer Vorzug –, und er war ja »immer im Training«[14]. Er war ein guter Läufer und daher ausdauernd: »Wir waren, glaube ich, schon zwei Meilen weit gerannt, ehe Holmes endlich stehenblieb.«[15] Außerdem sei an den Reichenbachfall erinnert, wo Holmes ein schwer zugängliches Felsband erkletterte.

Wo hat er diese Begabung her? [fragt Mr. Simpson]. Offenbar doch aus einer ähnlichen Quelle wie seine Berufskunst, die er ja »im Blut« hatte – nämlich von seinen Vorfahren mütterlicherseits, den Vernets. Eric Shipton, der bekannte Bergsteiger und Kletterer, sagt: »Seit dem Ersten Weltkrieg bilden bei alpinen Hochleistungen französische Bergsteiger die Elite. Die erstaunlichen Fortschritte in der Klettertechnik während der letzten drei-

---

12 »Das gelbe Gesicht«.

13 »Das Diadem«.

14 »Der einsame Radfahrer«.

15 »Einbrecher im Frack«.

ßig Jahre sind weitgehend ihnen zu danken. Der [Name] ... Vernet... wird stets als einer der ganz großen Namen in der Geschichte des Bergsports lebendig bleiben.[16]

Es wäre müßig, darüber zu spekulieren, was Holmes' Bericht über den »Gräßlichen Schneemenschen« wohl enthält. Bis die tibetische Regierung diesen seinen Bericht international bekanntzugeben bereit ist, dürfen wir lediglich sicher sein, daß Holmes das Rätsel für den Obersten Lama und auch für sich selbst zufriedenstellend gelöst hat.

Indessen dürfte kaum daran zu zweifeln sein, daß Holmes den Schneemenschen als ein harmloses, sanftes Geschöpf beschreibt. Und in seiner neuen Achtung vor dem Leben jeglicher Kreatur hat er bestimmt verschwiegen, wo es zu finden ist, damit es nicht aus Jagdleidenschaft abgeschossen oder aus Forschertrieb in zoologische Gärten gesperrt wird, ganz zu schweigen vom Schicksal der Ausrottung, das in unseren Tagen ja schon so mancher seltenen Tierart widerfahren ist und noch immer droht.

Holmes erzählt uns, als nächstes sei er »durch Persien gereist« und habe auch »einmal kurz in Mekka vorbeigeschaut«. Selten hat er uns von seinem trockenen Humor ein besseres Beispiel gegeben, denn Persien war in jenem Jahr 1893 ein brodelnder Unruheherd, und alle Ausländer, insbesondere Briten und Russen, galten als hochverdächtig. Und was Mekka anging – dort tobte damals gerade der wildeste Bürgerkrieg.

Sodann stattete Holmes »in Khartum dem Kalifen einen kurzen, aber interessanten Besuch« ab, von dessen Ergeb-

16 Einleitung zu Maurice Herzogs Buch *Annapurna* (New York 1953, S. 5) . Mr. Simpson fügt hinzu: Einen Begriff von der enormen Klettergeschicklichkeit dieses Jean Vernet und von den technischen Neuerungen, die ihm zu danken sind..., vermitteln seine Schriften, darunter: *Au Cœur des Alpes,* Grenoble 1951. Bedeutsam ist sicherlich auch der Umstand, daß Holmes, genau wie Sir Edmund Hillary, ein großer hagerer Mann war und daß er im späteren Leben, wie auch Sir Edmund, *Bienen* gezüchtet hat.

nissen er dem Foreign Office Mitteilung machte. Hier irrt jedoch Watson in seiner Wiedergabe. Der Kalif[17] befand sich im Jahre 1893 nicht in Khartum – die historische Stadt war bereits 1885 dem Erdboden gleichgemacht worden, und der Kalif hatte sich mit seinem Hof ins benachbarte Omdurman absetzen müssen, wo er sich verschanzt hielt, bis 1898 General Kitchener ihn besiegte, der dann den Regierungssitz wieder nach Khartum verlegte.

Als Holmes endlich wieder in Europa war, beschäftigte er sich mehrere Monate lang mit chemischen Forschungen auf dem Gebiet der Steinkohlenteer-Derivate; er hatte damals in seinem geliebten Montpellier in Südfrankreich ein eigenes Laboratorium. Aber sein Interesse für Kriminalfälle erlahmte nie; gierig verschlang er, was immer die französischen Zeitungen über dergleichen zu vermelden hatten. Und so kam es, daß Anfang April 1894 Sherlock Holmes auch vom Tode des Honorable Ronald Adair – zweiten Sohnes des Earl of Maynooth[18] – erfuhr, der am Abend des 30. März zwischen zehn und halb zwölf Uhr, wie Holmes' Tagebuch angibt, unter »höchst ungewöhnlichen und rätselhaften Umständen« ermordet worden war.

Die Tatsachen lagen wie folgt:

Am 30. März nach dem Dinner hatte Adair in einem seiner Klubs, dem Bagatell-Klub, einige Partien Whist gespielt. Punkt zehn Uhr war er in die Wohnung Park Lane 427, die er mit Mutter und Schwester teilte, zurückgekehrt. Die beiden Damen waren ausgegangen, doch die Bedienerin gab später zu Protokoll, daß sie gehört habe, wie Adair auf dem zweiten Stock in das vordere Zimmer gegangen sei, das er als Wohnzimmer zu benutzen pflegte. Sie habe zuvor dort Feuer gemacht und wegen des Rauchs

17 Der mohammedanische Herrscher des Sudans südlich von Ägypten und Libyen.

18 Der Earl of Maynooth war zu der Zeit Gouverneur in einer der australischen Kolonien.

das Fenster geöffnet. Aber es sei kein Laut aus diesem Zimmer zu hören gewesen, bis dann etwa um elf Uhr zwanzig Lady Maynooth und ihre Tochter nach Hause kamen.

Lady Maynooth war zum Wohnzimmer ihres Sohnes gegangen, um ihm gute Nacht zu sagen; sie hatte die Tür von innen verschlossen gefunden und auf ihr Rufen und Klopfen keine Antwort erhalten. Sie holte Hilfe, und als man die Tür aufbrach, fand man Honorable Ronald Adair am Boden liegend neben dem Teetisch. Sein Kopf war von einer Revolverkugel, einem Dumdumgeschoß (Holmes' graue Augen wurden schmal), grauenhaft verstümmelt, doch wurde im Zimmer keine Waffe gefunden. Auf dem Tisch lagen zwei Zehnpfundnoten und noch siebzehn Pfund und zehn Shilling in Münzen. Auf einem Blatt Papier, das dabei lag, standen auch ein paar Zeilen und diesen zugeordnet einige Namen von Klub-Mitgliedern. Man schloß daraus, daß der junge Mann, bevor er den Tod fand, sich gerade hatte notieren wollen, wieviel er am Abend beim Kartenspiel gewonnen oder verloren hatte.

Eine eingehende Untersuchung erbrachte nur, daß der Fall immer verwickelter wurde. Niemand konnte einen Grund dafür nennen, weshalb Adair seine Tür von innen versperrt haben sollte. Es bestand auch nicht die Möglichkeit, daß dies etwa der Mörder getan haben und dann durch das Fenster entkommen sein konnte, denn die Höhe zum Garten betrug mindestens sieben Meter, und genau unter dem Fenster befand sich ein voll in Blüte stehendes Krokusbeet, das unberührt war. Es hätte dort niemand hin oder her gelangen können, ohne Spuren zu hinterlassen. Hatte vielleicht jemand durch das offene Fenster geschossen? Das mußte dann allerdings ein bemerkenswerter Schütze gewesen sein, daß er mit einem Revolver so zielsicher und tödlich zu treffen vermochte. Aber wiederum, einen Schuß hatte niemand gehört.

Natürlich mußte es eine polizeiliche Untersuchung geben. Und auf jeden Fall mußten dazu jene drei Männer her, mit denen Adair am Abend des 30. März im Bagatell-Klub noch Whist gespielt hatte.

Sie kamen. Es waren Mr. Murray und Sir John Hardy. Und der Dritte im Bunde – Holmes faßte die Zeitung so fest, daß seine Fingerknöchel weiß wurden –, der Dritte war der berühmte Großwildjäger Colonel Sebastian Moran.

XX.
Sherlock Holmes kehrt zurück: Donnerstag, den 5. April 1894

Wenn auch das Verbrechen selbst interessant genug gewesen ist, so stand es doch in keinem Verhältnis zu der Wirkung...
DR. JOHN H. WATSON

Durch das lange, nahe Zusammenleben mit Sherlock Holmes hatte Dr. John H. Watson echtes Interesse an kriminalistischen Dingen gewonnen. Er versäumte es nie, über die Fälle, die in den Jahren 1891 bis 1894 öffentlich bekannt wurden, jeweils sorgfältig nachzulesen, und er versuchte sich sogar mehrfach unter Anwendung der Methoden von Holmes an der einen oder anderen Aufklärung, jedoch, wie er uns gesteht, »ohne nennenswerten Erfolg«.[1]

Aber kein Kriminalfall, von dem er in jüngerer Zeit ge-

---

1 Watson ist hier, wie immer, allzu bescheiden. Obwohl er sich in seinen Berichten ständig bemüht, seine eigene Intelligenz herunterzuspielen, kann er doch nicht verleugnen, daß er alles andere als ein Dummkopf ist. Ein Beispiel mag hier für viele stehen: In *Der Hund von Baskerville* zieht Watson aus einer näheren Untersuchung des Spazierstocks von Dr. James Mortimer eine ganze Reihe »vollkommen logischer Schlüsse«, wie Holmes sich ausdrückte. Holmes hat damals ferner erklärt: »Wenn du mich fragst, dann kommen in jeder Darstellung, die du meinen kleinen Erfolgen widmest, deine eigenen Fähigkeiten grundsätzlich zu kurz... «

lesen hatte, nahm ihn so gefangen wie die Tragödie des Ronald Adair. Den ganzen Tag, während er die Runde bei seinen Patienten machte, ging ihm die Sache im Kopf herum; er fand aber keinerlei Lösung, die ihm schlüssig erschienen wäre.

An jenem Abend schlenderte er durch den Hyde Park und befand sich so gegen sechs Uhr am Ende der Oxford Street, wo die Park Lane abzweigt. Eine Gruppe von Müßiggängern, die auf dem Bürgersteig standen und allesamt zu einem bestimmten Fenster hinaufschauten, ließen ihn schnell das Unglückshaus finden, das er sich ansehen wollte. Ein großer schlanker Mann mit Sonnenbrille, der Watson verdächtig nach einem Kommissar in Zivil aussah, gab gerade allerlei eigene Theorien zum besten, während die Leute sich dichter herandrängten, um ihn verstehen zu können. Auch Watson trat so nahe heran, wie es eben ging, aber was der Mann von sich gab, kam ihm doch allzuweit hergeholt vor, und ärgerlich wandte er sich zum Gehen. Dabei stieß er gegen einen älteren Mann und fegte ihm ein paar Bücher vom Arm, die zu Boden fielen. Irgendein armer Büchernarr, dachte Watson, indem er sich bückte und die Bände aufhob. Von einem las er unwillkürlich den Titel: *Der Ursprung der Baumkulte*. Ohne ein Wort des Dankes für Watsons Gefälligkeit, eher sogar mit einem verächtlichen Knurren, drehte der alte Büchersammler sich auf dem Absatz um, und Watson sah nur noch seinen gebeugten Rücken und seinen weißen Backenbart im Gedränge verschwinden.

Er war noch keine fünf Minuten wieder in seinem Sprechzimmer in Kensington, als das Hausmädchen einen Besucher meldete. Zu Watsons Verblüffung war es der alte Bücherwurm; seine kostbaren Bände hielt er jetzt fest unterm Arm.

»Sie sind erstaunt, mich zu sehen«, krächzte der Alte. »Nun, ich weiß doch, was sich gehört, Sir. Und als ich Sie zufällig hier ins Haus gehen sah, dachte ich mir, ich komme auf einen Sprung rein und sage dem freundlichen Gentleman guten Tag und daß es nicht böse gemeint war, wenn ich vorhin ein bißchen knurrig gewesen bin, und bedanke mich jetzt bei ihm, daß er mir geholfen hat meine Bücher aufheben.«

»Das ist nicht der Rede wert«, sagte Watson. »Darf ich fragen, woher Sie gewußt haben, wer ich bin?«

»Nun ja, Sir, wenn ich vielleicht so frei sein darf, ich bin ein Nachbar von Ihnen, an der Ecke Church Street ist mein kleiner Bücherladen, und es wäre doch nett, wenn Sie mal reinkämen. Sammeln Sie vielleicht auch, Sir? Hier habe ich *Englands Vogelwelt* und *Catull* und den *Heiligen Krieg* – lauter Schnäppchen, eins wie das andere. Mit fünf Bänden könnten Sie grade die Lücke da auf dem Bücherbord schließen. So sieht's ein bißchen unaufgeräumt aus, finden Sie nicht, Sir?«

Watson wandte den Kopf, um sich den Bücherschrank anzusehen. Als er sich wieder umdrehte, stand Sherlock Holmes vor seinem Schreibtisch und lächelte ihn an.

Zum ersten und letzten Mal in seinem Leben fiel Dr. John H. Watson in Ohnmacht.

»Mein lieber Watson«, sagte die wohlbekannte Stimme, »ich muß dich tausendmal um Entschuldigung bitten. Ich ahnte doch nicht, daß es dich so umwerfen würde.«

»Holmes!« rief Watson. »Bist du es wirklich? Ist das denn die Möglichkeit – du lebst! Wie hast du es bloß geschafft, aus dieser gräßlichen Schlucht wieder herauszukommen?«

Holmes lachte in sich hinein. »Nun«, meinte er, »da herauszukommen, war eigentlich nicht so schwer, aus dem einfachen Grunde nämlich, weil ich gar nicht drin war.« Sich reckend und streckend – »Weißt du, es ist nicht gerade ein Spaß für einen ausgewachsenen Mann, wenn er stundenlang auf einem Bein stehen muß« – erzählte Holmes nun Watson die ganze Geschichte. »Und jetzt, lieber alter Freund«, schloß er, als er mit seiner langen Erzählung zu Ende war, »jetzt, sofern ich dich um deine Mitarbeit bitten darf, steht uns eine arbeitsreiche und gefährliche Nacht bevor. Kommst du mit?«

»Jederzeit und wohin du willst!«

»Das ist ja wirklich wie in den alten Zeiten«, meinte Holmes strahlend. Dann wurde sein Gesicht wieder ernst. »Ich habe das von Mary in der Zeitung gelesen«, sagte er. Er legte Watson die Hand auf die Schulter. »Arbeit, Watson, das weiß ich aus eigener Erfahrung, ist die beste Arznei gegen Kummer, und ein Stück Arbeit habe ich in der Tat für uns zwei, heute nacht. Aber für ein paar rasche Bissen ist Zeit genug, und auch für die drei Jahre Vergangenheit, die wir auszutauschen haben. Bis halb zehn, das muß erst einmal genügen. Und dann gehen wir beide wieder auf Ermittlungsjagd; ein bemerkenswerter Fall, der etwas mit einem leeren Haus zu tun hat.«

Es war wirklich wie in den alten Zeiten, als um halb zehn Dr. Watson wieder einmal neben Sherlock Holmes in einer Droschke saß, seinen Revolver in der Tasche und im Herzen die Lust auf ein spannendes Abenteuer.

Holmes schwieg; sein Adlergesicht wirkte kalt und streng unterm Schein der Straßenlaternen, er hatte die Stirn gerunzelt und die schmalen Lippen zusammengepreßt.

An der Ecke Cavendish Street ließ er die Droschke halten, und beim Aussteigen fiel Watson auf, daß er forschend nach rechts und links spähte. Dann führte ihn Holmes raschen und sicheren Schrittes durch ein Labyrinth von Schuppen und Hinterhöfen, von dem der Doktor gar nicht vermutet hätte, daß es dergleichen hier gab. Sie gelangten schließlich auf ein nicht asphaltiertes, von düsteren alten Häusern gesäumtes Sträßchen, das in die Manchester Street und weiter zur Blandford Street führte. Hier verschwand Holmes rasch in einen schmalen Durchgang, und sie kamen durch ein hölzernes Tor in einen verlassenen Hof, wo Holmes einen Schlüssel aus der Tasche zog und die Hintertür eines Hauses aufschloß. Sie traten zusammen ein, und der Detektiv zog von innen leise die Tür wieder zu.

Es war stockdunkel hier drinnen, doch Watson hatte deutlich den Eindruck, daß das Haus unbewohnt sein mußte. Seine Tritte quietschten über rohe Holzdielen, und mit der tastend ausgestreckten Hand fühlte er Mauerwerk, von dem in Fetzen die Tapete herabhing. Jetzt schlossen Holmes' schlanke kühle Finger sich um sein Handgelenk und zogen ihn weiter durch einen langen Flur, an dessen Ende er undeutlich und verschwommen das Oberlicht einer Tür zu erkennen glaubte. Hier wandte Holmes sich unvermittelt nach rechts, und sie standen in einem großen quadratischen Zimmer, dessen leere Ecken im Dunkel lagen, das aber in der Mitte von den Straßenlaternen einen schwachen Lichtschein erhielt. Holmes legte den Mund dicht an Watsons Ohr. »Weißt du, wo wir hier sind?«

Watson sah durch das trübe Fenster. »Das ist ja die Baker Street«, sagte er.

»Erraten. Wir befinden uns hier im Camden-Haus, es liegt unserer Wohnung genau gegenüber.«

»Und warum sind wir hier?«

»Weil das Camden-Haus einen so ausgezeichneten Blick auf Baker Street Nr. 221 bietet. Geh ruhig etwas näher ans Fenster, Watson, paß aber auf, daß man dich von draußen nicht sieht, und dann schau einmal zu unserer Wohnung hinüber.«

Watson trat vorsichtig näher. Als er drüben das vertraute Fenster ausgemacht hatte, konnte er einen Laut der Verwunderung nicht unterdrücken. Die Jalousie war herabgelassen, dahinter im Zimmer brannte sehr helles Licht, und gegen die Ritzen des Fensterladens zeichnete sich scharf und schwarz der Schatten eines im Sessel sitzenden Mannes ab. Die Silhouette war nicht zu verwechseln – es war Sherlock Holmes!

»Herr im Himmel«, flüsterte Watson aufgeregt, »das ist ja phantastisch!«

»Der Ruhm gebührt Monsieur Oscar Meunier aus Grenoble, der tagelang an diesem Ding modelliert hat, und zwar anhand einer Photographie von mir, die ich ihm zukommen ließ – der einzigen Aufnahme übrigens, zu der ich jemals meine Erlaubnis gegeben habe. So entstand diese Wachsbüste, die ich heute nachmittag eigenhändig noch schnell in der Baker Street aufgestellt habe.«

»Und wozu, Holmes, warum machst du das?«

»Weil ich, mein lieber Watson, aus nur allzu triftigen Gründen eine gewisse Person glauben machen möchte, ich sei zu Hause, während ich in Wirklichkeit ganz woanders bin. Dieser Mann – und nur er, abgesehen natürlich von meinem Bruder Mycroft – weiß, daß Sherlock Holmes noch am Leben ist. Einmal, in Montenegro, hat er meine Fährte verloren, aber er konnte sich denken, daß ich über kurz oder lang wieder in meiner Wohnung aufkreuzen würde. Die hat er die ganze Zeit überwachen lassen, und heute morgen hat sein Wachtposten mich kommen sehen. Dieser Posten ist ein ziemlicher Einfaltspinsel – seine Spezialität ist Erdrosseln, außerdem spielt er gar nicht schlecht auf dem Brummeisen. Ich habe mich überhaupt nicht an ihm gestört. Um so mehr stört mich sein Hintermann; der ist als Moriartys Busenfreund wirklich zu fürchten, und der hat ja auch damals über der Reichenbachklamm die Steine nach mir geworfen. Er ist mit Abstand der verschlagenste und gefährlichste Schwerverbrecher, den London zur Zeit hat. Dieser Mann, Watson, ist heute nacht hinter mir her und ahnt nicht, daß wir ebenso hinter *ihm* her sind.«

Watson, der unverwandt auf das erleuchtete Fenster blickte, packte plötzlich Holmes' Arm.

»Der Schatten hat sich bewegt!« flüsterte er.

»Natürlich bewegt er sich«, versetzte Holmes. »Ich müßte ein schöner Stümper sein, eine leblose Wachspuppe hinzusetzen und mir dann einzubilden, einer der gerissensten Hunde von ganz Europa fällt darauf herein. Wir sind jetzt zwei Stunden in diesem Zimmer, und inzwischen hat Mrs. Hudson achtmal die Haltung der Puppe ein bißchen verändert. Sie macht das von vorn, so daß man dabei ihren Schatten nicht sehen kann. Ah!«

»Der Schatten hat sich bewegt!« flüsterte Watson

Holmes zog zischend den Atem ein, und Watson sah in dem trüben Licht, daß sein Kopf horchend in die Höhe schnellte; der ganze Mann war nur noch Aufmerksamkeit und Spannung. Dann drang ein schwaches, dumpfes Geräusch an Watsons Ohr, aber nicht von der Baker Street her, sondern von irgendwo aus der Tiefe des Hauses, in dem sie auf Wache lagen. Man hörte, wie eine Tür aufging und wieder geschlossen wurde. Dann tappten Tritte den Flur entlang – Tritte, die nicht gehört sein wollten, die aber in dem leeren Gemäuer vernehmbar widerhallten. Holmes duckte sich rücklings gegen die Wand, und Watson tat es ihm nach, während er die Hand um den Griff seines Revolvers legte. Einen Augenblick lang stand undeutlich der Umriß einer Männergestalt in der offenen Tür. Dann kam der Mann, geduckt wie ein lauerndes Tier, ins Zimmer geschlichen. Die schattenhafte Gestalt glitt zum Fenster hinüber und schob es, ganz langsam und ohne Laut, eine Spanne weit auf. Als sich der Mann ein wenig gegen den offenen Spalt neigte, fiel ihm der Schein der Straßenlaterne, nun nicht mehr getrübt durch die schmierige Scheibe, voll ins Gesicht: er schien außer sich vor Erregung, die starren blauen Augen glitzerten und seine Züge verkrampften sich. Jetzt zog der Mann einen sperrigen Gegenstand aus dem Mantel und machte sich eine Weile daran zu schaffen. Endlich gab es ein hartes »Klick«, wie wenn ein Hahn oder eine Feder einrastet. Der Mann, noch immer am Boden kniend, beugte sich vor und schien nun sein ganzes Körpergewicht mit Gewalt gegen irgendeinen Hebel zu stemmen; man hörte ein deutliches knirschendes Geräusch, das mit einem erneuten jetzt aber viel lauteren Knacken endete. Der Mann richtete sich auf, und Watson sah nun, daß er eine Art Gewehr mit einem sonderbar unförmigen Kolben in der Hand hielt. Er zog den Verschluß auf, steckte etwas hinein und ließ das Schloß wieder zuschnappen. Dann, abermals niederkauernd, legte er den Gewehrlauf über die Kante der Fensteröffnung. Sein langer Schnurrbart hing über den Schaft, und sein Auge glühte, als er sein Ziel visierte. Endlich seufzte er einmal befriedigt auf und zog das Gewehr an die Achsel. Sein Finger krümmte sich um den Abzughahn. Man hörte einen seltsamen lauten Pfeifton, in den sich sogleich das silbrige Geklirr fallender Glasscherben mischte.

In diesem Augenblick sprang Holmes wie ein Tiger den Schützen von rückwärts an. Blitzartig war der Mann auf den Beinen. Mit einem wüsten Ruck packte er Holmes an der Gurgel, aber da schmetterte auch schon Watson ihm den Knauf seines Revolvers gegen den Hinterkopf, und der Mann fiel längelang aufs Gesicht. Watson ließ sich über ihn fallen und hielt ihn fest, während Holmes auf seiner Trillerpfeife ein schrilles Signal gab. Sofort hörte man auf der Straße eilige Schritte, und zwei Polizisten in Uniform, begleitet von einem kleinen, frettchengesichtigen Kommissar in Zivil, stürmten durch den Hausflur ins Zimmer.

»Sind Sie das Lestrade?« fragte Holmes.

»Ja, Mr. Holmes. Ich habe das lieber selbst übernommen. Schön, daß Sie wieder in London sind, Mr. Holmes.«

»Ich dachte mir, Sie brauchen vielleicht ein bißchen inoffizielle Hilfe«, sagte Holmes lachend. »Drei unaufgeklärte Morde in einem Jahr, das geht nicht, Lestrade! Aber ich muß zugeben, in der Molesey-Sache haben Sie diesmal weniger – nun ja, sagen wir, haben Sie es sehr gut gemacht.«

Zwei Polizisten hielten den Gefangenen an den Armen gepackt. Er atmete schwer und starrte Holmes mit kalten Augen an. »Satan«, knirschte er, »abgefeimter Satan.«

»Ah, Colonel«, sagte Holmes und rückte sich die Krawatte gerade. »Die Welt ist doch wirklich klein, wie man zu sagen pflegt. Darf ich vorstellen, Gentlemen, dies ist Colonel Sebastian Moran, dem zu begegnen ich letztmalig das Vergnügen hatte, als er mich auf einer Felsplatte über dem Reichenbachfall mit einigen kleinen Aufmerksamkeiten bedachte.«

Wutschnaubend wollte Colonel Moran auf Holmes losgehen, aber die Polizisten hatten ihn gut im Griff.

Der Mann fuhr Holmes an die Kehle

»Ob Sie mich zu Recht festnehmen oder nicht, das wird sich noch finden«, sagte er zu dem einen, »jedenfalls aber sehe ich keine Veranlassung, mir von diesem Individuum hier Frechheiten an den Kopf werfen zu lassen. Wenn ich schon in der Hand des Gesetzes bin, dann haben die Dinge auch ihren ordnungsgemäßen Verlauf zu nehmen.«

»Nun, das ist recht und billig«, sagte Lestrade. »Ist sonst noch etwas zu besprechen, Mr. Holmes, ehe wir gehen?«

Holmes hatte das mächtige Gewehr vom Boden aufgehoben und untersuchte mit sichtlichem Interesse den Mechanismus.

»Eine fabelhafte, einmalige Waffe, dieses Gewehr«, sagte er. »Geräuschlos und von ungeheurem Durchschlagsvermögen. Ich kenne diesen von Herder, diesen blinden deutschen Mechaniker, der es nach Angabe von Professor Moriarty seligen Angedenkens konstruiert hat. Schon seit Jahren weiß ich, daß es existiert, aber ich hatte noch nie Gelegenheit, es in die Hand zu nehmen. Ich lege es Ihnen ganz besonders ans Herz, Lestrade, ebenso die Patronen, die dazu gehören.«

»Wir werden es hüten wie unsern Augapfel, Mr. Holmes, verlassen Sie sich darauf«, sagte Lestrade, mit den anderen schon auf dem Weg zur Tür. »Sonst noch etwas?«

»Nur, daß ich Ihnen aufrichtig gratuliere. Mit Ihrer bewährten Mischung aus Raffinesse und Mut haben Sie ihn erwischt.«

»Wen erwischt, Mr. Holmes?«

»Nun, den Mann, den die ganze Polizei bisher vergeblich suchte – Colonel Sebastian Moran, der am dreißigsten vergangenen Monats den Honorable Ronald Adair durch ein offenes Fenster im zweiten Stock des Hauses Park Lane 427 mit einer Dumdum-Patrone aus einem Luftgewehr erschossen hat. Colonel Moran und der junge Adair hatten zusammen beim Kartenspiel eine beträchtliche Summe Geld gewonnen. Dann kam Adair dahinter, daß Moran falschgespielt hatte. Adair drohte damit, ihn bloßzustellen. Für Moran wäre das der Ruin gewesen. Deshalb brachte er

Adair um, der zu der Stunde hinter verschlossener Tür gerade auszurechnen versuchte, wieviel von seinem Gewinn er den anderen, die durch Moran geprellt worden waren, zurückgeben mußte. Nun, Colonel Moran hat ausgespielt. Sein Gewehr wird das Schwarze Museum von Scotland Yard zieren. Und Ihr Sherlock Holmes kann sich wieder nach Herzenslust dem Studium der interessanten kleinen Probleme widmen, wie sie das Londoner Großstadtleben in solcher Fülle bietet.«

XXI.
Das Spiel beginnt: 1894–1895

*Nie habe ich
meinen Freund in besserer Form erlebt...*
Dr. John H. Watson

Alles war wieder wie früher.

Als Watson im Jahre 1895 das Buch *Die Zeitmaschine* las, damals abgedruckt in der *New Review*, kam es ihm fast so vor, als wären mit Hilfe dieses wundersamen, dem erfinderischen Gehirn von Mr. H.G. Wells entstammenden Apparates, er und Holmes aus dem Jahr 1888 übergangslos in das Jahr 1894 versetzt worden.

Auf Holmes' Vorschlag hin hatte Watson seine Praxis verkauft und wohnte wieder in seinem alten Quartier in der Baker Street. »Ein junger Arzt namens Verner hatte meine kleine Praxis in Kensington übernommen«, schreibt er[1] , »und mit erstaunlicher Bereitwilligkeit den höchsten Preis gezahlt, den ich zu fordern gewagt hatte – ein Umstand, der sich einige Jahre später aufklären sollte, als ich nämlich herausfand, daß dieser Verner ein entfernter Verwandter der Familie Holmes und daß es in Wirklich-

1 In: »Der Daumen des Ingenieurs«,

keit mein Freund war, der das Geld aufgebracht hatte.«[2]

Dank Mycroft Holmes' Kontrolle und Mrs. Hudsons sorgender Hand waren die Räume in der Baker Street unverändert, die alten Wahrzeichen samt und sonders am alten Platz. Da waren die Chemikalien-Ecke und der säurefleckige Tisch aus Kiefernholz. Da war das Regal mit den Reihen jener berühmten Notizbücher und den systematisch geordneten Personalakten, die so mancher unter Holmes' Zeitgenossen nur zu gern hätte in Flammen aufgehen sehen. Da waren der Geigenkasten, der Pfeifenständer, die Kohlenschütte mit den Zigarren, und sogar der persische Seidenpantoffel mit dem Tabak war noch da – Watsons erfreuter Blick fand alles wieder.

Und Sherlock Holmes, nunmehr vierzig Jahre alt, hatte sich fast nicht verändert, war eigentlich nur gereift. Er gab sich nicht mehr mit jenen Zimmer-Schießübungen ab, die Watson einst so geärgert hatten. Auch schien er nicht mehr so ganz der geschworene Weiberfeind, für den Watson ihn immer hielt – der Mann, »der von zarteren Empfindungen nie anders sprach denn mit höhnischem Naserümpfen«, der Mann »mit der kalten, systematischen, jedoch bewundernswert ausgeglichenen Mentalität, der jede Gefühlsregung haßte«. Und, was das Schönste von allem war: Holmes hatte den Kokaingebrauch, sogar den gelegentlichen, vollständig aufgegeben – jene Gewohnheit, von der Watson früher immer befürchtet hatte, sie könnte die beachtliche Karriere seines Freundes einmal ernsthaft in Frage stellen.

Mr. Lestrade fand sich seit Holmes' Rückkehr wieder wie eh und je in der Wohnung Baker Street 221 ein. Wer in diesen Jahren gleichfalls die Baker Street frequentierte, war ein junger Mann namens Stanley Hopkins, hervorge-

---

2 Dr. Horace Verner, Holmes' Vetter von Mutterseite (Verner ist bekanntlich die anglisierte Form von Vernet), ließ sich später in San Francisco nieder und sollte dort noch bemerkenswerte Studien zum Thema Preiswucher machen. Siehe das Kapitel »The Anomaly of the Empty Man« in Anthony Bouchers Buch *Far and Away*.

gangen aus Eton und Oxford und einer der ersten Akademiker, die später aus Scotland Yard die größte Organisation zur Verhütung und Aufklärung von Verbrechen gemacht haben, die heute die Welt besitzt. Und Hopkins war auch jener späte Besucher, der in einer wilden Sturmnacht gegen Ende November 1894 an der Haustür 221 B Einlaß begehrte.

Für Holmes allerdings war es »ein simpler Fall, aber in gewisser Weise recht lehrreich«.[3]

Watson, der von der gemeinsamen Arbeit wieder Aufzeichnungen machte, füllte damit allein für das Jahr 1894 drei umfängliche Manuskripte. Beim Durchsehen mag ihm noch einmal besonders sein Bericht über die Addleton-Tragödie und den ungewöhnlichen Inhalt des alten englischen Hünengrabes ins Auge gesprungen sein. Auch der berühmte Erbstreit Smith-Mortimer fällt in diese Periode, ebenso wie die Auffindung und Festnahme des Boulevard-Mörders Huret – ein Unternehmen, das Holmes einen persönlichen Dankbrief des französischen Präsidenten M. Casimir-Périer[4] und außerdem den Orden der Ehrenlegion eintrug.

1894 war auch das Jahr der furchtbaren Vorgänge um den holländischen Dampfer *Friesland* – furchtbar im wahren Sinne des Wortes, wie Mr. Ray Kierman in seiner Schilderung aufzeigt.[5] Holmes' Vetter väterlicherseits, der weithin bekannte und berühmte Professor George Edward Challenger, hatte aus dem an der Grenze Brasiliens und Westboliviens gelegenen Maple White Land nichts Gerin-

---

3 Siehe »Das goldene Pincenez«.

4 Casimir-Périer war als Präsident der Republik dermaßen unbeliebt, daß er im Herbst 1894 Morddrohungen erhielt, die auch für seine Frau und seine Kinder galten. Er hatte ohnehin allen Grund, sich zu ängstigen: bereits sein Vorgänger Sadi Carnot war am 30. Mai 1894 meuchlings ermordet worden. Fraglos war es also der Präsident persönlich, dem Holmes mit der Auffindung des Boulevard-Mörders Huret das Leben gerettet hat.

5 Im *Baker Street Journal*, Bd. II, Heft 2, Neue Folge April 1952, S. 103 ff.

geres mit nach London gebracht als einen lebenden Pterodactylus, eine vorzeitliche fliegende Riesenechse. Als das prähistorische Ungeheuer in der Queen's Hall öffentlich gezeigt wurde, entstand im Publikum eine Panik, und das erschrockene Tier entkam.

Holmes hatte zusammen mit Watson die Ausstellung seines Vetters besucht und erkannte auf der Stelle, daß das Tier, wenn man unverzüglich etwas unternahm, noch irgendwo abzufangen sein müsse. Er charterte daher die *Friesland* und brachte das Schiff genau auf den Kurs, den das Reptil, das ja wohl zum Oberlauf des Amazonas zurückwollte, aller Voraussicht nach auch nehmen würde.

Höchstwahrscheinlich hat Holmes dann den fliegenden Drachen auf irgendeine Weise an Deck der *Friesland* gelockt und dort einen Kampf mit ihm ausgefochten, und höchstwahrscheinlich ist Watson, als die Bestie den Freund zu Boden geworfen und schon das stinkende Maul aufgerissen hatte zum endgültigen tödlichen Biß, im letzten Moment hinzugetreten und hat aus seiner Adams .450, – wieder einmal der »Gute, alte Freund in der Not« –, dem Untier eine Kugel durch den dumpfen Schädel gejagt.

Watson brannte darauf, diese Geschichte bekanntzugeben, aber Holmes war »in der Seele alles zuwider, was nach öffentlicher Effekthascherei hätte aussehen können, und er verbot mir über die Sache strikt jedes weitere Wort«.

Auch über den recht verworrenen Fragenkomplex betreffend die ungewöhnliche Verfolgung des bekannten Tabakmillionärs John Vincent Harden hat Holmes seinem Dr. Watson nicht zu berichten erlaubt; ferner nicht über die Aufklärung des plötzlichen Todes von Kardinal Tosca, eine Ermittlung, die Holmes auf ausdrücklichen Wunsch Seiner Heiligkeit des Papstes[6] durchgeführt hatte; eben-

---

6 Es war dies bereits die *zweite* Ermittlung, die Holmes für Papst Leo XIII. (1810–1903) durchführte. Im Jahre 1888 (siehe Anhang I) hatte er »die kleine Sache mit den Vatikan-Kameen«, wie Watson den Fall (in *Der Hund von Baskerville*) bezeichnet, erfolgreich abgeschlossen.

sowenig auch über jenen Wilson, der bekanntlich singende Kanarienvögel dressierte und mit dessen Ergreifung im Londoner East End ein wahrer Pestherd beseitigt wurde.

Doch es gab noch genügend Geschichten, die Watson erzählen *durfte*, und er hat sie erzählt, unter Titeln wie: »Die drei Studenten«, »Der einsame Radfahrer«, »Der Schwarze Peter«, »Der Daumen des Ingenieurs« usw.

Und dann, in der dritten Novemberwoche des Jahres 1895, geschah dies:

»Na, na, wo brennt es jetzt wieder!« rief Sherlock Holmes und riß ein Telegramm auf. »Ah, Bruder Mycroft kommt uns besuchen.«

»Ja, und?« fragte Watson.

»Ja und! Das ist ein Ereignis, als wenn du in einem Viehdorf eine Straßenbahn fahren siehst. Mycroft hat sein festes Geleise, in dem er läuft. Daß er davon einmal abgeht – was für ein Erdbeben mag da der Anlaß sein?«

»Gibt er denn keinen Grund an?«

Holmes reichte Watson das Telegramm.

»Muß dich wegen Cadogan West sprechen. Komme sofort London. Mycroft«, las Watson halblaut. »Der Name kommt mir bekannt vor – Cadogan West, Cadogan West.« Er wühlte in dem Haufen Zeitungen auf dem Sofa. »Da ist es!« rief er. »Cadogan West hieß der junge Mann, den sie am Dienstagmorgen tot in der Untergrundbahn gefunden haben.«

Holmes setzte sich interessiert auf, die Hand mit der Pfeife in der Luft.

»Das muß aber etwas Ernstes sein, Watson! Mycroft und dieser Gewaltakt, hierherzukommen? Eher geriete doch ein Planet aus der Bahn. Laß mal die Fakten hören.«

»Der vollständige Name lautet Arthur Cadogan West. Der Mann war siebenundzwanzig Jahre alt, unverheiratet, Büroangestellter im Waffenlager in Woolwich.«

»Also Regierungsdienst. Daher die Verbindung zu Bruder Mycroft.«

»Er verschwand aus Woolwich ganz plötzlich am Montagabend. Zuletzt gesehen hat ihn seine Verlobte, eine Miss Violet Westbury, die er an jenem Abend gegen halb acht Uhr unvermittelt auf der Straße im Nebel hat stehen lassen. Es war keinerlei Streit vorausgegangen, und sie kann sich sein Verhalten absolut nicht erklären. Er blieb verschwunden, bis dann ein Schwellenleger namens Mason auf den Gleisen der Untergrundbahn gleich hinter dem Bahnhof Aldgate seine Leiche entdeckte.«

»Wann war das?«

»Der Tote wurde um sechs Uhr am Dienstagmorgen gefunden. Er lag ein Stück weit neben dem – wenn man nach Osten fährt – linken Schienenstrang, an einer Stelle unweit der Bahnstation, wo die Gleise aus dem dort befindlichen Tunnel austreten. Der Kopf war verletzt und wies starke Prellungen auf, was sehr wohl von einem Sturz aus dem Zug herrühren könnte. Der Tote kann auch nur vom Zug aus auf die Gleise gelangt sein. Hätte ihn jemand aus einer der umliegenden Straßen dorthin gebracht, so hätte der Betreffende die Bahnhofsschranke passieren müssen, wo sich immer ein Schaffner aufhält. Über diesen Punkt dürfte Gewißheit bestehen.«

»Sehr gut. Der Hergang ist ziemlich eindeutig. Der Mann, entweder noch lebend oder aber schon tot, ist aus dem Zug gefallen oder geworfen worden. So weit alles klar. Lies weiter.«

»Die auf dem Gleis, neben welchem die Leiche gefunden wurde, verkehrenden Züge fahren in west-östlicher Richtung; teils sind es Stadtverkehrszüge, teils kommen sie von Willesden oder den Vororten. Als sicher kann gelten, daß der junge Mann, als er den Tod fand, zu später Nachtzeit in besagter Richtung unterwegs war, es läßt sich jedoch nichts darüber aussagen, wo er den Zug bestieg.«

»Das ist doch aus seiner Fahrkarte zu ersehen.«

»Man hat keine Fahrkarte bei ihm gefunden.«

»Keine Fahrkarte! Lieber Himmel, Watson, das ist aber wirklich einmalig. Nach meinen Erfahrungen gelangt man bei der Untergrund nicht auf den Bahnsteig, ohne daß man die Fahrkarte vorzeigt. Also müßte der junge Mann eine gehabt haben. Hat man sie ihm vielleicht abgenommen, um zu verdunkeln, von welcher Station er kam? Das wäre möglich. Oder hat er sie selbst im Waggon weggeworfen? Auch möglich. Aber das ist ein interessanter Punkt. Wenn ich recht verstanden habe, gab es keine Anzeichen dafür, daß er beraubt worden ist?«

»Offenbar nicht. Hier ist aufgeführt, was er bei sich hatte. In seiner Geldbörse waren zwei Pfund fünfzehn. Außerdem hatte er ein Scheckheft von der Kreis-Kapital-Bank, Zweigstelle Woolwich, bei sich. Danach hat man ihn identifiziert. Ferner hatte er zwei Karten für das Woolwicher Theater, Rangplätze, ausgestellt auf den Todesabend. Und ein Päckchen Papiere mit technischen Aufzeichnungen.«

Holmes räusperte sich befriedigt. »Paßt alles zusammen, Watson. Regierung – Waffenlager – technische Aufzeichnungen – Bruder Mycroft. Aber da kommt er ja schon in Person, wenn ich recht gehört habe.«

Gleich darauf wurde Mycroft Holmes' behäbige Gestalt hereinkomplimentiert, in seiner Kielspur Lestrade.

»Eine äußerst lästige Sache, Sherlock«, sagte Mycroft Holmes, nachdem er sich aus seinem Mantel gewickelt und im Sessel niedergelassen hatte. »Ich durchbreche meine Gewohnheiten außerordentlich ungern. So, wie derzeit in Siam die Dinge stehen[7], trifft es sich sehr dumm, daß ich gerade jetzt nicht im Büro anwesend bin. Aber dieser Fall hier ist wirklich kritisch. Ich habe deinen alten Freund, den

---

7 Im Jahre 1893 hatte Frankreich von Siam die Abtretung des gesamten Gebiets östlich vom Mekong-Fluß einschließlich fast ganz Laos' und eines Teils von Kambodscha erzwungen. Großbritannien, das zu der Zeit Burma unter Mandat hatte, befürchtete einen Vorstoß der Franzosen nach Westen auf Burma zu. Frankreich wiederum befürchtete, die Briten könnten von Burma aus nach Osten vordringen. Dank Mycroft Holmes' diplomatischem Geschick fand diese mißliche Situation 1896 ihre Lösung, als Frankreich und England übereinstimmend Siam als unabhängiges Land anerkannten.

Premierminister,[8] noch nie so nervös gesehen. Und die Admiralität – da geht es zu, als wenn man in ein Wespennest sticht. Hast du das Neueste über den Fall schon gelesen?«

»Das haben wir soeben getan. Was waren denn das für technische Aufzeichnungen?«

»Ach, um die geht es ja gerade! Zum Glück ist davon nichts an die Presse gedrungen. Die Papiere, die dieser Unglücksrabe in der Tasche gehabt hat, waren die Pläne für das Bruce-Partington-Tauchboot.«

Sherlock Holmes und Dr. Watson spitzten die Ohren und blieben stumm.

»Nun, du hast doch sicher davon gehört?«

»Nur dem Namen nach.«

»Dann darf ich dir sagen, dieses Projekt ist in seiner Bedeutung gar nicht hoch genug einzuschätzen. Es ist Staatsgeheimnis und wurde gehütet wie noch kein anderes. Die Pläne sind überaus schwierig und differenziert. Sie umfassen an die dreißig verschiedene Einzelentwürfe, jeder davon unentbehrlich für die Ausarbeitung des Ganzen. Sie wurden in einem Spezialtresor im Kassenraum des Zeughauses hinter einbruchssicheren Türen und Fenstern aufbewahrt. Unter gar keinen Umständen durften die Pläne außer Haus verbracht werden. Wenn der Chefkonstrukteur der Navy sie einsehen wollte, mußte sogar er sich zu diesem Zweck in das Büro nach Woolwich bemühen. Und trotz und alledem finden wir sie jetzt mitten in London, und ein toter Angestellter hat sie in der Tasche.«

»Aber ihr habt doch alles wiederbekommen.«

»Nein, Sherlock, nein! Das ist ja der Haken. Zehn Planzeichnungen sind in Woolwich abhanden gekommen, aber

---

8 Gemeint ist hier natürlich Robert Arthur Talbot Gascoyne-Cecil, der dritte Markgraf von Salisbury (1830–1903), der damals zum dritten Mal als Premierminister amtierte (1885; 1886–1892; 1895–1902). Wie erinnerlich, hatte Holmes durch seine Leistung in der (ersten) Sache mit dem »Zweiten Fleck« im Oktober 1886 die Sympathie und Hochachtung des Premierministers gewonnen.

nur sieben fand man in den Taschen von Cadogan West. Die drei wichtigsten fehlen – gestohlen, verschwunden, weg. Du mußt alles stehen- und liegenlassen, Sherlock. Deine kleinen Polizeifälle können warten. Was du hier lösen sollst, ist ein akutes Problem von internationaler Bedeutung. Noch nie in deiner ganzen Karriere hattest du die Chance eines so großen Dienstes an deinem Vaterland.«

Eine Stunde später stand Holmes, zusammen mit Watson und Lestrade, auf dem Bahnhofsgelände hinter der Station Aldgate und blickte auf das in leichter Kurve aus dem Tunnel tretende Gleis. Sein hartes, waches Gesicht verriet intensive Spannung. Mit gepreßtem Mund wandte er sich jetzt stirnrunzelnd dem Herrn von der Eisenbahngesellschaft zu, einem freundlichen älteren Mann mit frischer Gesichtsfarbe.

»Dann hat hier also die Leiche des jungen Mannes gelegen«, sagte der Detektiv. »Von dort oben heruntergefallen kann sie nicht sein, da ist ja überall blanke Mauer. Demnach kann sie nur mit dem Zug hierhergelangt sein, und dieser Zug, soweit wir das noch rekonstruieren können, fuhr Montagabend so gegen Mitternacht hier vorbei. Hier sind Weichen, und dann auch die Kurve… «

»Was meinen Sie, Mr. Holmes?« fragte Lestrade. »Haben Sie einen Anhaltspunkt?«

»Eine Idee, die Andeutung eines Hinweises, mehr ist es nicht. Aber der Fall wird doch allmählich interessant. Komm, Watson, hier können wir nichts mehr tun. Wir brauchen Sie nicht weiter zu bemühen, Lestrade. Unsere Ermittlung ruft uns jetzt, glaube ich, nach Woolwich.«

Im Postamt London Bridge entwarf Holmes eine Depesche an seinen Bruder und zeigte, bevor er sie aufgab, Watson den Text. »*Sehe etwas Licht*«, las Watson, »*kann mich aber täuschen. Bitte einstweilen nach Baker Street durch Boten komplette Liste schicken über alle Auslandsagenten oder Spione die derzeit in England. Vollständige Adressen angeben. Danke. Sherlock.*«

»Mir sind die Dinge noch völlig schleierhaft«, sagte Watson, als sie im Zug nach Woolwich Platz nahmen.

»Im Endeffekt sind sie mir auch schleierhaft, aber mir ist ein Gedanke gekommen, der uns vielleicht ein ganzes Stück weiterbringt. Cadogan West ist woanders ums Leben gekommen, und seine Leiche wurde auf das Dach eines Waggons praktiziert.«

»Aufs Dach!«

»Ausgefallene Idee, wie? Aber betrachte die Tatsachen. Ist es ein Zufall, daß der Tote ausgerechnet dort aufgefunden wurde, wo der Zug das Gleis wechselt und beim Überfahren der Weiche besonders stark schwankt? Muß nicht an dieser Stelle etwas, das auf dem Dach liegt, eigentlich zwangsläufig herunterfallen? Was sich drinnen im Zug befindet, wird davon nicht berührt. Entweder ist also die Leiche vom Dach gefallen, oder es müßte schon ein sehr merkwürdiger Zufall im Spiel sein. Zu bedenken ist auch noch die Sache mit dem Blut.«

»An den Schienen war doch kein Blut.«

»Eben. Weil der Tote woanders geblutet hat. Jeder dieser Umstände spricht für meinen Gedankengang, und alle zusammen erst recht.«

»Und auch die Fahrkarte!«

»Du sagst es. Auch das Fehlen der Fahrkarte wäre damit erklärt.« Holmes verfiel in nachdenkliches Schweigen, das andauerte, bis der Bummelzug endlich in Woolwich einlief. Holmes winkte eine Kutsche heran und zog ein Blatt Papier aus der Tasche.

»Mycroft hat mir da ein paar wichtige Namen und Adressen notiert«, sagte er. »Ich glaube, wir suchen zuerst Sir James Walter auf, den bekannten Regierungsdirektor, der auf Anordnung höherer Stelle für die Bruce-Partington-Pläne verantwortlich ist. Er ist einer von den zwei Männern, die als einzige den Tresorschlüssel haben. Ich darf hinzufügen, daß die Papiere am Montag während der Dienststunden mit Sicherheit noch in seinem Büro waren und daß Sir James um drei Uhr nach London gefahren ist und den Safeschlüssel bei sich getragen hat. Er war dann den ganzen Abend über im Hause von Admiral Sinclair.«

»Gibt es dafür Zeugen?«

»Ja, einmal seinen Bruder, Colonel Valentine Walter, der seine Abfahrt von Woolwich bezeugen konnte, und dann Admiral Sinclair, der bestätigt hat, daß und wann er in London eintraf.«

»Und wer ist der zweite, der einen Schlüssel hat?«

»Der Bürovorsteher und Chefkonstrukteur, ein Mr. Sidney Johnson.«

Das Haus von Sir James Walter war eine hübsche Villa mit grünen Rasenflächen, die sich bis hinunter ans Themseufer erstreckten. Ein Butler öffnete ihnen.

»Sir James, Sir?« sagte er mit ernstem Gesicht. »Sir James ist heute morgen gestorben. Vielleicht möchten Sie hereinkommen und mit seinem Bruder, Colonel Walter, sprechen.«

Sie wurden in einen schwach beleuchteten Salon geführt, wo gleich darauf ein großer, gutaussehender Mann sie begrüßte, der um die fünfzig sein mochte und einen etwas schütteren Bart trug.

»Dieser furchtbare Skandal war schuld«, sagte er. »Mein Bruder James war ein Mensch mit sehr empfindlichem Ehrgefühl, so etwas konnte er nicht überleben. Es hat ihm buchstäblich das Herz gebrochen. Und er war auf die Tüchtigkeit seiner Abteilung immer so stolz.«

»Sie können uns gar nichts sagen, was irgendwie Licht in die Sache brächte?«

»Ich weiß nur, was ich gehört oder gelesen habe.«

»Das ist nun wirklich eine unerwartete Wendung der Dinge. Komm, Watson, besuchen wir jetzt einmal die Familie von Cadogan West.«

In einem kleinen, aber gepflegten Haus am Stadtrand fanden sie die so schwer getroffene, vor Schmerz noch ganz betäubte Mutter. Bei ihr war ein blaß aussehendes junges Mädchen, Miss Violet Westbury, die Verlobte des Toten; sie hatte ihn an jenem Unglücksabend als Letzte gesehen.

»War Ihr Verlobter in Geldschwierigkeiten«, fragte Holmes.

»Nein, seine Ansprüche waren sehr bescheiden, und er verdiente ja gut. Etliche Hunderter hatte er schon zurückgelegt, und zu Neujahr wollten wir heiraten.«

»Keine Anzeichen irgendeiner Gemütserregung oder dergleichen?«

Das Mädchen wurde rot und schien um eine Antwort verlegen. »Ja«, sagte sie schließlich, »ich hatte das Gefühl, daß ihn irgend etwas bedrückte.«

»Schon lange?«

»Erst in der letzten Woche, so ungefähr. Ein- oder zweimal kam es mir vor, als ob er mir etwas sagen wollte.«

»Erzählen Sie uns von dem letzten Abend.«

»Wir wollten ins Theater. Es war so dichter Nebel, daß keine Kutsche fuhr. Wir sind also zu Fuß gegangen und kamen unterwegs auch am Büro vorbei. Da hat Arthur plötzlich etwas gerufen und ist auf und davon in den Nebel. Ich habe gewartet, aber er kam nicht zurück. Am anderen Morgen, nachdem das Büro geöffnet hatte, haben sie uns nach ihm gefragt, und so gegen Mittag haben wir das Schreckliche dann erfahren.«

Holmes schüttelte traurig den Kopf.

»Komm, Watson«, sagte er, »hier sind wir an der falschen Adresse. Wir müssen auf dem nächsten Weg in dieses Büro, aus dem die Papiere verschwunden sind.«

Der Bürovorsteher Sidney Johnson war ein magerer, unwirscher Mann mittleren Alters, der über den eingefallenen Wangen eine Brille trug und wohl infolge der durchgemachten Nervenstrapazen andauernd mit den Fingern schnippte.

»Es ist schrecklich, Mr. Holmes, ganz schrecklich!« sagte er. »Daß ausgerechnet West so etwas getan haben soll! Aber anders kann ich es mir auch nicht erklären. Dabei habe ich ihm vertraut wie mir selbst.«

»Wann war am Montag hier Dienstschluß?«

»Um fünf.«

»Haben Sie abgeschlossen?«

»Ich bin immer der letzte, der weggeht.«

»Und wo befanden sich zu der Zeit die Pläne?«

»Im Tresor. Ich habe sie selbst hineingelegt.«

»Angenommen, Cadogan West hätte nach Dienstschluß ins Haus gewollt. Er hätte doch drei verschiedene Schlüssel gebraucht, nicht wahr?«

»Um an die Papiere zu kommen, ja. Den Haustürschlüssel, den Schlüssel zum Büro und den Tresorschlüssel.«

»Und diese Schlüssel besaßen nur Sie und Sir James Walter?«

»Von den Türen habe ich keine Schlüssel – nur den vom Tresor.«

»Sir James hat den seinen mit nach London genommen?«

»Wie er mir sagte, ja.«

»Und Sie haben Ihren Schlüssel nie aus der Hand gegeben?«

»Nie.«

Holmes untersuchte das Tresorschloß, die Zimmertür und schließlich auch noch die Eisenläden am Fenster. Auf dem Rasen unter dem Fenster stand ein Lorbeerbusch, an dem mehrere Zweige teils abgebrochen, teils geknickt waren. Holmes sah sich die Bruchstellen sorgfältig mit der Lupe an und untersuchte dann ein paar undeutliche Spuren am Boden. Zuletzt bat er den Bürovorsteher, doch einmal die Eisenläden zu schließen.

»Siehst du, Watson«, sagte er, »in der Mitte gehen sie nicht ganz zu. Es kann also jeder von draußen sehen, was da im Zimmer vorgeht.«

Und noch ein Glied konnte Holmes der Kette seiner Informationen anfügen, ehe er mit Watson Woolwich verließ: der Beamte am Fahrkartenschalter hatte Cadogan West am Montagabend gesehen. West war allein gewesen, hatte eine Einfachkarte bis London Bridge gelöst und war in den Acht-Uhr-fünfzehn-Zug eingestiegen.

»Hier geht die Fährte nicht weiter«, sagte Holmes. »Mir

ist so, als sollten wir es jetzt einmal andersherum versuchen. Wenn Mycroft uns die Liste gemacht hat, finden wir unseren Mann vielleicht.«

In der Baker Street wartete bereits eine Nachricht. Holmes überflog das Blatt und reichte es Watson, der folgendes las:

Kleine Fische gibt es genug, aber nicht viele, die so eine dicke Sache anfassen würden. In Betracht kommen eigentlich nur: Adolph Meyer in Westminster, Great George Street 13; Louis La Rothière in Notting Hill, Camden Mansions und Hugo Oberstein in Kensington, Caulfield Gardens 13. Letzterer soll laut Bescheid Montag noch in London gewesen sein, ist aber jetzt als verreist gemeldet. Darunter: *Mycroft*.

Holmes hatte seinen großen Stadtplan von London schon ausgebreitet und beugte sich eifrig darüber. »Aha«, sagte er. »Aha. Allmählich kommen wir der Sache schon näher. Ich gehe jetzt für ein Weilchen weg, will mir nur etwas ansehen. Ich werde doch nichts Ernsthaftes unternehmen ohne meinen bewährten Mitarbeiter und Protokollführer an der Hand. Du bleibst inzwischen schön hier und fängst mit deinem Bericht an, wie wir beide England gerettet haben.«

Kurz nach neun Uhr abends erschien in der Baker Street ein Bote mit einem Billett für Watson: *Bin in Goldini's Restaurant essen. Bitte komm sofort her. Bring ein Brecheisen, eine abgedunkelte Lampe, einen Meißel und Deinen Revolver mit. S.H.*

Holmes saß an einem kleinen runden Tisch in der Nähe der Eingangstür.

»Du hast schon gegessen?« begrüßte er Watson. »Dann kann ich dir nur noch einen Kaffee, einen Curaçao und eine Zigarre bieten. Hast du die Sachen?«

»Im Mantel.«

»Ausgezeichnet. So, Watson, und nun wird dir sogleich

klarwerden, daß es nur eine einzige Art und Weise gibt, wie der Leichnam des jungen Mannes auf das Waggondach geschafft werden konnte. Du weißt, daß die Untergrundzüge an einigen Stellen im Westend aus dem Tunnel herauskommen. Hin und wieder, wenn ich mit der Untergrund fuhr, habe ich genau über meinem Kopf Fenster gesehen. Angenommen, ein Zug muß unter so einem Fenster halten. Kann man dann nicht ohne jede Schwierigkeit eine Leiche aufs Wagendach legen?«

»Das halte ich aber für äußerst unwahrscheinlich.«

»Wir müssen wieder einmal auf meine alte Maxime zurückgreifen: wenn alle anderen Möglichkeiten erschöpft sind, dann muß das, was noch übrig bleibt, wie unwahrscheinlich immer es aussehen mag, die Wahrheit sein. Hier *sind* alle anderen Möglichkeiten erschöpft. Zudem hat mir mein Stadtplan verraten, daß ein führender internationaler Spion, der soeben London verlassen hat, in einem Häuserblock wohnt, der unmittelbar an einer offenen Untergrundstrecke liegt. So habe ich also die Adresse von diesem Mr. Oberstein, Caulfield Gardens 13, aufs Korn genommen. Dank der Zuvorkommenheit eines Beamten im Bahnhof Gloucester Road konnte ich mir Gewißheit darüber verschaffen, daß die rückwärtigen Flurfenster von Caulfield Gardens tatsächlich über den Bahngleisen liegen. Und was noch wichtiger ist: da sich ganz in der Nähe die Stadtlinie mit einer der Fernstrecken kreuzt, bleiben die Untergrundzüge genau an dieser Stelle häufig minutenlang stehen.«

»Großartig, Holmes! Du hast es geschafft!«

»Vorderhand, Watson, vorderhand. Nun, nachdem ich die Rückseite von Caulfield Gardens gesehen hatte, schaute ich mir die Sache auch einmal von vorn an. Oberstein ist tatsächlich weg, offenbar auf dem Kontinent. Wir wissen natürlich nicht, was derweilen in seiner Wohnung vorgeht. Deshalb werden wir heute nacht hingehen.«

»Könnten wir das nicht legal machen, mit Durchsuchungsbefehl?«

»Kaum, bei so wenig Beweismaterial.«

Watson, statt aller Antwort, erhob sich von seinem Platz. »Dann müssen wir aber jetzt gehen«, sagte er.

Der kleine gelbe Lichtkegel aus Holmes' Laterne fiel gegen ein niedriges Fenster an der Rückfront von Obersteins Wohnung. Holmes stieß es auf, und fast im gleichen Moment wurde ein dumpfes, gleichmäßiges Brummen laut, das stetig anschwoll, bis endlich brüllend in der Dunkelheit der Zug vorbeidonnerte. Holmes ließ den Lichtschein über das Fenstersims wandern. Es war dick mit Ruß von den vorüberfahrenden Zügen bedeckt, aber an einigen Stellen war die schwarze Schicht aufgerauht und verwischt.

»Man sieht genau, wo die Leiche aufgelegen hat, Watson. Und da ist auch eine Blutspur. Der Beweis ist komplett.«

Holmes machte sich an eine systematische Durchsuchung der Räume. Rasch und methodisch kehrte er – Schublade für Schublade, Schrankfach um Schrankfach – das Unterste zu oberst, aber auch nicht der Schimmer eines Erfolges erhellte sein strenges Gesicht.

»Dieser schlaue Fuchs hat seine Spuren verwischt«, sagte er endlich. »Das Ding da ist noch unsere letzte Chance.«

Es war ein kleiner Metallkasten, der auf dem Schreibtisch stand. Holmes brach ihn mit dem Meißel auf. Drinnen fand sich ein Briefumschlag, der Zeitungsausschnitte enthielt.

»*Daily Telegraph*, nach Druck und Papier zu schließen«, sagte Holmes. »Seufzerspalte. Alles ohne Datum, aber derlei Botschaften ordnen sich ja von selbst. Das hier muß die erste sein: *Schon auf Nachricht gewartet. Mit Bedingungen einverstanden. Schreibe ausführlich an mitgeteilte Kartenadresse. Pierrot.* Dann kommt: *Beschreibung ungenügend, zu kompliziert. Muß gesamte Ausfertigung haben. Vereinbartes steht zur Verfügung, sobald Ware geliefert. Pierrot.* Dann das nächste: *Angelegenheit eilt. Wird Vertrag nicht erfüllt, muß ich Angebot zurückziehen. Erwarte Terminbescheid brieflich. Bestätige Einverständnis an dieser Stelle. Pierrot.* Und das letzte: *Montagabend nach neun. Zweimal klopfen. Werden allein sein. Mißtrauen unbegründet. Barzahlung nach Lieferung der Ware. Pierrot.* Ein recht vollständiges Protokoll, Watson! Wir müßten bloß wissen, wer der andere ist! Nun, hier gibt es nichts mehr zu tun. Ich denke, wir fahren rasch noch beim *Daily Telegraph* vorbei, um damit ein gutes Tagewerk würdig zu beschließen.«

»Hast du Pierrots heutige Annonce gesehen?« fragte Holmes seinen Freund Watson beim Frühstück.

»Was, wieder eine?«

»Ja. Hör zu: *Heute abend. Stunde und Ort wie gehabt. Zweimal klopfen. Lebenswichtig. Sind nicht mehr sicher. Pierrot.* Ich glaube, Watson, wenn Mycroft und Lestrade es einrichten könnten, so ab acht Uhr heute abend mit uns nach Caulfield Gardens zu kommen, brächte uns das möglicherweise der Lösung einen Schritt näher.«

Als es neun Uhr war, saßen sie zu viert in Obersteins Arbeitszimmer.

Eine Stunde verstrich, dann noch eine. Es schlug elf. Plötzlich hob Holmes wie elektrisiert den Kopf. »Er kommt«, sagte er.

Sie hörten draußen einen behutsamen Tritt, dann schlug zweimal hart der Türklopfer an. Holmes erhob sich, öffnete die Wohnungstür. Die Gasflamme in der Diele war die einzige Lichtquelle. Eine dunkle Gestalt schlüpfte an Holmes vorbei; sofort machte er die Tür wieder zu und legte den Riegel vor.

Im nächsten Augenblick stand der Mann vor den Dreien im Zimmer. Holmes war dicht hinter ihm, und als der Erschrockene aufschrie und in Panik kehrtmachen wollte, packte Holmes ihn beim Mantelkragen und stieß ihn unsanft ins Zimmer zurück. Der Mann verlor den Halt, stürzte zu Boden und blieb bewußtlos liegen. Der breitkrempige Hut war ihm vom Kopf geflogen, jetzt rutschte auch das beim Fallen hochgeschlagene Halstuch wieder von seinem Gesicht, und sie sahen den schütteren Bart und die sanften, ebenmäßigen Züge von Colonel Valentine Walter.

»Der jüngere Bruder des soeben verstorbenen Sir James Walter, der die Abteilung Unterseeboote unter sich hatte«, erklärte Holmes. »Er kommt bereits zu sich. Am besten lassen Sie vielleicht mich die Fragen stellen.«

Der Mann stöhnte auf und vergrub das Gesicht in die Hände. Sie warteten, aber er schwieg.

»Geben Sie sich keine Mühe«, sagte Holmes. »Alles Wesentliche ist bereits bekannt. Wir wissen, daß Sie in Geldschwierigkeiten waren, daß Sie von den Schlüsseln Ihres Bruders Duplikate haben herstellen lassen und daß Sie in Schriftwechsel mit Oberstein standen, der Ihre Briefe über die Anzeigenspalte des *Daily Telegraph* unter dem Decknamen ›Pierrot‹ beantwortet hat. Wir wissen auch, daß Sie am Montagabend im Nebel zum Büro gingen, unterwegs aber von dem jungen Cadogan West gesehen wurden, der Ihnen dann gefolgt ist. Er hat Ihren Diebstahl mitangesehen, konnte aber nichts unternehmen, da es ja möglich gewesen wäre, daß Sie die Papiere lediglich Ihrem Bruder in London zustellen wollten. Cadogan West, als pflichtbewußter Staatsbürger, ging Ihnen jedoch nach und folgte Ihnen im Nebel auf Schritt und Tritt bis hierher in dieses Haus. Da hat er Sie dann zur Rede gestellt, und da haben Sie, Colonel Walter, Ihr Verbrechen des Hochverrats noch durch einen Mord gekrönt.«

»Ich war es nicht, das kann ich bei Gott beschwören!« rief der Gefangene ganz verzweifelt. »Oberstein hat es getan. Mit einem Schlagring. Er hat den Jungen am Kopf getroffen, und binnen fünf Minuten war Cadogan West tot. Von den Papieren, die ich Oberstein brachte, hat er sich drei zurückbehalten, die anderen hat er West in die Taschen gestopft. Wir haben am Fenster eine halbe Stunde gewartet, bis unten ein Zug hielt, und dann haben wir die Leiche einfach auf ein Wagendach hinuntergelassen.«

Es blieb eine Weile still im Zimmer. Mycroft Holmes brach schließlich das Schweigen. »Hinterließ Oberstein Ihnen keine Adresse?«

»Er sagte, notfalls würde ihn Post in Paris im Hôtel du Louvre erreichen.«

»Dann«, sagte Sherlock Holmes, »werden Sie sich jetzt an diesen Schreibtisch setzen und schreiben, was ich Ihnen diktiere. *Dear Sir, hinsichtlich meiner Lieferung werden Sie gewiß mittlerweile festgestellt haben, daß ein wichtiges Detail darin fehlt. Ich bin nunmehr im Besitz einer Zeichnung, die das Material komplett machen dürfte, deren Beschaffung mir jedoch zusätzliche Schwierigkeiten verursacht hat. Ich muß Sie daher um Anweisung weiterer fünfhundert Pfund ersuchen. Ich möchte mein Material nicht der Post anvertrauen, nehme außerdem den Betrag nur in Gold oder Banknoten. Ich wäre bereit, Sie drüben persönlich aufzusuchen, es würde jedoch Aufsehen erregen, wenn ich mich zum gegenwärtigen Zeitpunkt außer Landes begäbe. Ich sehe daher einem Zusammentreffen mit Ihnen in London entgegen und erwarte Sie am Sonnabend zwölf Uhr mittags im Rauchsalon des Hotels Charing Cross.* Das genügt. Es sollte mich doch sehr wundern, wenn wir damit unseren Mann nicht bekämen.«

»Und wir bekamen ihn«, schreibt Watson. »Oberstein, darauf versessen, den Coup seines Lebens zu landen, ging prompt in die Falle und verschwand für seine nächsten fünfzehn Englandjahre sicher hinter Schloß und Riegel. In seinem Koffer fand man die Bruce-Partington-Pläne, die er sämtlichen Schiffbau-Unternehmen Europas bereits zum Kauf angeboten hatte.

Colonel Walter starb im Gefängnis nach knapp zwei Jahren Haft.

Was Holmes angeht, so erfuhr ich einige Wochen danach, daß mein Freund einen Tag in Windsor verbracht hatte und daß von dort die wunderschöne Krawattennadel mit dem Smaragd stammte, die er neuerdings trug. Auf meine Frage, ob er sie sich gekauft habe, antwortete er, daß sie das Geschenk einer dankbaren Klientin sei, für die er einmal einen kleinen Auftrag durchzuführen die Ehre gehabt hätte. Mehr sagte er nicht; doch mir scheint, es ist nicht schwer zu erraten, welch erlesenen Namen diese Klientin trug… «

XXII.
Arbeitsreiche Jahre: 1896–1902

»Ich beschwöre Sie, Mr. Holmes,
wenn Sie jemals alles unternommen haben,
was in Ihrer Macht stand,
so tun Sie es auch jetzt…«
DR. THORNEYCROFT HUXTABLE

»In den Jahren 1894 bis einschließlich 1901«, schreibt Dr. Watson[1], »war Mr. Sherlock Holmes ein vielbeschäftigter Mann. Man darf guten Gewissens sagen, daß es in jenen acht Jahren keinen offiziell bekannten Kriminalfall von einiger Schwierigkeit gegeben hat, bei dem er nicht zu Rate gezogen wurde, und daß es Hunderte von privaten Affären gab – darunter manche sehr ausgefallen und höchst kompliziert gelagert –, an deren Auflösung er maßgeblich mitgewirkt hat. Zahlreiche atemberaubende Erfolge und einige wenige, unvermeidliche Fehlschläge – das ist die Ernte jener langen Zeit unausgesetzter Arbeit. Da mir von all jenen Fällen sehr detaillierte Notizen vorliegen und ich an manchen auch selbst mitgearbeitet habe, fällt mir die Auswahl, was davon veröffentlicht werden soll, verständlicherweise nicht leicht. Indessen gedenke ich es damit zu halten wie bisher und werde jenen Fällen den Vorzug geben, die ihre Brisanz nicht so sehr aus der Bruta-

1 In »Der einsame Radfahrer«.

lität des jeweiligen Verbrechens beziehen, als vielmehr aus der Dramatik und Originalität ihrer Lösung.«

»Wenn man bedenkt«, schreibt er an anderer Stelle[2] , »daß Mr. Sherlock Holmes dreiundzwanzig Jahre lang praktisch tätig und es mir davon siebzehn Jahre hindurch vergönnt war, mit ihm zusammenzuarbeiten und mir über die Vorgänge Notizen zu machen, wird es nicht wunder nehmen, daß mir eine Unmenge Material zur Verfügung steht. Das Problem war nie, Material zu finden, sondern stets nur, es auszuwählen. Da gibt es die lange Reihe von Jahrbüchern, die ein ganzes Regal einnehmen, und da sind die Mappen voller Originaldokumente, eine wahre Fundgrube für jeden, der Einblick nicht nur in die Verbrechen, sondern auch in die sozialen Mißstände und Behördenskandale der ausgehenden viktorianischen Ära gewinnen möchte. Was diese Dokumente angeht, so muß ich betonen, daß jene ratlosen und verzweifelten Briefschreiber, denen die Reinheit ihrer Familienehre oder eines berühmten Namens am Herzen liegt, nichts zu befürchten haben. Die von meinem Freund allzeit geübte Verschwiegenheit und sein hohes Berufsethos walten auch bei der Auswahl dieser Erinnerungen; niemandes Vertrauen wird darin mißbraucht. Ich verurteile indessen aufs schärfste die unlängst unternommenen Versuche, dieser Papiere zwecks ihrer Vernichtung habhaft zu werden. Der Ursprung dieser Machenschaften ist bekannt, und für den Fall, daß sie sich wiederholen sollten, erkläre ich hiermit zugleich im Namen von Mr. Holmes, daß dann die gesamten Vorgänge um den Politiker, den Leuchtturm und den dressierten Kormoran vor die Öffentlichkeit gebracht werden. Zumindest *ein* Leser wird diesen Hinweis verstehen.«

Und ein andermal:[3]

»Irgendwo in den Tresoren des Bankhauses Cox & Co am Charing Cross ruht eine vom Reisen verbeulte metal-

2 In »Das verhüllte Gesicht«.

3 In »Das Rendezvous an der Brücke«.

lene Feldkiste, auf deren Deckel in Malerfarbe mein Name steht. Sie ist vollgepackt mit Papieren, bei denen es sich fast ausschließlich um Protokolle von Fällen handelt die ein Bild davon vermitteln, mit welch kuriosen Problemen sich mein Freund Mr. Sherlock Holmes verschiedentlich auseinanderzusetzen hatte. Einige, obwohl an sich durchaus fesselnd, verliefen leider völlig im Sande und verdienen es nicht, hier wiedergegeben zu werden, da ihnen ja die Aufklärung fehlt. Ein ungelöstes Problem mag zwar für den bemühten Fachmann von Interesse sein, den zufälligen Leser aber hingegen dürfte es sicherlich nur verdrießen. Eine solche unabgeschlossene Geschichte ist zum Beispiel die von Mr. James Phillimore, der lediglich, um sich seinen Schirm zu holen, noch einmal ins Haus zurückging und seither auf dieser Welt nicht mehr gesehen wurde. Nicht minder rätselhaft ist die Sache mit dem Fischkutter *Alicia*, der an einem lichten Frühlingsmorgen in eine Nebelbank hineinsegelte, aus der er nie mehr aufgetaucht ist; weder von dem Schiff noch von seiner Mannschaft hat man je wieder etwas gehört.[4] Als Drittes wäre vielleicht auch noch der Fall der Isadora Persano erwähnenswert, jener bekannten und als streitbar bekannten Journalistin, die man mit wahnsinnsstarren und gebrochenen Augen auffand, vor sich eine Streichholzschachtel mit einer eigentümlichen Raupe darin, die bislang in der Zoologie angeblich unbekannt war.

Doch abgesehen von diesen leider nie aufgeklärten Fällen denke ich da auch an einige andere, mehr familiäre Begebenheiten, in die so viel rein Privates hineinspielt, daß schon allein der Gedanke, dergleichen könne auf irgendeine Weise publik werden, in nicht wenigen erlauchten

---

4 Wie allgemein bekannt, ist im Jahre 1872 der gesamten Besatzung der Brigg *Mary Celeste* (allerdings nicht dem Schiff selbst, es wurde später gefunden) etwas Ähnliches widerfahren. Unter den zahlreichen damals veröffentlichten »Erklärungen« dürfte wohl jene, die Dr. Watsons Verlagsagent Dr. Conan Doyle unter dem Titel »Die Aussage des J. Habakuk Jephson« zu geben versucht hat, von besonderem Interesse sein.

Häusern helle Bestürzung hervorrufen würde. Ich brauche nicht erst zu sagen, daß ein derartiger Vertrauensbruch außer jeder Erwägung steht und daß die betreffenden Protokolle demnächst zur Aussonderung und Vernichtung gelangen werden, nachdem mein Freund ja nunmehr Zeit finden wird, sich dieser Sache tätig zu widmen. Was verbleibt, ist eine beträchtliche Anzahl mehr oder minder interessanter Fälle, die ich wahrscheinlich längst veröffentlicht haben würde, hätte ich nicht befürchtet, die Leser zu übersättigen und dadurch dem Ruf des Mannes, den ich so überaus hoch verehre, womöglich zu schaden. In einige dieser Fälle war ich selbst eingeschaltet und spreche daher als Augenzeuge; in den anderen hatte ich entweder nichts oder nur so wenig zu tun, daß sie nicht anders als in der dritten Person erzählt werden konnten… «

Gegen Ende Oktober 1896 erhielt Watson eines Tages in seinem Klub ein eiliges Billett von Holmes' Hand mit der Aufforderung, sich schnellstens in der Baker Street einzufinden. *Deine Anwesenheit*, schrieb Holmes, *ist vielleicht sehr von Nutzen*.

Von Mrs. Merrilow aus Süd-Brixton erfuhren sie dann gemeinsam die wunderliche Geschichte jener Mieterin mit dem verhüllten Gesicht. Offenkundig beherbergte Mrs. Merrilow diese Mieterin, eine gewisse Mrs. Ronder, bereits seit sieben Jahren, aber nur ein einziges Mal in den sieben Jahren hatte sie Mrs. Ronders Gesicht gesehen.

»Und ich wünschte bei Gott, ich hätt's nicht gesehen!« rief Mrs. Merrilow.

Watson kam es vor, als sei das ein anderer, neuer Holmes, der da binnen 24 Stunden dieses tragische Rätsel löste. »Er saß auf dem Fußboden, ganz entrückt, wie ein Buddha… « schrieb Watson später darüber.[5]

---

5 Unter Holmes-Kommentatoren gilt es als strittig, ob Holmes sich bei Watson über den Grad seiner Einweihung in die buddhistische Lehre, die Frucht seiner Tibetjahre, jemals geäußert hat oder nicht.

Schon einen Monat danach kam der Fall, den Watson unter dem Titel »Der Vampir« aufgezeichnet hat.

»Wilder als hier«, meinte Holmes dazu, »lassen sich ja wohl Neuzeit und Mittelalter, Realität und Phantasterei nicht mehr durcheinandermischen.«

Und dann, im Dezember jenes denkwürdigen Jahres 1896, kam dies:

»Mr. Sherlock Holmes?« sagte Cyril Overton, der hünenhafte junge Mann aus dem Trinity College, Cambridge. »Bei Scotland Yard war ich schon. Habe mit einem Inspektor Stanley Hopkins gesprochen. Er schickt mich zu Ihnen. Wissen Sie, ohne Godfrey Staunton funktioniert doch unsere ganze Mannschaft nicht. Und morgen spielen wir gegen Oxford. Aber Godfrey ist spurlos verschwunden, und ich glaube auch nicht, daß er je wiederkommt… «

Holmes, der alte Oxford- und Cambridge-Student, konnte ermessen, daß das Verschwinden dieses Rugbyspielers schlechterdings eine Katastrophe war.

Oxford gewann zwar (mit nur einem Tor, zwei gingen daneben), aber Holmes hatte inzwischen mit Hilfe von Pompejus, dem Stern der Cambridger Fuchsjagdhunde, den Fall gelöst.

»Komm, Watson«, sagte er, als alles vorüber war; und sie traten aus einem Haus, in dem tiefe Trauer herrschte, in das Licht der blassen Wintersonne hinaus.

Und wieder rief Holmes: »Komm, Watson, komm!«, und wieder war es ein Wintermorgen, im Januar 1897, froststarrend, bitterkalt. »Es geht wieder einmal rund! Kein Wort jetzt – in deine Sachen, und los!«

Zehn Minuten später saßen die beiden in einer Droschke und rumpelten durch die morgenstillen Straßen zum Bahnhof Charing Cross und einem der ungewöhnlichsten Abenteuer entgegen, die Watsons reichhaltige Sammlung aufweist – jenem Fall, den er unter dem Titel »Der Tote von Abbey Grange« aufgezeichnet hat. Stanley Hopkins wußte sich offenbar wieder einmal keinen Rat. *Ich wäre Ihnen dankbar, könnten Sie mir schnellstens in einer Sache zur Hand gehen, die ein sehr bemerkenswerter Fall zu werden verspricht*, hatte er Holmes geschrieben. *Das Ganze dürfte auf Ihrer Linie liegen... Bitte, verlieren Sie keinen Augenblick...*

»Siebenmal hat Hopkins mich schon geholt, und jedesmal tat er gut daran«, sagte Holmes. »Eigentlich sollten diese seine Fälle auch alle in deiner Sammlung zu finden sein, denn ich muß zugeben, du verstehst auszuwählen – ein Vorzug, der einiges, was ich in deinen Berichten vermisse, wieder ausgleicht.[6] Deine fatale Gewohnheit zum Beispiel, alles aus der Perspektive des literarischen Erzählers zu sehen statt unter den Aspekten wissenschaftlicher Analyse, hat leider das, was eine Serie höchst einprägsamer, ja geradezu klassischer Beweisführungen hätte werden können, schon im Ansatz verdorben. Über delikateste Präzisionsarbeit schluderst du einfach hinweg, um dich stattdessen in detaillierten Gefühlsschilderungen zu ergehen, die den Leser ja vielleicht rühren mögen, aus denen er aber nichts lernen kann.«

»Warum schreibst du dann die Berichte nicht selbst?« fragte Watson etwas gekränkt.

»Das, mein lieber Watson, werde ich schon noch tun, eines Tages«, versetzte Holmes. »Im Augenblick bin ich, wie du ja weißt, noch zu sehr in Anspruch genommen, doch ich habe fest vor, mich auf meine alten Tage der Zusammenstellung eines Leitfadens zu widmen, der alles Wissenswerte über die Kunst der Verbrechensermittlung in einem Band vereinigen soll.«

---

6 Holmes spielt hier darauf an, daß von den sieben für Hopkins aufgeklärten Fällen Watson nur drei zu schriftlichen Berichten verarbeitet hatte, nämlich: »Der Schwarze Peter«, »Das goldene Pincenez« und »Der vermißte Rugbyspieler«. Natürlich hat Watson später auch über den vorliegenden Fall berichtet, den achten, bei dessen Aufklärung Hopkins von Holmes unterstützt worden ist.

Seit dem Frühjahr 1887 hatte Holmes nicht mehr so schaffen müssen, wie es jetzt, im Frühjahr 1897, der Fall war.

Zum zweiten Mal in seiner langen Berufslaufbahn ließ seine sonst so eiserne Gesundheit auffallend nach. Im März jenes Jahres erklärte Dr. Moore Agar, Holmes müsse unbedingt eine Zeitlang vollkommen ausspannen. Also ging Holmes nach Poldhu Bay in Cornwall, wo er schon bald mitten im Studium der alten cornischen Sprache steckte,[7] das jedoch lange Spaziergänge und einsame Meditationen im Moor unterbrachen. »Auf Schritt und Tritt sind in diesem Moorgebiet die Spuren versunkener Geschlechter zu finden«, schreibt Watson darüber. »Der geheimnisvolle Zauber der Landschaft mit ihrer düsteren Aura uralter Vergangenheit regte die Phantasie meines Freundes ungemein an… « Zweifellos fühlte sich Holmes wieder an jene Steinzeithütte über Dartmoor erinnert, wo er einst während seiner Ermittlungen über den Hund von Baskerville gehaust hatte, und auch wohl an seine Knabenjahre in Yorkshire mit den Streifzügen durch die geheimnisvoll lockenden Moore.

Der Erholungsaufenthalt in Cornwall hat, wie wir wissen, zu einem Fall geführt, von dem Holmes später steif und fest behauptete, es sei der sonderbarste gewesen, den man ihm je zur Bearbeitung angetragen habe.[8] Doch ebenso wie in der Sache mit dem »Toten von Abbey Grange« hatte Holmes auch hier nicht das Herz, den Schuldigen dem Gesetz auszuliefern.

»Du meinst doch gewiß auch, Watson, daß dies kein Fall ist, in dem wir unbedingt einschreiten müßten. Wir haben aus freiem Antrieb ermittelt, nun wollen wir auch dabei bleiben. Oder würdest du den Mann anzeigen?«

»Bestimmt nicht«, war Watsons Antwort.

---

7 Holmes vertrat die Theorie, daß sie dem Chaldäischen verwandt sei und auf die Umgangssprache der phönizischen Zinnkaufleute zurückgehe.

8 Die Sache mit dem »Teufelsfuß«.

Wir sehen also wiederum an einem Fall dieser letzten Jahre, wie tief Sherlock Holmes von den buddhistischen Lehren durchdrungen war.

Völlig wiederhergestellt konnte Holmes im Mai 1897 in die Baker Street zurückkehren, und wie zuvor strömten tagaus tagein ratsuchende Klienten über die siebzehn Treppenstufen hinauf in das Wohnzimmer des Detektivs.

Noch zu keiner Zeit, fand Watson, war Holmes besser in Form gewesen. Immer wieder konnte der Doktor über die Gedankengänge und Schlußfolgerungen des Freundes nur staunen.

»So, Watson«, sagte Holmes eines Tages unvermittelt, nachdem sie stundenlang nichts geredet hatten, »und du willst also nicht in Südafrika investieren?«

Dem Doktor verschlug es förmlich den Atem. Seine geheimsten Überlegungen zu erraten, das war ja geradezu Hellseherei.

»Woher in aller Welt weißt du denn das?« fragte er.

»Ich habe mir dein linkes Grübchen zwischen Daumen und Zeigefinger betrachtet.«

»Ich erkenne da keinen Zusammenhang.«

»Wie solltest du auch. Aber ich kann dir sehr schnell einen sehr engen Zusammenhang aufzeigen. Es ist eine ganz einfache Tatsachenkette, und ihre Glieder sind folgende. Erstens: gestern abend, als du aus deinem Klub kamst, hattest du Kreide im Daumengrübchen. Zweitens: mit Kreide reibst du es ein, wenn du Billard spielst, um das Queue ruhiger ansetzen zu können. Drittens: Billard spielst du ausschließlich mit Thurston.[9] Viertens: vor vier Wochen hast du mir erzählt, daß Thurston eine Option auf irgendeinen

9 Fraglos ist Julian Thurston gemeint, der Inhaber von Thurston & Coy, Ecke Strand – Catherine Street, einer der ersten Billardtisch-Fabrikanten Englands. Die berühmten Londoner Billard-Turniere fanden damals in der Thurston Hall statt. Es spricht in hohem Maße für Watsons Spielqualität, daß er einen der großen Billardmeister jener Zeit hatte zum Partner gewinnen können.

Besitz in Südafrika hat, die in einem Monat abläuft und die er gern dir zur Hälfte abtreten möchte. Fünftens: dein Scheckheft ist in meiner Schublade eingeschlossen, und du hast bisher nicht den Schlüssel verlangt.[10] Sechstens: folglich hast du nicht vor, dein Geld auf diese Art anzulegen.«

»Phantastisch einfach!« rief Watson.

»Sage ich ja«, versetzte Holmes, eine Spur gereizt. »Jedes Problem wird kinderleicht, sobald es einem erklärt worden ist. Aber hier habe ich eines, das auch nicht uninteressant ist und noch nicht erklärt. Vielleicht, daß du damit etwas anfangen kannst, Freund Watson.« Holmes schnippte ein Blatt Papier über den Tisch.

»Aber Holmes, das ist doch bloß Kindergekritzel«, empörte sich Watson.

Es war kein Kindergekritzel. Es war eine Probe von einer durchaus ernstzunehmenden Geheimschrift – und damit der Anfang jenes »recht hübschen« Falles, dem Watson später den Titel »Die tanzenden Männchen« gegeben hat.

Kaum war dieser Fall angelaufen, da begann schon am folgenden Tag die Sache mit dem »Farbenkünstler im Ruhestand«. Sie erschien anfangs ganz simpel und war es fast nicht wert, daß Holmes sich überhaupt damit abgab, doch sehr bald sahen die Dinge entschieden anders aus.

»Gute Arbeit«, sagte Inspektor McKinnon zu Holmes, als der Fall abgeschlossen war, »die beste, solange ich denken kann.«

Holmes zuckte die Achseln. »Mir soll es recht sein. Pack die Akten in unser Archiv, Watson. Vielleicht kannst du eines Tages noch die wahre Geschichte erzählen.«

Das Jahr 1899 blieb Watson unvergeßlich durch ein »absolut einmaliges Erlebnis« – nämlich Holmes' Ren-

---

10 Warum wohl hatte Holmes Watsons Scheckheft unter Verwahr? Watson selbst gibt uns die Antwort – in seinem Bericht »Shoscombe Old Place« – mit der Bemerkung, seine Wettleidenschaft habe ihn einmal dazu verführt, seine »halbe Invalidenrente« auf ein Rennpferd zu setzen.

contre mit »diesem Erpresser und Obergauner Charles Augustus Milverton«.

»Ich habe es in meinem Berufsleben mit mindestens fünfzig Mördern zu tun gehabt«, sagte Holmes, »aber von denen hat mich auch nicht der schlimmste so angewidert wie dieser Kerl.«

Holmes war der Fall auch noch aus anderen Gründen zuwider.

»Nach einem Heiratskandidaten sehe ich dir wohl nicht aus, Watson?« fragte er den Freund bei Gelegenheit.

»Nein, bestimmt nicht?«

»Dann nimm hiermit zur Kenntnis, daß ich verlobt bin.«

»Mein Lieber, Bester! Ich gra-«

»Mit Milvertons Dienstmädchen.«

»Um Himmels willen, Holmes!«

»Es ging nicht anders. Ich bin jetzt ein Klempner, heiße Escott[11] und erfreue mich einer vielversprechenden Geschäftsentwicklung. Abend für Abend bin ich mit ihr ausgegangen und habe mit ihr geplaudert. O du Heimatland, was für ein Geschwätz! Aber jedenfalls habe ich alles herausgekriegt, was ich wissen wollte. Milvertons Haus kenne ich mittlerweile wie meine Westentasche.«[12]

Im Juni des folgenden Jahres, 1900, wurde Holmes von Lestrade zur Aufklärung jenes Falles herangezogen, in dem es um die berühmte schwarze Perle der Borgias ging,[13] die auf rätselhafte Weise verschwunden war, und der Oktober des gleichen Jahres bescherte ihm den Besuch des amerikanischen Goldkönigs Neil Gibson nebst jenem »geradezu schwarzmagischen« Mord, von dem Watson in

---

11 Hier wieder ein Beispiel für Holmes' listigen Humor: er benutzt seinen einstigen Schauspielernamen.

12 Damit nicht der Anschein entsteht, als habe Holmes die Situation schnöde ausgenützt, sei darauf hingewiesen, daß »Klempnermeister Escott« nicht der einzige war – sein Rivale hätte ihn, kaum daß er zur Tür hinaus war, bestimmt übertroffen.

13 Siehe den Bericht »Sechsmal Napoleon«.

»In der Tat, Watson, diesmal hast du recht. Auf den zweiten Blick ist es eindeutig ein Schwan.«

seinem Bericht »Das Rendezvous an der Brücke« erzählt.

Im Winter 1900/1901 und noch im anschließenden Frühjahr war Watson dann so sehr durch die Niederschrift seiner Erzählung *Der Hund von Baskerville*[14] in Anspruch genommen, daß er Holmes nur bei einigen wenigen Fällen zur Hand gehen konnte, aber im Mai endlich war sein Manuskript im Besitz des Verlags und Watson somit frei für die Mitarbeit an einem Fall, der als eine Art Paradestück in die Annalen der Kriminologie eingehen sollte – von Watson später betitelt: »Spuren im Moor«.

»Wir haben auf unserer kleinen Bühne in der Baker Street so manchen dramatischen Auftritt und Abgang erlebt«, schreibt Watson, »aber ich wüßte nichts, was uns jemals dermaßen schockartig überfallen hätte wie das plötzliche Auftauchen jenes Mr. Thorneycroft Huxtable, seines Zeichens Professor der Schönen Künste, Doktor der Philosophie und dergleichen mehr.«

Auf die »Spuren im Moor«[15] folgte im Mai 1902 das Erlebnis von Shoscombe Old Place, das jedoch glücklicher ausging, als es Sir Robert Norbertsons Handlungsweise vielleicht verdiente. Das Derby gewann nämlich Sir Ro-

---

14 Die Erzählung erschien im *Strand Magazine*, in den Heften August 1901 bis einschließlich April 1902. Das Leserinteresse an Watsons Darstellung war so enorm, daß bei jedem Heft, das den Abdruck enthielt, am Tage der Auslieferung Hunderte von Männern, Frauen und Kindern vor den *Strand*-Verkaufsstellen Schlange standen, um nur ja sofort ein Exemplar zu ergattern. *Die Geschichte... entfesselte Beifallsstürme...* schreibt der inzwischen verstorbene Fletcher Pratt in seiner Einleitung zu *Sherlock Holmes' letzte Fälle* (New York 1952; nachgedruckt in *Gestatten – Sherlock Holmes*) . *George Newnes veröffentlichte sie sofort in Buchform... mit der höchsten Auflage, die bis dahin ein Sherlock-Holmes-Buch erreicht hatte, und erneut gab es Beifallsstürme, ebenso bei der amerikanischen Ausgabe, die noch im selben Jahr erschien.*

15 Watson wählte ursprünglich den Titel »Die Klosterschule«. Holmes selbst verriet später – siehe den Bericht »Der bleiche Soldat« –, daß die Schule offiziell den Namen *Abbey School* führte und daß jener »Herzog von Holdernesse« aus Watsons Erzählung in Wirklichkeit der Duke of Greyminster war.

berts Pferd Prinz von Shoscombe, und Sir Robert konnte achtzigtausend Pfund Wettgewinn einstreichen; seine Gläubiger, die stillgehalten hatten, bis das Rennen vorüber war, bekamen ihr Geld, und es blieb noch genügend übrig, um Sir Robert wieder eine angemessene Existenz zu sichern.[16]

Die Geschichte mit den »Drei Garridebs« – sie ist zeitlich etwa auf Juni 1902 anzusetzen – »ließe sich geradezu als Komödie bezeichnen, hätte sie nicht doch noch als Tragödie geendet. Sie hat einen Mann um den Verstand, mich um allerhand Blut und einen weiteren Mann hinter Schloß und Riegel gebracht. Aber einen Zug von Komik hatte sie zweifellos.«

Doch die Geschichte hatte noch einen anderen Zug: In jenem Augenblick, als der Mörder Evans den Revolver zog und zweimal abdrückte – in jenem Augenblick, als Watson plötzlich am Oberschenkel ein scharfes Brennen wie von einem glühenden Eisen spürte – in genau jenem Augenblick hörte er den dumpfen Schlag, mit dem Holmes' Revolver auf den Kopf des Verbrechers niederging.

»Bist du verletzt, Watson?« schrie Holmes. »Um Gottes willen sag, daß du nicht verletzt bist!«

»Es war eine Wunde wert«, schreibt Watson, »es war viele Wunden wert – einmal zu spüren, wie viel an Kameradschaft und Liebe sich hinter dieser kühlen Maske verbarg. Die klaren Augen verloren eine Sekunde lang ihren Glanz, um den harten Mund zuckte es. Dies eine und einzige Mal durfte ich einen Blick tun – nicht nur wie sonst in dieses große Gehirn, sondern auch in dies große Herz. All die Jahre meines unbeirrten, bescheidenen Dienens fanden mit diesem Blick ihren Lohn... «

---

16 Watsons Bericht über diesen Fall war der letzte, den er geschrieben hat. Seine Darstellung erschien im *Liberty Magazine*, in der Ausgabe vom 5. März 1927, sowie im Aprilheft des *Strand Magazine*. Watson war zu der Zeit 75 Jahre alt.

XXIII.
Die dritte Mrs. Watson: Juli 1902 bis Oktober 1903

Unsere Beziehung
war zu jener Zeit etwas merkwürdig.
Dr. John H. Watson

Im Juli 1902 – gerade zu der Zeit, als Holmes das Rätsel um die verschwundene Lady Frances Carfax löste – zog Dr. John H. Watson aus der Baker Street aus.

Dr. Watson – er war damals erst neunundvierzig – hatte sich nämlich wieder einmal verliebt.

Holmes konnte es nicht lassen, den Freund ein wenig zu necken.

»Deine Jacke, Doktorchen«, sagte er mit verschmitztem Augenzwinkern, »zeigt links an Schulter und Ärmel ein paar Schmutzspritzer. Du hast also die Kutsche heute vormittag nicht allein benutzt.«

»Ich zweifle nicht, daß dieser Zusammenhang logisch besteht«, sagt Watson, »aber ich wäre dir doch sehr verbunden, wenn du ihn mir aufzeigen wolltest.«

Holmes grinste. »Hättest du mitten in der Kutsche gesessen, so wärst du entweder überhaupt nicht angespritzt worden, oder aber symmetrisch von rechts und links. Demnach ist es klar, daß du an der Seite gesessen hast. Und danach ist es wiederum klar, daß du jemanden bei dir hattest.«

»Das ist einleuchtend.«

»Und elementar, oder?«

Im September des Jahres 1902 bearbeiteten die beiden alten Kampfgefährten zwei Fälle noch gemeinsam. Der erste davon war für Watson »in der Laufbahn meines Freundes ein Glanzpunkt«. Besonders imponierte ihm dabei zweifellos der Umstand, daß Holmes diesem illustren Klienten in dem Fall, – den Watson mit »Chinesisches Porzellan« betitelt hat – bereits zum zweiten Mal zu Diensten war und der mittlerweile König Edward VII. von England war.[1]

Den zweiten Fall[2] bezeichnete Holmes als »immerhin lehrreich«. »In der Sache steckt weder Geld noch Ruhm«, setzte er hinzu, »aber man möchte sie doch aufgeklärt sehen.«

Dann, im Oktober, heiratete Dr. Watson also zum dritten Mal, und wenige Wochen darauf begann er erneut, jetzt in der Queen Anne Street, eine ärztliche Praxis zu eröffnen.

Holmes nannte es »das einzige Mal, solange wir zusammen waren, daß er nur an sich selbst gedacht hat«. Denn von Anfang an, bereits vor der Heirat, war zu erkennen, daß die dritte Mrs. Watson in spe über Verschiedenes durchaus anders dachte als ihrerzeit Constance Adams und Mary Morstan. Sie fand, ein Ehemann gehöre nach Hause und ein Arzt in sein Sprechzimmer. Und sie gab beiden Freunden klar zu verstehen, daß es in Zukunft ihrem John

---

1 Wir wissen, nämlich aus dem Bericht über »Die drei Garridebs«, daß Holmes Anfang Juni desselben Jahres, 1902, einen Auftrag ausgeführt hat, für den ihm ein Adelsprädikat zuerkannt wurde, das er jedoch zurückwies. Offensichtlich hat Holmes seine Abneigung gegen den »König von Böhmen« – alias Albert Edward, Prinz von Wales, später König Edward VII. – nie überwinden können: den ihm von England gebotenen Adelstitel lehnte er ab, wohingegen er den Stern der Ehrenlegion aus der Hand Frankreichs annahm (siehe »Das goldene Pincenez«).

2 »Ein Zimmer in Bloomsbury«.

nicht allzu oft gestattet sein würde, an Holmes' Ermittlungen teilzunehmen.[3]

Indessen, Holmes war ein Mensch, der an einmal bestehenden Gewohnheiten zäh und unbeirrt festhielt, und Watson war für ihn eine solche geworden; er war eine Institution, genau wie der Shag-Tabak, die uralte schwarze Pfeife, die Nachschlagebücher, die Geige. Und wann immer ein Fall Arbeit vor Ort verlangte und Holmes einen Gefährten brauchte, auf dessen Einsatz unbesehen Verlaß war, holte er sich nach wie vor seinen alten Freund.

Dann telegraphierte er: *Komm sofort wenn möglich – wenn unmöglich komm trotzdem. S.H.* Und Watson, Ehefrau hin oder her, Watson kam.

Aber im Januar 1903 mußte Holmes schließlich doch einmal, zum ersten Mal, seine Erfahrungen und Erlebnisse selbst niederschreiben – »Watson wußte überhaupt nichts von dem Fall«.[4]

Doch hatte Watson andererseits im Frühjahr und Sommer 1903 zweimal das Glück, daß er zu Holmes in die Baker Street kam, als es gerade wieder einmal rundging.

»Ich hatte Holmes tagelang nicht gesehen«, schreibt er[5], »und war ganz und gar nicht im Bilde darüber, welches

---

3 Sir Sidney Roberts hat ursprünglich Watsons dritte Frau mit der Miss Violet de Merville aus dem Bericht »Chinesisches Porzellan« (siehe Tagebuch Dr. Watson, S. 27 ff.) identifiziert – eine Behauptung, die Mr. T.S. Blakeney in seiner Arbeit *Sherlock Holmes – Faktum oder Fiktion?* (S. 113 ff.) überzeugend widerlegt hat.
Der verstorbene Historiker Christopher Morley wiederum vertrat die Meinung, die dritte Mrs. Watson sei Lady Frances Carfax gewesen – eine Ansicht, der wohl nur wenige Holmes-Kenner zustimmen dürften.
Forschungen sind nach wie vor im Gange. Man darf zuversichtlich hoffen, daß früher oder später die wahre Identität der dritten Mrs. Watson einwandfrei festgestellt werden wird; vieles aus sowohl Dr. Watsons als auch Sherlock Holmes' Leben hingegen wird nie ganz zu ermitteln sein.

4 »Der bleiche Soldat«. Der Bericht wurde erst 1926 veröffentlicht, und zwar in der Oktober-Ausgabe des *Liberty Magazine* (ersch. 16. Okt.) und im Novemberheft des *Strand Magazine*.

5 »Die drei Giebel«.

neue Projekt seine Tätigkeit mittlerweile beanspruchte. Er war an jenem Vormittag« – es war Dienstag, der 26. Mai – »in Gesprächslaune, doch kaum hatte er mich in dem einen der beiden verschlissenen Lehnsessel vor dem Kamin untergebracht und sich selber mit seiner Pfeife in dem anderen mir gegenüber gesetzt, da erschien auch schon unser Besucher. Zu sagen, daß ein wildgewordener Stier erschien, käme der Wahrheit allerdings näher ... «

Der Besucher war Steve Dixie, der notorische Raufbold; er kam, um Holmes durch Drohungen von der Übernahme des Harrow-Weald-Falles abzubringen. Mit seinem Einschüchterungsversuch erreichte er natürlich nur, daß Holmes den Fall nun erst recht zu übernehmen gedachte. Holmes fand zwar, daß es eine im Grunde recht alberne Geschichte war, doch immerhin gab sie Watson Gelegenheit, die vielbewunderte Isadora Klein kennenzulernen, die reichste und zugleich hübscheste Witwe der Welt.

Und noch einmal, im Sommer 1903, wollte es der Zufall, daß Dr. Watson sich in dem unaufgeräumten Wohnzimmer in der Baker Street einfand, wo schon so manches bemerkenswerte Erlebnis seinen Anfang genommen hatte, und daß er gerade recht kam. Er blickte sich um, sah wieder die wissenschaftlichen Diagramme an der Wand, das säurefleckige Brett mit den Chemikalien, die in der Ecke lehnende Geige. Zu guter Letzt ruhten seine Augen auf dem frischen, vergnügten Gesicht des Hausburschen Billy, der zwar noch jung, aber ein wohlerzogenes und verständiges Kerlchen war und der ein wenig die Leere der Einsamkeit hatte ausfüllen helfen, die den finster und wortkarg gewordenen großen Detektiv jetzt umgab.

»Hier scheint ja alles ganz unverändert, Billy«, sagte Dr. Watson. »Er ist es hoffentlich auch.«

Billy warf einen besorgten Blick nach der geschlossenen Schlafzimmertür.

»Ich glaube, er liegt im Bett und schläft«, sagte er.

Es war sieben Uhr abends, ein wunderschöner Sommerabend, aber Dr. Watson kannte den regellosen Tagesablauf seines Freundes ja zur Genüge und wunderte sich nicht.

»Das bedeutet, er hat wieder einen Fall?«

»Ja, Sir. Er schuftet zur Zeit wie wild. Ich hab' richtig Angst, wie lange er's durchhält. Er wird immer blasser und dünner, aber er ißt ja auch nichts. Mrs. Hudson fragt immer: ›Wann möchten Sie Ihr Dinner, Sir?‹, und er sagt: ›Übermorgen um halb acht‹ – Sie wissen ja, wie er ist, wenn ihm so ein Fall in der Nase steckt.«

»Ja, Billy, das weiß ich.«

»Er muß hinter irgendwem her sein. Gestern ist er als Handwerker losgegangen, der Arbeit sucht. Heute kommt er als altes Weib. Hat mich tatsächlich damit reingelegt, und ich müßte seine Tricks doch allmählich kennen.«

»Um was geht es denn bei der ganzen Geschichte, Billy?«

Billy dämpfte die Stimme. »Ihnen kann ich's ja sagen, Sir, aber es soll sich nicht herumsprechen. Es ist diese Sache mit dem Krondiamanten… «

Und wie schön für Dr. Watson, daß er auch anwesend war, als in dem Drama um den Krondiamanten der Schlußakt über die Bühne ging.

»Lord Cantlemere«, meldete Billy.

»Führe ihn herauf, den werten Herrn, der die allerhöchsten Interessen vertritt«, sagte Holmes und grinste. »Er ist ja ein ehrenwerter und vornehmer Mann, aber doch arg von der alten Schule. Sollen wir uns den Spaß erlauben und ihn ein bißchen aus der Fassung bringen? Ob man das bei ihm riskieren darf? Vermutlich weiß er ja überhaupt noch nicht, was passiert ist.«

Die Tür ging auf, und herein stelzte ein hagerer alter Herr mit scharfen Gesichtszügen und einem viktorianischen Hängeschnauzbart, dessen tiefes Schwarz zu den gebeugten Schultern und dem gebrechlichen Gang nicht recht passen wollte. Holmes trat beflissen vor und schüttelte dem Besucher die schlaffe Hand.

»Ich begrüße Sie, Lord Cantlemere! Es ist kalt für die Jahreszeit, aber hier drinnen haben wir es schön warm. Darf ich Ihnen den Mantel abnehmen?«

»Nein, danke. Den behalte ich an.«

Holmes legte mit sanftem Nachdruck die Hand auf den Ärmel des Alten. »Aber bitte, erlauben Sie doch! Mein Freund Dr. Watson wird Ihnen gleichfalls sagen, daß solche Temperaturunterschiede äußerst gefährlich sind.«

Mit einem ungeduldigen Ruck machte Seine Lordschaft sich los. »Es ist schon gut, Sir. Ich brauche ja nicht lange zu bleiben. Hatte nur einmal vorbeischauen und mich erkundigen wollen, wie Sie mit Ihrer selbstgewählten Aufgabe vorwärtskommen.«

»Die Sache ist schwierig – sehr schwierig.«

»Ich hatte befürchtet, daß Sie das feststellen würden. Jeder Mensch hat irgendwo Grenzen, Mr. Holmes, doch das bewahrt uns immerhin vor dem Laster der Selbstzufriedenheit.«

»Ja – ich kann mir einfach nicht klarwerden, Sir.«

»Wundert mich nicht.«

»Besonders in einem Punkt. Vielleicht könnten Sie mir da einen Hinweis geben?«

»Sie kommen ja reichlich spät zum Brunnen. Ich dachte, Sie hätten Ihre Patentmethoden und brauchten keinen Rat. Aber nun gut, ich bin bereit, Ihnen zu helfen.«

»Sehen Sie, Lord Cantlemere, gegen die Diebe als solche können wir natürlich Anklage erheben.«

»Wenn Sie sie gefaßt haben.«

»Sehr richtig. Aber die Frage ist doch – wie sollen wir gegen den Hehler vorgehen?«

»Ist diese Frage nicht etwas verfrüht?«

»Es ist besser, wir wissen beizeiten, was wir unternehmen wollen. Nun also – was würden Sie als schlüssigen Beweis dafür ansehen, daß jemand der Hehler ist?«

»Daß er den Stein in Besitz hat.«

»Und Sie würden ihn daraufhin festnehmen lassen?«

»Selbstverständlich, Sir.«

»In diesem Fall, mein verehrter Lord Cantlemere, sehe ich mich zu meinem Bedauern gezwungen, Ihre Verhaftung zu beantragen.«

Lord Cantlemere wurde sehr ärgerlich. Das Blut schoß ihm in die fahlen Wangen. »Sie nehmen sich etwas zu viel heraus, Mr. Holmes. Ich bin ein beschäftigter Mann, Sir, mit wichtigen Angelegenheiten betraut, und habe keine Zeit für alberne Scherze. Ich darf Ihnen offen sagen, Sir, ich habe von Ihren Fähigkeiten noch nie viel gehalten, und von Anfang an war es meine Meinung, diese Sache wäre in den Händen der Polizei, wohin sie gehört, weit besser aufgehoben gewesen. Ihr Benehmen bestätigt mir, daß ich recht hatte. Ich habe die Ehre, Sir, Ihnen einen guten Abend zu wünschen.«

Holmes hatte geschwind den Platz gewechselt und stand nun zwischen dem Lord und der Tür. »Einen Augenblick, Sir«, sagte er. »Mit dem Mazarin-Stein vorsätzlich auf und davon zu gehen, wiegt als Delikt bestimmt schwerer als sein vorübergehender zufälliger Besitz.«

»Das geht zu weit, Sir! Lassen Sie mich gefälligst vorbei!«

»Stecken Sie einmal Ihre Hand in die rechte Manteltasche.«

»Was soll das, Sir?«

»Bitte, Sir – tun Sie, was ich sage.«

Einen Augenblick später stand der Lord fassungslos blinzelnd da und hielt den großen gelben Edelstein in der bebenden Hand.

»Was – nein!« stammelte er. »Wie geht denn das zu, Mr. Holmes?«

»Mein alter Freund hier wird Ihnen verraten, daß ich die leidige Angewohnheit habe, handfeste Späße zu machen«, sagte Holmes. Außerdem habe ich eine Schwäche für dramatische Situationen. Zu Beginn unserer Unterhaltung war ich so frei – etwas sehr frei, wie ich zugeben muß –, Ihnen den Stein in die Tasche zu stecken.«

Der würdige alte Herr hob den Blick von dem Edelstein

zu Holmes' lächelndem Gesicht. »Sir, ich weiß gar nicht, was ich sagen soll. Aber – tatsächlich, das ist er, der Mazarin-Diamant. Wir sind tief in Ihrer Schuld, Mr. Holmes. Ihr Sinn für Humor ist zwar, wie Sie ja selbst zugeben, etwas ausgefallen und seine Entfaltung vielleicht nicht immer ganz angebracht, doch immerhin möchte ich alles, wodurch ich Ihre erstaunlichen beruflichen Fähigkeiten herabgesetzt habe, hiermit zurücknehmen. Aber sagen Sie, wie – «

»Alles Nähere später«, sagte Holmes. »Ich bin sicher, Lord Cantlemere, Ihre Freude, nunmehr dem erlauchten Kreis, in den Sie zurückkehren, von unserm Erfolg berichten zu können, wird Sie mit meinem handfesten Scherz wieder etwas versöhnen. Billy, geleite Seine Lordschaft hinaus. Und sag Mrs. Hudson, sie soll doch bitte das Dinner heraufschicken – aber für zwei Personen.«

XXIV.
In den Sussex Downs: 1909

»Jetzt verziehe ich mich aber endlich in dieses kleine Landhaus, das immer mein Traum war.«
SHERLOCK HOLMES

»Vom Standpunkt des Kriminalexperten gesehen«, sagte Holmes mißbilligend zu Watson, »ist London eine ungemein langweilige Stadt geworden, seit Professor Moriarty seligen Angedenkens nicht mehr in ihr weilt. Solange dieser Mann auf dem Plan war, hat einem die Morgenzeitung doch wirklich etwas geboten. Freilich war es oft nur ein winziger Hinweis, nur sozusagen die Spur einer Spur, aber es genügte, um mir wieder bewußt zu machen, daß diese großartige böse Intelligenz vorhanden war, so wie das Spinnennetz, wenn auch nur ein einziges Fadenende ganz leise vibriert, einem gleich die Spinne verrät, die träge lauernd in seiner Mitte hängt. Eine unbedeutende Dieberei, ein dreister Überfall oder auch irgendeine Gewalttat ohne Motiv – für den, der Bescheid wußte, ließ sich das alles in einen großen logischen Zusammenhang bringen. Wer immer die gehobene Verbrecherwelt wissenschaftlich erforschen wollte, der fand keine Großstadt in ganz Europa, die ihm so viel hätte bieten können wie damals London. Aber jetzt… «

Es war an der Zeit, so hatte Holmes entschieden, noch einmal vor den Vorhang zu treten zur letzten Verbeugung, so wie er es als Schauspieler einst zu tun pflegte, und dann die Bühne, auf der er so lange Zeit eine tragende Rolle gespielt hatte, mit Anstand zu verlassen.

Es sah damals so aus, als sollte diese letzte Verbeugung in dem wunderlichen Fall des »Mannes, der auf allen vieren lief«, bestehen, einem der – wie Watson uns angibt – »letzten Fälle, mit denen sich Holmes noch befaßte, ehe er in den Ruhestand ging«, um fortan der Bienenzucht und seinen Studien zu leben. Holmes war schon immer der Meinung gewesen, Watson müsse unbedingt die erstaunlichen Vorgänge im Zusammenhang mit Professor Presbury früher oder später an die Öffentlichkeit bringen, und sei es nur, wie er sagte, um ein für allemal den verleumderischen Gerüchten Einhalt zu tun, die an der Universität umgingen und die man in Londons Gelehrtenkreisen blindlings nachplapperte. Aber dem stand zunächst einiges im Wege, und erst im Jahr 1923 wurde es Watson endlich gestattet, die Fakten zur Diskussion zu stellen. »Und sogar jetzt noch«, so schrieb er damals, »sind bei Darlegung der Sache vor der Öffentlichkeit in etwa Zurückhaltung und Diskretion zu wahren.« In seinem Bericht über den Fall tarnte er daher die Universität mit dem Namen »Camford«, doch ist nicht daran zu zweifeln, daß es sich um die Universität Oxford gehandelt hat.[1]

Holmes brachte Ende September 1903 den Fall zum ebenso erfolgreichen wie sensationellen Abschluß. Und bereits im Oktober hatten die von ihm beauftragten Makler in »Fulworth«[2], gelegen am Südhang der Sussex Downs

---

1 Holmes, wie man sich erinnern wird, spricht in der Geschichte »Der vermißte Rugbyspieler« von Cambridge als von einer »unwirtlichen Stadt«. Die Stadt »Camford« hingegen bezeichnet er in dem Bericht über den »Mann, der auf allen vieren lief«, als »ganz bezauberndes Städtchen«.

2 Watson hält es wieder einmal mit der Diskretion. Der verst. Christopher Morley hat jedoch »Fulworth« als das Dorf Cuckmere Haven identifiziert, das am Südhang der Sussex Downs zwischen Seaforth und Eastbourne liegt.

und etwa fünf Meilen von Eastbourne entfernt, ein Landhaus für ihn gefunden, das seinen Wünschen entsprach.

Und an einem Novembertag des Jahres 1903 ging Holmes denn zum letzten Mal die siebzehn Treppenstufen hinunter, die im Verlauf der Jahre so viele Klienten erstiegen hatten, und sagte dem Haus Baker Street 221 B Lebewohl,[3] Lebewohl für immer. Wer aber mit ihm in die Sussex Downs reiste, um sich dort der Hauswirtschaft anzunehmen, das war seine getreue Mrs. Martha Hudson.

»Mein Landhaus steht am südlichen Abhang der Downs und verfügt über einen großartigen Ausblick auf den Ärmelkanal«, schrieb Holmes einige Jahre später. »An dieser Stelle bilden den Küstensaum ausschließlich Kreidefelsen, über die nur ein einziger langer und ermüdender Pfad, schlüpfrig und steil, abwärts führt. Unten, wo der Felsenpfad endet, liegt mit etwa hundert Meter Breite – und das sogar bei Flut – ein Streifen Kies- und Geröllstrand. Hier und dort aber gibt es auch Mulden und kleine Buchten, die sich bei jeder Flut wieder von neuem füllen und somit herrliche Schwimmbecken sind. Dieser wundervolle Strand erstreckt sich in beiden Richtungen mehrere Meilen weit... Mein Haus liegt einsam. Ich und meine Wirtschafterin und meine Bienen, wir haben das ganze Gelände für uns allein.«

Wenn wir Watson glauben dürfen[4], so hat Holmes in dieser ersten Ruhezeit mehrfach geradezu fürstliche Belohnungen für die Übernahme bestimmter Fälle ausgeschlagen. Sein Ausscheiden aus dem Berufsleben, das stand für ihn fest, sollte von Dauer sein. Trotzdem passierte das Sonderbare, daß er jetzt mit einem Problem konfrontiert

---

3 Es dürfte außer Frage stehen, daß Holmes' Entschluß, sich so relativ früh vom Beruf zurückzuziehen, durch den am Donnerstag, dem 8. Oktober 1903, erfolgten Tod seiner »Irene Adler« mitbestimmt worden ist.

4 Vgl. seine Einführung zu der Buchausgabe von *Der letzte Fall*.

wurde, das sicher ebenso ungewöhnlich und geheimnisvoll war wie irgendeines während seiner dreiundzwanzigjährigen Tätigkeit.

Von Watson sah Holmes in dieser Zeit wenig. Ab und zu ein kurzer Besuch am Wochenende, das war schon alles, und so mußte der große Detektiv wieder einmal als sein eigener Chronist fungieren. »Zur Not muß ich mich eben mit meinen eigenen simplen Worten behelfen«, schreibt er, »und Schritt für Schritt den schwierigen Weg beschreiben, den ich zu gehen hatte, um hinter das Rätsel der Löwenmähne zu kommen.«

Gegen Ende Juli des Jahres 1909[5] herrschte schwerer Sturm, der die Brandung bis an die Klippen warf und beim Flutwechsel jedesmal eine Lagune zurückließ. Doch an dem Morgen, von welchem Holmes in seiner Chronik spricht, »hatte der Wind sich gelegt, und die ganze Natur strahlte wie frischgewaschen. Es war unmöglich, an einem so köstlichen Tag zu arbeiten, daher verließ ich schon vor dem Frühstück das Haus, um draußen die herrliche Luft zu genießen. Ich schlenderte über den Klippenweg und war schon fast an der steilen Stelle, wo es zum Strand hinabgeht. Da hörte ich plötzlich hinter mir jemanden rufen ... «

Der Rufer war Harold Stackhurst, der ganz in der Nähe eine Privatschule leitete; sie nannte sich »Giebelhaus« und beherbergte mehrere Lehrer sowie eine Anzahl junger Leute, die sich in verschiedenen Fächern auf ihren jeweiligen Beruf vorbereiteten. Stackhurst selbst war in seiner Studentenzeit ein As im Rudern gewesen und besaß ein ausgezeichnetes Fachwissen in vielerlei Disziplinen. Er und Holmes waren bei dessen Einzug hier an der Küste einander vom ersten Tage an sympathisch gewesen, und es

---

5 In der Veröffentlichung von Holmes' Bericht steht: »Gegen Ende Juli 1907«. Das ist ein Druckfehler, wie Dr. Ernest Bloomfield-Zeisler schlüssig bewiesen hat. Vgl. *Baker Street Chronology* »Die Löwenmähne«, S. 134 ff.

kam gelegentlich vor, daß der eine den anderen abends auf einen Sprung besuchte.

»Was für ein herrlicher Tag, Mr. Holmes«, rief Stackhurst. »Ich dachte mir, ich gehe ein Stückchen mit Ihnen.«

»Wie ich sehe, gehen Sie schwimmen.«

»Haben Sie es wieder einmal erraten«, lachte Stackhurst und klopfte auf seine angeschwollene Rocktasche. »Ja, McPherson ist schon früh raus zum Strand, ich werde ihn jetzt wohl dort treffen.«

Fitzroy McPherson war der Lehrer für Naturwissenschaft, ein feiner, offener junger Mensch, dem nur leider sein Herzfehler, der ihm von einem akuten Gelenkrheumatismus verblieben war, immer wieder zu schaffen machte. Er war jedoch kräftig gebaut, und Sport lag ihm, und so trainierte er mit Erfolg alles, was ihm nicht gar zu viel Anstrengung abverlangte. Sommers wie winters ging er zum Schwimmen, und schon mehrfach hatte Holmes sich ihm angeschlossen.

Jetzt sahen sie ihn. Über dem Klippenrand tauchte sein Kopf auf, dann erschien auf Pfadhöhe die ganze Gestalt. Der junge Mensch taumelte wie ein Betrunkener. Plötzlich warf er die Arme in die Luft und stürzte mit einem furchtbaren Schrei zu Boden aufs Gesicht. Sofort waren Holmes und Stackhurst bei ihm. McPherson lag offensichtlich im Sterben. Seine Augen waren hohl und verglast, die Wangen aschfahl. Für eine Sekunde zuckte noch einmal eine Spur Leben durch sein Gesicht, und er murmelte kaum hörbar ein paar Worte, als müsse er unbedingt auf etwas Wichtiges aufmerksam machen.

»Lö-wen-mähne«, stammelte er.

Jetzt bäumte sein Oberkörper sich auf, er warf wieder die Arme hoch, dann kippte er seitüber, und Fitzroy McPherson war tot.

Wie Holmes sofort aufgefallen war, hatte McPherson nur seinen Regenmantel an, darunter die Hose, und an den Füßen trug er Leinenschuhe mit offenhängenden Schnürsenkeln. Als er fiel, verschob sich der Regenmantel, und

Holmes sah, daß der Rücken des Mannes über und über mit dunkelroten Striemen bedeckt war, als hätte man ihn gegeißelt.

Holmes kniete noch am Boden, und Stackhurst stand neben dem Toten, da fiel plötzlich ein Schatten über die Gruppe: mit seiner gebieterischen Gestalt wie aus dem Boden gewachsen stand da Jan Murdoch, der Mathematiklehrer der Giebelhaus-Schule. Er war groß, dunkelhäutig und von derart wortkarger Unzugänglichkeit, daß die Schüler so etwas wie einen verdrehten Kauz in ihm sahen, an dem sie nur zu gern ihren Spott ausgelassen hätten, wovor jedoch seine gelegentlichen orkanartigen Temperamentsausbrüche, die er einer Beimischung südlichen Blutes in seinen Adern verdankte, ihn immer wieder bewahrten.

»Armer Kerl, armer Kerl«, murmelte Murdoch. »Kann ich etwas tun? Wie kann ich helfen?«

»Sie können auf dem schnellsten Wege nach Fulworth zur Polizei laufen«, antwortete ihm Holmes. »Suchen Sie sofort den Polizisten Anderson und melden Sie ihm, was geschehen ist.«

Einige Tage darauf – es war früher Morgen, und Holmes war noch bei seiner ersten Tasse Tee – meldete Mrs. Hudson einen Besucher. Es war Inspektor Bardle von der Sussexer Landpolizei.

»Ich weiß, Sir«, sagte er, »wie enorm viel Erfahrung Sie haben. Natürlich ist mein Besuch heute ganz inoffiziell und sollte unter uns bleiben. Aber mit dieser McPherson-Geschichte bin ich wirklich im Gedränge. Es geht um die Frage: soll ich nun verhaften oder soll ich nicht?«

»Sie meinen Jan Murdoch?«

»Ja, Sir. Jemand anderes kommt praktisch ja nicht in Frage. Aber wenn er es nun nicht war, wer war es dann, Sir?«

»Sie müssen«, sagte Holmes, »genau prüfen, wo Ihre Überlegung zu diesem Fall vielleicht eine Lücke hat. Für den Morgen der Tat kann Murdoch ein Alibi nachweisen. Er war bis zum letzten Moment mit seinen Schülern zusammen. Ferner beachten Sie bitte die absolute Undenkbarkeit, daß jemand ohne fremde Hilfe einem Mann, der ihm an Körperkraft in nichts nachsteht, derartige Verletzungen beibringen kann. Und endlich erhebt sich auch noch die Frage, mit welcher Art Instrument diese Verletzungen beigebracht worden sind.«

»Doch wohl mit einer Peitsche oder irgendeiner biegsamen Rute, nehme ich an. Womit sonst?«

»Haben Sie sich die Striemen auf der Haut angesehen?«

»Ja, habe ich. Der Arzt auch.«

»Aber ich habe sie mit der Lupe ganz genau untersucht. Das pflege ich in solchen Fällen immer zu tun.« Holmes trat an sein Schreibpult und brachte eine stark vergrößerte Photographie zum Vorschein. »Betrachten Sie sich einmal diese Strieme hier, die ganz um die rechte Schulter herumgeht. Fällt Ihnen da nichts auf?«

»Nicht, daß ich wüßte.«

»Jedenfalls sieht man aber deutlich, daß der Streifen nicht überall gleich intensiv ist. Hier ein dunkleres Pünktchen: da ist Blut ausgetreten. Dort noch eins, lauter winzige Blutergüsse. Was bedeuten sie wohl?«

»Ich habe keine Ahnung. Sie etwa?«

Holmes lächelte. »Vielleicht habe ich eine«, sagte er.

Sie wurden jäh unterbrochen. Holmes' Haustür wurde aufgerissen, man hörte polternde Schritte im Flur, dann wankte Jan Murdoch ins Zimmer, kreideweiß im Gesicht, die Kleider in wilder Unordnung. Mit seinen mageren Händen klammerte er sich an die Möbel, um sich aufrecht zu halten. »Brandy!« keuchte er nur, »Brandy!« Damit sank er stöhnend aufs Sofa. Hinter ihm kam Stackhurst ins Zimmer, völlig außer Atem und ohne Hut.

»Ja, Brandy, schnell!« rief er. »Dieser Mann ist am Ende seiner Kräfte. Mir blieb nichts übrig, als ihn hierherzubringen. Unterwegs ist er zweimal zusammengebrochen.«

Der Brandy, ein halbes Whiskyglas voll, belebte Murdoch wieder ein wenig. Sich mit der einen Hand hochstemmend, zog er mit der anderen die Jacke von seiner Schulter. »Bitte«, flehte er, »bitte helfen Sie mir! Opium, Morphium, Öl meinetwegen, nur irgendwas gegen diese rasenden Schmerzen!«

Holmes und Inspektor Bardle schrien auf, als sie hinsahen. Kreuz und quer über Murdochs Schulter verliefen in der Haut die gleichen rot entzündeten Striemen, die McPhersons Todesmale gewesen waren.

Holmes nahm seit Jahren schon keine Drogen mehr und hatte daher kein Morphium oder dergleichen im Haus, aber in Salatöl getauchte Wattetupfer schienen Murdochs seltsamen Wunden die Schmerzhaftigkeit etwas zu nehmen. Nach einer Weile sank ihm der Kopf schwer auf das Polsterkissen; es mochte halb Schlaf und halb Ohnmacht sein, doch immerhin war es Linderung.

»Mein Gott«, sagte Stackhurst ganz außer sich. »Was kann das nur sein, Mr. Holmes?«

»Wo haben Sie ihn gefunden?«

»Unten am Strand. Ungefähr dort, wo es auch den armen McPherson ereilt hat. Er kam eben aus dem Wasser und drehte sich um sich selbst, als ob er betrunken wäre. Ich habe ihm seine Sachen übergeworfen und ihn sofort hergebracht. Um Himmelswillen, Mr. Holmes, tun Sie etwas, tun Sie, was irgend in Ihrer Macht steht! Das ist ja ein Alptraum, was hier geschieht; bitte, machen Sie dem ein Ende! Nach all den Wunderdingen, die Sie schon vollbracht haben – können Sie uns denn nicht helfen?«

»Doch, Stackhurst«, sagte Holmes ruhig, »ich glaube schon, daß ich das kann. Kommen Sie doch einmal mit. Und Sie auch, Inspektor.«

Sie überließen den bewußtlosen Mann der Obhut von Mrs. Hudson und gingen zu dritt hinunter an die Todeslagune. Auf dem Strandkies lag ein kleiner Packen Wäsche und Badezeug, das der Ärmste dort hatte liegen lassen. Langsam schritt Holmes um die Lagune herum, Stackhurst und Bardle im Gänsemarsch hinterdrein. Der Tümpel war im ganzen recht seicht, nur in unmittelbarer Nähe der ausgewaschenen Uferfelsen mochte er bis zu zwei Meter Tiefe haben, und wer schwimmen wollte, begab sich natürlich in diesen Bereich. Den Fuß des Riffs säumte hier eine Reihe kleinerer Felsen, an denen Holmes seine Begleiter entlangführte. Dabei starrte er aufmerksam in die Tiefe unter sich. Er hatte eben den tiefsten und stillsten Teil erreicht, als seine scharfen grauen Augen das seltsame Etwas entdeckten, nach dem er die ganze Zeit Ausschau gehalten hatte. Es lag auf einer Felsenplatte, etwa einen Meter tief unter Wasser, ein wunderliches, von vibrierenden Haaren bedecktes Wesen mit silbrigen Streifen im gelben Fell.

»Da ist sie«, sagte Holmes, »die Löwenmähne.«

Neben ihnen am Ufer lag ein dicker Felsbrocken.

»Der Bursche hat Unheil genug angerichtet«, rief Holmes. »Helfen Sie mir, Stackhurst. Wir wollen den Mörder für immer unschädlich machen!«

Sie schoben den Steinbrocken bis an den Uferrand, und er klatschte mit Getöse ins Wasser. Als die Wellenkreise sich wieder geglättet hatten, sahen die drei, daß der Stein auf die Felsplatte gefallen war. Dicker, öliger Schaum trat unter dem Stein hervor und verfärbte das Wasser.

»Hier habe ich ein Buch«, sagte Sherlock Holmes und hob einen kleinen Band von einem der säuberlich aufgeräumten Bücherregale.

»Es heißt *In der freien Natur* und stammt von dem bekannten Naturforscher J.G. Wood.[6] Wood wäre um ein

---

6 *In der freien Natur: Eine Auswahl von Originalstudien über angewandte Naturgeschichte*; London 1874, Neuauflagen 1882 und 1890. Der Autor Reverend John George Wood (1827–1889) hat annähernd sechzig weitere Bücher und zahlreiche Zeitschriftenartikel verfaßt, etliche davon für Kinder. Wahrscheinlich verdankte Holmes diesem Autor noch mehr als nur die oben erwähnte Information, denn Wood war auch der Verfasser von *Bienen – Wie sie leben und wie man sie behandelt* (London 1853) – ein Thema, dem Holmes, wie wir wissen, in der Zeit zwischen 1904 und 1912 nicht geringe Aufmerksamkeit gewidmet hat.

Haar selber durch die Berührung mit dieser scheußlichen Kreatur ums Leben gekommen; er wußte also, worüber er schrieb. *Cyanea capillata*, so lautet die Fachbezeichnung für diesen Übeltäter; er gehört zur Familie der Quallen, und sein Stich ist lebensgefährlich – für einen Menschen im Wasser genauso tödlich wie der Biß der Kobra für den Forscher im Dschungel. Wood sagt, die Kreatur hätte ihn fast getötet, obwohl er ihrer Berührung nur im bewegten Meer ausgesetzt war und nicht in einem engen, stillen Gewässer, wie ein Badetümpel es ist. Ich glaube, Inspektor, Sie werden nicht daran zweifeln, daß mit diesem Bericht die Tragödie des armen Fitzroy McPherson restlos erklärt ist.«

»Und ich nicht mehr verdächtigt werde«, bemerkte Jan Murdoch.

Er und Stackhurst verließen Holmes' Arbeitszimmer freundschaftlich Arm in Arm. Der Inspektor blieb noch. Schweigend starrte er Sherlock Holmes mit seinen Ochsenaugen an.

»Ja, Sir«, sagte er endlich, »da haben Sie's tatsächlich wieder einmal geschafft. Ich hatte ja von Ihnen gelesen, aber was ich lese, das glaube ich darum noch lange nicht. Sie sind einfach fabelhaft!«

Holmes schüttelte unzufrieden den Kopf.

»Ich war anfangs viel zu langsam«, sagte er. »Unverzeihlich langsam. Ja, ja, Inspektor. Da habe ich über die Gentlemen von der Polizei so oft meine frechen Witze gemacht, und jetzt hat diese *Cyanea capillata* beinahe Scotland Yard rehabilitiert.«

XXV.
Der letzte Fall:
Sonntag, den 2. August 1914

»Bleiben wir noch ein Weilchen hier auf der Terrasse,
vielleicht ist es das letzte Mal,
daß wir einander in Ruhe sprechen können.«
SHERLOCK HOLMES

Es war neun Uhr abends, der zweite August. Es war der verhängnisvollste Augustmonat der Weltgeschichte.

Die Sonne war längst untergegangen, doch über dem westlichen Horizont lag noch ein blutroter Streifen, wie eine klaffende Wunde. Am Himmel glitzerten die Sterne, und aus der Bucht schimmerten die Lichter der Schiffe.

Die beiden Deutschen standen an der Steinbrüstung des Gartenwegs, hinter sich das langgestreckte niedrige Haus mit dem wuchtigen Giebeldach, und sahen auf den weiten, von steilen Kreidefelsen überragten Strand hinab. Auf einem dieser Felsen hatte vor vier Jahren von Bork sich einsam wie ein streifender Adler niedergelassen. Sie standen da, die Köpfe in vertraulichem Gespräch dicht beisammen; von unten her hätte man die glimmenden Enden ihrer Zigarren für die Glutaugen eines Raubtieres halten können, das böse in der Dunkelheit lauert.

Ein bemerkenswerter Mann war dieser von Bork – unter allen, die dem Kaiser ergeben waren, hatte er kaum seinesgleichen. Durch seine Fähigkeiten war er von Anfang an für den so besonders wichtigen Englandauftrag prädestiniert gewesen, und seit er ihn übernommen hatte, machte er aufgrund dieser Fähigkeiten bei der Handvoll Leute, die wußten, worum es ging, mehr und mehr von sich reden. Zu diesen Leuten gehörte auch sein Gesprächspartner, der Legationssekretär Baron von Herling, dessen riesiger Mercedes die kleine Landstraße in voller Breite blockierte und darauf wartete, seinen Besitzer mit hundert PS wieder nach London zurückzubringen.

»Soweit ich die Dinge absehen kann, werden Sie wohl noch diese Woche wieder in Berlin sein«, sagte von Herling jetzt. »Ich glaube, Sie werden staunen, mein lieber von Bork, wie man Sie dort empfangen wird. Zufällig weiß ich nämlich, was man im Oberkommando von Ihrer Arbeit hier im Land hält.«

Von Bork lachte. »Es ist nicht schwer, diese Leute zu täuschen«, meinte er. »Ein gutmütigeres, argloseres Volk als die Deutschen kann man sich doch nicht vorstellen.«

»Ich weiß nicht recht«, meinte der andere nachdenklich. »Es gibt da merkwürdige Grenzen, die nicht zu verletzen man erst mit der Zeit lernen muß. Gerade diese zur Schau getragene Harmlosigkeit kann dem Fremden zur Falle werden... Aber Sie, sportlich, wie Sie sich geben... «

»O nein, so dürfen Sie das nicht nennen. Sichgeben, das wäre etwas Künstliches. Mir ist aber meine Art ganz natürlich, ich *bin* ein Sportsmann, und ich bin froh darüber.«

»Nun, das macht die Sache erst recht wirkungsvoll. Sie werden drüben Segelregatten austragen, mit auf die Jagd gehen, Polo spielen, überall Ihren Mann stehen. Wie ich gehört habe, steigen Sie mit den jungen Offizieren ja sogar in den Boxring. Und was wird damit erreicht? Kein Mensch hält Sie für gefährlich, Sie sind einfach der gute Kumpel, der alles mitmacht, der typische, sympathische Deutsche, der einen Stiefel vertragen kann, Nachtklubs, einen Zug durch die Gemeinde und so, kurzum, ein Teufelskerl. Und derweilen ist Ihr idyllisches Landhaus hier der Kommandoturm für mindestens zwei Drittel allen Unheils, das über England kommen wird, und der hochgemute Sportler ist in Wirklichkeit Europas gerissenster Spion. Genial, mein lieber von Bork, einfach genial!«

»Sie schmeicheln mir, Baron. Allerdings darf ich wohl sagen, daß ich in den vier Jahren hier nicht untätig war. Gehen wir für eine Weile ins Haus?«

Die Terrassentür führte unmittelbar ins Arbeitszimmer. Von Bork stieß sie auf, ging voraus und knipste das Licht an. Hinter der fülligen Gestalt seines Gastes machte er die Tür wieder zu und zog sorgsam die schweren Vorhänge vor die vergitterten Fensterscheiben. Erst nach diesen Vorsichtsmaßnahmen wandte er das sonnengebräunte Adlergesicht wieder von Herling zu.

»Einen Teil meiner Papiere«, sagte er, »hat gestern schon meine Frau mitgenommen, die mit dem Hauspersonal nach Flushing abgereist ist. Für den Rest muß ich natürlich den Schutz Ihrer Gesandtschaft in Anspruch nehmen.«

»Ihr Name steht bereits auf der Liste des persönlichen Begleiterstabs. Weder für Sie noch für Ihr Gepäck wird es Schwierigkeiten geben. Natürlich kann es immer noch sein, daß wir gar nicht zu reisen brauchen. England läßt vielleicht die Franzosen allein.«

»Und Belgien?«

»Belgien dann auch.«

Von Bork schüttelte den Kopf. »Das kann ich mir nicht vorstellen. Es existiert doch ein definitiver Vertrag. So kann England sich nicht benehmen; damit würde es sich für immer unmöglich machen.«

»Aber es hätte wenigstens Frieden. Vorläufig.«

»Und Englands Ehre?«

»Sachte, sachte, mein Lieber. Wir leben in einer realistischen Zeit. Ehre ist ein Begriff aus dem Mittelalter. Ich finde ja auch, sie täten besser daran, mit den Verbündeten in den Kampf zu gehen und nicht allein, aber das müssen sie selber wissen. Diese Woche wird für ihr Schicksal entscheidend sein. Aber Sie sprachen gerade von Ihren Papieren.« Der Baron saß im Sessel, die Lampe beschien seine große runde Glatze, während er gemächlich an einer Zigarre paffte.

In einer Ecke des geräumigen, eichegetäfelten Zimmers stand ein messingbeschlagener Panzerschrank. Von Bork löste einen Schlüssel von seiner Uhrkette, drehte an der doppelten, das Schlüsselloch umgebenden Rundscheibe, steckte den Schlüssel ins Schloß und zog mit einem Schwung die schwere Tür auf.

»Sehen Sie her«, sagte er.

Sichtlich interessiert blickte der Legationssekretär auf die Reihen von Fächern, mit denen der Safe bestückt war. Jedes Fach, von unten bis oben voller Papiere, war mit einem Schildchen versehen: »Hafenverteidigung«, »Luftflotte«, »Bürgerkrieg Irland«, »Ägypten«, »Befestigungsanlagen Portsmouth«, »Ärmelkanal« und so weiter…

»Enorm«, sagte der Baron. Er legte seine Zigarre ab und klatschte leise in die molligen Hände.

Von Bork verbeugte sich.

»Und alles das in vier kurzen Jahren«, setzte der Legationssekretär hinzu. »Gar nicht schlecht für den trinkfesten, satteltüchtigen Junker vom Lande.«

»Aber die Perle meiner Sammlung kommt noch«, sagte von Bork. »Hier soll sie hinein, alles schon vorbereitet.« Er wies auf ein leeres Fach mit der Aufschrift »Flottensignale«. »Dank meinem Scheckheft und dem Einsatz des guten Altamont wird noch heute nacht alles da sein.«

Der Baron sah auf seine Uhr und ließ ein enttäuschtes Brummen vernehmen. »Ja, leider kann ich nicht länger warten. Ich hatte gehofft, ich könnte die Meldung von Ihrem großen Coup schon mit in die Botschaft nehmen. Hat Altamont keine Uhrzeit genannt?«

Von Bork schob ihm ein Telegramm hin. *Eintreffe zuverlässig heute abend mit neuen Zündkerzen. Altamont.*

»Zündkerzen?«

»Er spielt gern den Autofachmann, und ich habe ja einiges in der Garage stehen. In unserem Code ist alles, was vorkommen könnte, mit einem Ersatzteil bezeichnet. Wenn er vom Kühler spricht, handelt es sich um ein Kriegsschiff, mit Ölpumpe meint er Panzerkreuzer, und so weiter. Zündkerzen sind Flotten-Geheimsignale.«

Der Legationssekretär blickte erneut auf das Telegramm. »Mittags in Portsmouth aufgegeben«, bemerkte er. »Übrigens, was zahlen Sie Altamont?«

»Fünfhundert Pfund für diese Sonderaufgabe. Außerdem hat er natürlich ein Fixum.«

»Der gierige Rabe. Sie sind ja nützlich, diese Vaterlandsverräter, aber ihr Blutgeld wurmt einen doch irgendwie.«

»Bei Altamont wurmt es mich nicht. Er leistet großartige Arbeit. Wenn ich ihn gut bezahle, kann er auch ›gute Ware liefern‹ – um es mit seinen Worten zu sagen. Übrigens, ein Vaterlandsverräter ist er nicht. Er ist Amerikaner, irischer Abkunft.«

»Der ist Amerikaner, Ire?«

»Wenn Sie ihn reden hören, zweifeln Sie nicht daran; mitunter kann ich ihn fast nicht verstehen. Anscheinend steht er nicht nur mit dem englischen König, sondern auch mit dem königlichen Englisch auf Kriegsfuß. Müssen Sie wirklich schon gehen? Er kann jeden Augenblick hier sein.«

»Tut mir leid, aber ich habe bereits Verspätung. Wir erwarten Sie also morgen früh, und wenn Sie dann dieses Code-Heft durch das Türchen am Fallreep glücklich auf die *Duke of York* praktiziert haben, können Sie auf Ihre England-Akte ein triumphales ›Erledigt‹ setzen. Was haben Sie denn da? Tokayer?« Er wies auf eine staubige Flasche mit Siegelkorken, die zusammen mit zwei hohen Gläsern auf einem Tablett stand.

»Darf ich Ihnen ein Gläschen auf den Weg mitgeben, sozusagen?«

»Nein, vielen Dank. Aber es sieht wirklich einladend aus.«

»Altamont ist ein beachtlicher Weinkenner, und mein Tokayer hat es ihm angetan. Er ist einer von den Empfindlichen, man muß ihn mit kleinen Nettigkeiten bei Laune halten.«

Sie waren wieder hinausgegangen und schlenderten die Terrasse entlang zu dem großen Wagen, den der Fahrer des Barons jetzt brummend anließ.

»Das da drüben sind wohl die Lichter von Harwich«, sagte der Baron, während er sich den Staubmantel überzog. »Wie still und friedlich liegt das alles jetzt da. Noch ein paar Tage, dann sieht man dort vielleicht andere Lichter, und die englische Küste ist keine Idylle mehr. Auch am Himmel wird es wohl so friedlich nicht bleiben, wenn alles eintrifft, was uns der gute Zeppelin prophezeit. Aber wer ist denn das?«

Hinter ihnen war ein einziges großes Fenster erleuchtet. Man sah eine Stehlampe, und daneben an einem Tisch saß eine alte Frau mit einem Bäuerinnentuch um den Kopf. Sie beugte sich über ihr Strickzeug, hielt dann und wann in der Arbeit inne und streichelte eine große schwarze Katze, die zusammengerollt neben ihr auf dem Fußboden lag.

»Das ist Martha, die letzte von unseren Dienstboten, die ich noch hierhabe.«

Der Baron lächelte.

»Sie könnte Old Britannia in Person sein«, meinte er. »Genauso absolut selbstzufrieden und ein bißchen verschlafen. Alsdann, *au revoir*, von Bork!«

Mit einem letzten Winken sprang er ins Auto, und eine Sekunde später stießen die gelben Lichtkegel der beiden Scheinwerfer durch die Dunkelheit. Der Legationssekretär lehnte sich in die Polster der Luxuslimousine zurück, und seine Gedanken waren so erfüllt von der über Europa heraufziehenden Tragödie, daß er, als er das Dorf auf der kurvenreichen Straße durchfuhr, den kleinen Ford nicht bemerkte, der ihm entgegenkam und den sein Wagen um ein Haar gerammt hätte.

Als der letzte Schein der Rücklichter in der Ferne verschwunden war, schritt von Bork langsam in sein Arbeitszimmer zurück. Im Vorübergehen bemerkte er, daß die alte Wirtschafterin das Licht ausgemacht und sich offenbar zur Ruhe begeben hatte.

In seinem Zimmer gab es eine Menge zu ordnen und zu beseitigen; er machte sich also ans Werk, und bald war sein energisches, wohlgeformtes Gesicht heiß und rot von den Flammen, in denen allerlei Papiere verbrannten. Neben dem Tisch stand ein Lederkoffer, in dem er nun sorgfältig und sehr systematisch den kostbaren Inhalt seines Tresors zu verstauen begann. Doch schon nach den ersten Handgriffen hörte er in der Ferne leise ein Auto summen. Mit einem Ausruf der Befriedigung klappte er den Koffer gleich wieder zu, schloß und versperrte den Safe und eilte auf die Terrasse hinaus. Da sah er auch schon zwei Lichter herankommen; dann hielt ein kleiner Wagen am Tor. Ein Insasse sprang heraus und lief eilig auf von Bork zu, während der Fahrer, ein untersetzter älterer Mann mit grauem Schnurrbart, es sich drinnen bequem machte, als sei er darauf gefaßt, lange warten zu müssen.

»Nun?« fragte von Bork begierig, während er seinem Besucher entgegenlief.

Zur Antwort winkte der Mann triumphierend mit einem kleinen, braun eingeschlagenen Päckchen.

»Jetzt werd'n Sie sich aber freuen, Mister«, rief er. »Ich hab' sie doch noch an Land gezogen.«

»Die Code-Schlüssel?«

»Genau wie's im Telegramm steht. Alle miteinander, Flaggzeichen, Blinkzeichen, Morsecode. Nur Kopien, verstehn Sie, nicht die Originale. Das war zu gefährlich. Aber die richtige Ware ist's, da können Sie drauf schwören.«

»Kommen Sie herein«, sagte von Bork. »Abgesehen von meiner Wirtschafterin bin ich allein im Haus. Ich habe nur noch auf das da gewartet. Kopien sind natürlich viel besser als Originale. Wenn ein Original abhanden kommt, wird ja alles geändert. Und wegen der Kopien, meinen Sie, ist nichts zu befürchten?«

Der Iro-Amerikaner hatte das Arbeitszimmer betreten und streckte bereits im Sessel die langen Beine von sich. Er war ein Mann um die sechzig, groß und hager, hatte klar geschnittene Gesichtszüge und trug ein Ziegenbärtchen, das ihm eine gewisse Ähnlichkeit mit den Karikaturen von Onkel Sam gab. Im Mundwinkel hatte er eine halbgerauchte Zigarre hängen; kaum daß er saß, hatte er sofort ein Streichholz angezündet und sie wieder in Brand gesetzt. »Rüsten sich schon für den Umzug, wie?« meinte er, sich im Zimmer umsehend. »Sagen Sie, Mister«, fügte er hinzu, als der Blick seiner grauen Augen auf den Panzerschrank fiel, »Sie wollen mir doch wohl nicht erzählen, da drin heben Sie Ihre Papiere auf?«

»Warum denn nicht?«

»In der Mausefalle da? Und Sie sollen angeblich 'n Spion sein. Na, wissen Sie, 'n Ganove von den Yankees käm' da in null Komma nichts mit 'nem Büchsenöffner 'rein. Hätte ich gewußt, daß Briefe von mir einfach in dem Dings da 'rumliegen, ich hätt' mich lieber selber in' Bauch gebissen, als Ihnen was schriftlich zu geben.«

»Ein Ganove würde sich wundern, wenn er diesen Tresor knacken wollte«, versetzte von Bork. »Durch dieses Metall kommen Sie mit keinem Werkzeug.«

»Na, und das Schloß?«

»Ist ein Schloß mit doppelter Kombination. Sie wissen doch, was das ist?«

»Sagen Sie's mir.«

»Man braucht ein bestimmtes Wort und zusätzlich eine bestimmte Folge von Zahlen, damit das Schloß sich bewegen läßt«, erklärte von Bork. Er stand auf und zeigte dem anderen die beiden konzentrischen Scheiben rund um das Schlüsselloch. »Die äußere Scheibe hier ist für die Buchstaben, die innere für die Zahlen. Ganz so einfach, wie Sie dachten, ist es also nicht. Vor vier Jahren habe ich die Kombination einstellen lassen, und was meinen Sie wohl, welches Wort und welche Zahlen ich gewählt habe?«

»Keine Ahnung.«

»Nun, mein Wort heißt *August*, und die Zahlen lauten: eins-neun-eins-vier, *1914*. Und beides haben wir jetzt.«

Das Gesicht des Amerikaners verriet Staunen und Bewunderung. »Also wirklich«, sagte er, »das war'n Ding. Smart. Haben Sie gut gemacht.«

»Ja, ein paar von uns hätten vielleicht schon damals auf dieses Datum getippt. Jetzt ist es soweit, und ich mache morgen hier zu.«

»Na, dann schätz' ich, Sie werden mir auch 'ne Bleibe besorgen müssen. Ich hab' nicht vor, mutterseelenallein in diesem verdammten Land hängenzubleiben. Ich seh' doch schon kommen, spätestens nächste Woche stellt sich John Bull auf die Hinterbeine und brüllt. Das hör' ich mir lieber vom anderen Ufer an.«

»Aber Sie sind doch amerikanischer Staatsbürger.«

»Jack James war auch amerikanischer Staatsbürger, trotzdem klebt er jetzt Tüten. 'n britischen Bullen kümmert das einen Dreck, wenn Sie 'm erzählen, Sie wär'n amerikanischer Bürger. ›Hier sind wir in England‹, sagt Ihnen der bloß, ›hier herrscht British Law and Order‹. Nebenbei bemerkt, Mister, da wir gerade von Jack James reden, ich hab' das Gefühl, Sie strengen sich nicht sehr an, um Ihre Leute zu decken.«

»Was wollen Sie damit sagen?«

»Na ja, Sie sind doch der Boss, nicht? Sie müssen aufpassen, daß Ihre Leute nicht hochgehen. Es gehen aber doch welche hoch, und wann haben Sie schon mal einen aufgefangen? James zum Beispiel, den –«

»James war selbst schuld. Das wissen Sie am besten. Er war zu eigenwillig und zu selbstherrlich für diese Art Arbeit.«

»Ja, James war ein Dickschädel – geb' ich zu. Aber dann auch Hollis.«

»Der Mann war ja nicht normal.«

»Schön, am Schluß hat er 'n bißchen durchgedreht. Muß 'nen Mann ja auch fertigmachen, wenn er von früh bis spät bluffen muß. Aber jetzt auch noch Steiner –«

Von Bork zuckte erschrocken zusammen, sein sonnverbranntes Gesicht wurde um einen Schatten blasser. »Was ist mit Steiner?«

»Na ja, kassiert haben sie ihn, das ist alles. Gestern nacht haben sie Razzia in seinem Laden gemacht, und jetzt ist er hinter Schloß und Riegel in Portsmouth, und seine Papiere auch. Sie, Sie machen, daß Sie wegkommen, und er, das arme Schwein, muß die Sache ausbaden, und wenn sein Kopf dran bleibt, hat er noch Glück gehabt. Deswegen will ich ja übers Wasser, und zwar nicht erst, wenn Sie abgedampft sind.«

Von Bork war ein kräftiger Mann, voll Selbstbeherrschung, aber jetzt ließ sich unschwer erkennen, daß die Nachricht ein Schock für ihn war.

»Wie können sie nur auf Steiner gekommen sein?« murmelte er. »Das ist der bis jetzt schwerste Schlag.«

»Na, um ein Haar hätten Sie 'n noch schlimmeren abgekriegt. Ich glaube nämlich, hinter mir sind sie auch schon her.«

»Das ist nicht Ihr Ernst!«

»Aber sicher das. Meine Wirtin drunten in Fratton ist schon ein paarmal ausgequetscht worden, und als ich dahinterkam, fand ich, ich müßte dringend was unternehmen. Was ich bloß mal wissen möcht', Mister, wie kommen die Bullen überhaupt dazu, daß sie von so Sachen was wissen. Steiner ist jetzt schon der fünfte Mann, den Sie verloren haben, seit ich für Sie arbeite, und ich weiß, wie der sechste heißt, wenn ich nicht schnellstens verdufte. Können Sie das erklären, und schämen Sie sich eigentlich gar nicht, wenn Sie Ihre Leute so absaufen sehen?«

Von Bork lief puterrot an. »Wie können Sie sich erlauben, so mit mir zu reden!«

»Wenn ich mich nichts getraute, Mister, würd' ich nicht für Sie arbeiten. Aber ich will Ihnen klipp und klar sagen, was ich mir denke. Ich hab' gehört, sobald bei euch Deutschen ein Agent seine Arbeit getan hat, seht Ihr's gar nicht so ungern, wenn er euch aus dem Weg geschafft wird.«

Von Bork sprang in heller Wut auf. »Wollen Sie mir unterstellen, ich gäbe meine eigenen Leute preis?«

»Das nicht grade, Mister, aber irgendwo ist da doch 'n Haar in der Butter, und es sollte an Ihnen sein, es da 'rauszuziehn. Ich jedenfalls riskiere von jetzt ab nichts mehr. Ich verdrück' mich ins liebe kleine Holland, und zwar je schneller desto besser.«

Von Bork hatte seine Beherrschung wiedergefunden.

»Wir waren zu lange Verbündete, um jetzt, ausgerechnet in der Stunde des Sieges, zu streiten«, sagte er. »Sie haben glänzende Arbeit geleistet und Risiken auf sich genommen, und das vergesse ich nicht. Gehen Sie meinetwegen nach Holland, und in Rotterdam bekommen Sie sicher auch ein Schiff nach New York. Ab nächster Woche ist keine andere Route mehr sicher. Geben Sie mir jetzt das Code-Heft, ich packe es dann mit den anderen Akten ein.«

Der Amerikaner hielt das Päckchen in der Hand, machte jedoch keine Anstalten, es zu übergeben.

»Und die Mäuse?« fragte er.

»Die was?«

»Die Piepen. Die Moneten. Die fünhundert Pfund. Der Kerl mit der Kanone ist zum Schluß verdammt eklig geworden, und ich mußte ihn nochmal mit hundert Dollar schmieren, sonst wär' nichts mehr gegangen für Sie und mich. ›Nix zu machen‹, sagt er, und damit war's ihm auch ernst, aber die letzten Hundert haben's dann doch geschafft. Hat mich im Ganzen zweihundert Pfund gekostet, also seh' ich nicht ein, daß ich das hier 'rausgeben soll, solange ich nicht meinen Zaster kriege.«

Von Bork lächelte, etwas bitter. »Sie haben anscheinend keine sehr hohe Meinung von meinem Ehrbegriff«, sagte er. »Sie wollen das Geld, noch bevor Sie das Material herausgeben.«

»Na ja, Mister, ist 'n geschäftlicher Vorschlag.«

»Gut, machen wir es auf Ihre Weise.« Von Bork setzte sich an den Tisch und schrieb einen Scheck aus. Er riß ihn aus dem Heft, reichte ihn jedoch nicht seinem Partner hinüber. »Schließlich«, sagte er, »nachdem wir nun so miteinander stehen, Mr. Altamont, sehe auch ich nicht ein, wieso ich Ihnen mehr trauen soll als Sie mir. Das verstehen Sie doch?« setzte er hinzu, während er über die Schulter zu dem Amerikaner hinübersah. »Der Scheck liegt hier auf dem Tisch. Ich erhebe Anspruch darauf, das Päckchen zu prüfen, ehe Sie ihn sich nehmen.«

Wortlos reichte der Amerikaner von Bork das Päckchen. Von Bork löste die Verschnürung und entfernte zwei Lagen Packpapier. Dann, im ersten Moment der Verblüffung, saß er nur da und starrte schweigend das kleine blaue Buch an, das vor ihm lag. Auf dem Umschlag stand in großen Goldbuchstaben gedruckt: *Praktisches Handbuch der Bienenzucht*.

Nur eine Sekunde lang konnte der Meisterspion auf diesen seltsamen Titel starren, der so gar nicht paßte. Schon in der nächsten wurde er mit eisernem Griff um den Hals gepackt, und an sein zuckendes Gesicht drückte sich ein großer, mit Chloroform vollgesogener Schwamm...

»Noch ein Glas, Watson?« fragte Holmes und hielt die Flasche mit dem k. und k. Tokayer in die Höhe.

Der umfängliche Chauffeur, der sich am Tisch niedergelassen hatte, schob ihm sein Glas hin.

»Der Wein ist wirklich gut, Holmes«, brummelte er und wischte sich ein Tröpfchen aus seinem grauen Schnurrbart.

»Es ist aber auch ein besonderer Wein, Watson. Unser Freund da auf dem Sofa hat mir versichert, er stammt aus Franz Josephs Spezialitätenkeller im Schloß Schönbrunn. Würdest du wohl so nett sein und ein Fenster aufmachen? Chloroformdunst kontaminiert die Blume.«

Holmes stand vor dem offenen Panzerschrank und holte der Reihe nach die Aktenstücke heraus; er blätterte jedes einzelne durch und verstaute es dann sorgfältig in von Borks Koffer. Der Deutsche lag auf dem Sofa, an Armen und Beinen gefesselt, und schlief tief und fest.

»Wir können uns Zeit lassen, Watson. Es ist nicht zu befürchten, daß jemand uns stört. Würdest du bitte einmal kurz läuten? Außer Mrs. Hudson ist niemand im Haus, und die spielt ihre Rolle ja einfach wunderbar. Ich habe sie in diese Stellung lanciert, als ich den Fall übernahm. Ah, Mrs. Hudson, da sind Sie ja. Es wird Sie freuen zu hören, daß alles zum besten steht.«

Die nette alte Haushälterin war in der Tür erschienen. Mit einem Knicks begrüßte sie lächelnd erst Holmes und dann Watson, blickte jedoch etwas unsicher nach dem Mann auf dem Sofa.

»Keine Sorge, Mrs. Hudson, wir haben ihm kein Härchen gekrümmt.«

»Da bin ich aber froh, Mr. Holmes. Er ist ein freundlicher Chef, soviel ich gemerkt habe. Denken Sie, er wollte mich gestern mit seiner Frau und den anderen nach Deutschland schicken! Aber das hätte ja wohl kaum in Ihre Pläne gepaßt, nicht wahr, Sir?«

»Nein, Mrs. Hudson, ganz und gar nicht. Seit Sie hier sind, war ich ganz beruhigt. Nur mußten wir heute abend ziemlich lang auf Ihr Zeichen warten.«

»Da war der Besuch schuld, Sir, dieser Sekretär.«

»Ich weiß. Wir sind seinem Wagen begegnet.«

»Ich dachte schon, der geht überhaupt nicht mehr. Und ich wußte doch, Sie wollten nicht gern mit ihm hier zusammentreffen.«

»Nein, allerdings nicht. Nun, ich wollte ja auch nur sagen, daß Dr. Watson und ich schon rund eine halbe Stunde da waren, ehe Ihr Licht ausging und wir wußten, die Luft war rein. Alles Nähere können Sie mir morgen in London berichten, Mrs. Hudson. Ich wohne im Claridge Hotel.«

»Sehr wohl, Sir.«

»Ich nehme an, Sie sind soweit reisefertig?«

»Ja, Sir. Er hat übrigens heute sieben Briefe zur Post gegeben. Ich habe wie immer die Adressen notiert.«

»Fein, Mrs. Hudson. Ich sehe sie mir dann morgen an. Gute Nacht. – Diese Papiere da«, fuhr er fort, als seine alte Hauswirtin gegangen war, »sind nicht so besonders wichtig, denn was sie an Informationen liefern, das liegt natürlich längst der deutschen Regierung vor. Das hier sind die Originale, die man nicht ohne Risiko aus dem Land schaffen konnte.«

»Dann sind sie doch völlig wertlos.«

»So weit würde ich nun wieder nicht gehen, Watson. Zumindest ersehen unsere Leute daraus, was man drüben weiß und was nicht. Ich darf dir sagen, ein gut Teil dieser Informationen stammte von mir und ist, was ich wiederum nicht erst zu sagen brauche, von A bis Z zusammengelogen. Ich möchte mal einen deutschen Kreuzer nach den von mir gelieferten Verminungskarten durch den Solent fahren sehen – das wäre noch eine Lust für meine alten Tage. Aber nun zu dir, Watson« – er unterbrach seine Tätigkeit und faßte den alten Freund bei den Schultern – »laß dich doch einmal bei Licht anschauen. Was hat der Zahn der Zeit mit dir angestellt? Nun, dem Aussehen nach bist du noch ganz der muntere Knabe wie eh und je.«

»Ich komme mir wieder zwanzig Jahre jünger vor, Holmes. Noch selten bin ich über etwas so glücklich gewesen wie über dein Telegramm, daß ich dich mit dem Wagen in Harwich abholen sollte. Und du, Holmes? Du hast dich ja auch kaum verändert – abgesehen von diesem gräßlichen Ziegenbart.«

»Das sind so die Opfer, die man dem Vaterland bringen muß, Watson«, sagte Holmes und zupfte an dem kleinen Haarbüschel unter seinem Kinn. »Morgen wird das Ding nur mehr eine scheußliche Erinnerung sein. Dazu ein Haarschnitt und noch ein paar andere leichte Veränderungen – dann werde ich mich morgen im Claridge zweifellos wieder so präsentieren, wie man mich vor diesem amerikanischen Affenzirkus – entschuldige, Watson, ich glaube, mein Vokabular ist derzeit nicht ganz lupenrein – also vor diesem amerikanischen Auftrag gekannt hat.«

»Aber du hattest doch Schluß gemacht, Holmes. Wir hörten immer nur, du lebtest als eine Art Eremit zwischen Bienen und Büchern in deinem kleinen Landhaus.«

»Stimmt genau, Watson. Und hier hast du eine der Früchte, die meine tätige Muße getragen hat.« Er nahm das kleine blaue Buch vom Tisch. »Bienenzucht. Von mir ganz allein verfaßt. Das Ergebnis emsiger Tage und sinnend verbrachter Nächte, wenn ich so sagen darf. Denn ich habe das brave fleißige Völkchen der Bienen nicht minder genau beobachtet als vormals die Londoner Verbrecherwelt.«

»Und wieso arbeitest du jetzt wieder beruflich?«

»Ach, darüber wundere ich mich bisweilen selbst. Mycroft hätte ich es noch abschlagen können, obwohl er jetzt eine neue und sehr gehobene Stellung bekleidet, aber als sich dann der Außenminister[1] und der Premier[2] persönlich in mein bescheidenes Domizil bemühten – kurzum, es ging da so allerhand schief, und niemand konnte begreifen, wieso es schief ging; es wurden zwar Agenten verdächtigt, einige auch geschnappt, aber offensichtlich stand eine mächtige und geheime Zentrale dahinter, und die mußte eben unbedingt aufgedeckt werden. Ich habe zwei Jahre dazu gebraucht, Watson, die mir allerdings an Spannung und Abwechslung einiges zu bieten hatten. Wenn ich dir erzähle, daß ich meine Odyssee in Chikago begann und in Skibbareen einem irischen Geheimbund beitreten mußte, bis ich schließlich ins Blickfeld eines Unteragenten dieses von Bork geriet, der in mir den richtigen Mann sah und mich weiterreichte – dann wird dir klar sein, daß die Geschichte nicht so ganz einfach war. Zuletzt beehrte mich von Bork dann persönlich mit seinem Vertrauen, was jedoch nicht verhinderte, daß seine Unternehmungen immer wieder haarscharf danebengingen und daß fünf seiner be-

1 Grey of Fallodon, Edward Grey, erster Vicomte (1862–1933). Als britischer Außenminister (1905–1916) hat er sich lange Zeit, jedoch fruchtlos, bemüht, einen Krieg in Europa abzuwenden.

2 Herbert Henry Asquith, erster Earl von Oxford und Asquith (1852–1928), von 1908 bis einschließlich 1916 Premierminister. Der Erste Weltkrieg brachte seine Absetzung zu Gunsten von David Lloyd George.

sten Leute jetzt im Gefängnis sitzen. Ich hatte sie beobachtet, und als sie fällig waren, griff ich eben zu.« Holmes hatte, während er sprach, seine rasche Durchsicht der von Borkschen Papiere fortgesetzt. »Hallo«, sagte er jetzt. »Da geht uns ja noch ein Fisch mehr ins Netz. Dieser Zahlmeister war mir zwar schon lange nicht hasenrein, aber daß er ein solcher Schweinehund ist, das hatte ich nicht geahnt. Sie werden sich für allerlei verantworten müssen, Herr von Bork.«

Der Gefesselte auf dem Sofa hatte sich, so gut es ging, aufgerichtet und sah Holmes mit einer Miene an, in der sich Haß und Verblüffung sonderbar mischten.

»Mit Ihnen rechne ich noch ab, Altamont«, sagte er mit etwas schwerer Zunge. »Und wenn ich mein Leben lang dazu brauche, aber mit Ihnen rechne ich ab!«

»Das alte schöne Lied«, sagte Holmes. »Wie oft habe ich das gehört in vergangenen Tagen. Es war Professor Moriartys, des teuren Verblichenen, Lieblingsweise. Auch aus Colonel Morans Mund hat man sie schon vernommen. Trotzdem lebe ich immer noch und züchte fröhlich in den Sussex Downs Bienen.«

»Sie Verräter, Sie verdammter Doppelspion, Sie!« brüllte der Deutsche, sich gegen seine Fesseln anstemmend. Seine Augen sprühten Hölle und Mord.

»Nicht doch«, sagte Holmes lächelnd, »ganz so schlimm ist es nicht. Wie meine Aussprache Ihnen beweisen dürfte, hat ein Mr. Altamont aus Chikago in Wirklichkeit nie existiert.[3] Ich erfand ihn nur, weil ich ihn brauchte, und jetzt gibt es ihn nicht mehr.«

»Und wer sind Sie dann?«

»Eigentlich tut meine Identität nichts zur Sache, aber da dieser Umstand Sie anscheinend interessiert, darf ich darauf verweisen, daß dies nicht meine erste Begegnung mit Trägern Ihres Familiennamens ist. Ich habe in früheren

---

3 Holmes sagte Watson später, er habe spaßeshalber denselben Decknamen benutzt wie der Sträfling Amory in Thackeray's *Pendennis*.

Jahren in Deutschland etliche nicht unerhebliche Arbeit geleistet, und mein Name ist Ihnen möglicherweise nicht fremd.«

»Ich möchte ihn hören«, knirschte der Deutsche.

»Nun, ich war es, der den ältesten Bruder Ihrer Frau Mutter, den Grafen von und zu Grafenstein, davor bewahrt hat, von dem russischen Anarchisten Klopman ermordet zu werden. Ich war es auch, der –«

Von Bork setzte sich erstaunt auf. »Das kann nur einer sein!« rief er.

»Genau«, sagte Sherlock Holmes.

Stöhnend ließ sich von Bork wieder aufs Sofa sinken. »Und von Ihnen habe ich praktisch meine gesamten Informationen bezogen!« sagte er fassungslos. »Was waren sie wert? Wohin bin ich geraten! Das ist mein Ende!«

»Sicher, ganz zuverlässig ist das Material nicht«, sagte Holmes. »Man würde einiges überprüfen müssen, aber zum Überprüfen haben Sie nicht mehr viel Zeit. So, mit den Dokumenten bin ich jetzt fertig, Watson. Wenn du bitte so gut sein und unserem Gefangenen die Beine losbinden willst, dann können wir uns jetzt wohl in Richtung London aufmachen.«

Nach einem kurzen, letzten Kampf schleppten sie von Bork den Gartenweg hinunter und zwängten ihn schließlich in den Fond des kleinen Wagens, neben den kostbaren Aktenkoffer.

»Sie sind sich wohl klar darüber«, schnaubte von Bork, »daß Ihr Vorgehen, sollte Ihre Regierung Sie decken, als Feindverhalten im militärischen Sinne zu gelten hat.«

»Und was sagt Ihre Regierung zu *diesem* Vorgehen?« fragte Holmes, mit einem Finger auf den Koffer tupfend.

»Sie sind Privatmann. Sie haben keinerlei Anweisung, mich in Haft zu nehmen. Der ganze Vorgang ist absolut illegal.«

»Absolut«, sagte Holmes.

»Das ist Entführung eines deutschen Staatsbürgers.«

»Und Entwendung seiner persönlichen Dokumente.«

»Schön, Sie sind also über Ihre Lage in Kenntnis, Sie und Ihr Komplize da. Wenn ich nun unterwegs, sobald wir im Dorf sind, um Hilfe schreie –«

»Das wäre sehr töricht, verehrter Herr. Damit würden Sie höchstens dem Dorf zu einer neuen Kneipe verhelfen, mit dem Schild ›Zum baumelnden Preußen‹ über der Eingangstür. Die Engländer haben zwar grundsätzlich eine Eselsgeduld, aber im Augenblick ein bißchen erhöhte Temperatur. Nein, Herr von Bork, Sie werden ruhig und vernünftig mit uns zu Scotland Yard fahren und sich dort mit Kommissar Stanley Hopkins ruhig und vernünftig unterhalten. – Komm, Watson, bleiben wir noch ein Weilchen hier auf der Terrasse; vielleicht ist es das letzte Mal, daß wir einander in Ruhe sprechen können.«

Die beiden Freunde plauderten eine Weile, vertraut und herzlich, und beschworen noch einmal vergangene Tage herauf, indessen sich der Gefangene im Wagen vergeblich drehte und wand, um die Arme aus der Fesselung loszubekommen. Als sie wieder zum Auto gingen, schüttelte Holmes nachdenklich den Kopf und wies auf das mondhelle Meer.

»Es kommt Ostwind auf, Watson.«

»Ich glaube kaum, Holmes. Es ist viel zu warm.«

»Mein guter Watson! Du bleibst doch immer der alte, was auch in der Welt geschieht. Aber ich sage dir trotzdem: es kommt Ostwind auf, ein Sturm von Osten, wie er noch zu keiner Zeit über England geweht hat. Er wird schlimm werden und bitterkalt, Watson, und viele von uns werden vielleicht darin umkommen. Aber es ist schließlich Gottes Wind und wohl Gottes Wille, und wenn der Sturm vorüber ist, wird wieder die Sonne scheinen auf ein gereinigtes und erstarktes Land. Wirf den Motor an, Watson, es wird Zeit. Wir müßten längst unterwegs sein.«

Epilog.
Sherlock Holmes macht einen Abendspaziergang: Sonntag, den 6. Januar 1957

... für alle, die sie lieben, leben sie weiter:
in einem romantischen Herzenswinkel,
einem nostalgischen Land der Gedanken –
dort schreibt man allezeit das Jahr 1895.
VINCENT STARRETT

Der alte – sehr alte – Mann ging langsam den Pfad über den Klippen entlang.

Er trug einen Stock bei sich, aber sein Rücken war trotz seines hohen Alters noch kerzengerade. Den leuchtenden Blick seiner grauen Augen hatten die Jahre nicht trüben können. Sein Haar, schlohweiß jetzt, war noch dicht und voll; er trug es der englischen Mode gemäß glatt nach rückwärts gekämmt.

Der alte Mann war zufrieden.

Sein großes Werk, das Magnum Opus seiner späten Jahre, war endlich fertig geworden. Sorgsam verpackt und in seiner klaren, wie gestochenen Handschrift mit der genauen Adresse versehen, lag es zu Hause auf seinem Arbeitstisch. Morgen früh würde es an seinen Verleger abgehen. Doch hatte er sich geirrt, wenn er anfangs glaubte, die Früchte seines dreinundzwanzigjährigen unausgesetzten Wirkens als der erste und – noch die meisten jener Jahre hindurch – einzige beratende Detektiv der Welt ließen sich in nur einem Band unterbringen. Vielmehr würde seine *Hohe Schule der Verbrechensermittlung* sich auf mindestens vier Bände belaufen. Auf den Seiten dieser vier Bände würde alles stehen, was immer er aus seinen Fällen in Erfahrung gebracht hatte – aus jenen Fällen, über die sein Freund Watson berichtet hatte, aber auch aus all den anderen, von denen Watson nicht hatte berichten können.

Nun endlich würde die Welt über alles die Wahrheit erfahren: über die Tarleton-Morde, den Fall des Weinhändlers Vamberry, das seltsame Erlebnis der alten Russin; auch über die kleine Geschichte mit den Kameen aus dem Vatikan; über seine Berufung nach Norwegen sowie jenen Auftrag, den er einmal vom türkischen Sultan erhalten hatte. Da war auch die seltsame Sache mit dem Möbelwagen vom Grosvenor Square beschrieben, das einzigartige Rätsel um jene Aluminiumkrücke, dann Ricoletti mit seinem Klumpfuß und seinem abscheulichen Weib, ferner der Schreckensmörder Bert Stevens, die verschwundene Mrs. Etheray; nicht zu vergessen Colonel Upwood und sein unmögliches Benehmen im Nonpareil-Klub, die bedauernswerte Mrs. Montpensier und der müde Kapitän; und da kamen auch die zwei koptischen Patriarchen vor und Old Abraham und diese Journalistin Isadora Persano, die immer mit jemandem streiten mußte.

Die Hohe Schule der Verbrechensermittlung – dies Werk würde ihn unsterblich machen. Wie schön und sinnvoll, daß er es gerade heute vollendet hatte, an seinem Geburtstag. Einhundertunddrei Jahre war er nun alt!

Wie hatte er es eigentlich angestellt, so uralt zu werden?

Gelassenheit – das war es wohl. Innere Gelassenheit, jene Lebenshaltung, die er in den Lamasereien des fernen Tibet erlernt hatte. Aber das war nur das halbe Geheimnis.

Die andere Hälfte wog vielleicht schwerer.

Manche Leute hatten sich den Kopf darüber zerbrochen – zum Beispiel Watson verstand es nie –, wieso Holmes nach seinem Abschied von der Berufsarbeit sich ausgerechnet aufs Bienenzüchten verlegte. *Praktisches Handbuch der Bienenzucht, mit Bemerkungen über die Aussonderung der Königin* – so lautete der vollständige Titel des kleinen Buches, das er zu dem Thema geschrieben hatte. Aber in diesem Buch stand vom Wichtigsten, das er entdeckt hatte, nur wenig – sehr wenig. Was seine Experimente mit dem emsigen Völkchen als Hauptresultat erbracht hatten, davon wußten bis jetzt nur er selber und noch jemand. Bis jetzt – denn neben dem Paket auf dem Arbeitstisch, das sein Manuskript *Die Hohe Schule der Verbrechensermittlung* enthielt, lag ein zweites, kleineres Päckchen, ebenso sorgsam verschnürt und peinlich genau beschriftet, jedoch mit einer anderen Adresse, an die es morgen früh abgehen würde: nämlich an die Royal Society. Und darin stand alles, was er in den Jahren seines »Ruhestands« über jene wundersame Substanz herausgefunden hatte, die man Gelee Royal nennt.

Gelee Royal – ein Drüsenksekret, das die Arbeitsbienen absondern, um damit die Larven zu füttern, sobald diese aus dem Ei geschlüpft sind. Gelee Royal – ein Futtersaft, der in den Schlunddrüsen von Bienen erzeugt wird, ganz ähnlich wie die Brustdrüsen weiblicher Säugetiere Milch produzieren. Gelee Royal – in konzentrierter Form wird es die ersten drei Tage nach dem Schlüpfen an sämtliche Bienenlarven verfüttert; danach, mit Honig und Pollen versetzt, erhalten es jene Larven, die sich zu Drohnen oder Arbeitsbienen entwickeln sollen. Die Larven jedoch, aus denen jeweils eine Königin werden soll, bekommen ihre gesamte Larvenphase hindurch einen Nährsaft aus reinem, konzentriertem Gelee Royal.

Nach alledem, so hatte Holmes gefolgert, mußte Gelee Royal eine Substanz von enormer biologischer Wirksamkeit sein, wenn auf ausschließlich dieser Ernährungsbasis die Königinnenlarven im Verlauf von fünf Tagen um das Fünfzehnhundertfache zu wachsen vermochten. Der Chemiker Holmes hatte sich daraufhin ans Experimentieren gemacht, und seine Versuche hatten ihm recht gegeben. Gelee Royal, richtig zubereitet und richtig konsumiert, konnte auch beim Menschen die Lebensprozesse in Gang halten und verlängern.

»Ja, ja, *mens sana in corpore sano*«, murmelte der alte Mann vor sich hin. »Alles bestätigt sich immer wieder, sogar das Dichterwort Juvenals.«

Für den Januar in Südengland war es ein schöner Tag gewesen, aber nun, da die Sonne ins Meer versank, frischte der Wind merklich auf. Der alte Mann auf dem Klippenweg zog sich den altmodischen Pelerinenmantel ein wenig fester um die hageren Schultern.

Vor ihm am Wegrand stand eine Bank. Hier wollte er einen Augenblick rasten.

Der alte Mann streckte die langen Beine aus und blickte über den Ärmelkanal, dessen rollende graue Wogen jetzt vom Sonnenuntergang rötlich beleuchtet waren. Tief unter ihm brach sich donnernd die Flut an den Kreidefelsen.

Der alte Mann dachte an seine Brüder.

Sherrinford. Es tat ihm leid, daß er seinem ältesten Bruder nicht näher gestanden hatte. Einmal immerhin, im Jahr 1896, hatte er Sherrinford von großem Nutzen sein können. Da stand sein dicker, ein bißchen poltriger, aber grundanständiger Sherrinford doch tatsächlich unter Mordverdacht! Einfach absurd. Aber es gab eben so viele Indizien, die scheinbar in seine Richtung wiesen. Sherlock hatte natürlich den wahren Sachverhalt aufgeklärt und Sherrinford rehabilitiert. Doch was für ein Schlangenpfuhl aus dem finstersten Mittelalter war dabei zutage gekommen! Da trieben sie doch wahrhaftig, bereits an der Schwelle des zwanzigsten Jahrhunderts, noch schwarze Magie! Der alte Mann auf der Bank sah wieder alles vor sich: die schwarzen Totenkerzen und die »Hand Gottes«, die sieben roten Tücher und das magische Buch, das angeblich jedem, der es aufschlug, den Tod brachte. Fast ein Jahr hatte er gebraucht, um das Hexennest, das an allem schuld war, ausfindig zu machen und auszuheben. Nun, die Vorgänge, wie sie sich wirklich abgespielt hatten, würden ja demnächst durch sein Werk *Die Hohe Schule der Verbrechensermittlung* endlich der Welt bekannt werden.

Gut, daß es Sherrinford gab, dachte der alte Mann. Sonst hätte Mycroft, als der ältere der beiden anderen Holmes-Söhne, sein Leben als Landgutbesitzer in Yorkshire hinbringen müssen. Dabei hatten England und die Welt diesen Mycroft doch so dringend gebraucht.

Wie hatte er doch vor Jahren einmal zu Watson bemerkt? »In gewissem Sinne könnte man beinahe sagen, daß zuweilen Mycroft persönlich England regierte.«

Mit Mycroft als einzigem hatte er damals das Wissen um das geheimnisvolle Gelee Royal geteilt. Das Mittel hatte seinem Bruder nicht nur zu einem beträchtlich längeren Leben verholfen (so viele Jahre hätte ihm kein Mensch mehr gegeben), sondern es hatte auch wie durch ein Wunder diesen Mann völlig verwandelt: vordem so träge und schwerfällig, zeigte er nun Entschlußkraft und wendige Energie. Während zweier Weltkriege war Mycroft Holmes jener geheimnisumwitterte Unbekannte gewesen, der an der Spitze des britischen Secret Service stand.

Der alte Mann auf der Bank mußte an seine letzte Begegnung mit dem Bruder zurückdenken, damals im Fremdenzimmer des Diogenes Klubs, wenige Monate vor Mycrofts Tod.

»Du hast zwar viel Phantasie, Sherlock«, hatte Mycroft gesagt, während er zu seinem Glas feinen alten Brandys eine riesenhafte Zigarre rauchte, »aber ich glaube kaum, daß du dir vorstellen kannst, wie ich da mit meinem alten Freund Winston aus dem Beiboot an Land geklettert bin. ›Also ich bin Mr. Bullfinch‹, hat Winston erklärt – das war nämlich der Deckname, den wir ihm gegeben hatten –, ›und jetzt will ich doch einmal selber sehen, was in Nordafrika eigentlich los ist.‹ «

Aber auch Sherlock war nicht unbeteiligt gewesen an jenen großen, wenn auch leider schrecklichen Dingen, die mit dem 1. September 1939 begonnen hatten. Da hatte doch, wie er sich noch deutlich erinnerte, eines Morgens jener junge Mann, angeblich ein Füsilier, an seine Tür geklopft und gefragt, wie er wohl am besten nach Eastbourne[1] komme. Es war kein Kunststück gewesen, ihn zu entlarven als Amos Boling, den amerikanischen Hochverräter und Spitzenagenten beim deutschen Geheimdienst.

Auch erinnerte er sich noch gut daran, wie er das Rätsel jener Einmann-Invasion in England des Rudolf Hess[2] gelöst hatte.

Amos Boling und Rudolf Hess – eigentlich keine Gegner für mich, dachte der große alte Sherlock Holmes.

Andere Gegner fielen ihm ein, die ihm weitaus mehr imponiert hatten.

Dr. Grimesby Roylott zum Beispiel. Er sah ihn noch vor sich, wie er in dem alten Wohnzimmer in Nr. 221 B am Kamin auf dem Fellvorleger gestanden, mit seinen großen braunen Händen das Schüreisen ergriffen und es zu einem Winkel gebogen hatte.

»Geben Sie acht, daß Sie mir nicht unter die Finger kommen«, hatte er Holmes angefaucht. Dann hatte er das verbogene Eisen auf den Kaminrost geworfen und war wortlos gegangen.

»So dick wie er bin ich zwar nicht«, hatte Holmes zu Watson gesagt, »aber wenn er geblieben wäre, hätte ich ihm wahrscheinlich bewiesen, daß mein Griff auch nicht der allerschlechteste ist.« Damit hatte er das dicke Eisen heraufgeholt und es wieder gerade gebogen.

Die Hände des alten Mannes, der da Vergangenem nachhing, schlossen sich fester um seine Stockkrücke.

Da war auch noch John Clay gewesen. Und jener Mann, der sich Stapleton nannte. Und Inspektor Athelney Jones,

---

1 Siehe »Der Mann, der gar nicht tot war« von Manly Wade Wellmann, ersch. in: *Argosy Magazine* Heft 9 vom August 1941; ferner: *Sherlock Holmes' Mißgeschicke*.

2 Siehe »Der illustre Schwindler« von Anthony Boucher, in: *Sherlock Holmes' Mißgeschicke*.

den die Welt unter einem andern, einem so schrecklichen Namen viel besser kannte…

Und Colonel Sebastian Moran, dieser Tiger von einem Mann, der auch Menschen jagte wie Tiger…

Und, allen voran, war da natürlich Professor Moriarty gewesen, der Napoleon des Verbrechens.

Der Wind blies stärker. Drunten schlugen die Wellen immer heftiger an den Strand.

Der alte Mann kuschelte sich auf seiner Bank ein wenig zusammen.

So viele Feinde. Culverton Smith und Charles Augustus Milverton und der deutsche Spion von Bork. Und doch lebte er, Sherlock Holmes, immer noch und züchtete hier in den Sussex Downs Bienen.

Ja, so viele Feinde – aber auch so viele Kollegen, die größtenteils doch zugleich Freunde gewesen waren. Youghal zum Beispiel und MacDonald und auch Stanley Hopkins. Und in den frühen Jahren Gregson und Lestrade – »die zwei Besten bei Scotland Yard«, so hatte er sie Watson gegenüber bezeichnet.

Der gute alte Watson! Ein treuer Freund, ein Gefährte, auf den Verlaß war, ein Sohn Englands, ein Gentleman. Watsons Tod im Jahre 1929 war mit der schwerste Schlag gewesen, der den alten Mann je getroffen hatte.

Guter alter Watson! Aber was für Schauergeschichten und Schmachtfetzen hatte sein Watson bisweilen geschrieben! Wie hatte er ihm doch einmal gesagt – »Watson, Verbrechensermittlung ist, oder sollte doch sein, eine exakte Wissenschaft, die verlangt, daß man sie ebenso exakt, kühl und leidenschaftslos behandelt. Aber du möchtest sie immer romantisch verbrämen, wobei so ungefähr dasselbe herauskommt, als wenn du aus dem fünften Euklidischen Lehrsatz eine hochdramatische Liebesgeschichte zu machen versuchtest… «

Der alte Mann auf der Bank schüttelte den Kopf. Es war schon gut, daß sein Nachruhm sich auf sein eigenes Werk gründen würde, auf *Die Hohe Schule der Verbrechenser-*

mittlung, und nicht auf Watsons wohlgemeinte Mätzchen.

Wie auch immer, seine Arbeit war nun getan, und sie war gut getan. Die Welt würde den Namen Sherlock Holmes so bald nicht vergessen.

Es war bitterkalt geworden und schon sehr dunkel.

Der alte Mann auf der Bank zog seinen Pelerinenmantel noch enger um sich. Die grauen Augen fielen ihm zu. Das Haupt mit dem schönen weißen Haar sank ihm auf die Brust.

Noch einmal bewegte der schmale Mund sich zu einem letzten Wort.

»Irene«, sagte der alte Mann leise, »Irene.«

Und so saß er noch, als am Morgen Konstabler Anderson von der Sussexer Landpolizei ihn fand.

VORHANG

Titelkonkordanz

Die Romane:

Studie in Scharlachrot	A Study in Scarlet
Im Zeichen der Vier	The Sign of Four
Der Hund von Baskerville	The Hound of the Baskervilles
Das Tal der Furcht	The Valley of Fear

Die Erzählungen:

Der erste Fall	The »Gloria Scott«
Das Familienritual	The Musgrave Ritual
Das gefleckte Band	The Speckled Band
Die Brook Street Affäre	The Resident Patient
Junggeselle von Adel	The Noble Bachelor
Der zweite Fleck	The Second Stain
Der abgerissene Zettel	The Reigate Squires
Skandal in Böhmen	A Scandal in Bohemia
Der Mann mit der Narbe	The Man with the Twisted Lip
Die fünf Orangenkerne	The Five Orange Pips
Der verschwundene Bräutigam	A Case of Identity
Der Klub der Rothaarigen	The Red-Headed League
Sherlock Holmes auf dem Sterbebett	The Dying Detective
Der blaue Karfunkel	The Blue Carbuncle
Das gelbe Gesicht	The Yellow Face
Der griechische Dolmetscher	The Greek Interpreter
Das Haus bei den Blutbuchen	The Copper Beeches
Das Geheimnis von Boscombe Valley	The Boscombe Valley Mystery
Der Fehler in der Rechnung	The Stockbroker's Clerk
Das Geheimabkommen	The Naval Treaty

Ein unheimliches Paket	The Cardboard Box
Der Daumen des Ingenieurs	The Engineer's Thumb
Ein ganz einfacher Fall	The Crooked Man
Der Tiger von San Pedro	Wisteria Lodge
Das verschwundene Rennpferd	Silver Blaze
Das Diadem	The Beryl Coronet
Sherlock Holmes' Untergang	The Final Problem
Das leere Haus	The Empty House
Das goldene Pincenez	The Golden Pince-Nez
Die drei Studenten	The Three Students
Der einsame Radfahrer	The Solitary Cyclist
Der Schwarze Peter	Black Peter
Die gefährliche Erbschaft	The Norwood Builder
London im Nebel	The Bruce-Partington Plans
Das verhüllte Gesicht	The Veiled Lodger
Der Vampir	The Sussex Vampire
Der vermißte Rugbyspieler	The Missing Three-Quarter
Der Tote von Abbey Grange	The Abbey Grange
Der Teufelsfuß	The Devil's Foot
Die tanzenden Männchen	The Dancing Men
Der Farbenhändler im Ruhestand	The Retired Colourman
Einbrecher im Frack	Charles Augustus Milverton
Sechsmal Napoleon	The Six Napoleons
Das Rendezvous an der Brücke	Thor Bridge
Spuren im Moor	The Priory School
Shoscombe Old Place	Shoscombe Old Place
Die drei Garridebs	The Three Garridebs
Das geheimnisvolle Verschwinden der Lady Frances Carfax	The Disappearance of Lady Frances Carfax
Chinesisches Porzellan	The Illustrious Client
Ein Zimmer in Bloomsbury	The Red Circle
Der bleiche Soldat	The Blanched Soldier
Die drei Giebel	The Three Gables
Kardinal Mazarins Diamant	The Mazarin Stone
Der Mann, der auf allen vieren lief	The Creeping Man
Die Löwenmähne	The Lion's Mane
Der letzte Fall	His Last Bow

Anhang I
Sherlock Holmes chronologisch

»Welches Datum haben wir heute?«
SHERLOCK HOLMES

1.
Die Frühzeit: 1844 bis Anfang Januar 1881.

April 1844	Siger Holmes als dienstunfähig nach England entlassen.
Dienstag, den 7. Mai 1844	Siger Holmes heiratet Violet Sherrinford, dritte Tochter von Sir Edward Sherrinford, wohnhaft London, Berkeley Square; Trauung in St. Sidwell, Exeter.
Sonntag, den 30. November 1845	Sherrinford Holmes geboren.
Sonnabend, den 31. Oktober 1846	James Moriarty geboren; Ort (wahrscheinlich Stadt in West-England) noch nicht ermittelt. Hatte zwei Brüder; beide hießen merkwürdigerweise ebenfalls James.
Freitag, den 12. Februar 1847	Mycroft Holmes geboren.
Sonnabend, den 7. August 1852	John Hamish Watson geboren. Sein Vater Henry Watson hatte in Hampshire studiert, seine Mutter, geborene Ella Mackenzie, stammte aus dem östlichen Schottland. Klein-John

	hat einen älteren Bruder, Henry Watson jr., der 1888 als Trinker stirbt. Die Familie Watson ist wohlhabend. Mrs. Watson stirbt, als John noch sehr klein ist; Papa Watson geht mit den Kindern nach Australien, wo Henry sein Glück macht und John Watson seine Knabenzeit verlebt.
Freitag, den 6. Januar 1854	(William) Sherlock (Scott) Holmes auf dem Landgut Mycroft in Nord-Yorkshire geboren.
Juli 1855	Familie Holmes schifft sich nach Bordeaux ein, von dort Weiterreise nach Pau.
Mai 1858	Familie Holmes siedelt nach Montpellier über.
Dienstag, den 7. September 1858	»Irene Adler« – bürgerlich Clara Stephens – in Trenton, New Jersey, geboren.
Juni 1860	Rückkehr der Familie Holmes nach England.
Oktober 1860	Tod des 73jährigen Sir Edward Sherrinford. Familie Holmes schifft sich nach Rotterdam ein; zwei Monate später Ankunft und Aufenthalt in Köln.
April 1861	Familie Holmes begibt sich auf eine Europareise, die fast vier Jahre dauert.
Sonnabend, den 4. Mai 1861	Mary Morstan, Tochter von Captain Arthur Morstan vom 34. Infanterieregiment Bombay und spätere Mrs. John H. Watson, in Indien geboren.
September 1864	Familie Holmes trifft wieder in England ein, bezieht eine Villa in Kennington. Sherlock und Mycroft besuchen die Grundschule, Sherrinford geht nach Oxford.
August 1865	Rückkehr des jungen John Watson nach England, Studienbeginn am Wellington College, Hampshire.
Winter 1865/66	Sherlock Holmes schwer erkrankt.

Frühjahr 1866	Sherlock nach Yorkshire verbracht, besucht als Externer die Mittelschule unweit Gut Mycroft.
September 1868	Siger, Violet und Sherlock Holmes reisen zu Schiff nach St. Malo, von dort nach Pau. Sherlock lernt bei Maître Alphonse Bencin fechten.
April 1871	Familie Holmes kehrt nach England zurück, läßt sich endgültig auf Gut Mycroft nieder.
Sommer 1872	Sherlock erhält Professor James Moriarty als Hauslehrer.
September 1872	Watson entschließt sich für die militärische Arztlaufbahn und immatrikuliert sich an der Medizinischen Fakultät der Universität London. Leistet innerhalb des Studiums Praktikum in der chirurgischen Abteilung am St. Bartholomew's Hospital, London.
Oktober 1872	Sherlock Holmes bezieht das Christ Church College in Oxford.
Sonntag, den 12. Juli bis Dienstag, den 4. August und Dienstag, den 22. September 1874	Holmes löst auf Anregung seines Kommilitonen Victor Trevor einen später von Watson unter dem Stichwort *Gloria Scott* (dt. *Der erste Fall*) aufgezeichneten Kriminalfall, den »ersten, in den ich überhaupt Einblick bekam«. »Ich hatte mir [aus gewohnheitsmäßiger Beobachtung und Schlußfolgerung] bereits ein System entwickelt, ohne jedoch zu ahnen, wie wichtig das für mein Leben noch werden sollte.«
Oktober 1874	Holmes bezieht das Caius College in Cambridge.
Juli 1877	Holmes nimmt Wohnung in der Montague Street und beginnt mit der freiberuflichen beratenden Arbeit, wie er sie dann 23 Jahre lang ausübt. Zunächst folgen »Monate der Untätigkeit; du kannst dir kaum vorstellen, wie lange ich warten mußte«. Holmes füllte seine allzu reichliche Mußezeit mit Lesen und Schreiben aus.

Juni 1878	Watson macht an der Londoner Universität seinen Doktor der Medizin und begibt sich anschließend nach Netley, um den für Chirurgen der Army vorgeschriebenen Lehrgang zu absolvieren.
Juni bis August 1878	Der Fall Mullineaux.
September 1878	Die brutalen Vorgänge im Selbstmord-Klub.
November 1878	Watson, dem Fünften Regiment der Northumberland-Füsiliere als Hilfsarzt zugeteilt, schifft sich nach Indien ein. Ausbruch des zweiten Afghanischen Krieges.
Donnerstag, den 2. Oktober 1879	*Das Familienritual.* – »Der Fall hat Züge, durch die er in der Kriminalgeschichte dieses oder vielmehr, wie ich glaube, eines jeden Landes einzig dasteht. Meine Erfahrungen würden das Sammeln nicht lohnen, fehlte darin der Bericht von dieser wirklich einmaligen Geschichte.«
Montag, den 13. Oktober 1879	Holmes' erstes Auftreten auf der Londoner Theaterszene, in der Rolle des Horatio im *Hamlet.*
Sonntag, den 23. November 1879	Holmes geht mit dem Sasanoff'schen Shakespeare-Ensemble auf eine Acht-Monate-Tournee in die Vereinigten Staaten.
Januar 1880	Der Einbruchsfall Vanderbilt (*Der Vampir*).
Frühjahr 1880	Watson wird von seiner Brigade zum 66. Infanteriekorps Berkshire versetzt.
Dienstag, den 6. Juli 1880	Die schreckliche Sache mit der Familie Abernetty in Baltimore (*Sechsmal Napoleon*).
Dienstag, den 27. Juli 1880	Schlacht von Maiwand. Watson wird verwundet, entkommt aber dank Hilfe seines Lazarettburschen Murray zu den britischen Linien.

Donnerstag, den 5. August 1880	Holmes schifft sich in den Vereinigten Staaten zur Rückkehr nach England ein.
Dienstag, den 31. August 1880	Watson wird unter Schmerzen nach Peschawar ins Hauptlazarett verbracht. Kaum genesen, wird er dort vom Typhus befallen.
Sonntag, den 21. Oktober 1880	Watson nach wochenlanger Lebensgefahr wieder bei Bewußtsein und auf dem Wege der Besserung. Ärztestab beschließt, ihn unverzüglich nach England zu entlassen. Er wird demzufolge auf den Truppentransporter *Orontes* verbracht.
Freitag, den 26. November 1880	Watson landet im Hafen von Portsmouth. Er schleppt sich nach London, wo er dann einige Wochen in einem kleinen Hotel in der Strand verbringt.
August 1880 bis Anfang Januar 1881	Die Tarleton-Morde (*Das Familienritual*). Der Fall des Weinhändlers Vamberry (*Das Familienritual*). Das Abenteuer der alten Russin (*Das Familienritual*). Die einmalige Geschichte mit der Aluminiumkrücke (*Das Familienritual*). Der Klumpfuß Ricoletti und sein gräßliches Weib (*Das Familienritual*). Die kleine Unternehmung in Sachen Mortimer Maberley (*Die drei Giebel*). Die Besetzung von Brooks and Woodhouse (im Zusammenhang mit den Bruce-Partington-Plänen). Die *Matilda Briggs* und die Riesenratte von Sumatra (*Der Vampir*). Der Fall der Mrs. Farintosh, in dem es um einen Stirnreif aus Opalen geht (*Das gefleckte Band*).
Anfang Januar 1881	Watson beschließt, sich ein anspruchsloseres und weniger kostspieliges Quartier zu suchen. Noch am gleichen Tag, als sein Entschluß feststeht, steht er gerade im Criterion an der Bar, als ... Später stellt Stamford vor: »Dr. Watson, Mr. Sherlock Holmes.« Anderntags treffen sich Holmes und Watson und besichtigen die Wohnung Baker Street 221 B. Und nehmen sie auf der Stelle.

2.
Die Zeit der Partnerschaft bis zu Dr. Watsons erster Heirat: Anfang Januar 1881 bis Montag, den 1. November 1886.

Ende Februar 1881	Die Fälschungssache (*Studie in Scharlachrot*).
Freitag, den 4. März bis Montag, den 7. März 1881	*Studie in Scharlachrot.* »Die beste Arbeit, die mir je zu Gesicht gekommen ist.« – »Ein ganz außergewöhnlicher Fall – und sehr undurchsichtig.«

»Wenn ich meine Notizen und Berichte über die Sherlock-Holmes-Fälle der Jahre 1882 bis 1890 durchsehe, springen mir so viele ins Auge, die in dieser oder jener Hinsicht seltsam und interessant sind, daß ich mir nur schwer darüber klar werden kann, welche ich bringen und welche ich weglassen soll.« – Dr. John H. Watson, *Die fünf Orangenkerne.*

Freitag, den 6. April 1883	Der Fall *Das gefleckte Band.* – »An einen Fall von erstaunlicherer Eigenart kann ich mich nicht erinnern.«
Januar 1884 bis August 1886	Watson geht nach Amerika, übernimmt in San Francisco eine Praxis und wirbt um seine Patientin Miss Constance Adams.
März 1881 bis Oktober 1886	Das delikate Anliegen des Königs von Skandinavien (*Junggeselle von Adel*). Das Mandat Lord Backwater (*Junggeselle von Adel*). Der Fall der jungen Frau aus Margate (*Der zweite Fleck*). Der Darlingtoner Erbschaftsstreit (*Skandal in Böhmen*).[1] Die Affäre von Arnsworth Castle (ebenda).[2] Das kleine Problem mit dem Möbelwagen vom Grosvenor Square (*Junggeselle von Adel*).

1 Eine ähnliche Geschichte, betitelt »Die Drahtzieher«, erscheint in *Sherlock Holmes' Nachlaß* (Originaltitel: *The Exploits of Sherlock Holmes*).

2 Eine ähnliche Geschichte mit dem Titel »Die rote Witwe« erscheint in *Sherlock Holmes' Nachlaß.*

Mittwoch, den 6. Oktober bis Donnerstag, den 7. Oktober 1886	*Die Brook Street Affäre.* – »Möglicherweise hat in der Sache, die ich hier wiedergebe, die Mitwirkung meines Freundes nicht allzuviel Gewicht; der ganze Verlauf der Umstände ist jedoch so bemerkenswert, daß ich es nicht fertigbringe, die Geschichte ganz und gar auszulassen.«
Freitag, den 8. Oktober 1886	*Junggeselle von Adel.* – »Meines Erachtens wäre ein Lebensbericht [von Sherlock Holmes] ohne wenigstens eine Skizze dieses beachtenswerten Falles durchaus unvollständig.«
Sonnabend, den 9. Oktober 1886	Die Sache mit dem Fischhändler (*Junggeselle von Adel*).
Montag, den 11. Oktober 1886	Die Geschichte des Hafenzöllners (*Junggeselle von Adel*).
Dienstag, den 12. Oktober bis Freitag, den 15. Oktober 1886	*Der zweite Fleck.* – »Der bedeutendste internationale Fall, der [Holmes] je übertragen wurde.« – »In diesem Fall, mein lieber Watson, kann uns das Gesetz genauso gefährlich werden, wie es die Täter sind. Jedermann ist gegen uns; dabei steht Ungeheures auf dem Spiel. Sollte mir eine erfolgreiche Lösung des Ganzen gelingen, so wird das mit Sicherheit die Krönung meiner beruflichen Laufbahn sein.«
Montag, den 1. November 1886	Watson heiratet Constance Adams aus San Francisco. Kurz darauf übernimmt er eine kleine Praxis in Kensington.

3.
Von Dr. Watsons Heirat bis zum Tod der ersten Mrs. Watson: Montag, den 1. November 1886 bis Ende Dezember 1887.

November 1886 bis Januar 1887	Der Ruf nach Odessa im Mordfall Trepoff (*Skandal in Böhmen*).[3] Die delikate Affäre um das holländische Königshaus (*Skandal in Böhmen* und *Der verschwundene Bräutigam*). Der unerhörte Fall der Brüder Atkinson in Trincomalee (*Skandal in Böhmen*).

»Es dauerte eine Weile, bis die Konstitution meines Freundes Mr. Sherlock Holmes sich von den Folgen der ungeheuren beruflichen Überarbeitung des Frühjahrs 1887 wieder erholte.« – Dr. John H. Watson, *Der abgerissene Zettel.*

Februar bis Anfang April 1887	Die Holland-Sumatra-Gesellschaft und die Kolossal-Intrigen des Barons Maupertuis (*Der abgerissene Zettel*).
Donnerstag, den 14. April bis Dienstag, den 26. April 1887	*Der abgerissene Zettel.* – »Ein einzigartiges und komplexes Problem ...«
April 1887	Um diese Zeit beginnt Sherlock Holmes mit seiner »Selbstvergiftung durch... Kokain«.
April bis Dezember 1887	Die Sache mit dem Büro Paradol (*Die fünf Orangenkerne*). Die Begegnung mit der Gesellschaft der Amateurbettler (*Die fünf Orangenkerne*). Verlust des britischen Schiffes *Sophy Anderson* (*Die fünf Orangenkerne*). Das erstaunliche Abenteuer der Grice Patersons auf der Insel Uffa (*Die fünf Orangenkerne*).

3 Eine ähnliche Geschichte erscheint in *Sherlock Holmes' Nachlaß* unter dem Titel »Die Sache mit den sieben Uhren«.

	Der Giftmord von Camberwell (*Die fünf Orangenkerne*).[4] Tod der Mrs. Stewart aus Lauder (*Das leere Haus*). Der Fall des Schreckensmörders Bert Stevens (*Die gefährliche Erbschaft*).
Freitag, den 20. Mai bis Sonntag, den 22. Mai 1887	*Skandal in Böhmen.* – »Es ist schon ein ganz hübsches kleines Problem.«
Sonnabend, den 18. Juni bis Sonntag, den 19. Juni 1887	*Der Mann mit der Narbe.* – »Innerhalb meiner Erfahrungen weiß ich keinen Fall, der zuerst so einfach ausgesehen und dann solche Schwierigkeiten geboten hätte.«
Spätestens September 1887	Die Entlastung von Colonel Prendergast im Skandal um den Tankerville-Klub (*Die fünf Orangenkerne*). Die drei Anlässe, bei denen Holmes geschlagen wurde (*Die fünf Orangenkerne*).
Donnerstag, den 29. September bis Freitag, den 30. September 1887	*Die fünf Orangenkerne.* – »Ich glaube, Watson, einen phantastischeren Fall als diesen hatten wir noch nie.«
Spätestens Oktober 1887	Mr. Etherage spurlos verschwunden (*Der verschwundene Bräutigam*). Mit Mr. John Clay werden ein paar Hühnchen gerupft (*Der Klub der Rothaarigen*).
Mitte Oktober 1887	Die Ehescheidung Dundas (*Der verschwundene Bräutigam*). Die verzwickte Sache Marseille (*Der verschwundene Bräutigam*).
Dienstag, den 18. Oktober bis Mittwoch, den 19. Oktober 1887	*Der verschwundene Bräutigam.* – »Geheimnisvoll ist an der Sache gar nichts, wenngleich ein paar Einzelheiten ganz interessant sind.«

4 Eine ähnliche Geschichte, betitelt »Die goldene Jagduhr«, erscheint in *Sherlock Holmes' Nachlaß*.

Sonnabend, den 29. Oktober bis Sonntag, den 30. Oktober 1887	*Der Klub der Rothaarigen.* – »Diese reichlich verrückte, unglaubhafte Geschichte.«
Kurz vor Sonnabend, dem 19. November 1887	Das Schicksal des Victor Savage *(Sherlock Holmes auf dem Sterbebett).*
Sonnabend, den 19. November 1887	*Sherlock Holmes auf dem Sterbebett.* – »Zum Thema Simulieren wollte ich schon des öfteren einmal eine Abhandlung schreiben.«
Dienstag, den 27. Dezember 1887	*Der blaue Karfunkel.* – »Ein höchst einzigartiges und wunderliches Problem, dessen Lösung bereits Lohn genug ist.«
Ende Dezember 1887	Tod der ersten Mrs. Watson.

4.
Von Dr. Watsons Rückkehr in die Baker Street bis zu seiner Vermählung mit Mary Morstan: Ende Dezember 1887 bis Mittwoch, den 1. Mai 1889.

Bis Sonnabend, den 7. Januar 1888	Die beiden Fälle, in denen Holmes dem Inspektor MacDonald geholfen hat (*Das Tal der Furcht*).
Sonnabend, den 7. Januar bis Sonntag, den 8. Januar 1888	*Das Tal der Furcht.* – »Ich kann mich an kaum einen Fall erinnern, der so eigentümlich gelagert war.«
Dienstag, den 3. April 1888	Der Mord an der Prostituierten Emma Elizabeth Smith in der Osborn Street in Whitechapel.
Sonnabend, den 7. April 1888	*Das gelbe Gesicht.* – »Dann und wann jedoch kam es auch vor, daß er ... sich irrte.« – »Sollte dir jemals auffallen, daß ich etwas allzu otpimistisch bin ..., dann sag mir bitte leise das Wort ›Norbury‹ ins Ohr.«
Ende April bis Anfang Mai 1888	Die sonderbare Geschichte mit Dr. Watsons zweiter Kriegsverwundung. Die kleine Sache mit den Kameen aus dem Vatikan (*Der Hund von Baskerville*).[5]
Bis September 1888	Die kleine häusliche Schwierigkeit der Mrs. Cecil Forrester (*Im Zeichen der Vier*).[6] Der Fall der sympathischsten Frau, die Holmes je begegnet ist (*Im Zeichen der Vier*). Der Juwelendiebstahl von Bishopsgate (*Im Zeichen der Vier*). Die kleine Sache mit Wilson (*Der Hund von Baskerville*).

5 War *dies* vielleicht der Fall, bei dessen Wahrnehmung Watson seine zweite Verwundung davontrug?

6 Eine interessante Spekulation darüber, wer *Mr.* Forrester war, stellt Robert Keith Leavitt in seinem Aufsatz »Wer war Cecil Forrester?« an; erschienen im *Baker Street Journal*, Bd. I, Heft 2, April 1946, S. 201 ff. Siehe auch: »Der Giftmischer von Camberwell« von Ruth Douglass, ersch. in *Ellery Queen's Mystery Magazine*, Februar 1947.

Die Woche von Montag, dem 3. September bis Sonnabend, dem 8. September 1888	Der Gutshaus-Fall (*Der griechische Dolmetscher*).
Sonnabend, den 8. September 1888	Der Mord an der Prostituierten Annie Chapman in der Hanbury Street, Whitechapel.
Die Woche von Montag, dem 10. September bis Sonnabend, dem 15. September 1888	Die Sache mit dem französischen Testament (*Im Zeichen der Vier*).
Mittwoch, den 12. September 1888	*Der griechische Dolmetscher.* – »Ein einmaliger Fall … Selbst seiner Aufklärung haften noch Rätsel an.«
Dienstag, den 18. September bis Freitag, den 21. September 1888	*Im Zeichen der Vier.* – »Ein äußerst interessanter Fall.«
Dienstag, den 25. September bis Sonnabend, den 20. Oktober 1888	*Der Hund von Baskerville.* – »Ich glaube kaum, daß unter den fünfhundert hoch brisanten Fällen, die ich bearbeitet habe, auch nur einer war, der mir so unter die Haut ging.«
Mittwoch, den 26. September 1888	Der Erpressungs-Fall (*Der Hund von Baskerville*).[7] Der Mord an der Prostituierten Elizabeth Stride in der Berner Street, Whitechapel, und die Ergreifung von Jack the Ripper.
Zwischen Sonnabend, dem 20. Oktober und Ende November 1888	Das unerhörte Verhalten von Colonel Upwood im Zusammenhang mit dem berühmten Kartenskandal im Nonpareil-Klub (*Der Hund von Baskerville*).[8]

---

7 Eine ähnliche Geschichte, betitelt »Die beiden Frauen«, erscheint in *Sherlock Holmes' Nachlaß*.

8 Eine ähnliche Geschichte mit dem Titel »Das Geheimnis des Abbas-Rubins« erscheint in *Sherlock Holmes' Nachlaß*.

	Die bedauernswerte Mme. Montpensier (*Der Hund von Baskerville*).[9]
Ende 1888 oder Anfang 1889	Die Abbas-Parva-Tragödie (*Das verhüllte Gesicht*).
Freitag, den 5. April bis Sonnabend, den 20. April 1889	*Das Haus bei den Blutbuchen.* – »Ihr kleines Problem verspricht das interessanteste zu werden, das mir seit Monaten über den Weg kam. Es hat entschieden romanhafte Züge.«
Mittwoch, den 1. Mai 1889	Watson heiratet Mary Morstan, Tochter des seligen Captain Arthur Morstan vom 34. Infanterieregiment Bombay; Trauung in St. Markus, Camberwell. Kurz danach übernimmt er die Praxis des alten Mr. Farquhar in Paddington und bekommt daraufhin »drei Monate hindurch ... nur wenig von Holmes zu sehen.« (*Der Fehler in der Rechnung*). Watsons Praxis »vergrößert sich ständig« (*Die gefährliche Erbschaft*).

9 Eine ähnliche Geschichte, betitelt »Das Abenteuer des schwarzen Barons«, erscheint in *Sherlock Holmes' Nachlaß.*

5. Von Dr. Watsons zweiter Heirat bis zu Sherlock Holmes' Verschwinden: Mittwoch, den 1. Mai 1889 bis Montag, den 4. Mai 1891.

Sonnabend, den 8. Juni bis Sonntag, den 9. Juni 1889	*Das Geheimnis von Boscombe Valley.* – »Einer jener einfachen Fälle, die so außerordentlich schwierig sind.«
Sonnabend, den 15. Juni 1889	*Der Fehler in der Rechnung.* – »Es ist einer von diesen ungewöhnlichen und überzogenen Fällen, die du genauso gern magst wie ich.«
Juli 1889	Das *zweite* Erlebnis mit dem Zweiten Fleck. (*Das Geheimabkommen*). – »Ich besitze noch die fast wörtliche Wiedergabe jener Unterredung, darin Holmes den Herrn Dubuque von der Pariser Polizei und Fritz von Waldbaum, dem bekannten Danziger Experten, den wahren Hergang des Falles darlegte ...«
Juli 1889	Das Erlebnis mit dem müden Kapitän (*Das Geheimabkommen*).
Dienstag, den 30. Juli 1889	Der ganz gewöhnliche kleine Mord (*Das Geheimabkommen*).
Dienstag, den 30. Juli bis Donnerstag, den 1. August 1889	*Das Geheimabkommen.* – »Es ist ein schier unlösbares Rätsel.« – »Nun, es läßt sich wirklich nicht leugnen, daß der Fall sehr abstrus und kompliziert ist.«
Bis Sonnabend, den 31. August 1889	Die Affäre mit der Wäscherei Bogus (*Ein unheimliches Paket*).
Sonnabend, den 31. August bis Montag, den 2. September 1889	*Ein unheimliches Paket.* – »Eine sonderbare und allerdings auch besonders entsetzliche Ereigniskette.« – »Obschon der Fall als solcher einfach ist, brachte er doch ein paar lehrreiche Details mit sich.«

Sonnabend, den 7. September bis Sonntag, den 8. September 1889	*Der Daumen des Ingenieurs.* – »So seltsam gelagert und im einzelnen so dramatisch … mochte der Fall auch meinem Freund etwas weniger Ansatzpunkte bieten für jene Methoden der Kombination, mit denen er stets so bemerkenswerte Resultate erzielte.«
Mittwoch, den 11. September bis Donnerstag, den 12. September 1889	*Ein ganz einfacher Fall.* – »Eines der sonderbarsten Vorkommnisse, die je ein menschliches Gehirn in Erstaunen setzten.«
Ende 1889	Colonel Carruthers hinter Schloß und Riegel (*Der Tiger von San Pedro*).
März 1881 bis Dezember 1889	Das *dritte*[10] Erlebnis mit dem Zweiten Fleck. (*Das gelbe Gesicht*). – »Hin und wieder kam es indessen vor, daß die Wahrheit auch dann herauskam, wenn [Holmes] sich geirrt hatte.«
Ende 1886, 1887 oder Mai bis Dezember 1889	Colonel Warburtons Wahnzustände (*Der Daumen des Ingenieurs*).[11]
Wahrscheinlich vor dem Dezember 1889	Der Fälscher Archie Stamford wird gefaßt (*Der einsame Radfahrer*).
Montag, den 24. März bis Sonnabend, den 29. März 1890	*Der Tiger von San Pedro.* – »Ein geradezu chaotischer Fall, mein lieber Watson.«
Donnerstag, den 25. September, und Dienstag, den 30. September 1890	*Das verschwundene Rennpferd.* – »Dieser Fall hat Punkte, die … ihn absolut einmalig machen.«

10 Faktisch kann es in der Reihenfolge auch das *erste* oder *zweite* Erlebnis gewesen sein. Da Holmes selbst nicht sicher war, handelt es sich wahrscheinlich um einen früheren, nicht um einen späteren Fall.

11 Eine ähnliche Geschichte erscheint in *Sherlock Holmes' Nachlaß* unter dem Titel »Das Geheimnis des versiegelten Zimmers«.

Vor Dezember 1890	Der Giftmordfall Morgan (*Das leere Haus*). Der Fall des schrecklichen Merridew (*Das leere Haus*). Der Fall Mathews (*Das leere Haus*).
Freitag, den 19. Dezember bis Sonnabend, den 20. Dezember 1890	*Das Diadem.* – »Ein sehr niedliches kleines Problem, nicht um viel möchte ich es missen.«
Ende Dezember 1890	Holmes ist einer königlichen Familie Skandinaviens bei der Auflösung eines Falles behilflich (*Sherlock Holmes' Untergang*).
Ende Dezember 1890 bis März 1891	Die hochwichtige Angelegenheit für die französische Regierung (*Sherlock Holmes' Untergang*).
Sonntag, den 4. Januar bis Ende April 1891	Der Napoleon des Verbrechens (*Sherlock Holmes' Untergang*).
Freitag, den 24. April bis Montag, den 4. Mai 1891	*Sherlock Holmes' Untergang.* – »Schweren Herzens greife ich zur Feder, um hier ein letztes Mal von den einzigartigen Gaben zu berichten, die mein Freund Sherlock Holmes besaß.«

6.
Die große Zäsur: Montag, den 4. Mai 1891 bis Donnerstag, den 5. April 1894.

Juni 1891	Dr. Watson verkauft seine Paddingtoner Praxis und übernimmt wieder seine alte Praxis in Kensington, um mehr Zeit zum Schreiben zu gewinnen. Holmes, unter dem Namen Sigerson, begegnet in Cetinje, Montenegro, der Sängerin Irene Adler.
Juli 1891	Der erste von Watsons Kurzberichten über Sherlock Holmes' Fälle erscheint im *Strand Magazine*.
Ende 1891 bis September 1893	Die erstaunlichen Forschungen »eines Norwegers mit Namen Sigerson.«
Ende 1891 oder Anfang 1892	Tod von Mary Watson-Morstan, wahrscheinlich – wie Mr. T. S. Blakeney vermerkt – »an von Vaterseite ererbter Herzschwäche. Im *Zeichen der Vier* wurde sie aus geringfügigem Anlaß zweimal ohnmächtig.«
Ende 1892	Irene Adler bringt in ihrer Mädchenheimat, unweit Hoboken, New Yersey, einen Sohn zur Welt.
September bis November 1893	Holmes reist durch Persien, schaut in Mekka vorbei, besucht den Kalifen in Omdurman.
November 1893 bis März 1894	Holmes betreibt Forschungen über die Kohlenteer-Derivate in einem Laboratorium in Montpellier, Frankreich.

7.
Von Holmes' Wiederkehr am Donnerstag, dem 5. April 1894 bis zu Dr. Watsons dritter Heirat am Sonnabend, dem 4. Oktober 1902.

»Wenn ich auf die drei dickleibigen Bände blicke, die unsere Arbeit des Jahres 1894 enthalten, so fällt es mir zugegebenermaßen recht schwer, aus einer solchen Fülle von Material jene Fälle auszuwählen, die als solche besonders interessant sind und zugleich den besten Aufschluß geben über die speziellen Fähigkeiten, für die mein Freund berühmt war.« – Dr. John H. Watson, *Das goldene Pincenez.*

»In den Jahren 1894 bis einschließlich 1901 war Mr. Sherlock Holmes ein vielbeschäftigter Mann. Man darf guten Gewissens sagen, daß es in jenen acht Jahren keinen offiziell bekannten Kriminalfall von einiger Schwierigkeit gegeben hat, bei dem er nicht zu Rate gezogen worden wäre, und daß es Hunderte von privaten Affären gab – darunter manche sehr ausgefallen und höchst kompliziert gelagert –, an deren Auflösung er maßgeblich mitgewirkt hat. Zahlreiche atemberaubende Erfolge und einige wenige, unvermeidliche Fehlschläge – das ist die Ernte jener langen Zeit unausgesetzter Arbeit. Da mir von all jenen Fällen sehr detaillierte Notizen vorliegen und ich an manchen auch selbst mitgearbeitet habe, fällt mir die Auswahl, was davon veröffentlicht werden soll, verständlicherweise nicht leicht. Indessen gedenke ich es damit zu halten wie bisher und werde jenen Fällen den Vorzug geben, die ihre Brisanz nicht so sehr aus der Brutalität des jeweiligen Verbrechens beziehen, als vielmehr aus der Dramatik und Originalität ihrer Lösung.« – Dr. John H. Watson, *Der einsame Radfahrer*.

Donnerstag, den 5. April 1894	*Das leere Haus.* – »Schon das Verbrechen als solches war interessant, doch was sich daraus entwickelte, blieb mir schlechthin unfaßbar.«
Anfang Mai 1894	»Ich ... verkaufte meine Praxis und zog wieder in mein altes Quartier in der Baker Street. Ein junger Arzt namens Verner ... erwarb meine kleine Praxis in Kensington und [zahlte] erstaunlich bereitwillig den höchsten Preis, den ich zu verlangen wagte – ein Umstand, der sich einige Jahre später aufklärte, als ich herausfand, daß Verner entfernt verwandt mit der Familie Holmes war und daß in Wirklichkeit mein Freund das Geld aufgebracht hatte.« (*Die gefährliche Erbschaft*).

Mittwoch, den 14. November bis Donnerstag, den 15. November 1894	*Das goldene Pincenez.* – »Ein einfacher Fall, und doch in gewisser Hinsicht ganz lehrreich.«
April bis Dezember 1894	Der widerwärtige Fall von dem roten Blutegel und das furchtbare Ende des Bankiers Crosby (*Das goldene Pincenez*). Die Addleton-Tradödie und der ungewöhnliche Inhalt des alten britischen Hügelgrabs (*Das goldene Pincenez*).[12] Der berühmte Erbstreit Smith-Mortimer (*Das goldene Pincenez*). Auffindung und Festnahme des Boulevard-Mörders Huret (*Der Tiger von San Pedro*). Die entsetzlichen Vorgänge auf dem holländischen Dampfer *Friesland* (*Die gefährliche Erbschaft*).
Freitag, den 5. April bis Sonnabend, den 6. April 1895	*Die drei Studenten.* – »Sie sind für Ihre Diskretion ebenso bekannt wie für Ihre Fähigkeiten, und Sie sind der einzige Mensch auf der Welt, der mit helfen kann. Ich flehe Sie an, Mr. Holmes, tun Sie, was in Ihrer Macht steht!«
Mitte April 1895	Das befremdliche und komplizierte Problem um den sich belästigt fühlenden Tabakmillionär John Vincent Harden (*Der einsame Radfahrer*).
Sonnabend, den 13. April und Sonnabend, den 20. April 1895	*Der einsame Radfahrer.* – »Es stimmt zwar, daß die Umstände hier den bekannten und gepriesenen Fähigkeiten meines Freundes nicht viel an Entfaltung erlaubten, doch besaß der Fall einige markante Punkte, durch die er sich unter den Kriminalberichten, denen ich das Material für diese kleinen Erzählungen entnehme, heraushebt.«

12 Eine ähnliche Geschichte trägt den Titel »Der Fall Faulkes Rath« und erscheint in *Sherlock Holmes' Nachlaß*. Siehe auch Poul Anderson: »Zeitpatrouille«, in: *Der Sherlock Holmes der Zukunft,* ferner Mr. Adersons Buch *Zeitwächter,* New York 1960.

Mai oder Juni 1895	Die berühmte Ermittlung über den plötzlichen Tod von Kardinal Tosca (*Der Schwarze Peter*).[13] Verhaftung des bekannten Kanarienvogelzüchters Wilson (*Der Schwarze Peter*).[14]
Mittwoch, den 3. Juli bis Freitag, den 5. Juli 1895	*Der Schwarze Peter.* – »Jeder Bericht über die Leistungen von Mr. Sherlock Holmes wäre unvollständig, fände nicht dies ungewöhnliche Vorkommnis darin zumindest Erwähnung.« – »Aber ja, das ist wirklich ein hochinteressanter Fall.«
Anfang Juli 1895	Berufung nach Norwegen (*Der Schwarze Peter*).
Dienstag, den 20. August bis Mittwoch, den 21. August 1895	*Die gefährliche Erbschaft.* – »Ich sage frei heraus, daß dies die glanzvollste Sache ist, die du je gemeistert hast, obschon es mir ein Rätsel ist, wie du es geschafft hast. Du hast einen schlimmen Skandal verhütet ...«
Wahrscheinlich noch vor November 1895	Der Fall des Fälschers Victor Lynch (*Der Vampir*). Die bemerkenswerte Sache mit der Giftschlange (*Der Vampir*). Die Sache mit Vigor, dem Wunder von Hammersmith (*Der Vampir*). Die Vorgänge um Vittoria, die Zirkusschönheit (*Der Vampir*). Der Fall des jungen Falschmünzers Arthur H. Staunton (*Der vermißte Rugbyspieler*). Die Sache mit Henry Staunton, den Holmes an den Galgen bringen hilft (*Der vermißte Rugbyspieler*).
Donnerstag, den 21. November bis Sonnabend, den 23. November 1895	*London im Nebel.* – »Du hast hier ein lebenswichtiges internationales Problem zu lösen ... Nie zuvor in deiner ganzen Laufbahn hattest du eine solche Chance, deinem Vaterland von Nutzen zu sein.«

---

13 Eine ähnliche Geschichte, verfaßt von Mr. Isaac S. George, erschien im *Baker Street Journal* Bd. III, Heft 1 vom Januar 1948, S. 73–82.

14 Eine ähnliche Geschichte in *Sherlock Holmes' Nachlaß,* betitelt »Der Schrecken von Deptford«.

Ende 1895 bis Ende 1896	Von manchen Holmes-Kommentatoren »das fehlende Jahr« genannt und Gegenstand hochgelehrter Spekulationen. In diesem Jahr entlastet Holmes seinen Bruder Sherrinford von einer Mordanklage; seine Ermittlungen führen ihn dabei »in einen Schlangenpfuhl aus dem finstersten Mittelalter«, und er entdeckt Schwarzmagie noch an der Schwelle des zwanzigsten Jahrhunderts.
An einem Tag im Oktober 1896	*Das verhüllte Gesicht.* – »Viele ... Fälle gingen mit furchtbaren menschlichen Tragödien einher, an denen [Holmes] persönlich nichts ändern konnte; von einem solchen Fall will ich hier berichten.«
Donnerstag, den 19. November bis Sonnabend, den 21. November 1896	*Der Vampir.* – »Der Fall begann für mich als eine geistige Spekulation, aber sobald sie Punkt für Punkt durch eine Kette von Tatsachen bestätigt war, wurde der subjektive Eindruck objektiviert, und somit können wir mit Sicherheit behaupten, unser Ziel erreicht zu haben.«
Dienstag, den 8. Dezember bis Donnerstag, den 10. Dezember 1896	*Der vermißte Rugbyspieler.* – »Mir ist unter all unseren Fällen keiner bewußt, dessen Motive so völlig im Dunkeln lagen.«
Bis Sonnabend, den 23. Januar 1897	Vier weitere Fälle, in denen Holmes Inspektor Stanley Hopkins zur Hand geht.[15]
Sonnabend, den 23. Januar 1897	*Der Tote von Abbey Grange.* – »Da haben wir unseren Fall – einen der bemerkenswertesten in unserer Sammlung.« – »Du liebe Güte, wie vernagelt bin ich anfangs gewesen; beinahe hätte ich *den* Bock meines Lebens geschossen.«
Vor Dienstag, dem 16. März 1897	Die dramatische Begegnung mit Dr. Moore Agar *(Der Teufelsfuß).*

15 Siehe Kapitel X X II, Anm. 6.

Dienstag, den 16. März bis Sonnabend, den 20. März 1897	*Der Teufelsfuß.* – »Sonderbarster Fall, den ich je in der Hand hatte.« – »Ein Problem, das heikler, anspruchsvoller und ungleich rätselhafter ist als alle, die uns bisher aus London herausgeführt haben.«
Mittwoch, den 27. Juli bis Mittwoch, den 10. August ?, und Sonnabend, den 13. August 1898	*Die tanzenden Männchen.* – »Ein höchst interessanter und ungewöhnlicher Fall.« – »Eine hübsche Sache für deine Berichtesammlung, Watson.«
Juli 1898	Die Sache mit den zwei koptischen Patriarchen (*Der Farbenhändler im Ruhestand*).[16]
Donnerstag, den 28. Juli bis Sonnabend, den 30. Juli 1898	*Der Farbenhändler im Ruhestand.* – »Ich muß dir gestehen, daß dieser Fall, der mir erst so lächerlich einfach und kaum meiner Aufmerksamkeit wert erschien, jetzt schon ganz anders aussieht.« – »Gute Arbeit; die beste, solange ich denken kann.«
Donnerstag, den 5. Januar bis Sonnabend, den 14. Januar 1899	*Einbrecher im Frack.* – »In der Laufbahn von Mr. Sherlock Holmes – und auch für mich – eine absolut einmalige Erfahrung.«
ca. Sonnabend, den 20. Mai 1899	Die berühmte schwarze Perle der Borgias verschwunden (*Sechsmal Napoleon*).
Freitag, den 8. Juni bis Sonnabend, den 10. Juni 1900	*Sechsmal Napoleon.* – »Diese Sache ... weist einige Züge auf, durch die sie in der Kriminalgeschichte absolut einzig dasteht.«
Anfang Juni 1900	Der Fälschungsskandal Conk-Singleton (*Sechsmal Napoleon*).
September 1900	»Ein Monat voller Kleinkram und Stagnation« (*Das Rendezvous an der Brücke*).

16 Eine von Mr. John A. Wilson verfaßte ähnliche Geschichte findet sich im *Baker Street Journal* Bd. IV, Heft 1 vom Januar 1949, S. 74 – 85.

Donnerstag, den 4. Oktober bis Freitag, den 5. Oktober 1900	*Das Rendezvous an der Brücke.* – »Ich fürchte, Watson, du wirst meinen Ruf, sollte ich mittlerweile einen solchen haben, durch Aufnahme dieses Falles ... in deine Annalen nicht gerade verbessern. Ich war nachlässig und habe betreffs jener Mischung aus Imagination und Realismus, welche die Basis meines Handwerks ist, sehr zu wünschen übriggelassen.«
Anfang Mai 1900	Die Sache mit den Ferrer-Dokumenten (*Spuren im Moor*).[17]
Anfang Mai 1901	Der Abergavenny-Mord (*Spuren im Moor*).[18]
Donnerstag, den 16. Mai bis Sonnabend, den 18. Mai 1901	*Spuren im Moor.* – »Dieser Fall verdient es, klassisch genannt zu werden.«
Januar bis Dezember 1901	Die simple kleine Affäre mit Mr. Fairdale Hobbs. (*Ein Zimmer in Bloomsbury*).
Kurz vor Mai 1902	Die Sache mit dem Falschmünzer (*Shoscombe Old Place*).
Dienstag, den 6. Mai bis Mittwoch, den 7. Mai 1902	*Shoscombe Old Place.* – »Das sind tiefe Gewässer, Mr. Mason, tief und ziemlich schmutzig.«
Anfang Juni 1902	Die »gewissen Verdienste«, auf die Watson möglicherweise später zurückkommen wollte. (*Die drei Garridebs*).
Donnerstag, den 26. Juni bis Freitag, den 27. Juni 1902	*Die drei Garridebs.* – »Der Fall brachte einen Mann um den Verstand, mich um eine Menge Blut und einen dritten Mann hinter Schloß und Riegel. Aber ein Zug von Komik war doch daran.«

17 Eine ähnliche Geschichte, betitelt »Die teuflischen Engel«, in *Sherlock Holmes' Nachlaß*.

18 Zwecks ungefährer Vorstellung dieser Affäre siehe »Skizze für eine Sherlock-Holmes-Story« in: *Eine Baker-Street-Droschke.*

Ende Juni 1902	Der Todesschrecken des alten Abrahams (*Das geheimnisvolle Verschwinden der Lady Frances Carfax*).
Dienstag, den 1. Juli bis Freitag, den 18. Juli 1902	*Das geheimnisvolle Verschwinden der Lady Frances Carfax.* – »Solltest du den Fall deinen Annalen einreihen wollen, mein lieber Watson, so nur als Beispiel für jenes zeitweilige Versagen, wie es auch dem ausgewogensten Geist widerfahren kann. Jedem Sterblichen unterlaufen solche Fehler; glücklich wer sie erkennt und vielleicht wiedergutmachen kann. Auf dies kleine Zutrauen darf ich vielleicht doch Anspruch erheben.«
Ende Juli 1902	Watson zieht wieder in eine eigene Wohnung in der Queen Anne Street.
Spätestens September 1902	Die Sache mit dem Hammerford-Testament (*Chinesisches Porzellan*).
Mittwoch, den 3. September bis Dienstag, den 16. September 1902	*Chinesisches Porzellan.* – »[Es] war in gewisser Hinsicht ein Glanzpunkt in der Berufslaufbahn meines Freundes.«
Mittwoch, den 24. September bis Donnerstag, den 25. September 1902	*Ein Zimmer in Bloomsbury.* – »Der Fall ist immerhin lehrreich. Es steckt weder Geld noch Ruhm darin, aber man möchte ihn doch aufgeklärt sehen.«
Sonnabend, den 4. Oktober 1902	Dr. John H. Watson heiratet zum dritten Mal. Kurz danach nimmt er seine ärztliche Tätigkeit wieder auf und hat bereits im September 1903 eine »nicht unbeträchtliche« Praxis (*Der Mann, der auf allen vieren lief*).

8.
Letzte Periode der Zusammenarbeit: Januar bis Oktober 1903.

»Unsere Beziehung in jener letzten Zeit war eigentümlich. Er war ein Mensch, der an einmal bestehenden Gewohnheiten zäh festhielt, und ich war für ihn eine solche geworden; ich gehörte zum Inventar wie die Geige, der Shag-Tabak, die alte schwarze Pfeife, das Verbrecheralbum und andere, vielleicht weniger naheliegende Dinge. Wenn ein Fall aktive Arbeit vor Ort verlangte und ein Gefährte vonnöten war, auf dessen Einsatz und Nerven er sich einigermaßen verlassen konnte, dann lag meine Funktion auf der Hand. Doch das war es nicht allein; ich war zugleich eine Art Wetzstein für seinen Geist … In gewisser Weise half es ihm wohl, daß ich zuhörte und auch gelegentlich widersprach.« – Dr. John H. Watson, *Der Mann, der auf allen vieren lief.*

Spätestens Januar 1903	Der Dienst, den Holmes Sir James Saunders, dem berühmten Dermatologen, erwiesen hat *(Der bleiche Soldat)*.
Januar 1903	Rückkehr von »James Wilder« (*Der bleiche Soldat*).
Januar 1903	Der Auftrag für den türkischen Sultan (*Der bleiche Soldat*).
Mittwoch, den 7. Januar bis Montag, den 12. Januar 1903	*Der bleiche Soldat.* – »Obwohl fast mehr ein Schulfall, besaß die Sache doch interessante und auch neuartige Züge, die ihre Aufnahme in das Verzeichnis rechtfertigen dürften.«
Spätestens Dienstag, den 26. Mai 1903	Ermordung des jungen Perkins vor der Holborn Bar *(Die drei Giebel)*.
Dienstag, den 26. Mai bis Mittwoch, den 27. Mai 1903	*Die drei Giebel.* – »Ja, ja, ich werde mir wohl wieder eine Untat ausdenken müssen, wie gewöhnlich.«
Spätestens Sommer 1903	Der Fall des alten Baron Dowson *(Kardinal Mazarins Diamant)*.
An einem Tag im Sommer 1903	*Kardinal Mazarins Diamant.* – »Wir geben uns geschlagen, Holmes. Ich glaube, Sie sind der Teufel in Person.«

Sonntag, den 6. September; Montag, den 14. September; Dienstag, den 22. September 1903	*Der Mann, der auf allen vieren lief.* – »Sicherlich ein sehr sonderbarer und einprägsamer Fall.« – »Bei allem, was wir schon erlebt haben, ich glaube nicht, daß ich jemals etwas Seltsameres sah als diese eindrucksvolle und immer noch würdige Gestalt, die wie ein Frosch am Boden kauernd, den tobenden Hund zu noch wilderer Schaustellung seiner Wut herausforderte.«
April 1895 bis Oktober 1903	Eifriges Forschen in alten englischen Urkunden und Handschriften bringt überraschende Dinge zutage (*Die drei Studenten*).
Bis Oktober 1903	Die Sache mit dem Politiker, dem Leuchtturm und dem dressierten Kormoran (*Das verhüllte Gesicht*). Die erstaunliche Geschichte des Fischkutters *Alicia* (*Das Rendezvous an der Brücke*). Das spurlose Verschwinden von James Phillimore (*Das Rendezvous an der Brücke*).[19] Der Fall Isadora Persano, jener bekannten streitbaren Journalistin (*Das Rendezvous an der Brücke*).[20] Rettung des Grafen von und zu Grafenstein (*Der letzte Fall*).
Donnerstag, den 8. Oktober 1903	Tod der Irene Adler in Trenton, New Jersey.
Ende Oktober 1903	Sherlock Holmes zieht sich zu Bienenzucht und Büchern in sein Landhaus bei »Fulworth« (Cuckmere Haven) zurück, das fünf Meilen von Eastbourne entfernt am Südhang der Sussex Downs liegt.

19 Eine ähnliche Geschichte schrieb Edgar W. Smith, sie erschien in: *Eine Baker-Street-Droschke.* Eine weitere unter dem Titel »Das Geheimnis von Highgate« erscheint in *Sherlock Holmes' Nachlaß.*

20 Mr. Stuart Palmer schrieb eine ähnliche Geschichte, die auf Dr. Watsons Original zurückgeht und von Ellery Queen als »äußerst reizvoll und befriedigend« bezeichnet wird. Siehe *Sherlock Holmes' Mißgeschicke.* Andere geistvolle Deutungen finden sich im *Baker Street Journal* Bd. II, Heft 2 vom April 1947, S. 161 und 212.

9.
Die späten Fälle: 1909, 1912 bis 1914, 1920, 1939 bis 1945

»In diesem Abschnitt meines Lebens war der gute Watson meinem Gesichtskreis fast ganz entschwunden. Ab und zu kam er am Wochenende auf Besuch, und das war alles, was ich von ihm zu sehen bekam ... Mein Haus liegt einsam. Ich, meine alte Wirtschafterin und meine Bienen haben das ganze Gelände für uns allein.« – Sherlock Holmes, *Die Löwenmähne*.

Dienstag, den 27. Juli bis Dienstag, den 3. ? August 1909	*Die Löwenmähne.* – »In all meinen Protokollen wird der Leser keinen Fall finden, der mich so vollständig an den Rand meiner Fähigkeiten brachte.«
1912 bis 1913	Mr. Altamont aus Chikago (*Der letzte Fall*).[21]
Sonntag, den 2. August 1914	*Der letzte Fall.* – »Man hat starken Druck auf mich ausgeübt, damit ich in die Sache einstieg ... Eine sehr komplexe Angelegenheit.«
1920	»... in Konstantinopel waren, laut Bericht der *Times*, im Jahre 1920 die Türken der festen Meinung, daß der große englische Detektiv hinter den Kulissen am Werk war.« – Vincent Starrett in seiner »Erklärung« (Einführung) zu: *221 B – Studien über Sherlock Holmes.*
Mittwoch, den 24. Juli 1929	Tod des Dr. John H. Watson.
1939 bis 1945	Was Mr. Sherlock Holmes, vormals Baker Street 221 B, London, während des Zweiten Weltkriegs erlebt hat.[22]
Dienstag, den 19. November 1946	Tod von Mycroft Holmes.
Sonntag, den 6. Januar 1957	Tod des großen Sherlock Holmes aus der Baker Street.

21 Mr. Donald Hayne hat die ersten Monate von Holmes' Amerikatournee faszinierend beschrieben. Siehe *Baker Street Journal* Bd. I Heft 2 vom April 1946, S. 189 – 190.

22 Siehe die hier angemerkten Beiträge von Mr. Manly Wade Wellman und Mr. Anthony Boucher.

Anhang II
Sherlock Holmes bibliographisch: Eine Auswahl

»Dies Buch kann ich nur empfehlen –
es gehört zum Beachtlichsten, was je geschrieben wurde.«
SHERLOCK HOLMES

A. Die Schriften von Dr. John H. Watson

Die folgenden Titel – sechsundfünfzig Kurzgeschichten und vier lange Erzählungen – stammen sämtlich aus der Feder von Dr. John H. Watson, mit Ausnahme zweier Kurzgeschichten im *Case Book* (»The Adventure of the Blanched Soldier«/»Der bleiche Soldat« und »The Adventure of the Lion's Mane«/»Die Löwenmähne«), die von Sherlock Holmes selbst verfaßt sind, sowie einer weiteren im *Case Book* enthaltenen Kurzerzählung, deren Autorschaft nicht eindeutig feststeht (»The Adventure of the Mazarin Stone«/»Kardinal Mazarins Diamant«) und einer Kurzgeschichte in *His Last Bow* (»His Last Bow«/»Der letzte Fall«), die Mycroft Holmes zugeschrieben wird.

1. Erstausgaben und andere wichtigste Veröffentlichungen in Zeitschriften bzw. Buchform:

A Study in Scarlet (Studie in Scharlachrot): *Beeton's Christmas Annual* 1887; London 1888; Philadelphia 1890.

The Sign of the Four (Im Zeichen der Vier): *Lippincott's Magazine* Februar 1890; London 1890; New York 1891.

The Adventures of Sherlock Holmes (Sherlock Holmes' Abenteuer):

London 1892; New York 1892. – Enthält: »A Scandal in Bohemia« (*The Strand Magazine,* Juli 1891). »The Red-Headed League« (*The Strand Magazine*, August 1891). »A Case of Identity« (*The Strand Magazine*, September 1891). »The Boscombe Valley Mystery« (*The Strand Magazine*, Oktober 1891). »The Five Orange Pips« (*The Strand Magazine*, November 1891). »The Man with the Twisted Lip« (*The Strand Magazine*, Dezember 1891). »The Adventure of the Blue Carbuncle« (*The Strand Magazine*, Januar 1892). »The Adventure of the Speckled Band« (*The Strand Magazine*, Februar 1892). »The Adventure of the Engineer's Thumb« (*The Strand Magazine*, März 1892). »The Adventure of the Noble Bachelor« (*The Strand Magazine*, April 1892). »The Adventure of the Beryl Coronet« (*The Strand Magazine*, März 1892). »The Adventure of the Copper Beeches« (*The Strand Magazine,* Juni 1892).

The Memoirs of Sherlock Holmes (Sherlock Holmes' Erinnerungen): London 1894; New York 1894. – Enthält: »Silver Blaze« (*The Strand Magazine,* Dezember 1892; *Harper's Weekly,* Februar 25, 1893). »The Cardboard Box« (*The Strand Magazine*, Januar 1893; *Harper's Weekly*, Januar 14, 1893). »The Yellow Face« (*The Strand Magazine*, Februar 1893; *Harper's Weekly*, Februar 11, 1893). »The Stockbroker's Clerk« (*The Strand Magazine*, März 1893; *Harper's Weekly*, März 11, 1893). »The *Gloria Scott*« (*The Strand Magazine*, April 1893; *Harper's Weekly*, April 15, 1893). »The Musgrave Ritual« (*The Strand Magazine*, Mai 1893; *Harper's Weekly,* Mai 13, 1893). »The Reigate Squires« (U.S.: »The Reigate Puzzle«) (*The Strand Magazine*, Juni 1893; *Harper's Weekly*, Juni 17, 1893). »The Crooked Man« (*The Strand Magazine,* Juli 1893; *Harper's Weekly*, Juli 8, 1893). »The Resident Patient« (*The Strand Magazine*, August, 1893; *Harper's Weekly*, August 12, 1893). »The Creek Interpreter« (*The Strand Magazine*, September 1893; *Harper's Weekly*, September 16, 1893). »The Naval Treaty« (*The Strand Magazine*, Oktober und November 1893; *Harper's Weekly*, Oktober 14, Oktober 21, 1893). »The Final Problem« (*The Strand Magazine*, Dezember 1893; *McClure's Magazine*, Dezember 1893).
Anmerkung: »The Cardboard Box« ist nicht in der Londoner Ausgabe von 1894 enthalten und nicht in der zweiten amerikanischen Auflage.

The Hound of the Baskerville (Der Hund von Baskerville): *The Strand Magazine*, August 1901 – April 1902; London 1902; New York 1902.

The Return of Sherlock Holmes (Sherlock Holmes' Rückkehr): London 1905; New York 1905. – Enthält: »The Adventure of the Empty House« (*The Strand Magazine*, Oktober 1903; *Collier's Weekly*, September 26, 1903). »The Adventure of the Norwood Builder« (*The Strand Magazine*, November 1903; *Collier's Weekly*, Oktober 31, 1903). »The Adventure of the Dancing Men« (*The Strand Magazine*, Dezember 1903; *Collier's Weekly*, Dezember 5, 1903). »The Adventure of the Solitary Cyclist« (*The Strand Magazine*, Januar 1904; *Collier's Weekly*, Dezember 26,

1903). »The Adventure of the Priory School« (*The Strand Magazine*, Februar 1904; *Collier's Weekly*, Januar 30, 1904). »The Adventure of of Black Peter« (*The Strand Magazine*, März 1904; *Collier's Weekly*, Februar 27, 1904). »The Adventure of Charles Augustus Milverton« (*The Strand Magazine*, April 1904; *Collier's Weekly*, März 26, 1904). »The Adventure of the Six Napoleons« (*The Strand Magazine*, Mai 1904; *Collier's Weekly*, April 30, 1904). »The Adventure of the Three Students« (*The Strand Magazine*, Juni 1904; *Collier's Weekly*, September 24, 1904). »The Adventure of the Golden Pince-Nez« (*The Strand Magazine*, Juli 1904; *Collier's Weekly*, Oktober 29, 1904). »The Adventure of the Missing Three-Quarter« (*The Strand Magazine*, August 1904; *Collier's Weekly*, November 26, 1904). »The Adventure of the Abbey Grange« (*The Strand Magazine*, September 1904; *Collier's Weekly*, Dezember 31, 1904). »The Adventure of the Second Stain« (*The Strand Magazine*, Dezember 1904; *Collier's Weekly*, Januar 28, 1905).

The Valley of Fear (Das Tal der Furcht): *The Strand Magazine*, September 1914 – Mai 1915; London 1915; New York 1915.

His Last Bow (Seine letzte Verbeugung oder: Der letzte Fall): London 1917; New York 1917. – Enthält: »The Adventure of Wisteria Lodge« (Zeitschriftentitel: »The Singular Adventure of Mr. John Scott Eccles«, »The Tiger of San Pedro«) (*The Strand Magazine*, September und Oktober 1908; *Collier's Weekly*, August 15, 1908). »The Adventure of the Bruce-Partington Plans« (*The Strand Magazine*, Dezember 1908; *Collier's Weekly*, Dezember 18, 1908). »The Adventure of the Devil's Foot« (*The Strand Magazine*, Dezember 1910; *The Strand Magazine* – U.S., Januar und Februar 1911). »The Adventure of the Red Circle« (*The Strand Magazine*, März und April 1911; *The Strand Magazine* – U.S., April und Mai 1911). »The Disappearance of Lady Frances Carfax« (*The Strand Magazine*, Dezember 1911; *The American Magazine*, Dezember 1911). »The Adventure of the Dying Detective« (*The Strand Magazine*, Dezember 1913; *Collier's Weekly*, November 22, 1913). »His Last Bow: The War Service of Sherlock Holmes« (*The Strand Magazine*, September 1917; *Collier's Weekly*, September 22, 1917). Anmerkung: Beide Ausgaben enthalten außerdem »The Cardboard Box«.

The Case Book of Sherlock Holmes (Sherlock Holmes Verbrecheralbum): London 1927; New York 1927. – Enthält: »The Adventure of the Mazarin Stone« (*The Strand Magazine*, Oktober 1921; *Hearst's International*, November 1921). »The Problem of Thor Bridge« (*The Strand Magazine*, Februar und März 1922; *Hearst's International*, Februar und März 1922). »The Adventure of the Creeping Man« (*The Strand Magazine*, März 1923; *Hearst's International*, März 1923). »The Adventure of the Sussex Vampire« (*The Strand Magazine*, Januar 1924; *Hearst's International*, Januar 1924). »The Adventure of the Three

Garridebs« (*The Strand Magazine*, Januar 1925; *Collier's Weekly*, Oktober 25, 1924). »The Adventure of the Illustrious Client« (*The Strand Magazine,* Februar und März 1925; *Collier's Weekly,* November 8, 1924). »The Adventure of the Three Gables« (*The Strand Magazine*, Oktober 1926; *Liberty Magazine*, September 18, 1926). »The Adventure of the Blanched Soldier« (*The Strand Magazine*, November 1926; *Liberty Magazine*, Oktober 16, 1926). »The Adventure of the Lion's Mane« (*The Strand Magazine*, Dezember 1926; *Liberty Magazine*, November 27, 1926). »The Adventure of the Retired Colourman« (*The Strand Magazine*, Januar 1927; *Liberty Magazine*, Dezember 18, 1926). »The Adventure of the Veiled Lodger« (*The Strand Magazine*, Februar 1927; *Liberty Magazine*, Januar 22, 1927). »The Adventure of Shoscombe Old Place« (*The Strand Magazine*, April 1927; *Liberty Magazine*, März 5, 1927).

2. Sammlungen und Gesamtausgaben:

Sherlock Holmes: The Complete Short Stories; London 1929.
Sherlock Holmes: The Complete Long Stories; London 1929.
The Complete Sherlock Holmes; Garden City, N. Y. 1930. – Zweibändige Gesamtausgabe, mit dem klassischen Artikel von Christopher Morley »In memoriam Sherlock Holmes« als Einführung.
The Complete Sherlock Holmes; Garden City, N. Y. 1936. – Gesamtausgabe in einem Band.
Sherlock Holmes and Dr. Watson: A Textbook of Friedenship; ed. Christopher Morley; New York 1944. – Fünf der Geschichten sind von dem einstigen Spiritus und Tantalus Rector der Gesellschaft der Baker-Street-Freunde, e. V., ausführlich und kenntnisreich kommentiert.
The Blue Carbuncle; New York 1948. – Erste Einzelausgabe dieser »Weihnachtsgeschichte ohne Kerzenschimmer«, versehen mit einem Vorwort von Christopher Morley und einer bibliographischen Anmerkung von Edgar W. Smith.
A Treasury of Sherlock Holmes, ed. Adrian Conan Doyle; Garden City, N. Y. 1955.
A Study in Scarlet, The Hound of the Baskervilles und siebenundzwanzig Geschichten, mit einem Vorwort des Herausgebers.
The Heritage Sherlock Holmes; New York 1957. – Eine unvergleichlich schöne Ausgabe der Geschichten, die ihren Herausgeber Edgar W. Smith † nicht verleugnen kann; versehen mit einem umfangreichen Vorwort von Vincent Starrett. Drei Bände, gedruckt nach dem Satz des Limited Editions Club, reich illustriert von Sidney Paget, Frederic Dorr Steele und vielen anderen.

3. Die wichtigsten deutschen Gesamtausgaben:

Arthur Conan Doyle, *Gesammelte Detektivgeschichten*, Bd. 1 – 10; Stuttgart 1902 – 1924.
Nino Erné, Hg., *Gesammelte Werke in Einzelausgaben*; Hamburg ab 1959.
Sir Arthur Conan Doyle, *Sämtliche Sherlock Holmes Romane und Stories*, Bd. 1 – 3; Berlin 1977.

B. Die Schriften von Mr. Sherlock Holmes

»Upon the Dating of Documents«, *The British Antiquarian*, Vol. XXIII, No. 9, September 1877. – Behandelt hauptsächlich das Handschriftenproblem seit dem 16. Jahrhundert.
Upon Tattoo Marks; London 1878. – Beinhaltet eine der ersten fachmännischen Untersuchungen über die speziell in China und Japan verwendeten Pigmentfarben.
Upon the Tracing of Footsteps; London 1878. – Bringt die vielzitierten Bemerkungen des Meisterdetektivs über die Verwendung von Gips als konservierende Abdruckmasse.
Upon the Distinction Between the Ashes of the Various Tobaccos; London 1879. – Eine Schrift über 140 verschiedene Sorten von Zigarren-, Zigaretten- und Pfeifentabak, mit Farbtafeln zur Darstellung der Verschiedenheit ihrer Asche.
»The Book of Life«, *The Fortnightly Magazine*, Vol. XXI, No. 3, März 1881. – Siehe Hinweis im vorliegenden Band. Erstveröffentlichung erfolgte anonym.
A Study of the Influence of a Trade upon the Form of the Hand; London 1886. – Illustriert mit Lithographien, welche die Hände von Dachdeckern, Matrosen, Korkschneidern, Setzern, Webern und Diamantschleifern zeigen.
Malingering; London 1888. – Eine Arbeit, zu deren Niederschrift Holmes durch seine Erfahrung in dem Fall »Sherlock Holmes auf dem Sterbebett« angeregt worden ist.
»On the Variability of Human Ears«, *The Anthropological Journal*, Vol. X L, Nos. 8/9, September and Oktober 1888. – Zwei kurze Abhandlungen, von Holmes erwähnt in der grausigen Sache mit dem »Unheimlichen Paket«.
The Typewriter and Its Relation to Crime; London 1890.
Secret Writings; London 1896. – In dieser Arbeit analysiert der Meisterdetektiv 160 verschiedene Geheimcodes.
Upon the Polyphonic Motets of Lassus; London 1896. – Eine Studie,

der nach Aussage von Fachkennern mittelalterlicher Musik nichts hinzuzufügen ist.

A Study of the Chaldean Roots in the Ancient Cornish Language; London 1898. – Eine auf ihrem Gebiet ebenso erschöpfende Arbeit wie Holmes' *Studie über die mehrstimmigen Motetten von Orlando di Lasso.*

The Use of Dogs in the Work of the Detective; London 1905. – Diese Abhandlung, die erste, die Holmes im Ruhestand veröffentlicht hat, wird ein Kapitel seines Hauptwerkes *Die Hohe Schule der Verbrechensermittlung* (siehe später) bilden.

Practical Handbook of Bee Culture, with Some Observations Upon the Segregation of the Queen; London 1910. – Holmes nannte das Buch »die Frucht« seiner »tätigen Muse«, das »*magnum opus*« seiner »späten Jahre«.

»The Adventure of the Blanched Soldier«, *The Strand Magazine,* November 1926; *Liberty Magazine,* Oktober 16, 1926. – Eine Lebenserinnerung, bereits erwähnt.

»The Adventure of the Lion's Mane«, *The Strand Magazine*, Dezember 1926; *Liberty Magazine*, November 27, 1926. – Ebenfalls eine Erinnerung, siehe oben.

The Whole Art of Detection; New York. – Wird demnächst erscheinen, vier Bände.

C. Die Schriften von Dr. Conan Doyle

Diese Arbeiten, die Dr. Watsons prominenter Freund, Verlagsagent und gelegentlicher Mitarbeiter Dr. (später Sir Arthur) Conan Doyle geschrieben hat, sind zwar nicht eigentlich der Sherlock-Holmes-Literatur zuzurechnen, verdienen es indessen durchaus, daß der beflissene Leser sie achtungsvoll zur Kenntnis nimmt und eingehend studiert.

»The Field Bazaar: A Short Travesty«.

The Student, Edinburgh University, November 1896. Erste Publikation in *221 B: Studies in Sherlock Holmes;* New York 1940. – Geheftete Einzelausgabe, erschienen bei The Pamphlet House (Summit, N.J.) 1947.

The Speckled Band: A Play in Three Acts; London und New York 1912.

Sherlock Holmes: A Drama in Four Acts, zusammen mit William Gillette; London und New York 1922.

»The Lost Special«. »The Man with the Watches«. – Zwei kurze Erzählungen aus dem Band *Round the Fire Stories*; Smith, Elder & Co., London 1908; New York: The Mc Clure Co., 1908. Diese Geschichten enthalten unter anderem Brieftexte, die in *Letters from Baker Street* (Maplewood, N.J.: The Pamphlet House, 1942) als von Sherlock Holmes' und Mycroft Holmes' Hand stammend identifiziert sind.

»How Watson Learned the Trick«. Eine Parodie in 2 Bänden über: *The Book of the Queen's Doll's House Library;* London 1924; nachgedruckt in: *The Incunabular Holmes*; Morristown 1958.
Memories and Adventures: The Autobiography of Sir Arthur Conan Doyle; London 1924; Boston 1924.

D. Die hohe Kritik

1. Chronologien

Baring-Gould, William S.: *The Chronological Holmes;* New York 1955. – Der bislang jüngste Versuch, sämtliche Holmes-Fälle, protokollierte wie unprotokollierte, genau (nach Wochentag, Monatsdatum und Jahr) zeitlich einzuordnen; unternommen vom Verfasser des vorliegenden Buches.
Bell, H. W.: *Sherlock Holmes and Dr. Watson: The Chronology of Their Adventures;* London 1932; Neuauflage in Broschur durch die Gesellschaft der Baker-Street-Freunde e. V., 1953. – Der erste Versuch überhaupt, alle Holmes-Fälle, mit oder ohne Protokoll, zu datieren (meistens nach Monat und Jahr).
Blakeney, T. S.: *Sherlock Holmes: Fact or Fiction?;* London 1932. – Neuauflage in Broschur durch die Gesellschaft der Baker-Street-Freunde e. V., 1954. – Dieses Buch ist geradezu ein Wegweiser der Sherlock-Holmes-Kritik. Es enthält nicht nur zeitlich geordnete Wiedergaben, sondern auch Essays wie »Mr. Sherlock Holmes«, »Holmes und Scotland Yard«, »Holmes in der Literatur«, ferner wertvolle Zusätze und Anmerkungen.
Brend, Gavin: *My Dear Holmes;* London 1951. – Obgleich in der Hauptsache eine chronologische Darstellung, ist dieses Buch jedoch zugleich eine bewegend geschriebene Hommage an Holmes, Watson und Doyle, verfaßt von einem nicht mehr unter uns weilenden, aber unvergessenen Mitglied der Sherlock-Holmes-Gesellschaft, London. Außerdem gibt Mr. Brend eine neue topographische Erklärung für die Adresse Baker Street 221.
Christ, Jay Finley: *An Irregular Chronology of Sherlock Holmes of Baker Street;* Ann Arbor, 1947. – Eine der gelehrtesten und bestimmt die kühnste der insgesamt sechs Holmes-Biographien, deren Autoren Brend einmal witzig die »Sechs Napoleons« nennt.
Zeisler, Ernest Bloomfield: *Baker Street Chronology: Commentaries on the Sacred Writings of Dr. John H. Watson;* Chicago 1953. – Ein überaus kenntnisreiches Buch, geschrieben von einem Mann, der als Medi-

ziner, Jurist, Mathematiker, Shakespeare-Experte, gesellschaftspolitischer Kommentator von Rang bekannt ist – und der nicht minder auch als Sherlock-Holmes-Kenner einen Namen hat.

2. Aufsatzsammlungen

Baker Street Studies, ed. H. W. Bell; London 1934; Neuauflage in Broschur durch die Gesellschaft der Baker-Street-Freunde e. V., 1955. – Enthält acht Essays von: Dorothy L. Sayers, Helen Simpson, Vernon Rendall, Vincent Starrett, Ronald A. Knox, A. G. MacDonell, S. C. Roberts und H. W. Bell.

221 B: Studies in Sherlock Holmes, ed. Vincent Starrett; New York 1940; Neuauflage in Broschur durch die Gesellschaft der Baker-Street-Freunde e. V., 1956. – Die erste amerikanische Anthologie, enthält 16 Texte von H. W. Bell, Frederic Dorr Steele, Christopher Morley und anderen.

Profile by Gaslight: An Irregular Reader about the Private Life of Sherlock Holmes; ed. Edgar W. Smith; New York 1944. – Zehn Reim- und achtundzwanzig Prosatexte verschiedener Autoren, darunter auch eine Sherlock-Holmes-Bibliographie, die Satzung der Gesellschaft der Baker-Street-Freunde e. V. und ein Artikel von Alexander Woollcott über die Irregulars.

A Baker Street Four-Wheeler, ed. Edgar W. Smith; Maplewood 1944. – Sechzehn Texte aus der Sherlock-Holmes-Literatur.

The Second Cab, ed. James Keddie, Jr.; Boston 1947. – Fünfzehn Artikel über Sherlock-Holmes, ein Sonett und ein Quiz, zusammengestellt von Mitgliedern des Vereins »Geflecktes Band« Boston, einer der ältesten und aktivsten Tochtergesellschaften der Baker Street Irregulars.

Sherlockian Studies, ed. Robert A. Cutter; Jackson Heights, N. Y. 1947. – Sieben Sherlockiana, sämtlich Texte bekannter Autoren, ausgewählt und zusammengestellt von den »Drei Studenten von Long Island«, einer weiteren Zweig-Gesellschaft der Irregulars.

Client's Case-Book, ed. J. N. Williamson; Indianapolis 1947. – Eine Sammlung von Prosa- und Reimtexten besten alten Stils, mit einer Einführung von Vincent Starrett.

Sherlock Holmes: Master Detective, ed. E. W. McDiarmid and Theodore C. Blegen; La Crosse, Wisc. 1952. – Fünf Reden und eine Hymne an Sherlock Holmes, veröffentlicht im Auftrag der Norwegischen Forschungsgruppe Minneapolis und St. Paul.

Client's Second Case-Book, ed. J. N. Williamson; Indianapolis 1951. – Neun Abhandlungen, vier Parodien, drei Gedichte, zwei Fragespiele, ein Brief und ein Liedtext. Alle Beiträge, sowie auch die Einführung, von Ellery Queen.

Illustrious Client's Third Case-Book, ed. J. N. Williamson and H. B.

Williams: Indianapolis 1953. – Achtzehn Aufsätze, vier Fragespiele, drei Balladen und anderes mehr, mit einem Vorwort von Christopher Morley.
The Best of the Pips, hrsg. unter der Schirmherrschaft von Richard W. Clarke; New York: The Five Orange Pips of Westchester County, 1955. – Eine Sammlung aus den Schriften der Mitglieder jener Zweiggesellschaft, die der verstorbene Edgar W. Smith »die fundiertesten« genannt hat – mit Beiträgen vorwiegend heiterer Art.
Exploring Sherlock Holmes; ed. E. W. McDiarmid and Theodore C. Blegen; La Crosse, Wisc. 1957. – Eine weitere gute Sammlung der Norwegischen Forschungsgruppe Minneapolis und St. Paul: sieben Aufsätze, verfaßt von Mitgliedern.
The Incunabular Holmes, ed. Edgar W. Smith; Morristown, N.J.: The Baker Street Irregulars, Inc., 1958. – Aufsätze und kritische Kommentare, erschienen in der Zeit von 1902 bis 1944, die sämtlich an anderer Stelle schwer aufzufinden sind.
Leaves from The Copper Beeches, ed. H. W. Starr; Philadelphia: The Sons of the Copper Beeches, 1959. – Lustige Texte und Anmerkungen, verfaßt von prominenten Söhnen dieser prominenten Tochtergesellschaft.
Introducing Mr. Sherlock Holmes, ed. Edgar W. Smith; Morristown, N.J.: The Baker Street Irregulars, Inc. 1959. – Eine Sammlung von Aufsätzen und Kommentaren, sämtlich in Vorwort-Form abgefaßt, von Vincent Starrett, S. C. Roberts, Dr. Joseph Bell, Howard Haycraft, Dr. John H. Watson, Rex Stout, Fletcher Pratt, Anthony Boucher, Elmer Davis, Dr. Conan Doyle, Christopher Morley und anderen.
The Third Cab, gefördert von: Executive Committee of The Speckled Band of Boston; Boston 1960. – Nochmals eine Anthologie der Zweiggesellschaft »Geflecktes Band«, möglicherweise noch besser als die erste.

3. Stellungnahmen einzelner Autoren

Douglass, Ruth: »The Camberwell Poisoner«, *Ellery Queen's Mystery Magazine*, Februar 1947. – Hier wird eine hochinteressante Theorie vorgetragen.
Grazebrook, O. F.: *Studies in Sherlock Holmes*; London 1949. – Eine Folge von sechs Aufsätzen, deren jeder lebendig und fachkundig einen bestimmten Aspekt der Holmes-Watson-Saga behandelt: I. Oxford oder Cambridge; II. Politik und Premiers; III. Über Könige und Königinnen; IV. Dr. Watson und Rudyard Kipling; V. Der Autor des Verbrecheralbums; VI. Einiges über Dr. Watson.
Harrison, Michael: *In the Footsteps of Sherlock Holmes;* London 1958; New York 1960. – Der Standard-Reiseführer durch London und Eng-

land, wo Holmes und Watson sich so gut auskannten.

Holroyd, James Edard: *Baker Street By-Ways;* London 1959. – Eine ganz bezaubernde Schilderung von London und der Baker-Street-Gegend, wo Holmes und Watson so wacker agierten; verfaßt vom Präsidenten der Sherlock-Holmes-Gesellschaft, London.

Morgan, Robert S.: *Spotlight on a Simple Case, or, Wiggins, Who Was That Horse I Saw With You Last Night?;* Wilmington, Del. 1959. – Ein Paradestück – man muß es einfach gelesen haben.

Roberts, S. C. (später Sir Sydney): *Doctor Watson: Prolegomena to the Study of a Biographical Problem;* London 1931. – Watsons Leben; mit einer Sherlock-Holmes-Bibliographie versehen.

Holmes and Watson: A Miscellany; London 1953. – Verschiedene ausgewählte Schriften des Nestors der englischen Sherlock-Holmes-Forscher – teils älteren, teils neueren Datums.

Simpson, A. Carson: *Simpson's Sherlockian Studies;* Philadelphia 1953 bis 60. – Hier handelt es sich, kurz gesagt, um acht Studien eines Verfassers, bei dem sich, ebenso wie bei Dr. Ernest Bloomfield Zeisler, ein überreiches Wissen mit Geist und Witz paart. Die ersten vier dieser Studien umfassen Sherlock Holmes' *Wanderjahre:* I. *Fanget an;* II. *Post huc nec ergo propter huc gabetque*; III. *In fernen [sic!] Land, unnahbar rure, [!] Schritten;* IV. *Auf der Erde Rücken rührt' ich mich viel.* Die Studien V, VI und VII beschäftigen sich mit dem numismatischen Teil des Holmes-Kanons: V. Für dreißigtausend Mark englisches Hartgeld; VI. Der große Münzen-Schatz – Kleingeld verschiedener Länder; VII. Kleine Orden und Ehrenabzeichen. Studie VIII ist eine Sache für sich; Titel: »Morgen geht's nach Philadelphia«.

Smith, Edgar W.: *The Napoleon of Crime*; Summit, N.J. 1953. – Leben von Professor Dr. rer. nat. James Moriarty.

Starrett, Vincent: *The Private Life of Sherlock Holmes*; New York 1933; London 1934. Revidierte und erweiterte Auflage: Chikago 1960. – Eine maßgebende und überaus reizvolle Darstellung von Leben und Epoche des Meisterdetektivs.

Van Lier, Edward J., M. D.: *A Doctor Enjoys Sherlock Holmes;* New York 1960. – Eine Sammlung köstlicher Artikel, die den großen Detektiv auch dem Laien zugänglich macht.

Warrack, Guy: *Sherlock Holmes and Music*; London 1957. – Das Standardwerk über den Musiker Holmes.

4. Zeitschriften

The Baker Street Journal, ed. Edgar W. Smith, New York. Ben Abramson for The Baker Street Irregulars, Inc. – Diese offizielle Zeitschrift der Baker Street Irregulars e. V. wurde 1946 ins Leben gerufen und erschien in insgesamt dreizehn Folgen.

The Baker Street Journal (New Series), ed. Edgar W. Smith; Morristown, N.J.: The Baker Street Irregulars, Inc. – Diese Vierteljahresschrift setzt in bescheidenerer Aufmachung seit Januar 1951 die Tradition als offizielles Organ der Irregulars in aller Welt fort.
The Baker Street Journal Christmas Annual, ed. Edgar W. Smith, Morristown, N.J.: The Baker Street Irregulars. Inc. – Das *Jahrbuch* – praktisch eine fünfte Folge des vierteljährlich erscheinenden *Journals* – erschien jeweils 1956, 1957, 1958, 1959 und 1960.
The Sherlock Holmes Journal, ed. Marquess of Donegall, London. – Diese sehr ansprechend aufgemachte Veröffentlichung begann als hektographierte Halbjahresschrift im Mai 1952.
The Baker Street Gasogene, ed. P. A. Ruber; New York. – Eine gut gemachte, neue (1961) Sherlock-Holmes-Vierteljahresschrift, herausgebracht von einem der jüngsten unter den Sherlockianern. Mr. Ruber äußerte unlängst die Absicht, den Rahmen der Zeitschrift zu erweitern und *Gasogene* so zur einzigen Publikation zu machen, die sich in regelmäßiger Folge mit dem gesamten Gebiet der Kriminalistischen Literatur beschäftigt.

5. Nachschlagewerke und diverse Sekundärliteratur

Bigelow, S. Tupper: *An Irregular Anglo-American Glossary of More or Less Unfamiliar Words, Terms and Phrases in the Sherlock Holmes Saga;* Toronto 1959. – Ein für den in britischen Sprachmanierismen nicht bewanderten amerikanischen Holmes-Studenten unschätzbares Nachschlagewerk.
Christ, Jay Finley: *An Irregular Guide to Sherlock Holmes of Baker Street;* New York und Summit, N.J. 1947. – Eine alphabetisch geordnete Zusammenstellung der Holmes'schen Schriften, unentbehrlich für jeden, der die Holmes-Saga ernsthaft studieren will. Wurde seit der Erstauflage um zwei Zusätze erweitert.
Montgomery, James: *A Study in Pictures: Being a »Trifling Monograph« on the Iconography of Sherlock Holmes*; Philadelphia 1954. – Das einschlägige Standardwerk enthält zwei Hinweistabellen und ein Stichwortverzeichnis sowie 32 themenbezogene Illustrationen.
Officer, Harvey: *A Baker Street Song Book;* Maplewood, N.J. 1943. – Dreizehn Lieder (mit Worten) aus dem Themenkreis Baker Street, dazu die vollständige Baker-Street-Suite für Geige und Klavier in fünf Sätzen.
Petersen, Svend: *A. Sherlock Holmes Almanac;* Washington. D.C. 1956. – Mit Holmes und Watson durch das ganze Jahr.
Smith, Edgar W.: *Appointment in Baker Street*; Maplewood, N.J. 1938; vollständiger Nachdruck in *221 B: Studies in Sherlock Holmes*. – Eine Revue von allen Personen und Persönlichkeiten, die mit Sherlock

Holmes handelten und wandelten.
Baker Street and Beyond; Maplewood, N.J. 1940; Neuausgabe (1957): *Baker Street and Beyond: Together with Some Trifling Monographs*; Morristown, N.J.: The Baker Street Irregulars, Inc. – Ein Ortslexikon zum Thema Sherlock Holmes, mit fünf genauen von Dr. Julian Wolff erläuterten Kartentafeln. Die Neuauflage enthält zusätzlich eine Reihe von Essays aus der Feder des verstorbenen Mr. Smith, die noch weitere Sherlock-Holmes-Stätten behandeln; einige davon hier erstmals veröffentlicht.
Baker Street Inventory: Summit, N.J. 1945. – Eine Aufzählung der zum Thema Holmes erschienenen Erst- und Sonderausgaben nebst ihrer Sekundärliteratur, verbunden mit einer Analyse verschiedener Titelformulierungen sowie einem Hinweis auf die Illustratoren. Wurde als Serie auch ins *Baker Street Journal* aufgenommen.
(wie: »Helene Yuhasova«) *A Lauriston Garden of Verses*; Summit, N.J. 1946. – Sechs Sonette und eine Ballade um Sherlock Holmes, mit je einer Handschriftzeile der Autorin.
Wolff, Julian, M. D.: *Practical Handbook of Sherlockian Heraldry*; New York 1955. – Das einschlägige Standardwerk.
The Sherlockian Atlas; New York 1952. – Dreizehn der genau erläuterten Karten von Dr. Wolff, einige hier in Erstveröffentlichung.

E. Parodien, Imitationen und die Reimerzählungen

Derleth, August: *»In Re: Sherlock Holmes«: The Adventures of Solar Pons;* Sauk City, Wisc. 1945. – Zwölf Ermittlungsgeschichten in der vielleicht denkbar engsten Anlehnung an Fälle des Meisterdetektivs, mit einem Vorwort von Vincent Starrett.
The Memoirs of Solar Pons; Sauk City, Wisc. 1951. – Elf weitere Fälle von Solar Pons, mit einem Vorwort von Ellery Queen.
Three Problems for Solar Pons; Sauk City, Wisc. 1952. – Eine vorläufige Trilogie. Alle drei Fälle wurden später in *The Return of Solar Pons* aufgenommen.
The Return of Solar Pons; Sauk City, Wisc. 1958. – Dreizehn Geschichten aus der Arbeit von Solar Pons, mit einer Einführung von Edgar W. Smith.
Doyle, Adrian Conan, und Carr, John Dickson; *The Exploits of Sherlock Holmes;* New York 1954. – Zwölf »Simulacra«, davon sechs verfaßt vom Sohn des Verlagsagenten allein, die übrigen sechs von Adrian Doyle in Zusammenarbeit mit Dickson Carr.
Fish, Robert L.: »The Adventure of the Ascot Tie«: *Ellery Queen's Mystery Magazine*, Februar 1960. – Die erste in einer Reihe von Paro-

dien, die von Fall zu Fall in *EQMM* erschienen. Anthony Boucher schreibt darüber: »Ich halte es zumindest für möglich, daß in der ganzen langen Geschichte mißglückter Fälle Robert L. Fish die weitaus besten Holmes-Parodien schreibt.«

Fisher, Charles: *Some Unaccountable Exploits of Sherlock Holmes;* Philadelphia 1956. – Acht kurze Nachdichtungen, ursprünglich erschienen 1939 und 1940 im *Philadelphia Record.*

Heard, H. F.: *A Taste for Honey;* New York 1941. – Der erste Titel in einer Reihe von Romanen und Erzählungen um einen gewissen »Mr. Mycroft«, einen älteren Herrn, der im Vorkriegs-England in einem stillen Dorf Bienen züchtete.

Metcalf, Norman (ed.): *The Science-Fictional Sherlock Holmes*; Lowry Air Force Base, Colo. 1960. – Eine Sammlung von neun Geschichten von Anthony Boucher, Poul Anderson, August Derleth und anderen, in denen der Meisterdetektiv bis hart an die Grenze des Okkulten vorstößt.

Muusmann, Carl: *Sherlock Holmes at Elsinore:* Skjern, Denmark: für: The Baker Street Irregulars, Inc., 1956. – Ein Drei-Personen-Sketch, der im Land Hamlets spielt, verfaßt von einem bekannten dänischen Autor. Übersetzt von Paul Ib Liebe, mit Illustrationen von Corsten Rian und einer Einführung von Tage La Cour.

Queen, Ellery (ed.): *The Misadventures of Sherlock Holmes*; Boston 1944. – Enthält Beiträge von Kriminalschriftstellern, berühmten Literaten, Humoristen, Fans usw., darunter auch Vincent Starretts »Der einmalige Fall Hamlet«, die großartigste Sherlock-Holmes-Nachdichtung, die je geschrieben wurde.

Smith, Edgar W.: *A Baker Street Quartette*; New York: The Baker Street Irregulars, Inc. 1950. – Vier Vers-Erzählungen nach: »Der verschwundene Bräutigam«, »Das gefleckte Band«, »Der einsame Radfahrer« und »Sherlock Holmes' Untergang«, mit Illustrationen des Verfassers.

Titus, Eve: *Basil of Baker Street;* New York 1958. – Die Erlebnisse einer Maus, die dem großen Detektiv nacheifert. Ein Buch, das man den Kindern von Baker-Street-Freunden nicht vorenthalten darf. Köstlich illustriert von Paul Galdone.

(Whitaker, Arthur) »The Case of the Man Who Was Wanted«; *Cosmopolitan Magazine*, August 1948. – Eine Nachdichtung, unglücklicherweise von den Verlegern der Hearst-Magazine im Klappentext bezeichnet als »Sherlock Holmes' letzter Fall/ Eine bisher unveröffentlichte Erzählung von Sir Arthur Donan Doyle«.

F. Interessante themenverwandte Bücher, Artikel und Kurzgeschichten

Barnard, Allan (ed.): *The Harlot Killer: The Story of Jack the Ripper in Fact and Fiction;* New York 1953. – Enthält Berichte der Morde aus der Londoner *Times,* herausgegeben von Richard Barker.

Boucher, Anthony: »The Adventure of the Illustrious Impostor«, in *The Misadventures of Sherlock Holmes;* Boston 1944. *Blood on Baker Street;* New York 1953. – Eine Detektivgeschichte, in der gewisse Personen aus dem Kreis der Irregulars unschwer zu identifizieren sind. Es handelt sich um eine vollständige Neufassung und dementsprechend Neuauflage des berühmten 1940 erschienenen Buches *Case of the Baker Street Irregulars* vom gleichen Autor.

Far and Away; New York 1953. – Enthält die Kurzgeschichte »The Anomaly of the Empty Man« über Holmes' Vetter Dr. Horace Verner.

Carr, John Dickson: *The Life of Sir Arthur Conan Doyle*; New York 1949. – Leben des Freundes, literarischen Agenten und gelegentlichen Mitarbeiters von Dr. Watson.

De Voto, Bernard: »The Easy Chair«.–Ein Ausschnitt. Der betreffende Artikel erschien in *Harper's Magazine*, Juli 1954, S. 8 ff.

Doyle, Adrian Conan: *The True Conan Doyle*; London 1945. – Eine kurze Biographie Sir Arthurs, geschrieben von seinem Sohn, mit vielen aufschlußreichen Hinweisen auf Mr. Sherlock Holmes, Baker Street.

Haycraft, Howard: *The Art of the Mystery Story: A Collection of Critical Essays*; New York 1946. – Enthält neben einer Menge anderen hochinteressanten Materials den aufsehenerregenden Essay von Rex Stout: »Watson was a Woman«.

Murder for Pleasure: The Life and Times of the Detective Story; New York und London 1941. – Das einschlägige Standardwerk, mit einem sehr guten Kapitel über Sherlock Holmes, betitelt: »Profile by Gaslight«.

Queen, Ellery: *In the Queen's Parlor;* New York 1957. – Enthält » The Great O-E Theory« (im vorliegenden Band bereits erwähnt) sowie weiteres interessantes Material in Fülle.

Riemann Hypothese

Dank

Baker-Street-Freunde in aller Welt sind mir bei der Arbeit an diesem Buch behilflich gewesen. Ihnen allen danke ich sehr. Insbesondere aber möchte ich folgenden Autoren, in deren Schuld ich stehe, und ihren Verlegern hiermit meinen Dank abstatten:

Rolf Boswell als dem Verfasser des Aufsatzes »Sarasate, Sherlock und Shaw«, ersch. im *Baker-Street-Journal,* Januar 1952;

Gavin Brend † für sein Buch *My Dear Holmes*;

dem Marquis von Donegall, der das *Sherlock-Holmes-Journal* ins Leben gerufen hat;

James Keddie jr. als dem Herausgeber der Erzählung *The Second Cab* (Boston, 1947);

Robert Keith Leavitt für seine in der Zeitschrift *Bei Licht besehen* erschienene Arbeit »Annie Oakley, wohnhaft Baker Street – Ein Gelegenheitsleser über das Privatleben von Sherlock Holmes« (New York, 1944); (engl. Originaltitel der Zeitschrift: *Profile by Gaslight: An Irregular Reader about the Private Life of Sherlock Holmes.)*

A. Carson Simpson für sein Buch *Simpson lernt von Sherlock Holmes* (Philadelphia, 1953, 1960);

Edgar W. Smith † als dem Initiator des *Baker-Street-Journal* sowie für seine vielen einschlägigen Schriften;

Rex Stout als dem Urheber einer absolut einmaligen Persönlichkeit;

Dr. Julian Wolff als dem derzeitigen Herausgeber des *Baker-Street-Journal*;

Ernest Bloomfield Zeisler für seine *Chronik der Baker-Street. Kommentare zu den Urtexten des Dr. John H. Watson* (Chikago, 1953).

Der Dank des Verfassers gilt ferner dem nicht mehr unter uns weilenden Sir Arthur Conan Doyle, der freilich von diesem Buch wohl niemals geglaubt hätte, daß es sich denken, geschweige denn schreiben ließe. Nicht zuletzt sei Mr. John Murray und seinem Verlagshaus, den Editoren der Erzählungen und Romane um Sherlock Holmes, für die Erlaubnis gedankt, urheberrechtlich geschütztes Material benutzen und so freizügig daraus zitieren zu dürfen.

Bildnachweis

Die Fotos auf Seite 37 wurden uns freundlicherweise vom Bilderdienst Süddeutscher Verlag (G. B. Shaw; Sir Arthur Conan Doyle), vom Ullstein Bilderdienst (Lewis Carroll) und Interfoto München (Karl Marx) zur Verfügung gestellt. Die Illustration auf Seite 266 stammt von Arthur Twidle. Alle übrigen Illustrationen sind von Sidney Paget, angefertigt für das *Strand Magazine*.